2016年度浙江省社科联省级社会科学学术著作出版资金资助出版（编号：2016CBZ09）

浙江省社科规划一般课题（课题编号：16CBZZ05）

当代浙江学术文库
DANGDAI ZHEJIANG XUESHU WENKU

反启蒙运动的启蒙

——列奥·施特劳斯政治哲学研究

杨子飞 著

中国社会科学出版社

图书在版编目（CIP）数据

反启蒙运动的启蒙：列奥·施特劳斯政治—哲学研究／杨子飞著．—北京：中国社会科学出版社，2016.12
（当代浙江学术文库）
ISBN 978－7－5161－9561－1

Ⅰ.①反…　Ⅱ.①杨…　Ⅲ.①施特劳斯（Strauss，Leo 1899—1973）—政治哲学—研究　Ⅳ.①D712.59

中国版本图书馆 CIP 数据核字（2016）第 325285 号

出 版 人　赵剑英
责任编辑　田　文
特约编辑　丁　云
责任校对　张爱华
责任印制　王　超

出　　版　中国社会科学出版社
社　　址　北京鼓楼西大街甲 158 号
邮　　编　100720
网　　址　http://www.csspw.cn
发 行 部　010－84083685
门 市 部　010－84029450
经　　销　新华书店及其他书店

印刷装订　北京君升印刷有限公司
版　　次　2016 年 12 月第 1 版
印　　次　2016 年 12 月第 1 次印刷

开　　本　710×1000　1/16
印　　张　19
插　　页　2
字　　数　312 千字
定　　价　69.00 元

前　言

近十几年来，对列奥·施特劳斯（以下简称施特劳斯）及其相关领域的研究的确十分火热，不仅学术论文与著作层出不穷，而且在各种大大小小的学术会议上都可以听到人们一再地提到他。以至于在很多时候施特劳斯几乎已经成了列奥·施特劳斯的专称了，人们只要提到施特劳斯，首先想到的就是他。

而我自己很少跟别人提起施特劳斯，哪怕有时候情不自禁地引用了施特劳斯的思想，我也尽量不说出他的名字，尽管知道我的研究方向的朋友们都喜欢并且习惯性地寻找我背后的施特劳斯（据说是某种主义），并以此作为进一步讨论的起点。的确，我倾向于把施特劳斯隐藏起来，除了因为我自知对于施特劳斯的理解还很肤浅之外，更重要的是我觉得施特劳斯的思想很不合时宜，不管是学术思想上（他好像除了苏格拉底、柏拉图等极少数古人外，其他人尤其是当代思想家都在他攻击之列）还是政治立场上（他好像有点极权主义的反动倾向）都让很多人感到不可理喻（如果不至于愤怒的话）。正因为如此，以至于有时候我觉得自己的写作是在做自我辩护，为的是证明自己选择研究施特劳斯并不是一开始就是一场错误，这至少是我所在的学术圈子带给我的无形影响。当然，我并不逃避这种情绪，相反我认为这种独特处境恰恰是施特劳斯学术应有的遭遇。因此我仔细地观察它，慢慢地揣摩它，我相信最终我将能够掌握它，并让它引领着我真正理解施特劳斯与我们的当下处境之间的关系。

然而，我当初之选择进入施特劳斯时却全然没有意识到这一切（也许我一开始意识到这点就会使我望而生畏了），那可以说是一场机缘巧合。2009 年上半年的时候，浙江大学组织了一个“五·四运动”90 周年座谈会，会上一向令人费解的应奇老师说了一句同样令人费解的话：“看来牟宗三先生要过施特劳斯的关。”并非这句话触动了我，因为我并不怎么理解这句话的确切含义；但是这句话却让我感到万分惊奇，因为我知道应奇老师对于现代新儒学是颇有研究的，他甚至把我们本科的课程《西方哲学史》上成了现代新儒学史。要知道施特劳斯是个在西方名不见经传的学者，我对他的关注绝不是因为他本身，而只是因为我们中国人自身的问题（这是我所有学术研究的出发点和归宿）。而那段时间我也正在集中阅读牟宗三先生的著作，我对于牟先生借助康德哲学体系重新撑起中国哲学大厦的努力深感敬佩，我当时竟想：这才是千秋伟业，大丈夫当如是！但是，如果应奇老师的话不是一句一笑而过的玩笑话的话，那么施特劳斯这个人显然对于现代新儒学是一个举足轻重的人物。而在此之前我对于施特劳斯的了解仅仅限于浮泛地阅读了他的《自然权利与历史》，并且完全不知所云。但是从那个时候开始，我便开始关注施特劳斯，我心中始终暗藏着一个念头：到底施特劳斯是何许人也，竟然牟先生都得过他的关？这又是一个什么样的关呢？

不过，很长一段时间我都不知道这个问题到底是什么意思，甚至不知道所谓的“关”是指什么，更别说答案何在了。但是同样有些机缘巧合的是，进入博士研究生阶段之后，包利民老师的课把《自然权利与历史》作为指定阅读书目，并让我们用整整一个学期的时间反复阅读，我自己前前后后就读了三四遍。这样读下来，我自己隐隐觉得对于那个问题有了一些理解：牟宗三先生所念兹在兹的是如何从老内圣开出新外王，即现代科学与民主，而他所借助的思想资源是以康德为代表的现代启蒙运动的哲学。而施特劳斯不仅对现代启蒙运动大加挞伐，而且似乎对现代启蒙运动来了个釜底抽薪，因为现代启蒙运动错误地处理了哲学与政治、内圣与外王之间（这当然是一个不甚准确的对比，但却极富启发意义）的关系，其结果只能是两败俱伤。若果真如此，牟先生就在一个极为关键的节点上弄错了，即如何处理内圣与外王之间的关系？这就是牟先生要过的第一个“关”。

我之所以说这是“第一个关”，是因为在随后的阅读中，我发现施特劳斯还有一个更加重要的关切，而这是牟宗三先生更加没有意识到的。这个关切就是如何在现代启蒙运动因其成功而瓦解之后挽救启蒙的精神，或者说如何在内圣与外王之间的关系被拦腰斩断的今天重新恢复内圣的可能性，这是由哲学的后现代处境所独特地决定了的。然而这样的问题当然在牟先生的问题意识之外，因为他当时的处境正是处在千方百计追求现代性的过程中，在他那个时代，虚无主义、人的可能性的枯竭并没有成为一个时代性的问题。在一个后现代处境下（施特劳斯对此有一个形象的比喻叫“第二洞穴”），不但外王变得极其可疑，就连内圣（哪怕是纯粹作为一个私人领域之事）也是无法想象的了。因此这就是牟先生可能要面对的第二“关”：如何面对后现代的挑战？

施特劳斯的解决方法是重新恢复一种柏拉图式的古典政治—哲学，在这样一种古典智慧中，哲学与政治、内圣与外王之间的关系得到了重新理解。耸立在这一关系两端的是最好的人与最好的城邦，两者在言辞建构的城邦中才能获得完美的融合。而这一点正昭示了人的最高可能性，同时也彰显了政治的最高限度，这就是古典政治哲学所揭示的从高处看待政治事务的整全视野，只有从这一视野出发，人与城邦、内圣与外王的关系才能获得妥当地安顿。而要获得这样的视野就必须首先跳出现代启蒙运动所带来的被大大降低了的视野，施特劳斯的方法就是通过艰难的政治哲学史爬梳一步步爬回到古典政治哲学所面临的原初境况当中去，因为只有在这种境况中，古典政治哲学才有可能获得真正恰当的理解。

当然这绝非意味着牟宗三要“过关”就必须亦步亦趋地跟随施特劳斯的脚步，我相信这绝不是施特劳斯的意图。但是施特劳斯却指出了一个正确的方向，那就是新儒学如果要能够积极应对今天的处境，就必须首先跳出它给自己划定的现代性视野，重新寻回属于我们自己的整全视野，去看一看所谓的修齐治平、内圣外王到底意味着什么。只有这样我们才能让古典的智慧在当代落地生根，而不至于沦为让人不屑的心灵鸡汤，或者令人反感的政治神学。

当然，由于精力和能力的不足，本项研究仅仅专注于理解施特劳斯，并尽可能像施特劳斯那样如其所是地理解施特劳斯（当然这恐怕是可遇而不可求的境界）。因为牟先生的“关”自然有后来人为他去“过”，而我因施特劳斯而面临的“关”却必须由我自己来“闯”，这大概就是伟人和庸人的区别。庸人“闯关”的方法就是缩小战场，集中火力，使自己的意图变得清晰再清晰起来，这一意图就是要弄清楚：在施特劳斯看来，现代性（启蒙运动）到底出了什么问题？而他所谓的古典政治哲学又如何能够有所裨益于当下？希望我下面的研究能够尽可能清楚地回答这两个问题。

摘　要

本书认为施特劳斯的最终意图乃在于：在反思现代启蒙运动的同时挽救启蒙的精神，为此他必须通过政治哲学史的艰难爬梳，尝试复兴一种柏拉图式的古典政治—哲学。

施特劳斯之所以需要这样做，是因为他认为在现代启蒙运动因其成功而瓦解之后，不仅现代政治哲学沦为了意识形态，而且哲学本身也失去了可能性与必要性，施特劳斯形象地称这样一种后现代处境为“第二洞穴”。这个意识到自身的“洞穴”本质上不适合人类居住，因为一方面它缺乏稳固的根基，虚无主义的疾风骤雨从各个隙缝里钻进来；另一方面它又给人类戴上了双重的锁链，使得人类走出洞穴的欲求失去了它的自然根基，人的可能性因而面临着枯竭的危险。这就是施特劳斯对于现代性危机的独特诊断。

而究其原因，施特劳斯认为其病根出在现代启蒙运动错误地处理了哲学与政治之间的关系，因此这是一种政治—哲学病。自马基雅维利以来的现代哲人都不满足于古典政治哲学的乌托邦性质，他们试图通过启蒙运动的方式确保哲学与政治实现完美的融合，让真理的光芒照遍政治社会的每一个角落。这是一个何其宏伟而诱人的蓝图，但是他们为此必须自觉地降低自己的视野，让哲学的启蒙服务于政治的改造。这在施特劳斯看来从一开始就是一个致命的错误，因为它幻想把两个本性上相互排斥的东西强行融合在一起，其结果只能是两败俱伤。施特劳斯通过一个著名的“现代性三次浪潮”清晰地展示了现代启蒙运动如何因这一内在痼疾而一步步走向自我瓦解的末途：卢梭（第二次浪潮）和尼采（第三次浪潮）这两个标志性人物都因其对现代启蒙运动的道德不满而将哲学激进化，试图通过重返古典来扭转现代性的堕落趋势。但由于他们都没能跳出现代启蒙运动的固有视野，致使他们非但没有遏制现代性痼疾的进一步恶化，反倒一步步将现代性推向了顶峰。

为了克服由于现代政治哲学所导致的现代性危机，施特劳斯认为有必要恢复一种古典的政治—哲学智慧。这种智慧的核心之处即在于认识到哲学与政治截然不同的本性：哲学对于智慧的永无止境的寻求势必威胁到政治对于意见与教条的依靠，因此就需要一种政治—哲学来妥善地处理哲学与政治之间的关系，使得它们不至于相互危害。这个意义上的政治—哲学就全然不是一种政治设计的方案，甚至柏拉图的《理想国》都应该看成是对政治理想主义的尖锐抨击，它真正试图彰显的应该是相对于人的最高可能性而言的政治生活的最高局限性。唯有把握住这样一种古典智慧，才可能获得看待人和政治事务的整全视野，从而才有可能让这种智慧在今天给予我们启示。

然而这样一种意义上的政治哲学在今天是不可理解的，因为我们今天所“生活”于其中的“第二洞穴”已经使得哲学与政治这两者都失去了它们原初的含义。为此，施特劳斯认为我们有必要采取一种前人不必要也不会采用的方法，即政治哲学史的研究方法，努力从“第二洞穴”倒着爬回到柏拉图意义上的“第一洞穴”。那是一个自然的、因而缺乏自我意识的洞穴，这个洞穴有着稳固的“神学—政治同盟”作为根基，而哲学就是在这样一片土壤之上发芽成长的。这个意义上的哲学就是对于城邦的超越，它渴望的是洞穴之外的阳光，以及伴随而来的与整全合一的人的最高可能性。

当然，这必然意味着在后现代处境下不可能有一种原初意义上的哲学启蒙，所有这一切都只是一种理论上的尝试。而它一旦落实到实践层面，它甚至被迫带上了一层“反启蒙”的色彩，这是施特劳斯在今天遭受如此之多的非议的重要原因。为此，必须一方面澄清施特劳斯在自由民主制问题上的政治立场，证明古典政治哲学如何能够有所裨益于解决当代的政治纷争；同时，在另一方面必须将它落实到自由教育或者说整全教育问题上，它要求我们艰苦细致地阅读伟大的经典著作，并努力如其所是地理解前人的意图，以此获得一个整全的视野，最终把自己从“第二洞穴”的束缚中解放出来。

这就是施特劳斯的工作：复兴一种古典政治—哲学的智慧，以应对当代政治的与哲学的危机。不管我们如何评价施特劳斯（当然前提是正确地理解施特劳斯），施特劳斯为我们指明的方向却都应该得到我们足够的重视。

关键词： 施特劳斯；启蒙；启蒙运动；古典政治—哲学

Abstract

Leo Strauss's final intention is to reflect the modern-Enlightenment, at the same time to save an enlightenment spirit. Therefore he must hardly study the history of political philosophy, and then try to revive an Platonic classical political philosophy.

But why he must do so? It is because he think that after the modern-Enlightenment collapse because of its success, not only the modern political philosophy becoming ideology, but also philosophy itself lose its possibility and necessity, Strauss use "The Second Cave" to describe the special post-modern situation. This self-aware cave is not fit for human being to live in, because it lack of steady foundation, nihilism threaten its foundation everywhere; and what's more, there are double ball and chain in this second cave, so eros which try to transcend the cave has lost its natural foundation, and so human possibility will be probably dry up. This is Strauss's special diagnose to modern crisis.

The final cause is that the modern-Enlightenment mistakenly dispose the relationship between philosophy and politics, and so this is an disease of political philosophy. Since from Machiavelli, all the modern philosopher discontented with utopia character of classical political philosophy, they want to insure an ideal amalgamation between philosophy and politics through Enlightenment, and so the light of truth will lighten every corner of political society. How majestic and tempting they are! But in order to do so, the modern philosophers must willing to narrow-down their eye shot, and let philosophical enlightenment service for the reconstruction of political society. It is an fault from beginning, because they imaging to put two instinctively inter-repellent things together, and its only result is that both of them will be damaged. Strauss use an famous "The Three Waves of Modernity" to syllabify reveal how the modern-Enlightenment ultimately self-collapsed step by step: Both of Rousseau (The Second Wave) and Nietzsche (The Third Wave) radicalization the philosophy because of their moral dissatisfaction to modern-Enlightenment, they want to turn the degenerate tendency of modernity through returning to classicality. But because they haven't dap out of the inner eye shot of the modern-Enlightenment, they far from holding back of exacerbation of modern disease, but unfortunately they push modernity to its peak.

In order to overcome the modern crisis result in modern political philosophy, Strauss think that it is necessary to revive an wisdom of classical political philosophy. The core of this classical wisdom is that clearly recognize the poles apart characteristic of philosophy and politics: philosophy is an forever-lasting to wisdom, and it will inevitably threat the need of politics to opinion and dogma, and therefore it will be needed to have an political philosophy to properly deal with the relationship between philosophy and politics, to make sure they won't do harm to each other. Political philosophy as such will completely not an political layout just as all kinds of isms, and even the republic of Plato should be considered as an acutely attack to political idealism, its real intention is to reveal an highest limit of political life contrary to the highest possibility of man. Only when we grasp this classical wisdom that we catch an whole eye shot viewing to man and political things, and then let it give us meaningful revelation today.

However, this kind of classical political philosophy can not be understand, because we today live in an "Second Cave" which make philosophy and politics lose their pristine meaning. So Strauss think that we need an special method which the ancients will not need, that is study on the history of political philosophy, to do so we can climb back to "The First Cave" step by step from "The Second Cave". "The First Cave" is a natural and self-aware-less cave, this cave has steady "theological-political confederation" as its foundation, and philosophy come up and grow up on this soil. Philosophy in this meaning is transcendence beyond polis, it yearn for the sunlight out side of the cave, and concomitant with an highest possibility of man which means man will be syncretize with the whole.

Of course, it must means that there will not any pristine philosophical enlightenment in post-modern situation, all of such are theoretically attempt. Once it put into effect, it even looks like "anti-enlightenment", this is an important factor that cause Strauss to be censured. Therefore, we must firstly clarify Strauss's political position on liberal democracy, to prove that the classical political philosophy can be beneficial to resolve present political dispute; and then we must put it into the level of free education or general education, it require us painstakingly read those great classical books, and try our best to understand forefathers' thought just as they think themselves, and so we can get a whole eye shot, and ultimately liberate ourselves from "The Second Cave".

This is Leo Strauss's job: revive a kind of wisdom of classical political philosophy to reply to today's political and philosophical crisis. In despite of how we evaluate Strauss's job (of course, before we evaluate Strauss, we must firstly understand him correctly), the orientation that Strauss point out for us must be seriously and adequately regarded.

Keywords: Leo Strauss; enlightenment; modern-Enlightenment; Classical Political Philosophy

目　录

绪 论
寻找施特劳斯

从高处来理解低处总比从低处来理解高处要来得安全：因为要从低处来理解高处，人们就必须扭曲高处；而要从高处来理解低处，人们不必剥夺低处如其所是地显现自身的自由。

——施特劳斯

1899 年 9 月 20 日，一个普通的男孩出生在德国 Hessen 地区安静的 Kirchhain 小镇上的一个“保守而正统”的犹太家庭里。1973 年 10 月 18 日傍晚时分，在大西洋彼岸的美国马里兰州安纳波利斯，一个七旬老者安静地离开了这个世界。[①] 他就是列奥·施特劳斯，在他的名字背后是一个极度复杂而又敏感的身份：德裔美籍犹太人。

按理说，这一身份将在他的灵魂内部种下不安和撕扯，但是他给人的最深刻印象却是“极度的宁静”。[②] 这让我们回想起了他 16 岁时立下的志向：在德国的一个小镇上当一个乡村邮递员，然后一边养兔子，一边研读柏拉图。[③] 这个志向不能说有多高远，但却的确透露出施特劳斯的性情取向。然而由于命运的摆布，他终究没能在自己的故乡当一名邮递员，却在异国他乡做了一辈子的教书匠；他也终究没能养成小兔子，但他却在自己

① 关于施特劳斯的生平，请参见 Steven B. Smith，“Leo Strauss：The Outlines of a life”，in Steven B. Smith，Reading Leo Strauss：Politics，Philosophy，Judaism（Chicago：University of Chicago Press，2006），pp. 13 –40.

② ［美］艾伦·布鲁姆：《巨人与侏儒——布鲁姆文集》，张辉编译，华夏出版社 2007 年版，第 2 页。

③ Leo Strauss，“A Giving of Accounts，” in Jewish Philosophy and the Crisis of Modernity：Essays and Lectures in Modern Jewish Thought，State University of New York Press，1997，p. 460.

的办公室里挂了一幅丢勒（Albrecht Durer）画的小野兔；[①] 只有最后一点他是不折不扣地完成了：他不仅让柏拉图的著作陪伴一生，而且据说还凭一己之力复兴了柏拉图式的古典政治—哲学。

与他的志向和给人的印象相吻合，施特劳斯的一生是默默无闻的一生（并且据说是他有意这么做的）[②]。在学术上他的路径和方法独特到少人问津（更不要说理解），在政治领域更是毫无涉足（据说唯一的政治行动就是抵制了波普尔），他也不像公共知识分子那样积极投身于公共辩论，因为他除了一些注疏性的作品之外，最多的就是书评。他是如此地自我克制，以至于在他去世的时候没有任何一家美国主流媒体给予关注，甚至还给人留下了装神弄鬼、故弄玄虚的不良印象，因此人们称他为“芝加哥的先知”。

但是在他去世之后，他的声名却与日俱增：他被戴上了“新保守主义之父”、“极权主义者”、“道德虚无主义者”、“神学家”、“无神论者”等名目繁多甚至截然相反的称号。一时间，施特劳斯被放置在了聚光灯下，而且幻化出了千百张面孔。本来一个伟大的思想家留给世人不同的侧面是再自然不过的事情，就像一百个人读哈姆雷特就会有一百个不同的哈姆雷特。但是施特劳斯最大的特殊性也许在于，施特劳斯是通过一个所谓的“施特劳斯学派”进入主流学界乃至媒体的视野的。正是这个所谓的“施特劳斯学派”（有人认为施特劳斯是刻意为之的）[③]，在为他赢得无上的荣光的同时，也为他带来了无边的谩骂和指责。可以说，施特劳斯的功与过、罪与罚在很大程度上都得归因于他们。环绕在施特劳斯周围的硝烟和迷雾让我们无法分辨：到底哪一个才是真实的施特劳斯？因此我们必须先通过理解“施特劳斯学派”，然后才有可能找回真正的施特劳斯。

值得注意的是，“施特劳斯学派”这个称号是由反施特劳斯的学者发明的，（尽管大多数施特劳斯派成员都自觉或不自觉地接受了这一称号）

---

① George Anastaplo, “Leo Strauss at University of Chicago”, in Kennth L. Deutsch and John Murley (eds.). Leo Strauss, the Straussians, and the American Regime, Rowman & Littlefield Publishers, 1999, pp. 3 - 30.

② Allan Bloom, “Leo Strauss: September 20, 1899 - October 18, 1973”, Source: Political Theory, Vol. 2, No. 4 (Nov., 1974), pp. 372 - 392.

③ ［德］迈尔：《为何是施特劳斯?》，载列奥·施特劳斯《回归古典政治哲学——施特劳斯通信集》，朱雁冰、何鸿藻译，华夏出版社 2006 年版，第 IX 页。

这一发明显然是一种敌对情绪的外化：它影射着团伙、教派甚至阴谋等黑暗色彩。这种情绪最好地体现在下面这一论述里："一个招收门徒的人基本上不会是个好人，因为这等同于鼓励学生放弃自己的判断力，屈服于他自己的自负的洞察力，妨碍了学生们的独立成长。在我看来，没有人有权自以为是。这样做的人以及追随他的门徒们，在道德和智力上恐怕有所欠缺，他们没能力或许不愿意自立，宁可依赖这样傲慢的权威……施特劳斯既需要也期待信徒来崇拜，所以，在我的书中，他是个坏人。"① 这段话无疑提醒我们意识到：这是一个无比崇尚个性的时代，它高举的是怀疑一切的大旗，悬挂的是独立自主的横幅。以至于我们不得不怀疑这是不是一种教条主义的怀疑主义，一种怀疑一切偏见的偏见。一个培植了学派的人岂不是在触碰这个时代的高压线？一个压制个性的人（如果的确如此的话）岂不成了反动的学术"权威"？

为此，在这样的环境下，研究施特劳斯是一个需要辩护的选择，因为你很容易就会被指责你是放弃了自己的理性并盲目地跟从了一个危险的、假冒的权威。当然施特劳斯似乎从来没有（必要）这么做过，因为他很好地隐藏了自身、进而保护了自身，这在他看来是哲人（任何时代都如此）应有的品质。施特劳斯最多只是不被主流学界理睬，因此就更谈不上接受和批判了。但在他的身后，他的学生以及学生的学生们为他树起了一面大旗，从此以后"风刀霜剑"就再也没有停息过了。如果说施特劳斯是有毒的，那么他们就不仅自己吸毒，还大肆宣扬这种毒素。施特劳斯若泉下有知，不知是欣喜抑或悲叹呢?!

第一节 为什么是施特劳斯——论施特劳斯政治哲学的当代意义

施特劳斯进入中国的一个大背景是罗尔斯之后政治哲学的当代复兴，施特劳斯因此经常被当作是当代各种主义之争中的某一个主义，尤其经常被放在保守主义的标签之下。但是得到恰切理解的施特劳斯的政治—哲学

① George Anastaplo, "Leo Strauss at University of Chicago", in Kennth L. Deutsch and John Murley (eds.). Leo Strauss, the Straussians, and the American Regime, Rowman & Littlefield Publishers, 1999, pp. 3–30.

本质上决不是某种主义，相反它根本上是在反对各种主义论说。如果说各种主义都试图提供某种良好社会的建设或改造方案，那么非主义的施特劳斯政治—哲学又有何意义呢？

另外，随着国外各种主义在我国国内泛滥开来，短暂的新启蒙运动终于走向了自我瓦解的末途，我们从轰轰烈烈的现代化建设高潮转向了对于现代性问题的多元反思，各路学者都在各种反思当中寻求中国问题的解决之道。而施特劳斯被认为是这多元反思当中的一种，若果真如此，那么施特劳斯又有何独特之处，他对于中国又有何积极的意义呢？

这就是本书尝试解答的两个问题。

一 主义抑或“心灵鸡汤”——狭隘视野下的施特劳斯

20世纪末西方各种主义和思潮如潮水般涌进中国，自由主义、社群主义、共和主义、女性主义、殖民主义等你方唱罢我登场。在全方位地引介西方思想的同时，又不断兴起了重拾古典、复兴国学的高潮。当然不管是西方的新思想，还是中国的旧传统，都是在所谓中国问题意识的指引下①，理解和应对改革开放以来日趋显现的现代性弊病。施特劳斯就是在这样一种大背景下进入中国的，因此对他的理解也就自然打上了这个时代的烙印。

其中一种典型理解是把施特劳斯当作了诸多主义当中的一种。② 人们给他贴得最多的标签就是所谓“新保守主义”，这个主义据说还与美国当代政治现实有着千丝万缕的联系。③ 不过在笔者看来，虽然施特劳斯的保守政治立场是毋庸置疑的，但是这种保守立场也绝不能上升到保守主义的层面。因为所谓保守主义是与激进主义相对的，而施特劳斯在思想上对现代性的批判却比激进左翼和激进右翼都有过之而无不及。不过这并不必然是一种矛盾，因为思想上的激进与政治上的保守恰恰就是施特劳斯的独特性所在。④ 我们可以说，保守主义是一种哲学化了的政治理念，而政治上

① 张旭东：《全球化时代的文化认同》，北京大学出版社2006年版，第260页。

② 高全喜：《论共和政体》，载《中国政法大学学报》2008年第4期。

③ 李强：《新保守主义与美国的全球战略》，载上海《书城》2003年第5期。崔勇列：《“民主帝国”的多重协奏》，载北京《书城》2003年第8期。

④ 邓正来、曼斯菲尔德等：《与施特劳斯派相关的若干问题——与曼斯菲尔德教授的对话》，载《社会科学辑刊》2008年复刊号。

的保守却是相对于哲学上的激进疯狂而言的。记住这一点将大大有利于我们正确地理解施特劳斯的政治哲学。

各种主义本质上都是一种“现代性方案或者说现代筹划”（modern project），这种筹划弥漫于当代意识的所有方面，它的核心就是哲学和科学不再是批判性的、沉思的和疏离的，而是服务于社会的改进。而施特劳斯的政治哲学绝非任何一种关于政治社会秩序安排的主义论说，它在本质上就是哲学。就“哲学”（爱智慧）这个西方传统语词的本义来说，其含义首先是静观的反思，而非政治实践性的论说。①

另一种对施特劳斯的错误印象是把他放在古典热当中来看，认为古典的复兴根本上是为了解决改革开放以来世俗化社会的精神危机问题，因此施特劳斯甚至被拿来与于丹的“心灵鸡汤”相提并论。② 从这样一种视角出发，施特劳斯是在填补自由主义留下的道德空缺，是解决个人安身立命问题的一种思想资源。这样的理解当然有它合理的一面，因为施特劳斯以不断提醒世人追问何谓美好生活、克服虚无主义、恢复人的可能性（如果不是最高的话）为己任。③ 但是这决不意味着施特劳斯对政治事务、公共事务漠不关心，因为施特劳斯除了关心何谓美好生活的问题，他的政治哲学更是以追问何谓最佳政制秩序为目的。实际上施特劳斯所着力复兴的古典政治哲学可以说是树立了同时搞哲学和促进人类福祉的事业这一抱负的典范。④ 这也可以在很大程度上解释为什么那么多青年才俊的灵魂被施特劳斯从自由主义的阵营中“勾走”，它某种程度上因应了中国传统的读书人修齐治平、内圣外王的抱负。

当然要正确理解这样一种既非主义论说、又不仅仅关涉个人安顿的古典政治哲学，我们就必须首先跳出现代自由主义的视野。⑤ 因为一种同时

---

① 刘小枫：《施特劳斯与中国——古典心性的相逢》，载《思想战线》2009 年第 1 期。

② 许纪霖：《政治自由主义，还是整全性自由主义？——关于当代中国知识和文化领导权的思考》，载《知识分子论丛第 7 辑：现代性的多元反思》，江苏人民出版社 2008 年版，第 15 页。

③ Leo Strauss, “German Nihilism,” in Interpretation: A Journal of Political Philosophy, Spring 1999, Volume 26, No. 3, pp. 353 – 379.

④ ［美］朗佩特：《施特劳斯在柏拉图式政治哲学史上的地位》，贺志刚译，载《施特劳斯与古典政治哲学》，刘小枫编，上海三联书店 2002 年版，第 717 页。

⑤ ［美］列奥·施特劳斯：《柯亨与迈蒙尼德》，载《犹太哲人与启蒙》，刘小枫主编，张缨等译，华夏出版社 2009 年版。

处理美好生活与美好社会而又不是主义论说的政治哲学非但为自由主义者所反对，而且是它所不能理解的。这两个问题之间的内在关系已经被自由主义的公私领域之间的划分给硬生生地切断了，要恢复对这种原初关系的理解，我们就必须先审视这一视野下降的过程。

二 视野的下降——《正义论》抑或《末人的第一哲学》

1971 年罗尔斯发表了《正义论》，它被公认为标志着政治哲学的当代复兴，从此以后的当代政治哲学争论几乎都是对《正义论》的回应。① 而此时的施特劳斯已经年逾古稀，他正在圣约翰大学潜心研究色诺芬的苏格拉底和柏拉图的《法义》，他似乎没有注意到这一被称为划时代的著作，抑或他只是觉得在历史主义、文化相对主义和事实—价值区分的多重挑战下，现代政治哲学已经不再可能。所以他更愿意把所剩不多的精力专注于探询古人的教诲，从他们那里寻找治疗当下西方危机的思想资源。

但是，在施特劳斯去世之后的第三年即 1975 年，施特劳斯最桀骜不驯的得意弟子布鲁姆在沉默中爆发，公开发表了声讨罗尔斯《正义论》的檄文：《正义：罗尔斯与政治哲学传统》。② 对这篇重要文献的解读将大大有助于我们理解施特劳斯（派）对于主流学界所追捧的政治哲学的态度，进而帮助我们认识到施特劳斯的政治哲学的当代意义。

布鲁姆对《正义论》的最终评价是：这本书的恰当题目应该是《末人的第一哲学》。这当然是尼采式的评价，按照这一评价，在罗尔斯所构建的理想社会里，“每个人都是幸福而满足的，每个人都有他渺小的夜以继日的快乐，但是不会再有伟大心脏的跳动，也不会再有伟大灵魂的呼吸”。③ 但是这样的评价似乎很难令人信服，因为这似乎是在拿人的最高标准来衡量普通人的生活，因此就有着道德专制的嫌疑。因此罗尔斯会自信地回应说他搞的本来就不是哲学，而仅仅是政治，事实上这正是现代政治思考所需要坚持的基本品性。④ 也就是说罗尔斯必须有意地降低自己的

---

① ［加］威尔·金里卡：《当代政治哲学》，刘莘译，上海三联书店 2003 年版，第 4 页。

② Allan Bloom, “Justice: John Rawls Vs. The Tradition of Political Philosophy”, The American Political Science Review, Vol. 69, No. 2 (Jun., 1975), pp. 648 – 662.

③ Leo Strauss, “German Nihilism,” in Interpretation: A Journal of Political Philosophy, Spring 1999, Volume 26, No. 3, p. 360.

④ 包利民：《〈罗尔斯篇〉与古今之争的得失》，载《求是学刊》2009 年第 1 期。

视野，不去关心人的最高可能性和终极价值的问题，否则他所建构的社会大厦就有崩塌的可能。而这一点布鲁姆在一开头就提到了：矢志为自由民主制辩护的罗尔斯对于自由民主制最大的敌人（指马克思、尼采，这里指向的就是施特劳斯所说的现代性第三次浪潮）视而不见，他要绕过这些最大的障碍，把自己的视野限制在不超出日常生活经验的范围内，只是关注“已经取得自由的民族的公民自由，已经趋于繁荣的国家的财富再分配”。[①] 一句话，在布鲁姆看来，罗尔斯的志向就是要为末人组成的社会奠定哲学基础。

但是我们立刻就会看到，建立在这样一种狭隘视野基础之上的社会是缺乏真正稳固的根基的。因为在布鲁姆看来，罗尔斯的所有努力都基于他对整个政治哲学传统的误解和疏离[②]，这个政治哲学传统既有现代政治哲学的（包括霍布斯的自然状态学说和康德的道德学说），也有古典政治哲学传统（指亚里士多德）。这三个误解构成了《正义论》的核心。

首先，罗尔斯为他的正义社会大厦拟想的基石就是“原初状态”，它区别于霍布斯的“自然状态”的根本之处在于它放弃了看待人与政治事物的自然的视野。整个政治哲学传统（包括古典的和现代的）都一致认为决定性的问题是自然，分歧仅在于何谓自然。按照霍布斯对自然的现代理解，人的第一自然就是自保，人之所以进入社会契约，是因为生命受到威胁。这种激情足以为人们提供一个稳固的人性根基，忠诚于一个致力于保护他们的公民社会。但是罗尔斯的原初状态不仅没有任何地方与真实的人生经验相对应，而且对死的恐惧消失，也使进入公民社会及接受其规则的动机消失了。罗尔斯只是以公平取代恐惧，但是只有在原初状态下，公平才是对被启发的自我利益的合理选择，一旦脱离了原初状态，对公平的寻求和顺从的动机就荡然无存了。[③] 这样罗尔斯就拒绝了霍布斯等早期现代政治哲学家（也就是施特劳斯所说的现代性的第一次浪潮）为社会奠基的方式。

---

① Allan Bloom, “Justice: John Rawls Vs. The Tradition of Political Philosophy”, The American Political Science Review, Vol. 69, No. 2 (Jun., 1975), p. 648.

② David Lewis Schaefer, “‘Moral Theory’ Versus Political Philosophy: Two Approaches to Justice,” in The Review of Politics, Vol. 39, No. 2 (Apr., 1977), pp. 192 - 219.

③ Allan Bloom, “Justice: John Rawls Vs. The Tradition of Political Philosophy”, The American Political Science Review, Vol. 69, No. 2 (Jun., 1975), pp. 649 - 653.

其次，罗尔斯对康德的道德学说的误解使得他失去了现代政治哲学中为社会奠基的另一条可能路径。康德的道德学说受卢梭的决定性影响（因而可以看成是施特劳斯所谓的现代性第二次浪潮）是对霍布斯等社会契约学说中的功利主义道德的反动。康德道德学说的本质要素是自律，也就是自由和理性化的结合。但是罗尔斯没有看到康德之所谓自由和理性化是普遍性的，如果人能够根据取之于普遍原理的法令行动，那么他既是自由的又是理性的。为了自由地行动，人就必须服从给自己厘定的律法，不受他人、特定环境或自然的强制。但是罗尔斯原初状态下的人，根据个体欲望行动。精于算计的人寻求满足其激情，只是为达到某种目的而把理性作为工具来运用，理性对于建立上述目的并不发挥作用。因此罗尔斯原初状态下的人既不自由也不理性。康德需要借助道德来约束个体的自私倾向，而罗尔斯的社会里却没有自我克服的斗争。因此布鲁姆说罗尔斯对“原初状态”的康德式解释仅仅是借用了虚假的道德尊严。①

最后，罗尔斯对亚里士多德的误解使得他失去了为社会奠基的古典视野。罗尔斯要回答的就是《理想国》中的问题：正义的人是幸福的人吗？但是罗尔斯绝没有像柏拉图那样把正义内在化来证明正义的人是幸福的人，罗尔斯的观点是幸福是伴随着生活计划的实现而来的纯粹的主观满足和对持续成功的期望。他借用亚里士多德就是要为这样的幸福观赐福，即信什么都行，都表达了价值。“亚里士多德原则”称“如果其他条件相同，人类乐于运用他们的认识到的（先天的或习得的）能力，能力越被认识到，复杂性就越大，人们也越乐于其中”。但是罗尔斯没有意识到亚里士多德远没有赞扬包容性和复杂性，相反他认为有一个最高的行为适合人的天性，它能产生幸福，这就是哲学的生活方式。亚里士多德因为有自然，所以存在着客观的至高的幸福；而罗尔斯的幸福却只是满足于任何能够让他满足的东西。② 而这就是末人的典型特征。

布鲁姆在对亚里士多德的还原中将对罗尔斯的批判推向高峰，罗尔斯

① Allan Bloom, “Justice: John Rawls Vs. The Tradition of Political Philosophy”, The American Political Science Review, Vol. 69, No. 2 (Jun., 1975), pp. 656 - 657.

② Ibid., pp. 659 - 661.

像古典哲人那样关注人的幸福，可是他的幸福却是被严格限定在了社会领域之内。没有社会之外的善，没有超越社会的善。对亚里士多德来说，不属于公民社会的人非兽即神，而对罗尔斯来说他只能是野兽，神的维度早已荡然无存。对卢梭来说，孤独的人是唯一的好人，而对罗尔斯来说他是唯一的坏人。洞穴的出口被彻底关闭了。而这一切是因为罗尔斯去除了所有政治哲学传统都坚持的自然标准，他在表面上为人们自由选择生活计划开了方便之门，但实际上也为社会整体约束所有自由选择的生活计划、进而无限制地操纵人开辟了道路。① 这样，在布鲁姆的笔下，罗尔斯竟似乎成了自由主义的头号敌人。

尽管这样的结论有点匪夷所思，这样的批判也多少有点强人所难，其居高临下的姿态无疑将激怒一大批自由主义者。但是如果我们承认有一种看待政治事务的视野的高下之分，那么布鲁姆的如下判断就是成立的：罗尔斯没有回应现代性第三次浪潮的严峻挑战，是因为他已经自觉不自觉地成了尼采、海德格尔所预示的后现代社会的良民。他全然没有意识到他所站立的支点是与整个政治哲学传统相对的，他采取了看待人类事务的最低的视野。

实际上，在施特劳斯看来，从马基雅维利开始的现代政治哲学就开启了一个不断降低古典政治哲学视野的进程：马基雅维利认为古典政治哲学是不现实的，最终是以乌托邦作为结局的——必须承认，实现乌托邦是极不可能的而且要靠无法控制的机运。② 马基雅维利试图使公正秩序的实现成为可能，因此他就必须降低哲学的目标。古典政治哲学从人们应该如何生活出发思考政治问题，而马基雅维利则从人们实际上如何生活出发。他忽略了在本质上超越所有可能的人类现实的东西：永恒与完整，或人类灵魂对永恒与完整的自然倾向。③ 而霍布斯通过强调追求权力——这甚至排除了马基雅维利所赏识的对崇高荣誉的追求——从而导致了视野的进一步

① Allan Bloom, "Justice: John Rawls Vs. The Tradition of Political Philosophy", The American Political Science Review, Vol. 69, No. 2 (Jun., 1975), pp. 661 – 662.

② Leo Strauss, What is Political Philosophy and Other Studies, Glencoe: The Free Press, 1959, pp. 34 – 35.

③ ［美］列奥·施特劳斯：《关于马基雅维利的思考》，申彤译，译林出版社 2006 年版，第 295 页。

缩小，从此自我保存成了思考政治社会生活的唯一起点。[①] 而随后的洛克只不过是将霍布斯的自我保存扩展为舒适的自我保存，他们的着眼点始终都是人类灵魂中相对低级甚至绝对低级的部分，以此出发来构建政治社会的秩序。

而当代的罗尔斯决心将视野放得更低，他彻底放弃了自然的标准（哪怕是现代哲人所理解的自然），因此就只能在历史的洞穴中寻求庇护。超出洞穴之外的视野不复存在。罗尔斯之后的政治哲学家似乎就是在洞穴中定居下来，他们之间的不同似乎只不过是如何定居、如何调整内部结构的问题。因此也许我们应该把当代主流的政治哲学称之为“历史的政治哲学”，以区别于历史主义出现之前的“非历史的政治哲学”。[②]

三　视野的拓展——主义之争边缘的施特劳斯

《正义论》之后，自由主义、社群主义和共和主义的三方争论构成了20 世纪 80 年代以来西方政治哲学论争的基本架构。而施特劳斯（派）却一直站在了这一争论的边缘。那么如果从施特劳斯的视角出发，这场争论将呈现出一幅怎样的景象？施特劳斯的政治哲学又具有怎样的特殊意义呢？

笔者认为主义之争的实质在于：为了应对现代自由主义的狭隘视野所导致的危机，寻求以不同方式扩展视野所带来的视野之争。因为自由主义发展到当代已经完全将自己局限于政治领域，因为在价值多元的背景下，什么是美好的生活并没有一个统一的标准答案。为了尊重人们作为有能力选择他们自己之目标的自由、独立的自我，国家应该在有关良善生活的竞争性观念之间保持中立。这被认为是自由主义区别于其他政治意识形态的根本特征。[③] 这种自由主义只要求一种最低限度的共同的民主与宽容观念，以此为不同生活方式之间的共存提供一个基本框架。据说，这是从我

---

① Leo Strauss, Natural Right and History, Chicago and London: The University of Chicago Press, 1953, pp. 179 – 180. 由于本书将多次引用《自然权利与历史》一书中的相关文句，为避免重复，在下文中凡引用本书的地方均采用随文作注的形式，并以通行的缩写形式（NRH）标出。

② Leo Strauss, What is Political Philosophy and Other Studies, Glencoe: The Free Press, 1959, p. 62.

③ 刘擎：《自由主义及其不满》，载《现代性的多元反思》，许纪霖主编，江苏人民出版社 2008 年版，第 37 页。

们时代的“具体情境”出发所可能指望的最可能的政治解决方案，因为它为“尽可能多的合理的伦理生活敞开了可能性”。[①]

但是，一个只是有关国家权力的恰当范围与限度的“最低限度的政治哲学”[②] 是可能和可欲的吗？一套只是“关于政治的哲学”，而不是“关于人的哲学”将如何指引人的生活？又将如何证明自身的正当性？[③] 很显然，自由主义的政治哲学极力将政治去道德化，而恰恰是道德问题成为自由主义的最大短板。

社群主义者就是紧紧抓住这一点展开对自由主义的批判和补救的。社群主义者引入了一个先于个人自由选择的社群概念，一个社群的成员有共同的目的，不仅有协调一致的私人利益，而且这些利益还被社群的成员作为共同的目的来看待与重视。这样的社群不但界定了我们是谁，而且还赋予我们特定的目标和价值，以此来指引我们应该如何生活。[④] 而自由主义者所标榜的国家中立之理想乃是一个永远无法企及的虚假应诺，因为很显然自由主义者不可能在多元价值中不做任何选择，它对民主与宽容理念的坚持就是最好的证明。按照这种思路，任何一个政治社群的价值选择都是由这个社群所理解的共同善所决定了的，它可以说是人类共同生存的基础。

这样看来，社群主义者强调补充了被自由主义的视野所忽视了的人类生存的另一个重要极点。但是社群主义似乎有点矫枉过正，因为社群主义似乎意味着盛行于任何特定时期任何特定社群中的价值都是正确的，我们将失去对政治社群进行理性评价的可能。而且，如果过分强调社群的价值而忽略自由主义对个人权利的坚守，就必然要冒很大的极权主义的风险。

相比之下，共和主义更像是在自由主义与社群主义之间的第三条道

---

① 周濂：《最可欲的与最相关的——今日语境下如何做政治哲学》，载《知识分子论丛第7辑》之《现代性的多元反思》，江苏人民出版社2008年版，第58—69页。

② ［美］阿伦·布坎南：《评价社群主义对自由主义的批判》，曾纪茂、毛兴贵译，载《共和的黄昏：自由主义、社群主义和共和主义》，应奇、刘训练编，吉林出版集团2007年版，第158页。

③ 高全喜：《现代自由主义如何应对“美德问题”？——以麦金泰尔所谓“休谟的英国化颠覆”为例》，载《知识分子论丛第7辑》之《现代性的多元反思》，江苏人民出版社2008年版，第50页。

④ ［美］桑德尔：《自由主义与正义的局限》，万俊人等译，译林出版社2001年版，第216页。

路：我们既不能像自由主义者那样回避那些超出了“社会生活最低要求”的东西，但是又不能像社群主义者那样被动接受社群所强加给每个个体的义务。相反，我们应该尽可能地参与到公共事务当中去，尽可能全心全意地承担起我们的公共责任。[①] 积极地参与非但是与个人自由相容的，而且构成了确保任何程度的个人自由的必要条件。因为参与就是要就公共利益进行协商，就能够避免社群对于个人可能的压迫。

显然共和主义者通过对政治参与和公民美德的强调，融合并拓展了自由主义和社群主义的视野，某种程度上实现了个人自由和社群的善之间的和解。有趣的是，不管是社群主义者还是共和主义者都不认为是对自由主义的替代，而是对自由主义的补充，它们似乎让政治自由主义回复到了某种意义上的“整全性自由主义”，[②] 即它能够同时回答何谓美好生活和美好社会这两个问题，以此补上自由主义的道德短板。

我相信施特劳斯对此将有着同情的了解，因为这些智识上的努力都在试图借助古典的思想资源来补救现代自由主义的弊病。而施特劳斯也一再强调，在这个时代“对于自由民主制来说，最紧迫的不是试图去攻击它，而是对它的防卫。”[③] 但是笔者认为，按照施特劳斯的理解，社群主义和共和主义的努力根本上是不到位的，因为它们的视野本质上依然是现代自由主义视野的延续。

社群主义者和共和主义者都遵循了这样一条思路：为了确保理想社会的实现，就必须自觉降低我们的视野。它们都共享了自马基雅维利以来现代政治哲学的隐蔽前提：在推翻了神学之后，哲学与政治能够实现最终的融合。因此共和主义者把马基雅维利视为圭臬，而施特劳斯却将他视为现

---

① Skinner, “The Republican Idea of Political Liberty,” in Cisela Bock, Quentin Skinner, Maurizio Viroli, ed., Machiavelli and Republicanism, Cambridge: Cambridge University Press, 1990, pp. 293 - 309. 转引自查尔斯·泰勒《答非所问：自由主义—社群主义之争》，应奇译，载《公民共和主义》，应奇、刘训练编，东方出版社 2006 年版，第 370—399 页。

② 许纪霖：《政治自由主义，还是整全性自由主义？——关于当代中国知识和文化领导权的思考》，载《知识分子论丛第 7 辑：现代性的多元反思》，江苏人民出版社 2008 年版，第 17 页。

③ Leo Strauss, The Rebirth of Classical Political Rationalism: An Introduction to the Thought of Leo Strauss, Chicago and London: The University of Chicago Press, 1989, p. xxvi.

代性的始作俑者。[①] 同样，施特劳斯虽然赞扬公民品德和政治家才能等罗马共和传统，但是他从没有屈服于对城邦及其积极的“公共空间”或“共同体意识”的任何形式的怀旧情绪。[②] 因为他在强调政治事务的本性（社群主义者的努力可以看作是在这一方向上的）的同时，始终都没有忘记作为人的最高可能性的哲学始终与政治处于紧张对立的状态。在施特劳斯所理解的古典政治哲学中，哲人是一个彻底的个人主义者，他在私人领域享受完满的智识幸福。[③] 对于转瞬即逝的政治领域，他不屑一顾。而共和主义当然是反对这样一种退出的或消极的自由的（很多人都认为施特劳斯是在批判柏林的消极自由观念，但施特劳斯的真正用意是在指出建立在相对主义基础之上的自由主义不可能前后一贯地为消极自由辩护[④]），至少他们认为这样的自由是需要积极参与的自由来保障的。

因此，社群主义和共和主义虽然可以在一定程度上补救自由主义的弊病，但它们终究不可能复原一种整全性的自由主义，否则就必然与自由主义所理解的个人自由发生冲突。而施特劳斯所复兴的古典政治哲学，可以被恰当地称为古典自由主义，它因为认识到“神学—政治问题”的根本性，从而保证了一种绝对的整全性的社会建制的必要性和可能性，这可以说是对自由民主制的最低辩护；同时它又因为认识到哲学生活的最高可能性，从而为自由主义的个人自由做了最高的辩护。施特劳斯就是这样借助古典政治哲学的整全视野来为自由民主制重新注入活力的。

因此，要清楚认识并补救自由主义的危机，就必须跳出自由主义的视野之外。[⑤] 同样，要恢复整全性自由主义，就必须要有一个整全的视野。

---

① ［美］列奥·施特劳斯：《霍布斯的政治哲学：基础与起源》美洲版前言部分，申彤译，译林出版社 2001 年版，第 9 页。

② ［美］内森·塔科夫、托马斯、L. 潘戈尔：《列奥·施特劳斯与政治哲学史》，载列奥·施特劳斯、约瑟夫·克罗波西主编：《政治哲学史》下册，河北人民出版社 1993 年版，第 1097 页。

③ Leo Strauss, Liberalism Ancient and Modern, Chicago and London: The University of Chicago Press, 1968, p. 85.

④ Leo Strauss, "Relativism," in The Rebirth of Classical Political Rationalism: An Introduction to the Thought of Leo Strauss, Chicago and London: The University of Chicago Press, 1989, pp. 14 – 18.

⑤ ［美］列奥·施特劳斯：《〈政治的概念〉评注》，载迈尔（Heinrich Meimer）：《隐匿的对话——施密特与施特劳斯》，朱雁冰、汪庆华等译，华夏出版社 2002 年版，第 209 页。

这个视野只能在古典政治哲学中获得。

四 整全的视野——什么是政治哲学?

在政治哲学如此火热的今天,人们似乎不会再问“什么是政治哲学?”这样的问题。今天人们已经不再直觉到“政治哲学”是一个很“怪”的名词,“政治”与“哲学”似乎是两个很不相同(如果不说绝对相异的话)的问题领域。但是尽管如此,人们对于政治哲学依然有着或模糊或清晰的认识:“一般来说,政治就是利益、权利和权力的界定和分配,而政治哲学就是关于利益、权利和权力的界定和分配的正当性论证。”① 这样理解的政治哲学的根本任务是运用人类理性(哲学)来设计一套制度,因为在现代性条件下,政治社会都不再具有神圣的或自然的来源,用霍布斯的话说,国家都是人造物。

但是施特劳斯的政治哲学与这种作为政治蓝图、社会方案的政治哲学没有丝毫瓜葛。施特劳斯说:“当人们把追求关于何谓好的生活和何谓好的社会的知识作为明确目标时,政治哲学就出现了。”② 这里所谓的“好”暗含着最好,不是最好就不是真正的好,政治哲学是对最好的生活和最好的社会的知识的追求。因此政治哲学是以寻求知识为导向而非以政治实践为导向的,它本质上是一种哲学并且为哲人而在。

苏格拉底是政治哲学的创始人,但他却不是哲学的创始人。哲学先于政治哲学,前苏格拉底的哲人探究的是“自然”,而苏格拉底把哲学从天上带回到人间。苏格拉底出于虔诚从研究神圣或自然事物而转向全力探索人类事务,即正义的事物、高尚的事物以及对人之为人是善的事物。应该说政治哲学的原初含义或第一要义就是:政治问题是首要的哲学问题③,或者说政治事物是哲学的自然起点。

而政治生活的特征就是抱有对立主张的人们之间的价值冲突,每一种

---

① 赵汀阳:《哲学与公共问题》,载《吉林大学社会科学学报》2006 年第 2 期。

② Leo Strauss, "What is Political Philosophy?" in The Journal of Politics, Vol. 19, No. 3 (Aug., 1957), pp. 343 – 368.

③ Leo Strauss, The City and Man, Chicago and London: The University of Chicago Press, 1964, pp. 19 – 22.

主张都以有关善好或正义的意见为基础。[①] 哲人通过辩证法追问这些政治意见背后是否有自然的就是好的或自然的就是正当的依据，哲学就是从意见到知识的升华过程。（NRH，105）因此，政治哲学的第二层含义是对政治事物本性的探究是哲学上升的阶梯。这说明苏格拉底并没有放弃对于自然事物的研究，而是开创了对自然事物的新的研究路径，即通过对人类事务的探究抵达对自然的认识。

但是从政治向哲学的飞跃（即爬出洞穴之外的过程）绝非意味着政治就是必然遭到鄙视甚至抛弃的东西，因为政治意见中暗含着必要的真理的成分。对政治事务本性的追问使我们认识到政治与神学有着千丝万缕的联系，这就是神学—政治问题。我们只能透过对于神学（以及更广义的宗教问题）的悉心研究才能全面地理解政治社会所包含的张力与对立。[②] 这是可以被哲学所认识但无法被改造的所有政治共同体的本性：人类的共同生活必然建立在一个无法用理性去取代的绝对主义根基之上。

认识到这一点，我们也就懂得人类不能够对政治抱有太高的期望。《理想国》可以看作是对政治理想主义的最辛辣讽刺，因为让哲人统治城邦，实际上就是让哲学承担神学的职能，这非但是不可能的，而且本质上是荒谬的，因为它既违反哲学的本性，也违反政治的本性。哲学所追求的善注定不能经由政治获得，同样政治所追求的善也无法由哲学替代。

而哲学作为对知识的永不止息地追求，它本身就构成了一种生活方式，而且因为它对所有的政治意见（指向政治背后的神学根基）都构成了挑战，因而哲学的生活本身就处于与所有其他非哲学的政治生活的紧张状态之中。而这就构成了政治哲学的最高主题：在政治城邦的法庭面前为哲学的生活辩护。[③] 政治哲学因此最终成了哲学的政治修辞。

因此施特劳斯所致力恢复的古典政治哲学不是如何用哲学来改造政

---

① Leo Strauss, The Rebirth of Classical Political Rationalism: An Introduction to the Thought of Leo Strauss, Selected and Introduced by Thomas L. Pangle, Chicago and London: The University of Chicago Press, 1989, p. 51.

② Leora Batnitzky, "Leo Strauss and the Theological-Political Predicament", in The Cambridge Companion to Leo Strauss, ed. By Steven Smith, Cambridge: Cambridge University Press, 2009, pp. 41 - 62.

③ Leo Strauss, The Rebirth of Classical Political Rationalism: An Introduction to the Thought of Leo Strauss, Selected and Introduced by Thomas L. Pangle, Chicago and London: The University of Chicago Press, 1989, p. 60.

治，而是极力彰显哲学的生活与政治的生活之间的本性冲突：哲人代表了人的最高可能性，而政治代表了人类共同生活的底线要求。这样一种紧张冲突只有从哲学追求的整全视野出发才可能看清。哲学与政治之间的鸿沟代表了人类看待人与政治之间关系的整全视野，它可以从这样一个事实中获得真切的启发：人是介于神和兽之间的存在。[①] 哲人要追求像神一样的完满自足，但他依然要在最低限度上依赖于他所生存的政治社会；而政治社会则是防止人类向野兽堕落的必要保障，它是哲人所必须学会尊重的事实。

这就是施特劳斯意义上的政治哲学，从这样一种整全的视野出发，我们看到的是人类生存面临的根本性问题。清楚地意识到这些问题，是我们对所有政治实践进行评价的前提。

五 回到中国的整全视野——西学东渐中的施特劳斯

施特劳斯进入中国的时候，中国正在经历短暂而热烈的新启蒙运动最终走向自我瓦解的过程，知识界从原先还具有的“态度的同一性”[②] 逐渐进入了一个马克思·韦伯所说的“价值多神”的启蒙后时代。[③] 而施特劳斯却像个不合时宜的一元论者，让许多自由主义者无法接受。那么在一百多年西学东渐的过程中，施特劳斯处于怎样的地位，他对于今日的中国又意味着什么呢？

对于这个问题，人们通常都是持怀疑态度的。因为很显然，在施特劳斯所描述的现代性危机中，现代人不仅杀死了上帝，而且也杀死了沉思的古典哲人。但是中国文明自古就没有上帝，也没有所谓的古典哲学，那么施特劳斯对现代性危机的讨论对于中国究竟有多大借鉴意义呢?![④] 如果这里所说的“借鉴意义”只是用施特劳斯所恢复了的古典视野来看待我

---

① Leo Strauss, “What is Political Philosophy?” in The Journal of Politics, Vol. 19, No. 3 (Aug., 1957), p. 363.

② 汪晖：《预言与历史：中国现代历史中的“五四”启蒙运动》，《文学评论》1989 年第 3—4 期。

③ 许纪霖：《启蒙的自我瓦解：1990 年代以来中国思想文化界重大论争研究》，吉林出版社 2007 年版，第 40 页。

④ 邓正来、曼斯菲尔德等：《与施特劳斯派相关的若干问题——与曼斯菲尔德教授的对话》，载《社会科学辑刊》2008 年复刊号。

们自己，那么答案当然只能是否定的。但这种心态实际上正是一百多年来我们对待西方思想的惯常态度的一个延续，我们要真正理解施特劳斯之于中国的意义，就必须首先跳出这种心态。

从鸦片战争以来，我们都是以弱者向强者学习的心态来追随西方的各种先进思潮，无政府主义、自由主义、马克思主义等名目繁多的主义都是被当作救治古老中国的社会改造方案引进中国的。但是，百余年来的西学东渐主要是限于现代西学的范围之内，我们所认识的西方其实是一个现代西方，中西之争实际上是古今之争。[①] 因此，中国的问题实际上是一个如何实现现代化的问题。也就是说，我们一直是以现代西方的视野来认识和改造自己的。

但是改革开放让我们初步品尝到了现代化的果实之后，我们突然间发现现代化并没有我们想象的那么好，于是“现代化问题”变成了一个“现代性问题”。于是我们又开始学习西方对现代性的反思。我们从尼采、海德格尔等人身上看到了对于现代性的激烈批判，并且还初步认识到了在现代西方之外，还有一个我们不甚熟悉的古典的西方。

但是施特劳斯进入中国之后，不仅告诉我们说百余年来我们所认识的西方仅仅是一个局部的西方、现代的西方，更重要的是告诉我们，我们所认识到的对于现代西方的反思以及对于古典西方的回归存在着根本的局限，因为尼采、海德格尔的反思是在现代西方的视野之内进行的，因此他们所尝试回归的古典世界也是被扭曲了的古典世界。[②] 因为这个缘故，他们非但没有克服现代性的危机，反而越来越将现代性推向极端。施特劳斯告诉我们，我们只有获得一个超越于现代性之上的整全视野，才有可能清楚而准确地评价现代性的得失，这个视野必须在真正的古典传统中寻找。施特劳斯区别于尼采和海德格尔的最重要的地方就在于他认为我们能够如其所是地返回到古典世界，其方法就是通过政治哲学史的研究一步步爬回到古典哲人所面对的那个自然的洞穴。[③] 这代表了人类的原初境况，代表了我们最根本性的问题以及呈现这一问题的整全的视野。

---

① 甘阳：《古今中西之争》，生活·读书·新知三联书店 2006 年版，第 35 页。

② Leo Strauss, "German Nihilism," in Interpretation: A Journal of Political Philosophy, Spring 1999, Volume 26, No. 3, pp. 358 – 360.

③ Steven B. Smith, "Leo Strauss's Platonic Liberalism," In Political Theory, Vol. 28, No. 6 (Dec., 2000), p. 794.

因此，引介施特劳斯进入中国的一个重要问题意识就是对于所有先前的西学引介（包括现代性的和反/后现代性的种种思潮）的不满，正如甘阳所说，施特劳斯的政治哲学是对自由主义和后现代理论的双重批判，[①]他把我们引向的是一个古典的西方，一个完整意义上的西方。这可以说是施特劳斯对于我们的直接意义。

但是这绝非意味着我们要把施特劳斯所恢复的那个古典西方重新作为一面镜子来审视自己，而是要像施特劳斯重新找回西方人的整全视野那样重新找回我们自己的整全视野。只有重新找回我们自己的整全视野，我们才有可能找到反思和改进现代性中的中国问题的最终根基。[②] 因此我们可以说，施特劳斯对于我们的最大意义就在于，他使我们意识到，我们不再需要盲目地跟随西方，我们真正要做的是回到我们自己的源头。当然这并不是说从今以后我们就再也不用关心西方思想资源了，而是说从今以后我们不再信奉盲目的“拿来主义”，不再被动地充当全球文化霸权体系中的“搬运工”角色，我们将坚持主体性的地位，有意识地从浩瀚的西学海洋中“取”我们之所需。[③]

我们长期跟随着西方，当我们发现我们已经跟他们一样迷路的时候，我们就必须返回各自的起点。[④] 施特劳斯为我们作出了返回西方的起点的榜样，而我们的任务就是返回到我们自己的起点，以此获得诊治中国现代新的整全视野。

六 结语

总之，施特劳斯的政治哲学不是任何的政治改造方案，甚至也不是任何的社会批判主义，任何人试图从中找到解决当下现实问题的药方都将失望而返。但是施特劳斯政治哲学的重大意义却在于时时提醒我们，我们的

---

① 甘阳：《〈政治哲人施特劳斯〉后记》，载《古今之争与文明自觉》，徐戬选编，华东师范大学出版社 2010 年版，第 99 页。

② 刘小枫：《前言》，见吴雅凌编译，《俄尔普斯教祷歌》，华夏出版社 2006 年版，第 2 页。

③ 张志扬：《中国现代性思潮中的“存在”漂移？——“西学中取”的四次重述》，见萌萌主编，《“古今之争”背后的“诸神之争”》，上海三联书店 2006 年版，第 5 页。

④ Allan Bloom，“Leo Strauss：September 20，1899 - October 18，1973”，Source：Political Theory，Vol. 2，No. 4（Nov.，1974），pp. 372 - 392.

视野受到了限制[①]，我们需要寻找一个看待人类问题的整全的视野。尽管在真正理解施特劳斯所说的古典政治哲学的整全视野之前，我们可以怀疑他如此这般的视野就是整全的，但这样一个思路和方向却无疑是正确的：只有获得了一个整全的视野，我们才有可能更清晰准确地审视现代性的困境，并从中获得救治疾病所需的思想资源。

施特劳斯为我们树立了榜样，我们要做的绝不是生搬硬套，而是见贤思齐，努力获得我们自己的整全视野。从这个意义上说，研究施特劳斯的意义并不在施特劳斯本身，施特劳斯也并没有为我们提供任何现成的教义。他只是指明了一个方向，我们现在的研究似乎只是为了弄清楚，它指向何方。

第二节　重新发现中国——列奥·施特劳斯与当代思想大解放

新世纪以来，尤其是2008年以来，中国大地出现了前所未有的新气象，不是经济社会发展的日新月异，也不是综合国力的不断提升，而是对中国发展道路的高度自信。这种自信不是基于GDP增长的小人得志，也不是基于意识形态偏见的故步自封，而是确信自己正走在一条正确的而非错误的、独特的也是普遍的道路之上。可以说，在改革开放三十年之后的第二个三十年，基于文明自信的道路自信将成为指引全面深化改革的最高纲领，也将成为标志新时期改革开放的最大特色。

值得注意的是，这种自信并非仅仅表现在官方的言行中，同样表现在日益多元化的学术界。我们发现，不管是左派，还是右派，抑或保守派，他们都在回归中国。他们思考的问题已经不再是一百年前的“中国为什么落后”，而是“中国为什么强大”；不再是“中国可以向西方学习些什么?”而是“中国可以向西方乃至世界贡献些什么?”学术界正在用宣言般的语气宣告中国的自信，比如“世界历史的中国时刻”，“该是中国出场的时候了”，我们已经迎来了“即将结束的开始”。

这些现象恰恰启发我们去思考：弥漫在当今中国上下的自信心理绝非

① Dana R. Villa, The Philosopher Versus the Citizen: Arendt, Strauss, and Socrates, in Political Theory, Vol. 26, No. 2 (Apr., 1998), pp. 147 - 172.

仅仅源于中国今日之崛起，它一定与我们思想的转变有着千丝万缕的联系。而实际上，伴随着中国崛起的进程，中国正在经历一次前所未有的思想大解放运动，它还没有结束，但却在逐步成型过程当中，其深远的影响也在逐步显现出来。可以说，没有这一次思想大解放运动，就不会有中国的真正崛起，更不会有对中国道路的真正自信。因为这一次思想大解放运动的主旨（也是它区别于以往思想解放运动的最重要特色）就是从对现代西方文明的盲目崇拜与跟随中解放出来，并且重新发现中国。

要深切地理解这一次思想大解放运动，就必须把它放在一百多年来西学东渐的历史洪流中来认识，因为长期以来我们已经养成了凡事向西方看齐的心理习惯，我们总是戴着西方的有色眼镜来审视中国，以至于我们怎样理解西方，就在很大程度上决定了我们怎样理解中国。我们发现，在西学东渐的历史洪流中，在21世纪初，有一个西方思想家来到了中国，他不仅像其他思想家一样掀起了规模庞大的思想潮流，更重要的是，他终结了西学东渐的历史洪流，同时又帮助我们重新发现了中国。他就是列奥·施特劳斯，可以说，施特劳斯——一个西学大家——是一块中国藉以找回自身的西学跳板，他没有为我们提供任何改造国家的主义或方案，却把我们的目光转向了中国。

本书的任务就是：理解施特劳斯在西学东渐历史中的独特地位，并进而解释施特劳斯的思想主张如何帮助我们开启了这次思想大解放运动？

一　当代思想大解放运动——重新发现中国

中国近现代的历史不断证明：中国的每一次改革，都是以思想解放为先导的。没有思想上的解放，就不会有实践上的突破，同样只有解放思想，才能突破利益壁垒，消除思想障碍，凝聚改革共识。可以说，思想解放是改革进程的“总开关”，难怪约翰·奈斯比特会感叹解放思想是中国社会变革中第一个、也是最重要的支柱。①

中国最早的思想解放运动可以从晚清时期谈起。当时中国人面临着所谓“三千年未有之巨变”，之所以号称“三千年所未有”，显然不是因为我们被西方人的坚船利炮打败了，因为历史上中国并非第一次被异族打

---

① ［美］约翰·奈斯比特、［德］多丽丝·奈斯比特：《中国大趋势：新社会的八大支柱》，魏平译，中华工商联合出版社2011年版。

败，而是因为我们在心理上被彻底打败了，我们不仅开始怀疑我们的军事能力、政治制度，而且进一步开始怀疑我们的整个中华文明体系，这是在中国历史上从来没有过的。当我们被蒙古等少数民族击败的时候，中国人还是依然坚守着夷夏之大防，认定仅仅凭借军事强力侵略他人的少数民族是野蛮未开化的，而华夏民族虽然在军事上失败了，但在文化上依然是先进的代表。以前我们碰到的敌人要么是有武力而没有文明的民族（比如蒙古人），要么是有文明而没有武力的民族（比如印度），但是西方人是既有武力又有文明的民族。[①] 这就迫使中国人开始整体性的反思，尤其在甲午战败的强烈刺激下（败在了日本这样一个曾经是中国的学生，后来又成为西方的学生面前，这种刺激之强烈可想而知），中国人终于在整体上（而不仅仅是在经济的、器物的、制度的层面）对自己的文明失去了信心。因此，中国第一次的思想解放运动就是从天朝上国的自信（抑或迷信）中解放出来，开始了一个多世纪的学习西方、追随西方的历史进程。五四新文化运动是这一思想解放运动的首场集中演出，而十年“文化大革命”则是这一思想解放运动的最高表现。

1978 年开始的历次思想解放运动，不管是从对毛泽东的个人崇拜中解放出来，还是从对计划经济体制的僵化观念中解放出来，实际上都是从不利于现代化发展的观念中解放出来。而所谓的有利于现代化发展的新观念实际上依然是基于对西方的某种认识抑或想象，从根本上来说都是要向西方学习，这一点与晚清以来的思想解放运动没有本质的差别，最多只是在理解西方上有所不同。甚至到后来我们进一步提出中国特色社会主义，但是所谓的“中国特色”仅仅具有形式上的意义，究其根本来说中国特色社会主义还是西方普世文明的中国版，即将西方的普遍化建构的现代之路与中国的国情结合起来，并使之得到贯彻与实施之后的产物。[②] 中国的主体性地位依然是缺失的，以至于很长一段时间我们所追求的中国崛起仅仅是“作为西方文明模范生”的崛起。

也就是说，从晚清以来的几次思想解放运动在一个根本问题上是连贯一致的：那就是它们都把古老的中国文明当作沉重的包袱，必欲弃之而后

① 许纪霖：《中国崛起：必须从富强走向文明》，载《南方都市报》2010 年 3 月 14 日。

② 陈赟：《天下思想与现代性的中国之路——中国问题 · 中国思想 · 中国道路论纲》，载《思想与文化 · 第八辑》、《现代性的中国视域》，杨国荣主编，华东师范大学出版社 2008 年版。

快。解放是从中华文明中解放出来，运动是迈向西方文明的运动；它们都把一个独特的西方理解为一个普遍的西方，它代表了人类文明的发展方向。这一思想解放运动的最重要成果，就是从中国古老文明（被称为几千年封建文化的牢笼）的束缚中解放出来，转向大规模地学习西方[①]。拜其所赐，中国人在西方化的过程中开创了高速现代化的历史伟业，中国人用一百多年的时间走完了西方人用五百多年走完的路，奠定了中国今日之崛起。这当然是不可否认的历史功绩。

但是，晚清以来的思想解放运动一直有一个未曾解放的思想包袱，那就是对于西方的迷信以及相应的对于中国自己的鄙夷乃至漠视，这个包袱一直隐藏在一百多年来的现代化历史进程之中。它的后果是相当严重的，那就是我们在学习和追随西方的过程中逐渐丢失了自己。一个丢失了自己的国家，只会一个劲地与国际接轨，而不知道这样的接轨要把自己带往何方；一个缺乏了主体性意识的国家，虽然它会宣称要走自己的路，但它所能够设想的未来以及所能够行走的道路骨子里依然是别人的。这样的现代化道路注定是走不长远的。

而新世纪以来的思想大解放运动就是对这一重大问题的积极响应，也是对晚清以来历次思想解放运动的“反向运动”，它的根本主旨就是要摆脱对西方人的迷信，并且重新找回我们自己。这种思想努力最重要地体现在关于“中国道路”这一总体性问题的讨论中（在这个总体性问题下面还延伸出了关于中国学术的自主性问题、中国教育的自主性等局部问题大讨论），学者们关心的不仅仅是中国道路的合法性、正当性问题（这可以被称为“弱意义上的道路自信”，因为它的姿态是消极的辩护），而且进一步上升到中国道路的世界历史意义问题（这可以被称为“强意义上的道路自信”，因为它的姿态是积极的期许）。中国不再充当西方文明虔诚的追随者，转而寻求自身的道路，这条道路绝非特殊的道路，而是普遍的道路，是可以让西方“道法中国”[②] 的道路。中国也不再被看作是一个西方式的“民族国家”，而是一个具有悠久历史和远大前程的“文明国家”，它从一开始就背负着文明的使命，承载着世界性而非地域性的责任。

我们看到，自主性是当代思想解放运动的中心议题，而中华文明是当

① 甘阳：《文明国家大学》，生活·读书·新知三联书店 2011 年版，第 125 页。

② 翟玉忠：《道法中国：二十一世纪中华文明的复兴》，中央编译出版社 2008 年版。

代思想解放运动的最重要资源，对中华文明的自觉意识（文明自觉不同于文化自觉）[①] 正是道路自主性的前提，没有自觉，就不会有自主，更不会有自信与自强。实际上这是一个相当普遍的现象，即后发现代化国家总是会经历这样两个转折，在刚开始现代化的过程中，抛弃自身的历史文明传统，借助西化来实现现代化，等到现代化取得了一定成就之后，又开始有意识地去西方化，回归自身的历史文明传统。

总而言之，当代思想解放运动的最重要成果是重新发现了中国。那么，接下来的问题就是，我们是如何重新发现中国的？要解释这一重大问题，当然会有很多因素需要考虑，但是笔者认为，只有当我们把它放在西学东渐的历史洪流中来审视时，才能比较清楚地理解它。因为受晚清以来的思想解放运动的深远影响，我们在看待中国问题的时候总是自觉不自觉地向西方寻求思想资源，我们总是借助西方人的视野来打量自身。因此我们有必要看看，当代思想大解放运动开展的过程中，西学东渐的历史洪流正在流向何方？有哪一些重要的西方思想家在影响着中国对西方进而对自己的认识？一旦我们尝试这样去努力了，我们势必会发现，列奥·施特劳斯以一种迥然不同于其他西方思想家的独特身姿出现在我们眼前。

二 西学东渐中的列奥·施特劳斯——走向起点的终点

21 世纪初的中国，伴随着二十多年的改革开放，社会结构和思想观念都在不断地分化和多元，学术界也正在经历短暂而热烈的新启蒙运动最终走向自我瓦解的过程，知识界从原先还具有的“态度的同一性”逐渐进入了一个马克思·韦伯所说的“价值多神”的启蒙后时代。[②] 这个时代的典型特征就是众声喧哗、主义纷争，像自由主义、新权威主义、新左派、新民族主义、文化保守主义、民主社会主义、后殖民主义、后现代主义等思潮纷至沓来，每一面旗帜都代表了一两个被我们引进的西方大师。

---

① “文明是一个整体”，它既有主观的层面，比如思维方式、文化观念、宗教信仰等，也有客观的方面，如经济制度、习俗、法律、建筑等。虽然文化是文明非常核心的构件，但是文明决不局限于文化，相反“文明是放大了的文化”，文明也是实体化了的文化，我们只有从文明这个包容广泛、涉及全面的视角出发，文明内部的任何构成单位才能被充分理解。参见塞缪尔·亨廷顿：《文明的冲突与世界秩序的重建》，周琪等译，新华出版社 2010 年版，第 25—26 页。

② 许纪霖：《启蒙的自我瓦解：1990 年代以来中国思想文化界重大论争研究》，吉林出版社 2007 年版，第 40 页。

正是在这个“道术已裂”的时代，德裔美籍犹太人列奥·施特劳斯被引进中国。[①] 很多时候，人们把他与其他西方思想家同等看待，并且也给他头上安放了新保守主义、绝对主义等头衔，这样人们就可以免去深入细致地阅读施特劳斯的辛苦，还可以比较容易地批判施特劳斯的政治不正确，一如他们批判其他主义一样。但是，这样急切而肤浅的口水之争只会进一步误解施特劳斯的意图，更不可能恰当地理解施特劳斯在一百多年西学东渐历史进程中的独特地位，不可能更好地明白施特劳斯对于中国的独特意味。

实际上，施特劳斯跟其他西方大师的最直接差异即在于他没有提供任何主义或方案，因而也根本无法用他的思想来指导中国的改革实践。相反，我们越是深入地阅读施特劳斯，我们越是会惊讶地发现施特劳斯所谈论的问题与我们中国人没有太多的关系。正如有些学者所指出的，在施特劳斯所描述的现代性危机中，现代人不仅杀死了上帝，而且也杀死了沉思的古典哲人。但是中国文明自古就没有上帝，也没有所谓的古典哲学，那么施特劳斯对现代性危机的讨论对于中国究竟有多大借鉴意义呢?![②] 如果这里所说的“借鉴意义”只是用施特劳斯所恢复了的古典视野来看待我们自己，那么答案当然只能是否定的。但是，这种心态实际上正是一百多年来我们对待西方思想的惯常态度的一个延续，我们要真正理解施特劳斯之于中国的意义，就必须首先跳出这种心态。

从鸦片战争以来，我们都是以弱者向强者学习的心态来追随西方的各种先进思潮，这是一种极其自卑的心态，中国人引介西学是在向西方人寻求救治社会弊病的灵丹妙药，而中国人自己（尤其是我们的老祖宗）没有解决自身问题的聪明智慧，因此无政府主义、自由主义等名目繁多的主

---

① 列奥·施特劳斯的名字在中国最早出现在1985年出版的一本政治理论的译本（詹姆斯·古尔德、文森特·瑟斯比主编，《现代政治思想：关于领域、价值和趋向的问题》，商务印书馆1985年版）之中，但是很长时间人们并没有认识到施特劳斯思想的独特价值，包括1993年翻译出版的施特劳斯和他的学生克罗波西主编的《政治哲学史》（施特劳斯、克罗波西主编，《政治哲学史》，李天然等译，河北人民出版社1993年版）一书，也没有引起中国学者应有的关注。直到2002年刘小枫在《学术思想评论第六辑：西方现代性的曲折与展开》中选编了施特劳斯的五篇论文和两篇导论，标志着中国思想界真正意识到施特劳斯的思想价值，并开始有意识地大规模译介施特劳斯的其他著作。因此我们可以把2002年定为施特劳斯登陆中国年。

② 邓正来、曼斯菲尔德等：《与施特劳斯派相关的若干问题——与曼斯菲尔德教授的对话》，载《社会科学辑刊》2008年复刊号。

义就被当作救治古老中国的社会改造方案引进中国了。所谓的“西学东渐”实际上含有这样的假设前提，即西学是主，中学是客，西学是启蒙者，中学是被启蒙者。而所谓的中外文化交流几乎已经到了“文化臣服”的地步，甚至有学者把一百多年来的中华民族比喻为“精神在押的巴比伦囚”。[①] 自卑的心态导致了“自我囚禁”，而我们所“臣服”的即是现代西方文明，这是百余年来西学东渐的主要关注对象。从这个意义上说，中西之争实际上是古今之争，[②] 而中国的问题实际上是一个如何实现现代化的问题。也就是说，我们一直是以现代西方的视野来认识和改造自己的。

但是改革开放让我们初步品尝到了现代化的果实之后，我们突然间发现现代化并没有我们想象的那么好，于是“现代化问题”变成了一个“现代性问题”。于是我们又开始学习西方对现代性的反思。我们从尼采、海德格尔等人身上看到了对于现代性的激烈批判，并且还初步认识到了在现代西方之外，还有一个我们不甚熟悉的古典的西方。

但是施特劳斯进入中国之后，不仅告诉我们说百余年来我们所认识的西方仅仅是一个局部的西方、现代的西方，更重要的是告诉我们，我们所认识到的对于现代西方的反思以及对于古典西方的回归存在着根本的局限，因为尼采、海德格尔的反思是在现代西方的视野之内进行的，因此他们所尝试回归的古典世界也是被扭曲了的古典世界。[③] 因为这个缘故，他们非但没有克服现代性的危机，反而越来越将现代性推向极端。施特劳斯告诉我们，我们只有获得一个超越于现代性之上的整全视野，才有可能清楚而准确地评价现代性的得失，这个视野必须在真正的古典传统中寻找。施特劳斯区别于尼采和海德格尔的最重要的地方就在于他认为我们能够如其所是地返回到古典世界，其方法就是通过政治哲学史的研究一步步爬回到古典哲人所面对的那个自然的洞穴。[④] 这代表了人类的原初境况，代表

---

① 张志扬：《“唯一的”、“最好的”，还是“独立互补的”？——“西学东渐”再检讨》，载《现代哲学》2007 年第 2 期。

② 甘阳：《古今中西之争》，生活·读书·新知三联书店 2006 年版，第 35 页。

③ Leo Strauss, “German Nihilism,” in Interpretation: A Journal of Political Philosophy, Spring 1999, Volume 26, No. 3, pp. 358 – 360.

④ Steven B. Smith, “Leo Strauss's Platonic Liberalism,” In Political Theory, Vol. 28, No. 6 (Dec., 2000), p. 794.

了我们最根本性的问题以及呈现这一问题的整全的视野。

因此，引介施特劳斯进入中国的一个重要问题意识就是对于所有先前的西学引介（包括现代性的和反/后现代性的种种思潮）的不满，正如甘阳所说，施特劳斯的政治哲学是对自由主义和后现代理论的双重批判，[①] 他把我们引向的是一个古典的西方，一个完整意义上的西方。这可以说是施特劳斯对于我们的直接意义。

但是这绝非意味着我们要把施特劳斯所恢复的那个古典西方重新作为一面镜子来审视自己，而是要像施特劳斯重新找回西方人的整全视野那样重新找回我们自己的整全视野。只有重新找回我们自己的整全视野，我们才有可能找到反思和改进现代性中的中国问题的最终根基。[②] 因此我们可以说，施特劳斯对于我们的最大意义就在于，他使我们意识到，我们不再需要盲目地跟随西方，我们真正要做的是回到我们自己的源头。用张志扬极富哲诗意味的话说，“西学的夜行”注定是一场“走向起点的夜行”。[③] 我们长期跟随着西方，当我们发现我们已经跟他们一样迷路的时候，我们就必须返回各自的起点。[④] 施特劳斯为我们作出了返回西方的起点的榜样，而我们的任务就是返回到我们自己的起点，以此获得诊治中国现代新的整全视野。

综上所述，施特劳斯的引进中国，绝不能看成是西学东渐历史进程的简单延续，而更应该看成是西学东渐历史进程的终点。这个终点并非意味着从此以后我们不再引介西方学术，而是意味着一种自卑心态的终结，意味着迷信西方的终结。从今以后我们不再信奉盲目的“拿来主义”，不再被动地充当全球文化霸权体系中的“搬运工”角色，我们将坚持主体性的地位，有意识地从浩瀚的西学海洋中“取”我们之所需。[⑤] 同时，它也意味着一个新的历史进程的起点，被重新发现了的中国将带着对中华文明

---

① 甘阳：《〈政治哲人施特劳斯〉后记》，载徐戬选编《古今之争与文明自觉》，华东师范大学出版社 2010 年版，第 99 页。

② 刘小枫：《前言》，见吴雅凌编译，《俄尔普斯教祷歌》，华夏出版社 2006 年版，第 2 页。

③ 张志扬：《西学中的夜行——隐匿在开端中的破裂》，华东师范大学出版社 2010 年版。

④ Allan Bloom, “Leo Strauss: September 20, 1899 – October 18, 1973”, Source: Political Theory, Vol. 2, No. 4 (Nov., 1974), pp. 372 – 392.

⑤ 张志扬：《中国现代性思潮中的“存在”漂移？——“西学中取”的四次重述》，见萌萌主编，《“古今之争”背后的“诸神之争”》，上海三联书店 2006 年版，第 5 页。

的坚定自信走向世界。

那么，具体而言，施特劳斯的思想学述是如何帮助我们重新发现中国的？这就要求我们深入到施特劳斯的思想深处，详细探查一番。

三 从“古今之争”到“中西之争”——照亮中国

事实上，我们发现在施特劳斯所有著作中，只有两个地方明确提到了中国：一是他有关自由教育的演讲，他说：“因为我们不懂印度和中国的语言，而我们又不可能学会所有的语言，这迫使我们无法倾听他们的伟大思想，这是一种必然的不幸。”① 另外一处是他在讨论韦伯的社会科学方法论时提到“科学的观念使得韦伯持有这样一种观念，即所有的科学之所以是科学都是独立于世界观的，也就是说自然科学与社会科学对于西方人与中国人，即对那些‘世界观’尖锐冲突的人来说都是同样有效性的”。② 前面一次提到中国，施特劳斯语气中充满了向往和无奈，后面一次提到中国，施特劳斯仅仅是把中国作为一个例子与西方对举，但不管是哪一次，施特劳斯印象中的中国都与西方文明有着巨大的差异。既然存在巨大的差异，我们又如何能够从施特劳斯所描绘的西方文明中找到中国的身影呢？

我们的回答是，不管中西文明之间存在多少异同点，施特劳斯没有也不会用中西比较的方式来理解西方，因为长期以来中国都没有进入西方人的视野，西方人更不会以中国为背景打量自身（只有中国人在面临一个西化的世界时，总是习惯性地用西方来衡量中国）。但是，施特劳斯在西学的视域内重启了“古今之争”，无意中却为中国人重启了“中西之争”，正是在“中西之争”中，我们重新发现了中国。

之所以说是“重启”了“中西之争”，是因为早在晚清时期，当中国人第一次面对西方文明的时候，“中西之争”就是当时中国士大夫的基本问题。在中西文明孰优孰劣的问题上，激进的保守派依然沉浸在“夷夏之辨”的古老思路当中，把西方当作夷狄，中国人只不过是要“师夷长

---

① Leo Strauss, “What is Liberal Education?” in Leo Strauss: Liberalism Ancient and Modern, New York and London: Basic Books, Inc., Publishers, 1968, p. 7.

② Leo Strauss, Natural Right and History, Chicago and London: The University of Chicago Press, 1953, p. 38.

技以制夷”罢了。就算是温和的改良派，也是主张“中学为体，西学为用”，中国文明的主体地位从未丧失。但是，随着国势的日益衰微，尤其是甲午海战的惨败，使得中国人对自身文明的信心彻底瓦解，“中西之争”逐步演变成了“古今之争”，中国代表的是落后的“古”，西方代表的是先进的“今”，整个近现代历史演变成了如何摆脱古老中国的束缚，如何向现代西方学习的过程。

但是，施特劳斯首先告诉我们，那个曾经被我们崇拜得五体投地的现代西方远不如我们想象的那么完美；相反，今天现代西方已经陷入了严重的危机当中。西方的危机就在于它丧失了信心，即“西方的决心已经动摇”。所谓“西方的决心”，就是现代启蒙运动以来建设普遍同质世界的美好蓝图，就是“所有的国家都是自由平等的国家，而且每个国家又都由自由平等的男女所构成”[①]。曾几何时，这个伟大的理想不仅征服了西方人，而且还征服了全世界，中国的现代化不就是要努力成为普遍同质世界当中的一员吗？但是现在，西方人自己对这个理想失去了信心，作为曾经的追随者的我们不应该警醒吗？当西方丧失信心的时候，难道不应该是我们重拾信心的时候吗？

现代西方的危机意味着普遍同质的现代启蒙理想的失败，意味着历史终结论的终结。施特劳斯认为普遍同质的现代理想是纯粹的乌托邦，是不可行的，因为任何政治社会都是特殊的“封闭的社会”，“如果说真正的统一只能通过对真理的了解或者说通过对真理的探询才能得到，那么人类真正的统一只能建立在哲学最终彻底大众化的基础之上（而这自然是不可能的），或者让所有人都成为哲学家（而不是 PHD 等）的基础之上，这同样是不可能的。因此，存在的只能是封闭的社会，即国家。”[②] 而且更进一步说，这个现代理想也是不可欲的，因为“一个开放的或者说一个包容广博的社会会在比之封闭的社会更低的人性层次上存在着，封闭社会经历了许多代人，它在促进人的完善方面作出了无可比拟的努力。”[③]

---

① Leo Strauss, The City and Man, Chicago and London: The University of Chicago Press, 1964, pp. 3 – 4.

② Leo Strauss, “Letter to Karl Lowith, 10 January 1946,” in “Correspondence Concerning Modernity,” Independent Journal of Philosophy, Vol. 4, 1983, pp. 107 – 108.

③ Leo Strauss, Natural Right and History, Chicago and London: The University of Chicago Press, 1953, p. 133.

既然任何人类社会在事实上都是封闭的、特殊的，那么宣称普世的西方文明就脱去了普世的外衣，它实际上只是被普遍化建构起来的特殊文明，这样一来，长期被普遍化建构所遮蔽了的西方文明追随者（尤其是中国）就浮出了水面，它们根本没有必要为自己不西方进而不普遍、不正常感到丝毫的羞愧，相反，它们应该坦荡地承认和接受自己的特殊性身份，因为西方自身就是特殊的。所谓中国特色的道路，根本不需要去论证它的合法性、正当性（要知道我们以前是急于去论证的），因为所有国家的道路事实上都是特殊的。

当然，仅仅从西方的危机中发现中国是十分脆弱的，只是一味唱衰西方并不能够唱响中国。而且，讨论西方危机的人并不限于施特劳斯，像尼采、海德格尔等伟大西方思想家都从不同层面讨论过这个问题，为什么我们不是从尼采、海德格尔那里发现中国呢？这只能从施特劳斯对西方危机的独特诊断中寻找答案。尼采和海德格尔把西方危机归结为起源于苏格拉底的西方理性主义传统，施特劳斯认为他们的这种诊断是错误的，而且给出的药方非但不能救治西方现代性的弊病，而且还进一步推进了西方现代性的浪潮滚滚向前，加剧了病情的恶化，最后导致了历史主义、虚无主义。施特劳斯认为西方理性主义并非从苏格拉底开始一直到现代都是一以贯之的，相反，西方理性主义在近代曾经发生了一次根本性的转变，正是现代的理性主义导致了现代西方的严峻危机，而要救治这种弊病，就必须要重新回到西方古典理性主义当中。这就是施特劳斯重启的“古今之争”，施特劳斯认为现代西方远没有像它所宣称的那样战胜了古典西方，一度被废弃的“古今之争”需要被重新审理。

简单一点说，“古今之争”的症结在于如何处理哲学与政治的关系。现代理性主义认为哲学可以与政治结盟，所谓普遍同质的启蒙理想实际上就是把政治社会建立在哲学真理基础之上的产物，所谓的“开放社会”就是让真理的光芒照亮社会的每一个角落。然而，政治社会之所以是政治社会，就在于它一定是由意见甚至是教条组成的，普通百姓也不可能都变成哲学家，这是政治的常识，也是无法改变的政治铁律。现代理性主义是癫狂的理性主义，强行把哲学与政治结合在一起，造成的结果一定是两败俱伤，现代西方的危机就是它的典型体现。而古典理性主义坚持认为哲学与政治之间存在着尖锐的矛盾，哲学对真理的追求会危及政治社会的稳定，而政治社会的教条主义本性又倾向于迫害哲学家。因此成熟的哲学家

（就像老年苏格拉底一样）出于自我保护和社会责任的考虑，必须学会谨慎的言行，当然同时又能保持思想的锋芒。最高的哲人（必然是政治哲人）能够实现思想的无所畏惧和言行的谨慎中道这两者的完美统一。[①] 也就是说，现代哲人试图通过改造社会来实现哲学与政治的融合，而古典哲人则只是通过自身的调整来平衡哲学与政治的冲突；现代哲人的眼光是向外的，古典哲人的眼光是向内的。

这样一来，我们很自然地就会联想到中国的传统智慧，因为不管是儒释道哪一家，都主张我们把目光专注于自身德性的提升，而不是专注于外部社会的改造。更重要的是，正如西方古典哲人强调人类灵魂的等级差异不可磨灭一样，中国儒家也强调君子小人之分，西方古典哲人强调言行上要谨守中道，中国儒家也把中庸之道提到至关重要的位置。也就是说，在许多中国知识分子看来，施特劳斯通过对西方古典理性主义的重构，在很多方面走到了非常接近东方思想特别是中国传统智慧的地方。[②] 既然西方的古典理性主义可以用来救治现代性的弊病，那么同样面临现代性困扰的当代中国人也可以向自己的老祖宗寻求思想资源，这是顺理成章的事情。曾经被我们唾弃的传统，竟然又再一次拥有了用武之地，而且还是借助西方人的思想努力。

当然，受施特劳斯思想深刻影响的中国知识分子并没有将自己的思想探索停留于此，事实上他们还从施特劳斯那里接收到了更加令人兴奋的消息。当我们继续追问，为什么西方古今理性主义会有如此根本性的差异时，施特劳斯把我们引向了西方文明的至深根基之处，而正是在这个根基之处，我们看到了中国文明相对于西方文明的独特性和优越性。“古今之争”表面上是如何处理哲学与政治的关系问题，根本上是如何对待“理性与启示之争”的问题。现代哲学认为理性已经一劳永逸地战胜了启示宗教，哲学可以在排除启示的前提下获得完满的真理，这样哲学就能够与政治结合，一如以前宗教与政治结合一样。但是施特劳斯认为以斯宾诺莎为代表的现代哲人对启示宗教的批判是注定不可能成功的，它的自

---

① Leo Strauss, “what is Political Philosophy?” in Leo Strauss, An Introduction to Political Philosophy: Ten Essays by Leo Strauss, edited with an Introduction by Hilail Gildin, Detroit: Wayne State University Press, 1989, p. 30.

② 唐士其：《中道与权量——中国传统智慧与施特劳斯眼中的古典理性主义》，载《国际政治研究》2011 年第 2 期。

信只不过是建立在教条主义基础之上的，而它也必将为此付出惨重的代价。而古典哲学认为理性与启示之争是人类面临的根本性选择，这两者谁都驳不倒谁。[①] 这就意味着哲学最多只是对真理的热爱，而不可能获得完整的真理，哲学永远处于不确定性当中，因此从根本上来说哲学就不能用来指导政治。施特劳斯认为理性与启示之争是西方文明的活力源泉[②]，要自觉地接受甚至是保持两者之间的张力，才有可能避免西方文明走向衰亡。

一旦深入到这个地步，深受施特劳斯影响的中国知识分子就开始与施特劳斯分道扬镳了。他们认为理性与启示之争仅仅是西方人的根本问题，中国人即没有希腊意义上的哲学，也没有希伯来意义上的上帝，更没有上帝与人（哲学）的“天人永隔”。这不是我们的短处，恰恰是我们的长处，因为“希腊的理性与希伯来的神性，使人要么物化，要么虚无”[③]。施特劳斯为了克服相对主义、超越虚无主义，将自己的立场停留在了西方传统形而上学的框架之内。但是中国传统智慧似乎提供了一种可能性，使人们在对人与事持一种开放性理解的同时，能够坚守某些确定的道德原则，这一点恰恰是施特劳斯没有意识到的。[④] 尽管笔者认为前面这两种判断还有待商榷，但是有一点却是明确的，那就是施特劳斯对“古今之争”的深入挖掘，重启了一百多年前潜藏在中国士大夫意识中的“中西之争”[⑤]，让我们看到了中国传统智慧独特而优越的一面。只有在这个意义上，一个真正的中国才真正被发现。

这样，中国知识分子就在施特劳斯的指引下，逐步从现代西方启蒙理想的迷信中解放出来，不但看到了中国文明的可能性，而且看到了中国文明的特殊性与优越性。因此我们说“施特劳斯照亮了中国”。

---

① Leo Strauss, Natural Right and History, Chicago and London: The University of Chicago Press, 1953, p. 75.

② ［美］列奥·施特劳斯：《修昔底德：政治史的意义》，载《古典政治理性主义的重生——施特劳斯思想入门》，郭振华等译，华夏出版社 2010 年版，第 129 页。

③ 张志扬：《生活世界中的三种哲学生活——中国现代哲学面临的选择》，载《世界哲学》2002 年第 1 期。

④ 唐士其：《中道与权量——中国传统智慧与施特劳斯眼中的古典理性主义》，载《国际政治研究》2011 年第 2 期。

⑤ 徐戬：《高贵的竞赛——施特劳斯与主义的彼岸》，载《开放时代》2009 年第 9 期。

四 结语

我们越来越意识到，我们正处于承前启后的历史转折点之上，一个历经一百多年埋首学习西方的中国正在逐渐找回自身，一场深刻而又迥异于以往的思想解放运动正在各个领域蔓延开来，一个文明的中国正在逐步呈现，成为大国崛起、民族复兴的出发点与落脚点。

当然，重新发现中国，绝不是要排斥西方，更不是要闭关锁国，相反，我们还应该更加深入地研究西方，因为在一个事实上已经被西方化了的世界中，了解西方已经成为非西方世界尤其是中国知识分子不可逃避的历史命运，“只有在真正进入了西方以后，了解得越深，才能够从西方文明中解脱出来，进入中国文明的理解。这是个漫长的过程。”[①] 实际上，重新发现中国就是要培养一种健康的心态，在对待西方的时候，既没有低人一等的自卑，也没有天朝上国的自大，而是介乎其中的自信。唯其自信，方能大度，包容一切人类文明的优秀成果；亦唯其自信，方得从容，淡定面对发展过程中出现的种种问题。以此自信心理为基础，我们才有可能把路走得更扎实、更宽阔。

第三节 施特劳斯在西方

一 施特劳斯派

为了正确地理解施特劳斯，我们首先需要廓清笼罩在施特劳斯周边的迷雾，而这诸多迷雾首要的是由人们常说的“施特劳斯学派”造成的。只有先理解的“施特劳斯学派”才有可能理解“施特劳斯主义之前的施特劳斯”。

所谓“施特劳斯学派”给人的印象通常是这样的：有一伙学者，他们死心塌地追随施特劳斯的学说甚至“教义”，甚至认为施特劳斯所说的所有东西都是正确的。后一点当然有些极端，但问题的关键显然在于施特劳斯的“教义”（如果有的话），正是“施特劳斯主义”使得“施特劳斯学派”成为可能。我们可以说凡是信奉“施特劳斯主义”的人都是“施特劳斯派”。那么何谓“施特劳斯主义”呢？正是对这个问题的不同理

① 甘阳、刘小枫：《西学源流》丛书“总序”，生活·读书·新知三联书店2006年版。

解，导致了施特劳斯学派内部的分裂以及外部形形色色的批评。

众所周知，施特劳斯的学术生涯中贯穿着几个核心主题，比如哲学与政治的关系、古今之争、耶路撒冷与雅典之争、神学—政治问题等。但是施特劳斯对这些主题的处理却始终保持着这样一种特色：对这些问题的明确表述的程度要远远胜过对这些问题的回答的明确程度。这符合施特劳斯的一贯主张：问题要远比答案来得明确。[①] 但是施特劳斯的徒子徒孙们似乎就没有严格地持守这一主张，他们似乎并不仅仅满足于仅仅表述问题，而不寻求确定的答案。施特劳斯似乎悠游于怀疑主义状态当中，而他的后辈们似乎更渴望确定性的温床，他们尝试解开施特劳斯留下的谜团。

关于施特劳斯派的内部状况，Michael Zuckert 有着极为清晰简洁的描绘。[②] 但是他是借助一个逻辑三段论式的三个假设来对施特劳斯的思想进行概括的，不同的施特劳斯派成员之所以会不同就是在对这三个假设的不同态度上表现出来。笔者认为这样做是极富风险的，因为他极可能极度简化乃至僵化了施特劳斯的思想立场，使得施特劳斯面临着精神分裂的危险，而且也导致了施特劳斯派成员之间处于非黑即白、非此即彼的境地。笔者试图借助施特劳斯所着意描画的思想极点来突凸显施特劳斯派成员之间的分歧，这种分歧将不再是“你死我活”的对抗性分歧，而是合理地处于施特劳斯所描画的“思想光谱”之间的某个点位之上，是可以相互转化的。笔者认为只有这样才能还原一个圆融无碍的施特劳斯。

而其中最为重要的地方在于：如何理解哲学的本性和政治的本性，以及在此基础上如何理解哲学与政治的关系。具体来说就是：哲学作为对智慧的寻求的生活方式，是否是充分的、自足的？尤其在启示面前哲学能否最终证明自己的正当性？道德和宗教在哲学面前是否仅仅具有服务于政治社会的工具性价值？还是它们也同时具有内在的价值？哲人在政治社会面前是否仅仅需要为自己的生活方式辩护，还是要为政治生活提供道德的引导？归根到底就是：哲学与政治共同体的关系是什么？在此问题上形成了

---

① Leo Strauss, The City and Man, Chicago and London: The University of Chicago Press, 1964, p. 21.

② Michael Zuckert, “Straussians”, in Steven B. Smith, Reading Leo Strauss: Politics, Philosophy, Judaism (Chicago: University ofChicago Press, 2006), pp. 263 – 286. Catherine and Michael Zuckert, The Truth About Leo Strauss (Chicago: University of Chicago Press, 2006), pp. 197 – 260.

两个派别："东岸派"与"西岸派"。前者是施特劳斯学派中的主流，代表人物是布鲁姆、伯恩斯等人，他们固守哲学的本性，强调哲学在城邦面前消极辩护的姿态；后者则是施特劳斯学派中的异端，代表人物是雅法，他们强调政治是哲学的唯一自然起点，而哲学则要为政治服务。

二 "东岸派施特劳斯"——哲学的施特劳斯

施特劳斯学派中居于主流地位的是所谓"东岸派"施特劳斯，包括那些并非施特劳斯的学生或学生的学生，但是研究施特劳斯的学者们都可以在理论上划归这一派。[①] 这一派的主张可以用这样几句话来简单概括：哲学作为对智慧的寻求，是最好的生活方式。在哲学面前，宗教、道德都仅仅是服务于政治社会的需要，而没有内在的价值：它们不真实，但却有用。这样从哲学的视角来看，哲学生活与政治的、道德的生活始终处于紧张对抗的关系之中，因此政治哲学就是在城邦面前为哲学生活正当性的辩护。

"东岸派"认为施特劳斯的出发点是西方的精神危机，其本质是现代理性主义哲学的危机：理性主义走向了自我瓦解的末途。而究其根源则在于：启蒙运动认为哲学与政治最终可以实现完全的和谐，政治社会可以最终建立在理性的基础之上。一旦这一目标变得不再可能，理性本身也随着这一失败而遭到否定。[②] 人类的可能性面临着枯竭的危险。因此施特劳斯的工作就是研究"理性地放弃理性的理由"[③]（reasons for the abandonment of reason reasonably），并进而为理性重新奠定根基。

对治当代精神危机的方法就是复兴苏格拉底的爱欲性怀疑论，这是施特劳斯思想的核心关注点。这种哲学是一种真正开放的追问存在之谜的活动，它反对一切形式的教条主义权威，尤其是道德的和宗教的权威。尽管这种批判本身没有任何实践的目的，它只是为那些潜在的哲人打开通往哲

---

① Steven B. Smith, Reading Leo Strauss: Politics, Philosophy, Judaism (Chicago: University of Chicago Press, 2006). Heinrich Meier, Leo Strauss and the Theologico-Poliical Problem (Cambridge, UK: Cambridge University Press, 2005).

② [美] 潘戈尔:《编者导言》，曹聪译，载《古典政治理性主义的重生——施特劳斯思想入门》，郭振华等译，华夏出版社 2010 年版，第 21 页。

③ Allan Bloom, "Leo Strauss: September 20, 1899 - October 18, 1973", Source: Political Theory, Vol. 2, No. 4 (Nov., 1974), pp. 372 - 392.

学生活的大门。但是任何政治生活的本性都是建立在教条的意见之上的，哲学的活动势必危害到政治秩序的持存，并进而遭引政治的迫害。因此哲学为了保护自己，也是为了保护城邦，就必须学会在道德、政治以及神学面前为自己进行辩护。对交流或修辞术的研究因此就成为古典政治哲学的核心。[①] 如果道德与宗教在哲学面前都没有内在的价值，而仅仅具有工具性的价值，那么哲人的虔敬将是虚伪的，至少也是工具性的。这给人的强烈印象是：施特劳斯是不讲道德的、不负责任的。而这正是德鲁里等人强烈批判施特劳斯的地方所在。[②]

“东岸派”坚持认为，哲学作为一种生活方式，是最好的生活。哲人是居住在“蒙福之岛”上的[③]，代表着人类自足的最高可能性。承认哲学的有限性，并不能摧毁哲学生活的完满，更别说它的正当性。承认启示的可能性，并不意味着就否认了哲学本身。古典哲学恰恰就是在承认启示的可能性的前提下，最终证明了哲学自身的正当性的。这一答案通过哲学作为一种生活方式而非一种教义来实现。哲人知道他在最重要的问题上是无知的，这一无知的事实就证明了最重要的事情就是对知识的追求。[④] 哲学作为一种唯一正确的生活方式就此得到了充分的证明。

古典哲学认识到了理性自身的局限性和可疑性，因为彻底的完满——亦即完全的智慧——根本不可能，可能的只是追求智慧。但是这并没有导致对理性的摒弃。实际上“东岸派”认为在最根本性的问题——耶路撒冷与雅典之争问题上，施特劳斯坚定地站在了雅典这边。[⑤] 他们要么认为施特劳斯事实上找到了从根本上拒绝启示的方法，因为启示宗教服务于政

---

① ［美］潘戈尔：《编者导言》，曹聪译，载《古典政治理性主义的重生——施特劳斯思想入门》，郭振华等译，华夏出版社 2010 年版，第 8 页。

② Shadia B. Drury，“The Esoteric Philosophy of Leo Strauss”，Political Theory（13/3，August 1985），（pp. 510 – 535）．“Leo Strauss’ Classic Natural Right Teaching.”（15/3，August 1987，pp. 299 – 315）．

③ Leo Strauss，“Reason and Revelation”，in Heinrich Meier，Leo Strauss and the Theologico-Political Problem（Cambridge，UK：Cambridge University Press，2005），pp. 101 – 102.

④ Leo Strauss，“Progress of Return，” in The Rebirth of Classical Political Rationalism：An Introduction to the Thought of Leo Strauss，Selected and Introduced by Thomas L. Pangle，Chicago and London：The University of Chicago Press，1989，p. 259.

⑤ Susan Orr，Jerusalem and Athens，Lanham：Rowman & Littlefield，1995，pp. 9 – 11.

治社会的需要[1]，而哲学能够为启示现象提供一种哲学式的解释，也就是说上帝不再是超自然的存在了。要么是认为他们认为施特劳斯坚持认为哲学不能拒绝启示的可能性，但是他们同样坚持认为施特劳斯已经成功地找到一条出路，在不用拒绝启示的可能性的条件下依然能够证明选择哲学生活的正当性。

因此哲学的危险性导致哲学向政治哲学的转变，这意味着转变前后并没有改变爱欲性怀疑论的哲学本性，真正新异的是“苏格拉底强调说，他的特殊的生活方式必须要能够被城邦及其道德宗教意见的标准证明是正当的”。此时政治哲学仅仅只是一种修辞，一种交流的艺术。要防止哲学的堕落和对城邦的破坏，哲学就必须保持低调。哲学在城邦面前始终是持消极防卫的姿态的，哲人必须对自己的言行负责。[2]

东岸派认为“政治哲学”中的“政治”仅仅指的是哲学的表达方式，哲学被迫去假装服从政治的权威。这样理解的政治哲学面临的最大问题可能在于：这样的哲学可以独善其身，但却不能兼济天下。正如人们所批判的，一种骨子里并不关心政治的政治哲学将没有任何公共性可言，因此又如何能成为政治哲学呢？而这一点正是“西岸派”所关心的，而“西岸派”的这种关心，则势必要被“东岸派”指责为哲学的堕落，因为一旦要兼济天下，哲学就势必转变为一种教条主义。而“东岸派”唯一可能为自己做正面辩护的理由则在于：独善其身（即毫不妥协地献身于对真理的追寻）是人类最高的善。

三 “西岸派施特劳斯”——政治的施特劳斯

如果说施特劳斯是主流学界的异端，是当今时代的牛虻，那么雅法所代表的“西岸派”则可以说是“异端中的异端，牛虻中的牛虻”[3]。“西岸派”的主张可以这样简单概括：政治是哲学的唯一自然起点，政治哲

---

① Heinrich Meier, Leo Strauss and the Theologico-Poliical Problem, Cambridge: Cambridge University Press, 2005, p. xiii.

② Allan Bloom, “Leo Strauss: September 20, 1899 - October 18, 1973”, Source: Political Theory, Vol. 2, No. 4 (Nov., 1974), pp. 372 - 392.

③ Scot Zentner, The Philosopher and the City: Harry Jaffa and the Straussians, Interpretation, Vol. 30 (Issue 3), Summer 2003.

学是到达哲学的手段。[①] 从政治的角度来看，哲学与政治就并非截然冲突的，政治社会也不会把自身看成一个有局限的洞穴。

与“东岸派”一样，“西岸派”同样认为施特劳斯的出发点是应对西方的危机。但是他们不认为这是一种哲学的动机，而是一种政治的动机。雅法认为苏格拉底把哲学从天上拉回到城邦，而施特劳斯则从历史主义的“洞穴”爬回到城邦，因此城邦都是他们的起点。因此雅法认为，在现代世界中没有足以形成苏格拉底事业的“道德根基”的“传统虔敬”，因为现代人在自然的洞穴之下又挖了一个洞穴，而施特劳斯和他想做的就是为人们能够返回自然的洞穴创造条件，而不是带领人们进入光明。

正因为如此，“东岸派”强调哲学与政治的对立这本身就是一种哲学的立场，是哲学地看待城邦之后得出的结论。雅法认为我们不能“从将城邦看成洞穴开始”，而是“从将城邦看成世界，或世界上最高的东西开始”，从“把人看成完全浸润在政治生活中……”开始。[②] 这种出发点的不同，导致了西岸派对于政治哲学的理解完全不同。

与“东岸派”对施特劳斯及其修辞术的理解完全不同，Orr 认为施特劳斯践行的是一种“反向的修辞术”，亦即在表面上是不虔敬的，但骨子里却是虔敬的。之所以要这么做是为了在一个智识主义盛行的年代里，一方面保护自己免受迫害，另一方面引导认真的读者去发现圣经。[③] 这意味着，在我们的时代，首要的任务不是开启哲学上升的通道，而是向下走重新开启信仰的可能性，这是哲学借以出发的起点。

而要哲学地返回城邦，就意味着要使哲学服务于城邦，要为城邦的道德和政治秩序奠定基础。这就是政治哲学的最终任务。而其根据则在于哲学对于自身局限性的清醒认识，因为哲学仅仅是对智慧的不完善的追求，而非智慧本身。这意味着哲学不能从根本上拒斥启示，对于哲学的选择实际上要依赖于一个信仰的行动，其程度与对圣经中的上帝的信仰一样多，

---

① Harry Jaffa, “The Decline and Fall of the American Idea: Reflections on the Failure of American Conservatism” . Paper prepared for the 25th Anniversary Symposium of the Henry Salvatori Center for the Study of Individual Freedom, Claremont Mckenna College , Claremontm, California (April 18 – 20), 1993, p. 370.

② Leo Strauss, The City and Man, Chicago and London: The University of Chicago Press, 1964, p. 240.

③ Susan Orr, Jerusalem and Athens, Lanham: Rowman & Littlefield, 1995, pp. 150 – 158.

这个信仰就是对理性的终极意义的信念。[①] 终究要依赖于信仰的哲学生活是不自足的，因此苏格拉底式的哲人必须与城邦保持接触。他们不相信哲学真的能够把一个人从他对道德和上帝的自然倾向中解放出来。[②] 用雅法自己的话说就是：人类既不是野兽，也不是上帝，因此他们就不应该在其他人面前扮演上帝的角色，（"东岸派"的哲人有"自我神化"、冒充上帝的嫌疑）[③] 也不应该把其他人当作野兽来对待。这就不仅是政治的也是道德义务的基础。[④] 在这种情况下，道德和宗教就不仅仅具有工具性的价值，而是具有哲学所无法否定的内在价值。

雅法怀疑施特劳斯所说的理性与启示之间的对立的绝对性，相反他认为苏格拉底式理性主义必须承认支持着信仰基础的前提。这是因为怀疑主义中的理性为的是永无止境地追问，通过转向圣经宗教而结束这种追问的理性是同一个相同的理性。而且，圣经和苏格拉底哲学都提供了一个道德选择的坚实基础，而它们所认可的道德选择在实质上是一样的。至于说最终用来做道德选择的理由是否是对上帝的顺从的爱还是自由见解的生活的善相对于下面这个问题是不重要的：两者都同意道德秩序是建立良好的社会所必须的。从这个角度来看，理性与启示是共通的。道德秩序的权威建立在人的高贵之上，并且由理性和启示共同支撑。

综上所述，"东岸派"与"西岸派"的区别可以从对"政治哲学"这一表达式中的"政治"一词的不同理解看出来。"东岸派"认为"政治"仅仅指的是哲学的表达方式；"西岸派"认为政治哲学为政治生活提供了实质性的道德指导。[⑤] 这在"东岸派"看来显然意味着哲学的堕落。伯恩斯就批评雅法"像马克思一样想改变世界，而不是阐释它"，他不适

---

① Harry Jaffa, "The Bible and Political Philosophy," in Leo Strauss: Political Philosopher and Jewish Thinker, 1993, pp. 199 - 200.

② Peter Lawler, "Introduction: Strauss, Straussians, and Faith-Based Students of Strauss," Political Science Reviewer, 36 (2007): 12.

③ "哲学是自我神化，它在根基上是傲慢的。" Strauss, "Reason and Revelation", in Heinrich Meier, Leo Strauss and the Theologico-Political Problem (Cambridge, UK: Cambridge University Press, 2005), 163.

④ Harry Jaffa, The Conditions of Freedom (Claremont, CA: Claremont Institute, 2000), p. 153.

⑤ Steven B. Smith, "Why Strauss? Why Now?", in Reading Leo Strauss: Politics, Philosophy, Judaism, Chicago: University of Chicago Press, 2006.

当地让哲学承担起了教化的功能。[①] 如果说“东岸派”的哲人一心所想就是爬出洞穴来到阳光普照之地，因此关注的是终点，他们可能指责“西岸派”从来没有超越政治讨论上升到哲学的层面；那么“西岸派”的哲人则似乎是要爬回洞穴，因此关注的就是起点，他们可能指责“东岸派”过于仓促乃至教条地从政治的层面转移开来，以至于削弱了公民的道德和政治观点。[②] 一句话，“东岸派”施特劳斯是哲学的施特劳斯，“西岸派”施特劳斯则是政治的施特劳斯。

四 一种可能：施特劳斯的“双向运动”

那么到底哪一种施特劳斯是真正的施特劳斯呢？他们之间是非此即彼的关系吗？有没有可能他们只是分别看到了施特劳斯的某个侧面，而真实的施特劳斯同时能够包含这两者呢？此时此地并不适合作出详细的论证，我们只能提出一个初步的设想。

应该说施特劳斯的政治哲学实际上包含着两条道路：一条是从城邦的洞穴向上攀升的道路，一条则是从洞穴之外下降到洞穴内的道路。不管是向上的路，还是向下的路，都是同一条路。但因为方向不同，同一条路上的同一个东西会呈现出不同的面向。“东岸派”与“西岸派”的区别可以从中获得启发：“东岸派”走的就是向上的路，因此在他们眼中哲学始终面向着洞外的阳光，而洞内的道德、宗教则都被看成是教条的阴影，需要被超越和洞穿。唯其如此，向上的哲学才需要在城邦的面前为自己的行为辩护。而“西岸派”走的就是向下的路，哲人的转身背向太阳，就一定会带来阴影，带着阴影然而身披阳光的哲学返回洞穴，洞内的道德、宗教就不再只是阴影，而是相反也披上了光芒。唯其如此，向下的哲学才完成了为城邦的奠基。因此说，无论是“东岸派”还是“西岸派”都是真实的施特劳斯，但却是不完满的施特劳斯，都是不可以灵活转身的施特劳斯。

也就是说，我们认为存在着东岸派与西岸派融合的可能性，这种可能性可以在法拉比的柏拉图中得到体现。法拉比认为哲人的生活是私人可以

---

① Walter Berns, “A Reply to Harry Jaffa”, National Review 34 (January 22): 1982, p. 45.

② Gregory Bruce Smith, Leo Strauss and the Straussians: An Anti-Democratic Cult?, Political Science and Politics, Vol. 30, No. 2 (Jun., 1997), pp. 180 – 189.

享有的人类最好的生活，哲人不需要统治的技艺以创造完美的城邦就可以获得完满的幸福。但是为了避免被指控为不虔诚，哲人必须宣称他们可以帮助公民们过得更好。[①] 也就是说哲人实际上一直处于上升的阶段，下降实际上是一种方便法门。东岸派指责雅法只是获得了施特劳斯的“显白教诲”，这并没有错，但是“显白教诲”并不就是假的教诲，甚至也不是可有可无的次要的教诲，它应该是哲人的智慧的应有体现。

这让我们想起了生活中的施特劳斯：他本人即是智慧与虔敬的高度融合。这是一种源于哲学的内在需要的融合，因为政治生活、人伦道德是哲学的自然起点。当然这仅仅只是一个初步的设想，本项研究的任务可以看作是对这一设想的一个详细证明。

第四节　施特劳斯在中国

一　引言："冷热"施特劳斯（派）

有一个极其悖谬且令人费解的问题：施特劳斯学派在西方是极其“冷”的[②]，但是他在中国大陆却是相当得“热”，用施特劳斯的弟子罗森话说：“现在最信奉施特劳斯的地方是中国大陆！”我不知道罗森说这句话到底是欣喜的还是忧虑的，如果施特劳斯活到今天，又会是什么样的态度。我们必须追问，在“冷热”两极之间到底哪一个才是正常的？

当然，我们用“正常”这个词，这个标准恰恰就是施特劳斯的核心主题：哲学与政治或者说思想与社会之间的关系。因此我们的问题就转化成：什么样的哲学与政治之间的关系是“正常”的，是“冷”的还是“热”的？当然这里有两种截然相反的态度，一种是现代启蒙运动的哲学，认为哲学与政治之间的关系应该是热的，也就是哲学应该用来指导和改造政治，而政治也必须要有哲学的根基。这也就是所谓的“哲学的政治化”和“政治的哲学化”。（下文将会具体展开，此不赘述）

另一种就是施特劳斯的态度，他是典型的“冷”派，因为他所信奉

---

① Leo Strauss, Persecution and the Art of Writing, Chicago: The University of Chicago Press, 1988, p. 15.

② 甘阳：《政治哲人施特劳斯：古典保守主义政治哲学的复兴》，载《自然权利与历史》，彭刚译，生活·读书·新知三联书店2006年版，第2页。

的古典政治哲学一再强调哲学与政治之间有着不可调和的矛盾，而且更重要的是他还认为这种不可调和是必须要有的。① 因此按照这一标准，一种真正的哲学如果变得热了，要么是这个“哲学”变了味啦，要么就是这个“政治”走了样啦。当然，当我们这么陈述时，已经在假定，哲学有哲学的“味”，政治有政治的“样”，笔者认为认识到这一点是施特劳斯政治哲学的核心。②

因此按照这种思路，我们就可以理解为什么施特劳斯终其一生除了在学院内部稍有影响之外，都是默默无闻的，我相信这是施特劳斯自己所信奉的政治哲学思想使然。但是施特劳斯死后却声名鹊起（包括美名与骂名），这自然得归因于他所调教出来的学生。“东岸派”的布鲁姆在晚年对美国的精神危机和教育危机的批评引发了施特劳斯学派与美国主流学界的混战③，而“西岸派”的雅法大张旗鼓地鼓吹“绅士行使属于他们的合法权力”更是让人联想到施特劳斯派反民主的企图。④ 这些公开的举动逐渐使施特劳斯走出自己狭隘的圈子甚至走出学术界进入了广泛的社会领域，使得施特劳斯被主流意识形态认为他具有反自由民主的可疑性，有导向专制极权的可能性。⑤ 从施特劳斯遭受的“冷遇”到施特劳斯派遭受的“热骂”，笔者相信这当中已经出现了一些关键性的变化。

中国的施特劳斯学派（姑且认为它存在，实际上笔者认为它与施特劳斯的真实意图是有距离的）很热，这里面既有“热捧”，也有“热骂”⑥，它们其实都是一个硬币的两面。这当然得归功于施特劳斯的中国

---

① Leo Strauss, On Tyranny, The Free Press of Glencoe, 1963, p. 26.

② ［美］列奥·施特劳斯：《苏格拉底与政治学问的起源》，载《苏格拉底问题与现代性——施特劳斯讲演与论文集：卷二》，刘小枫编，华夏出版社 2006 年版，第 255 页。

③ Robert Stone, Essays on the Closing of the American Mind, Chicago Review Press, 1989.

④ ［美］洛文萨尔：《施特劳斯的柏拉图式的政治哲学研究》，载《施特劳斯与古典政治哲学》，刘小枫主编，上海三联书店 2002 年版，第 630 页。

⑤ ［加］莎迪亚·德鲁里：《列奥·施特劳斯的政治观念》，张新刚、张源译，新星出版社 2010 年版，第 98—102 页。

⑥ 比较典型的热骂大概首推吴冠军，他对施特劳斯的批评主要集中在施特劳斯的真理观，以及在此基础上形成的自然正当的理念、哲人王的观念，尤其是对所谓“高贵的谎言”极尽挖苦讽刺之能事，认为施氏的隐微写作艺术只不过是明哲保身的犬儒主义行为。吴冠军对施特劳斯学派的“傲慢与偏见”嗤之以鼻，对施特劳斯“教父”、“路标”的角色更是恨之入骨。具体请参见吴冠军：《爱与死的幽灵学——意识形态批判六论》导论、第一、四、五章，吉林出版集团 2008 年版。

“传人”刘小枫和甘阳，他们不但把施特劳斯引进中国，而且还一度使它成为“显学”。

那么我们就必须追问，刘小枫和甘阳对施特劳斯做了怎样的处理[①]，会带来怎样的后果，最终使得原本“冷”的施特劳斯变成了“热”的施特劳斯学派。

二 政治的哲学化——克制哲学的癫狂

学界一直都认为甘阳和刘小枫是国内引介施特劳斯最有力的两位学者，但是至少从表面上看，甘阳似乎并没有像刘小枫表现得那么积极和直接，尽管他曾经在芝加哥大学待了十年之久。有趣的是，甘阳被认为是“天生的策划家、组织家、鼓动家”[②]，他有着敏锐的嗅觉、开阔的视野、张狂的个性。这一切都让他成为时代精神的弄潮儿，当然因此同时也是最富争议的人物。这一点与性情沉稳，一辈子默默无闻的施特劳斯截然相反。那么他怎么会走进施特劳斯的世界里的？

让我们先看一下甘阳远走芝加哥之前的情况。20 世纪 80 年代甘阳主要有两个思想主题，一个是文化问题，一个是政治问题。在文化问题上，甘阳从原先激进的反传统立场逐渐转变为文化保守主义的立场，从 80 年代初认为“当今继承中国文化的最好方法就是彻底的反传统”[③] 发展到 80 年代后期强调儒学自身的独立价值。这样一种转变显然是为了应对他早已经认识到的现代性的诸多弊病，比如拜金主义、大众文化等。

但是在政治问题上，甘阳始终都是站在现代性政治的立场上，强调自由、民主、法制。这意味着甘阳在现代性问题上的态度是矛盾的：文化上的抵制，政治上的接受。他甚至明确提出当代中国知识分子在今后将不得不采取“两面作战”的态度。他当时提出的解决这一两难困境的方法，

① 在这个问题上，水亦栎做了令人印象深刻的研究。笔者认为他对甘刘两人的理解基本上是到位的，尽管依然有简单化之嫌。但是他没有对甘刘二人理解施特劳斯的路径与取向作出批判性的思考，究其原因只能在于他没有对施特劳斯的本来面目形成自己清晰的认识，尤其是在施特劳斯的哲学观问题上，他几乎持有着与甘刘二人相同的观点。笔者在试图把对甘刘两人的理解复杂化的同时，把对施特劳斯的理解也进一步复杂化。具体请参见水亦栎：《政治与哲学——甘阳和刘小枫对斯特劳斯的两种解读》，载《开放时代》2004 年第 3 期。

② 查建英：《八十年代访谈录》，生活·读书·新知三联书店 2006 年版，第 167 页。

③ 甘阳：《八十年代文化讨论的几个问题》，载《八十年代文化意识》，甘阳编，上海人民出版社 2006 年版，第 32 页。

就是“让政治的归政治，文化的归文化”。也就是文化上坚持儒学的价值理性，政治上却坚定地支持中国迈向工具理性的进程。知识分子必须自觉地一半进入“社会”，一半却只能被“放逐”。①

但是知识分子果真能坚守住这样一种内部截然分裂的立场吗？换句话说，他真能在坚持自己的文化立场的同时，对政治问题保持中立或沉默？考验在1989年的时候出现，因为当时国内政治气氛日益浓厚，知识分子必须在政治上有个说法。此时的甘阳借助的是柏林的两种自由理念，他认为尽管知识分子最看重的是文化上的积极自由，但是在政治上更重要的是消极自由。消极自由不是工具，而本身就是目的，这是自由原则的第一要义。② 这意味着文化已经不再可能坚持绝对论的立场，而必须滑向相对主义，只有一种相对主义的文化立场才能与现代政治相匹配，才能真正实现政治与“文化”（之所以要打上引号，是因为此时的文化概念已经全然不同于80年代的概念）的分离，并且让知识分子找到暂时喘息的机会。

这就是甘阳在进入施特劳斯之前的思想状况：甘阳最大的困惑是如何处理政治与文化的关系，通过柏林实现文化的相对化，最终避免了“政治”与“文化”的对立。其实我们可以发现，甘阳的政治与文化的关系问题实际上就是施特劳斯的政治与哲学的关系问题，“知识分子”的两难其实就是哲人的两难。但是柏林的价值多元论实际上最终取消了政治与哲学之间的紧张关系，卸去了“知识分子”（不是现代意义上的知识分子）在政治问题上作出价值判断的义务。甘阳最终是否满意于这样的立场了呢？

现在我们可以进入甘阳对施特劳斯的理解。甘阳在他的《政治哲人施特劳斯》一书的后记中说，他这些年的基本着眼点首先都是当代西方特别美国的自由主义与保守主义之争这一中心问题。因为他认为只有抓住自由主义与保守主义之争这个中心线索，我们才能真正把握当代西方的主要思想脉络和政治走向。③ 显然这一问题是甘阳政治与文化关系问题的延续。

① 甘阳：《儒学与现代》，载《古今中西之争》，生活·读书·新知三联书店2006年版，第135页。

② 查建英：《八十年代访谈录》，生活·读书·新知三联书店2006年版，第229页。

③ 甘阳：《施特劳斯与美国保守主义——〈政治哲人施特劳斯〉后记》，载《书城》2003年第9期。

但是为何对这一问题的把握需要走进施特劳斯呢？因为他认为施特劳斯是我们进一步地了解西方、进入西方的入口，甚至是最好的入口，因为它把原先中国对于西方的认识所遮蔽了的东西给敞开了。[①] 什么是“原先中国对于西方的认识”呢？所谓“原先中国对于西方的认识”主要指的是90年代泛滥于中国知识界的自由主义和后现代左翼理论，针对的是各种主义之争的理论环境。那么什么东西被它们“遮蔽”了呢？是“那些基本的问题”。施特劳斯之所以是“最好的入口”，就是因为他能够比较有力地撑起“那些基本问题”。那么显然最关键的问题就是“那些基本的问题”是指什么问题？

众所周知，施特劳斯的基本问题包括启示与理性、古今之争等，但最根本的就是哲学与政治关系问题。但是这个问题自由主义和后现代不都存在吗？柏林的两种自由理念不也是对这个问题的回答吗？这就涉及甘阳对柏林自由主义立场的不满之处，甘阳借助施特劳斯发现西方自由主义理论和后现代左翼理论具有某种同源性，施特劳斯政治哲学对自由主义和后现代理论构成了双重批判。那么“同源性”在哪里呢？

在施特劳斯看来，它们都是“现代民主的官方高级祭司”，不可能真正切入他认为最重大的时代问题即“现代性的危机”，因为它们本身就是这一危机的集中表现。自由主义和后现代背后都有一个康德意义上的自主自足的“自由”，这个自由的个体是把个人从一切的共同体、宗教、习俗等东西中剥离出来的赤裸裸的个体，所不同的只是在于自由主义在剥离了自由的个体之后还要思考如何能够建立一个自由的共同体，而后现代思潮则根本上反对任何建构性的观念。甘阳认为这样的自由只有真正的哲人能够承受，但是现代性的本质恰恰在于“政治的哲学化”[②]，也就是认为可以通过哲学来改造政治，进而把所有人都提到“哲学”的高度，实现人的全面彻底解放。也就是说，它们先把人连根拔起，置于虚无之中，然后试图在虚无中再建家园，甚至在后现代看来连家园也不再需要，只是“游牧”即可，甘阳认为这正是现代性的最大危险所在。

---

① 甘阳：《用中国的方式研究中国，用西方的方式研究西方》，载《现代中文学刊》2009年第5期。

② Leo Strauss, Studies in Platonic Political Philosophy, Chicago: University of Chicago Press, 1983, p. 29.

而“政治的哲学化”的根源在于哪里呢？甘阳认为就在于哲学的癫狂，所谓癫狂就是把哲学的“知性真诚”贯彻到底推向极端，不再区分哲人与非哲人、哲学与政治，让知识的阳光普照大地。所有支持现代性或批判现代性的伟大思想家之所以最后都推进了现代性的进程，并把虚无主义引向极端，都是因为他们都具有最彻底的“知性真诚”。[①] 甘阳认为这就是施特劳斯政治哲学的中心问题。他进一步解释自由主义和后现代都是哲学疯狂的产物：自由主义不但以哲学为标准来批判政治，而且力图以哲学为标准来改造政治；后现代虽然认识到了启蒙只是幻想，政治永远不可能改造，因此唯一可能的“哲学”就是不断地批判政治社会的一切。[②] 甘阳甚至把这种癫狂的哲学等同于青年苏格拉底，等同于所有持激进批判立场的哲学，在这个意义上古今哲人似乎并没有发生根本性的变化。[③]

从这样的问题出发，为了避免哲学的癫狂对政治造成的危害，甘阳认为政治哲学需要首先对哲学活动自身进行反思，需要认识到哲学作为一种纯粹的知性追求就具有“癫狂性”，对于任何政治社会都必然是危险的、颠覆性的。因此施特劳斯政治哲学的全部出发点就是希望找到一条出路来克制“哲学”的走火入魔，从而防止政治的走火入魔。而这正是甘阳理解的苏格拉底转向的根本意义所在：从“攻击正义与虔诚的苏格拉底”向“维护正义与虔诚的苏格拉底”转变，这是哲学的成熟，哲学懂得了对自身批判的批判。

这样看来，甘阳所理解的施特劳斯的政治哲学已经不再是通常所认为的对哲学生活的辩护[④]，反倒成了对哲学生活的批判，对政治生活的辩护了。但是显然甘阳无论如何都不会否认在施特劳斯眼中哲学的沉思生活是最高的生活。如何理解甘阳的这一看似矛盾的论述呢？关键就在于他所批

① 甘阳：《政治哲人施特劳斯：古典保守主义政治哲学的复兴》，载施特劳斯著《自然权利与历史》，彭刚译，生活·读书·新知三联书店2003年版，第16页。

② 同上书，第77页。

③ 这一点显然是对施特劳斯哲学观的巨大误解，现代哲学当然不是老年苏格拉底的哲学，也不是青年苏格拉底的哲学。甘阳之所以简单地把现代哲学与青年苏格拉底相提并论，是因为他把哲学定义为批判，更是因为他把老年苏格拉底向政治哲学的转向简单地看作是对青年苏格拉底的批判的批判，政治哲学已经不再具有哲学的本性。关于这一点，下文第四节还将详细展开论述。

④ ［德］迈尔（Heinrich Meier）：《为什么是政治哲学》，林国华译，载《隐匿的对话——施密特与施特劳斯》，朱雁冰、汪庆华等译，华夏出版社2002年版，第111页。

判的哲学生活不是真正的哲学生活，真正的哲学生活只能是纯粹知性的沉思，对于这样的哲学，政治哲学就是迈向它的最好的准备，或者说政治或城邦成为（真正的）哲学唯一的自然起点。因此他说："政治哲学的第一步恰恰是要重新把人首先从所谓的'真理和光明世界'引回到'意见和偏见'的世界，即引回到原初性的现实的政治世界。"① 因为只有在这样的世界里，真正的哲学沉思才能成为可能。于是政治哲学就成为第一哲学，甚至于甘阳认为施特劳斯的一生都在"走向政治的途中"。

综上所述，甘阳从政治与文化的关系进入施特劳斯，认为现代性政治危机的本质在于"政治的哲学化"，而"政治哲学化"的根源在于彻底的"知性真诚"，它使得哲学走火入魔，最终危害政治。这被认为是现代性的最大危险所在。于是如何克制哲学的走火入魔就成为施特劳斯政治哲学的核心中的核心，通过把政治引回到前哲学的常识世界，哲学也回到了自然的起点。

三 哲学的政治化——为哲学生活辩护

刘小枫是引介施特劳斯的真正主力，但是如果说甘阳与施特劳斯简直就是两个完全不同的人，那么刘小枫和施特劳斯则是气质十分相像的。刘小枫从一开始关切的就是现代性情境下的人的精神困境，对他来说救赎是最迫切的任务。从 80 年代开始，刘小枫认为中国文化不能解决这一困境，必须补上基督教的课，基督教神学坚定了他价值绝对论的立场。但是后来他发现基督教在面对现代社会时也解体了，看来西方文化与中国文化面临着同样的挑战，亦即他逐渐认识到重要的不是中西之争，而是古今之争。② 现代性才是真正的敌人。

于是他进入到现代社会理论当中去，目的是为了搞清楚作为自己立场之反面的价值自由的理由。他发现现代社会科学坚持的价值自由立场正是现代性危机的表现所在，亦即滑入虚无主义的深渊。刘小枫后来承认，写作《绪论》的时候，他的"立场明显从《拯救与逍遥》坚硬的绝对价值

① 甘阳：《政治哲人斯特劳斯：古典保守主义政治哲学的复兴》，载施特劳斯：《自然权利与历史》，彭刚译，生活·读书·新知三联书店 2003 年版，第 11 页。

② 刘小枫：《现代性社会理论绪论》，上海三联书店 2001 年版，第 2 页。

论立场退却了”。[①] 现代性使得绝对价值的立场不再可能。

在接下来研究施密特的过程中，通过迈尔的《施密特、施特劳斯与“政治的概念”》一书开始对施特劳斯真正感兴趣。[②] 因为他惊讶地发现施特劳斯对基督教持有尼采式的批判，但是他却还能够坚持价值绝对论。这样的立场基础何在?! 如何可能?

这两个问题可以对应于施特劳斯的两个根本问题：第一个是“什么是哲学”的问题，第二个是“为什么要哲学”的问题。“什么是哲学”这个问题就是“追问什么是美好生活”；“为什么要哲学”这个问题就是在问为什么要追问什么是美好生活，因此是对追问的追问，是对哲学自身的反思。他对施特劳斯的理解就可以看作他对这两个问题的回答。

价值绝对论首先指向的是这样一个问题：何谓美好生活？因为价值绝对论如果成立，意味着存在美好的生活，那么对何谓美好生活的追问就成为可能和必需。对于这个问题最极端的两种回答来自于宗教与哲学。对于宗教来说，因为宗教预设了神的存在，所以神所启示的生活就是最美好的生活。宗教的回答不仅肯定了绝对价值的存在，而且是不容置疑的。而对于哲学来说，这是个尚处于疑问之中的问题，因为我们认识到在这个问题上有很多种回答，每一种答案都是可置疑的。因此我们唯一知道的就是我们在这个事情上是无知的。但是这并不意味着根本不存在美好的生活，它导致的是对这个问题的追问本身成为最重要的事情。[③] 而哲人对此的关切和追问已经预设了有永恒的、超人类的、普遍客观的真理。因此可以说哲学用追问本身肯定了美好生活的可能性，它本身导向的就是一种自由探询式的生活。

因此我们可以得出结论：尽管顺从神的生活与自由探寻的生活是两种截然相反的生活，谁也没有办法驳倒对方。但是它们都预设了美好生活的可能性，尽管答案可能相左。而且这两种生活的对立恰恰是必要的，因为它使得“何谓美好生活的问题”将一直存在。

但是实际上所有的政治制度都是一种生活方式，都是基于对这个问题

---

① 刘小枫：“回答‘应该如何生活’必须吗？——伯林与施特劳斯（一）”。（http://www.law-thinker.com/detail.asp?id=643）

② 刘小枫：《编者前言》，载《施特劳斯与古典政治哲学》，刘小枫主编，上海三联书店2002年版，第2页。

③ ［美］列奥·施特劳斯：《论僭政》，何地译，华夏出版社2006年版，第7页。

的既定的回答，可以说价值决定是政治问题的本质。在这个问题上，宗教和哲学都必须给出自己的回答。但是因为宗教本身预设了一个根本的答案，所以它与政治的结合就成为所谓的政治神学。而哲学本身因为是一种探询式的生活，它在根本上是质疑任何既定的答案的，因此它就与政治处于一种对立紧张的关系之中。正因为如此，哲学必须对于自己的所为给出一种说法，即在政治共同体面前证明哲学的正当性，这在刘小枫看来是施特劳斯政治哲学的根本所在。用刘小枫自己的话说就是，原初意义上的哲学家本质上是刺猬，亦即哲学生活是建立在对社会的习俗与规范的质疑之上的。但是他还应该具备温顺的美德，即又要能够尊敬社会所信奉的神，因为他认识到了哲学如果走向疯狂一定会招致政治的迫害并且同时危及政治的秩序。其方法就是学会说“高贵的谎言”，区分隐微的与显白的教诲，以便“使城邦确信，哲学家不是无神论者，他们不是要亵渎在城邦看来神圣的一切东西，相反他们尊敬城邦所尊敬的东西，他们更不是颠覆者，而是好公民，甚至是公民中最好的公民。”① 因此对于刘小枫的施特劳斯来说，政治哲学是服务于哲学的，或者说是哲学的一个有益补充，它的根本目的就是要让哲学对“何谓美好生活”的问题的追问成为可能和必要。②

但是从马基雅维利开始出现了一种截然区别于古典政治哲学的现代“政治哲学”，我们之所以要打上引号，因为这种“政治哲学”本质上是把哲学与政治结合在一起，因此是新形式的政治神学。③ 刘小枫还把这种政治与哲学的结盟最终追溯到亚里士多德那里，因为是亚里士多德试图开创一种独立的、可教的政治科学，从而为现代政治与哲学的结盟提供了可能。但是此时的“哲学”依然要打上引号，因为已经完全不是古典意义上的哲学了，因为只有当哲学不再追问何为美好生活的问题时，才有可能与政治结盟。用马基雅维利的话说就是，他不再关心人们应该如何生活，

---

① Leo Strauss, What is Political Philosophy? See The Journal of Politics, Vol. 19, No. 3 (Aug., 1957), p. 126.

② 刘小枫：《哲学史研究与哲学的正当性》，载《二十一世纪》双月刊，2001 年 10 月号（香港：中文大学　中国文化研究所），第 140—147 页。

③ ［美］艾伦·布鲁姆：《走向封闭的美国精神》，缪青译，中国社会科学出版社 1994 年版，第 310 页。

而只是关心人们实际上如何生活。[①] 用施特劳斯自己的术语就是哲学已经被政治化了，哲学不再超越于政治之上，转而服务于政治的实践。因此今日所有的主义都可以看成是马基雅维利的后裔。

按刘小枫的话说，现代“哲人”已经不再是一只“温顺的刺猬”而是一只“狡猾的狐狸”，这指的就是刘小枫矛头所向的柏林。因为柏林认为不存在终极的价值，所有价值之间的冲突是不可避免的。因此政治哲学必须坚守价值中立的原则，这是自由主义的精髓所在。可是显然柏林又把自由和宽容当作了最重要的价值。因此这种表面上的相对主义骨子里却是绝对主义。由此可见自由主义虽然取消了最关键的问题，但背后实际上提供了答案。人类根本没有绝对的价值，唯有这一观点是绝对的。哲人成为狐狸，就是成为有这种信念的人。[②] 这就导致了哲人的败坏或堕落，因为哲人不再追问“何谓美好的生活”。在刘小枫看来，这就是施特劳斯最根本的关注。[③]

这样我们就能理解，为什么施特劳斯会说施密特对现代性的批判是不可能彻底的，因为施密特只是站在传统的政治神学（宗教与政治的结盟）立场上来批判现代的政治神学（哲学与政治的结盟），对现代性的批判必须找到一个超越于现代性之上的立场。这个立场就是古典政治哲学的立场。

综上所述，刘小枫试图从施特劳斯那里找到绝对价值论的根基，他认为现代性精神危机的本质在于“哲学的政治化”，而它的根源在于哲人的败坏，亦即对“何谓美好生活”的追问不再可能和必要。古典政治哲学就是要为哲学的追问生活辩护，它的根本目的就是防止这一问题永远消失。

四　施特劳斯的简单化与极端化——哲学的思与哲学的言行

我们看到甘阳和刘小枫对施特劳斯的理解几乎是相互冲突的，甘阳更注重哲学对政治的危害，因而政治哲学就是对哲学癫狂的克制；而刘小枫

---

① ［美］列奥·施特劳斯：《关于马基雅维利的思考》，申彤译，译林出版社2003年版，第368页。

② 刘小枫：《刺猬的温顺——柏林和施特劳斯》，载《启示与理性：从苏格拉底、尼采到施特劳斯》，萌萌编，中国社会科学院出版社2001年版，第13页。

③ 刘小枫：《施特劳斯与中国：古典心性的相逢》，载《思想战线》2009年第2期。

更注重政治对哲学的迫害，因而政治哲学就是为哲学生活的辩护。尽管他们都是基于哲学与政治之间的紧张对立，但是笔者认为，他们两者都有把施特劳斯简单化进而极端化的嫌疑。

首先来看甘阳。甘阳把现代性危机的本质等同于“政治的哲学化”，并把其根源追溯到彻底的“知性真诚”导致的哲学的癫狂，进而提出施特劳斯政治哲学的目的就是要克制哲学的癫狂，其方法就是区分青年苏格拉底与老年苏格拉底，并最终把施特劳斯的政治哲学等同于“维护正义与虔诚的苏格拉底”。这样做一方面使得他的政治哲学失去了批判的立场，他必将无法回答刘小枫所说的政治哲学对“政治神学”的批判问题，哲学对于政治的贡献似乎除了意识形态的辩护之外一无是处。同样地，他也不会有刘小枫所谓的“哲人的败坏”问题，因为现代哲人与青年苏格拉底一样都是癫狂的，都是应该被克服的。这样做无疑严重低估了施特劳斯原初意义上的哲学，在他看来癫狂的哲学是要不得的，只有“成熟的哲学”才是真正的哲学。因此他才会把俗白教导径直等同于政治哲学，而隐微的教导亦即原初的哲学则被等同于现代激进批判的哲学。哲学被简单地等同于批判，政治哲学被简单地等同于对批判的批判。这与以下这个事实存在根本性的关联，即甘阳几乎完全忽视了耶路撒冷与雅典、启示与理性之争在施特劳斯思想中的极端重要性，因为只有在与宗教的启示的对立之中才可以看清哲学坚持理性的疯狂本身的重要意义。因此甘阳对施特劳斯的简单化处理使得癫狂不再是一种哲学的美德，反倒成了哲学的原罪。

刘小枫的简单化处理几乎与甘阳完全相反。刘小枫认为现代性导致绝对价值论不再可能的根源在于“哲学的政治化”，是哲学俯身屈就了政治的标准，它取消了政治哲学的根本问题，即为什么要哲学的问题，最终也就使得对何谓美好生活的追问不再可能和必要。因此在刘小枫看来施特劳斯的根本问题是哲人的败坏问题，亦即哲人不再追问美好生活。显然在刘小枫这里，政治哲学是绝对服务于哲学的，哲学向政治哲学的转变是哲学为了避免政治的迫害而向城邦法庭证明自身的正当性。他给人的感觉始终是哲学高于政治、超越于政治，但是他显然忽视了意见世界、政治社会对于哲学生活的重要性，忽视了甘阳所认识到的施特劳斯政治哲学的独特品性：只有从政治才能进入哲学。[①] 他忘记了施特劳斯那句重要的话：哲学是从意见向知识的一个升华过程，（NRH，124）只有认识到意见对于哲学的根本重要性，哲学才能变得温顺，因此哲学向政治哲学的转变才不仅仅是因为政治的迫害。总之，如果说甘阳使得哲学不再无畏，那么刘小枫就使得刺猬不再温顺，或者说温顺失去了源自哲学自身的根基。

可见，两者对施特劳斯的简单化都根源于他们对“什么是哲学”这一问题的简单化认识，以及由此导致的对哲学与政治之间关系的极端化认识。如果说政治哲学是对癫狂的哲学的克制（甘阳）或是对“为什么要哲学”的回答（刘小枫），那么这两者都是基于对“什么是哲学”的回答。笔者认为甘、刘两人都混淆了哲学的思与哲学的言行，只有当哲学的思以言行的形式表现出来的时候，哲学（指言行）才与政治发生冲突，因为哲学的言行与政治一样同属于意见的领域，也因此这两者都是哲学的思的对象（之一）。我们必须记住施特劳斯的教诲，哲学是对整全的追问，哲学的言行与政治都只是整全的一部分。只有在真正的哲学之思中哲学与政治之间的异质性才能真正呈现。[②] 正因为如此哲学向政治哲学的转向不是简单的在言行层面的调整，而是通往整全之路的调整，亦即哲学自身的调整。或者说哲学对自身（指言行）的反思恰恰是哲学之为哲学的本质要求。但是甘、刘二人由于忽视了哲学的思与哲学的言行之间的区别，以至于他们把哲学与政治的对立当作了哲学思考的前提而非哲学思考的对象来对待，这就导致他们都把哲学向政治哲学的转变看作是哲学面对政治的迫害（刘小枫）或哲学避免自身的疯狂危害政治（甘阳）而不得已作出的调整。这样他们就不能深切体认施特劳斯意味深长的一句话：哲人的最高品德是无畏与温良的结合。[③] 这里的无畏与温良都是出于哲学自身的要求所应该具备的美德，但是甘阳把无畏当作应该用温良来克服的东西，而刘小枫则把温良当作了哲学外部的要求，在他们眼里哲人对无畏与温良的结合似乎是迫不得已的事情，这样的哲人必将永远处于内部分裂撕

---

① 甘阳：《政治哲人施特劳斯：古典保守主义政治哲学的复兴》，载列奥·施特劳斯著《自然权利与历史》，彭刚译，生活·读书·新知三联书店 2006 年版，第 78 页。

② ［美］列奥·施特劳斯：《政治哲学的危机》，李永晶译，载《苏格拉底问题与现代性——施特劳斯讲演与论文集：卷二》，刘小枫编，华夏出版社 2006 年版，第 19 页。

③ Leo Strauss, The City and Man, Chicago and London: The University of Chicago Press, 1964, pp. 90 - 91.

扯的状态。因此他们都使得无畏与温良截然分离并趋于极端。

五 “冷却”施特劳斯

笔者认为对施特劳斯的简单化进而极端化是导致施特劳斯热的最根本原因，这种简单化要么是历史化，要么是中国化，骨子里都是把我们自身的问题套在施特劳斯身上。也只有这样施特劳斯才能引起那么多的“热捧”和“热骂”，但是任何形式的施特劳斯热都是不正常的，因为真正的哲学生活必定只是极少数人的，而且必定是默默无闻的。因此，如果我们真正遵循施特劳斯的哲学教诲，就必须“冷却”施特劳斯。而这必须以我们回到真正的施特劳斯为前提。

那么，什么是真正的施特劳斯？什么是施特劳斯所面对的问题？只有当我们真正弄明白这一点时，我们才有可能真正弄清楚什么是我们自己的问题？

第一章

总论:反启蒙运动的启蒙
——论施特劳斯的思想运动

热爱智识（philosophieren）就是：即便意识到所有属人的东西最终都灰飞烟灭仍然寻求真实，不顾及对自己来说是否能拥有整个永恒——带着完满的宁静，没有一时的仓促，虽总感紧迫，却从不匆忙——勇于美好的冒险，时刻准备着整个儿从头开始。

——施特劳斯

第一节 引言:一种视角的转换

施特劳斯的作品并没有哲学著作常有的艰深晦涩，但却也是出了名的难读，以至于曼斯菲尔德会说阅读施特劳斯有如沙漠行舟。① 其中关键即在于：施特劳斯似乎并不想直接告诉我们，他的脑子里真正在想些什么。他总是戴着别人的面具。② 这绝对是施特劳斯有意为之的，因为这是施特劳斯所理解的古典政治哲学精神的体现。

因此，在某种程度上，本项研究是对施特劳斯意图的违背，因为本项研究并不试图按照施特劳斯所指引的道路去阅读他所阅读的柏拉图或色诺芬或阿尔法拉比的著作。相反，我们关注的是施特劳斯本身，并且我们试图穿过施特劳斯对经典作家的经典作品的精细解读，希望能够提炼和明确施特劳斯在当代处境下形成的自己的思想图景。我们似乎不得不将施特劳斯历史化，将他的思想与他的处境以及对这一处境的理解相挂钩。极其吊

---

① Harvey C. Mansfield, Jr., "Strauss's Machiavelli." Political Theory, Vol. 3, No. 4 (Nov., 1975), pp. 372 – 384.

② Robert McShea, "Leo Strauss on Machiavelli," The Western Political Quarterly, xvi, (December, 1963), p. 782.

诡的是，我们认为施特劳斯的处境以及他对此的理解的本身便是历史主义化了的，这是因为施特劳斯处在一个历史主义成为时代精神的年代里，他本身就必须通过一个历史的研究来克服或超越这样一个历史处境。因此，从这个意义上，我们对施特劳斯的处理又是符合施特劳斯的意图的：以一种历史的方式寻回一种非历史的视域。

于是我们现在面临的首要问题就是借助什么视角来进入施特劳斯的这一历史研究方式，才能使得那一非历史的视域得到完整的呈现。研究施特劳斯的很多人为我们提供了许多种视角，比如广为接受的“神学—政治问题”①，因为施特劳斯在很多个场合都明确指出这一问题是贯穿他一生的主题。② 还有“古今之争”，施特劳斯也曾经说过“古今之争的问题”比“雅典和耶路撒冷之间的分歧”更根本，因为“西方现代性”是对雅典和耶路撒冷的双重反叛。③ 还有“哲学与政治”和“耶路撒冷与雅典”④，这些视角都毋庸置疑是施特劳斯所处理的重大主题，而且它们之间应该还有着层层递进和逐步深入的关系。我们也相信从这些视角的切入无疑将硕果累累。

但是除了这些视角被太多的学者所采纳和研究之外，它们还有一些美中不足之处：首先这些视角都是十分施特劳斯化的，是施特劳斯对政治哲学史的独特理解的产物，尤其是“神学—政治问题”、“哲学与政治的关系”问题，除非深入地阅读施特劳斯，否则很难理解和把握这些视角所蕴含的意义，因此将更加给人一种施特劳斯是自说自话的方外之人的印象。当然如果有人认为学术交流并不重要，专注于甚至封闭于自身的领域也无所谓的话，那么他自然可以对此置之度外。但这样的态度在今天显然是不切实际的，它只会使得施特劳斯更加让人感觉不可理喻。其次，这些视角（也许古今之争除外）都代表了施特劳斯所获得的一种非历史的视

① Thomas L. Pangle, Leo Strauss: An Introduction to His Thought and Intellectual Legacy, The Johns Hopkins University Press, 2006.

② Leo Strauss, “Preface to Spinoza's Critique of Religion,” in Liberalism Ancient and Modern, p. 224.

③ Leo Strauss, Studies in Platonic Political Philosophy, Chicago: University of Chicago Press, 1983, p. 168.

④ David Janssens, Between Athens and Jerusalem: Philosophy, Prophecy, and Politics in Leo Strauss's Early Thought, State University of New York Press, 2008.

域，而没有反映出施特劳斯所运用的历史研究方法和理路，尤其没有呈现出这些非历史的视域在历史的处境中所经历的断裂与延续，因而将不利于我们更好地理解施特劳斯本身。

因此我们将试图寻找一个新的视角，这一视角必须同时满足这样两个条件：一是能够充分展现施特劳斯的历史研究方法；二是能够充分呈现施特劳斯所意欲获得的非历史的视域。它将既能够揭示出施特劳斯所处的独特历史处境，又能够揭示出施特劳斯所重新开掘的人类所面临的永恒问题，并以此昭示出我们寻找当下解决方法的可能出路。

我们找到的这一新的视角就是“反启蒙运动的启蒙”。选择这一视角的理由不仅在于它至今还没有成为施特劳斯的研究者们集中关注的话题，虽然有时候偶有涉及，但并没有作为专题研究，而且并未太多地深入(下文将有所提及)。更重要的是，这个视角是对前述几个视角的一个明晰化或者说焦点化，它不仅表明了“古今之争”的症结所在，而且使得原先有些扑朔迷离的“神学—政治问题”得以较为通俗化地表达。尽管也许我们会因此而失去些许施特劳斯味，但为了更加清楚、准确地理解和表达施特劳斯的意图，我认为这样的代价还是值得的。下面我们就尝试从这一视角出发来简要地模拟施特劳斯的思想运动。

第二节　反启蒙运动的启蒙——论施特劳斯的思想运动[①]

不管是在西方还是在中国，今天对于启蒙运动的反思已经形成一股巨大的潮流。几乎是众所周知的，我们今天已经生活在启蒙运动的计划被摧毁之后的暗淡阴影之中。这其中施特劳斯被认为是极其深刻又极其特殊的一支，因为他是站在了启蒙之外的立场——古典政治哲学——上来反思启蒙现代性的。[②] 这一点几乎已经成了共识。

奇怪的是，2009 年刘小枫发表了《施特劳斯与启蒙哲学（上）——

① 本节内容曾经发表于《道德与文明》2011 年第 5 期。

② ［美］艾伦·布鲁姆：《走向封闭的美国精神》，缪青译，中国社会科学出版社 1994 年版，第 310 页。同时请参见鲁明军：《古今之辩：2000 年以来中国思想界的现代性之争》，载《二十一世纪》网络版，2008 年 11 月号，总第 80 期。

读施特劳斯早期文稿〈柯亨与迈蒙尼德〉》，在这篇文章中刘小枫指出施特劳斯是个启蒙哲人，可是他对启蒙的批判又是彰明较著并且一以贯之的。如何来理解这种表面上的矛盾呢？刘小枫自己给出的解答是这样的：在施特劳斯的思想体系中存在两种启蒙，一是哲人对少数潜在哲人的启蒙；二是针对所有人的启蒙。刘小枫把前者称为真的启蒙，把后者称为“蛊惑人心”的假启蒙。① 也就是说施特劳斯反对的是现代的所谓“假启蒙”，但却是个古典意义上的真的启蒙哲人。

与此相反的观点是，罗森认为，施特劳斯通过把自己的全部职业生涯贡献于揭示哲学家的政治修辞，公开了隐微写作的传统，从而表明“哲学家不会亵渎城邦奉为神圣的所有东西”，他就把自己确认为一个现代人，一个启蒙的儿子或继子。② 显然罗森不会把现代启蒙称为“蛊惑人心”的假启蒙，否则施特劳斯就是在“蛊惑人心”了。

那么到底谁对谁错？还是两个都对或都错？这是个十分重大的问题，因为它直接关系到施特劳斯对待古代和现代的态度。而其中关键就在于我们应该如何理解古典启蒙与现代启蒙之间的关系。毋庸置疑，它们之间存在着差别，但其差别的本质何在却隐晦不明。笔者认为，实际上启蒙只有一种，古今的区别不在于真假，而在于启蒙与启蒙运动之别。施特劳斯反对的是启蒙运动，但他支持的是启蒙。③

但是长期以来我们一直都把启蒙与启蒙运动混为一谈。这可以从人们对康德的1784年发表在《柏林月刊》上的那篇著名文章的翻译看出来。何兆武把这篇文章题目翻译为“什么是启蒙运动?”④，在《启蒙运动与现代性：18世纪与20世纪的对话》一书中，徐向东又把这篇文章的标题译

---

① 刘小枫：《施特劳斯与启蒙哲学（上）——读施特劳斯早期文稿〈柯亨与迈蒙尼德〉》，载《西北师大学报》2009年第5期。刘小枫的这一判断显然来自于布鲁姆，参见布鲁姆《走向封闭的美国精神》，前揭，第306页。

② ［美］斯坦利·罗森：《作为政治的解释学》，载刘小枫编《施特劳斯与古典政治哲学》，上海三联书店2002年版，第225—226页。

③ Joseph Cropsey 用小写的 enlightenment 表示古典的启蒙，用大写的 Enlightenment 表示现代启蒙运动。请参见 Joseph Cropsey, “On Ancients and Moderns,” in Interpretation, Fall 1990, Vol. 18, No. 1, p. 50.

④ ［德］康德：《答复这个问题：“什么是启蒙运动”》，载康德《历史理性批判文集》，何兆武译，商务印书馆1990年版，第22—29页。

为“什么是启蒙?”[①] 可是“启蒙”与“启蒙运动”对应的都是同一个德文单词。笔者认为这样的混淆并不仅仅是个翻译的问题，也不能够通过回到康德的文本来解答这一疑问，因为启蒙与启蒙运动的混淆恰恰就是现代启蒙运动导致的结果，因为现代启蒙运动就是在改变原初意义上的启蒙并将它服务于政治社会的目的的基础上展开的。

因此笔者认为，区分启蒙与启蒙运动是我们反思启蒙运动并重新理解原初意义上的启蒙的必要步骤，同时也是我们深入地理解和“模仿”施特劳斯的思想运动的有效切入口。下文我们将紧紧围绕这一视角，提纲挈领地展现施特劳斯的思想运动。

一　西方的危机与启蒙运动的瓦解

施特劳斯的出发点是西方的危机，而它的直接原因是现代启蒙运动的瓦解。我们不得不承认现代启蒙运动的理想——由自由、平等的个体组成的普遍的开放的社会——是美好的，甚至是太美好了。但是我们永远都应记住犹太民族的这句格言：一个东西在其完美时愈高贵，在其腐朽时就愈可怕。[②] 启蒙运动的理想一旦破灭，它带来的就是施特劳斯一再强调说的现代性的危机：人们已不再能确信自己原先确信无疑的目标，人们甚至也不再知道什么是好的，什么是坏的。[③]

这是政治的危机，更是精神的危机。用施特劳斯的话说是政治哲学的危机。

作为政治危机的表现，就是西方自由民主制度根基已经不再牢固，因为作为自由民主制度之基础的自由主义正处于危机之中。这在施特劳斯看来，最典型地体现在柏林的自由主义理论之中。因为柏林的自由主义建立在价值多元论的基础之上，这意味着自由和平等、公正等诸多价值一样只

---

① ［德］康德:《对这个问题的一个回答：什么是启蒙?》，载詹姆斯·施密特编《启蒙运动与现代性——18世纪与20世纪的对话》，徐向东、卢华萍译，上海人民出版社2005年版，第61页。

② ［德］摩西·门德尔松:《论这个问题：什么是启蒙?》，载詹姆斯·施密特编《启蒙运动与现代性：18世纪与20世纪的对话》，徐向东、卢华萍译，上海人民出版社2005年版，第58页。

③ ［美］列奥·施特劳斯：《我们时代的危机》，李永晶译，载《苏格拉底问题与现代性——施特劳斯讲演与论文集：卷二》，刘小枫编，华夏出版社2006年版，第4页。

是众多绝对价值中的一种，它们相互之间相互冲突、不可通约，对任何一种价值的选择都是以牺牲其他价值为前提的。[①] 因此自由主义不得不相对化，自由的价值还能作为立国的根基吗？一旦我们选择了自由主义，我们立刻就走向了绝对主义的立场，而这已经被认为是与多元价值论背道而驰的了。因此施特劳斯说当今的相对主义恰恰就是一种绝对主义，这种绝对主义的相对主义使得任何主义都相对化了。[②]

精神的危机最典型的表现在虚无主义这个问题上。按照施特劳斯的理解，所谓虚无主义是对文明原则本身的拒斥，而文明意味着教养，意味着将人变成公民，意味着对好与坏、善与恶等社会道德的肯认。[③] 虚无主义对文明的拒斥意味着文明不再能够对什么是好的，什么是正义的这些问题作出清楚肯定的回答，理性在这些对人类来说最重要的价值问题上已经被认为无能为力了。[④] 诸神大战、价值多元已经成为我们这个时代最不容置疑的信条。

不管是政治的危机还是精神的危机，其根本的都是理性的危机，是我们不再相信理性能够帮助我们指导我们的生活，最重要的是我们不再确信理性能够成为价值判断的依据。施特劳斯认为有两个人（都是德国人）需要为这一危机担负直接责任，一个就是韦伯，他的世界观已经成为我们时代主导性的世界观，他因为认识到启示的可能性，从而怀疑科学理性自身的价值，进而认为终极价值之间的冲突不可能借助人类理性来加以解决。（NRH，64）但是施特劳斯认为韦伯的思想还是不够彻底的，因为他受到了科学传统的熏陶。真正彻底的是海德格尔，因为他用哲学的方式证明了所有的人类思想都是历史性的，因此就不可能存在任何超越的、普遍

① Leo Strauss, Relativism, See The Rebirth of Classical Political Rationalism, Chicago: The University of Chicago Press, 1989, pp. 14 – 15.

② 值得注意的是，国内对于施特劳斯的一种理解路径就是从施特劳斯对当代政治危机的角度进入的，具体请参见甘阳：《政治哲人施特劳斯：古典保守主义政治哲学的复兴》，载《自然权利与历史》，彭刚译，生活·读书·新知三联书店 2003 年版，第 41—57 页。

③ ［美］列奥·施特劳斯：《德意志虚无主义》，丁耘译，载《苏格拉底问题与现代性——施特劳斯讲演与论文集：卷二》，刘小枫编，华夏出版社 2006 年版，第 117 页。

④ 同样值得注意的是，国内对施特劳斯的另一种理解路径就是从当代精神危机的虚无主义这个角度进入的，尤其是刘小枫，他曾明确说过：施特劳斯与价值相对主义和虚无主义的不懈斗争，就是他一直在寻求的思想立场。具体请参见刘小枫：《编者前言》，载《施特劳斯与古典政治哲学》，刘小枫主编，上海三联书店 2002 年版，第 2 页。

的规范可以指导我们的生活，剩下的只是非理性的决断。[①] 这才是对现代启蒙运动最致命的一击。

然而，就在短短的两三百年前，启蒙运动的先辈对于理性指引人类的生活是何等的乐观，为何到最后是对理性的弃绝？施特劳斯认为，我们要理解这样一个过程，就必须回到现代启蒙运动中去，因为现代性的危机是在对启蒙运动的一次次反思基础之上逐步形成的。

二　现代启蒙运动的内在问题

在施特劳斯看来，现代启蒙运动的本质是以启蒙为手段，以普遍同质的开放社会[②]的建设为目标的运动。这是一个针对所有人、并且是在任何时候任何地点都可以进行的庞大计划[③]，它旨在实现人性的彻底改造，以为一个美好社会（古典哲人的缺陷就在于他们只能空谈理想而无法确保理想的实现）的实现做好准备。如果启蒙就是如康德所说的人类有勇气运用自己的理性，从而摆脱自己造成的不成熟，[④] 那么启蒙运动就意味着人类还必须有勇气去实现某种政治秩序，以便使成熟和理解变得可能。[⑤] 因此人性的改造和政治社会的建设是两个相辅相成的过程，在这其中起衔接作用的就是普遍的启蒙运动。

我们可以用两个核心术语来概括这一相辅相成的过程：政治的启蒙化和启蒙的政治化。

政治的启蒙化就是认为政治合法性的基础应该并且可以建立在一套理性的原则基础之上，或者套用柏拉图的洞穴比喻，人类可以走出洞穴之外

---

① Leo Strauss, The Rebirth of Classical Political Rationalism: An Introduction to the Thought of Leo Strauss, Selected and Introduced by Thomas L. Pangle, Chicago and London: The University of Chicago Press, 1989, pp. 32 –37.

② Leo Strauss, Liberalism Ancient and Modern, foreword by Allan Bloom, Chicago and London: The University of Chicago Press, p. x.

③ ［美］吕迪格·比特纳：《什么是启蒙？》，载《启蒙运动与现代性：18 世纪与 20 世纪的对话》，第 361 页。

④ ［德］康德：《答复这个问题："什么是启蒙运动"》，载康德《历史理性批判文集》，何兆武译，商务印书馆 1990 年版，第 22—29 页。

⑤ ［德］凯文·保罗·盖曼（Kevein Paul Geiman）：《启蒙了的世界主义：对康德的"崇高"的政治透视》，载詹姆斯·施密特编《启蒙运动与现代性：18 世纪与 20 世纪的对话》，徐向东、卢华萍译，上海人民出版社 2005 年版，第 520 页。

并最终在光天化日之下建立城邦。可是如我们前面论述的，启蒙的理性本质上是一种用知识取代意见的努力，它是一个永无止境地从意见向知识"升华"过程，（NRH，124）这就必然使得现代政治的根基处于一种不断革命化的危机之中，现代政治永远都处于寻找自身的合法性的征途之上。凡是能够被找到的根基都是可以被理性质疑的根基，唯一不能质疑的就是质疑本身。因此现代政治如果说有什么稳固的合法性的话，革命就是它的合法性。正如伽达默尔已经认识到了的，启蒙运动实际上立足于一个"根本的成见"，那就是"一个反对成见本身的成见"。用理性的原则来对社会进行反思和改造，这恰恰是一种非理性的成见，因为这个目的本身并没有经过理性的反思。所以当启蒙运动试图把启蒙的精神普遍化的时候，我们发现它最终走向了自己的反面。这就是承认：理性不再能够成为任何政治秩序的根基，或者理性不再能够对任何政治秩序作出评判。①

启蒙的政治化就是哲学的启蒙不再是一种私人性的纯粹知性追求，而变成了一种公共政治的武器和工具。这表面上看来是用理性去启蒙大众，把他们从非理性的状态提升到所谓的"成熟状态"，实际上是通过降低启蒙的目标来迎合大众的口味，因为大众理性与启蒙哲人的理性永远都是不平等的，要想启蒙大众，只有降低启蒙哲人的理性标准。启蒙因而不再是超越于社会之上，而是更加积极地进入社会，并且服务于社会。② 换句话说，这不是一个拔高的过程，而是一个降格的过程。在这个过程中，一切神圣的痕迹都被作为非理性的东西给打碎了，一切稳固的都失去了根基，一切崇高的都失去了意义，启蒙后的世界是一个无聊、平等的世界。人类作为有限的存在，如果不服从于某个超出于自身之外的更高的事物，就会失去泊地，没有根基。③ 我们本以为启蒙后将是一个美丽新世界，可是我们最终发现，启蒙之后什么也没有。启蒙终于把矛头指向了它自身。

不管是启蒙的政治化，还是政治的启蒙化，启蒙运动它最终的根据都在于启蒙与政治之间是可以和谐共处的。但是贯彻到底的启蒙运动必然会

① Leo Strauss, Liberalism Ancient and Modern, foreword by Allan Bloom, Chicago and London: The University of Chicago Press, 1989, p. 63.

② ［美］列奥·施特劳斯：《关于马基雅维利的思考》，申彤译，译林出版社2006年版，第474页。

③ ［美］吕迪格·比特纳：《什么是启蒙?》，载詹姆斯·施密特编《启蒙运动与现代性：18世纪与20世纪的对话》，徐向东、卢华萍译，上海人民出版社2005年版，第362页。

认识到它是与启蒙的精神相违背的，因为启蒙与政治之间的关系恰恰就是启蒙要追问的首要问题。启蒙运动的自我瓦解，终于导致了现代启蒙精神的死亡。

三　现代启蒙运动的根源：理性与启示之争

现代启蒙运动之所以认为哲学与政治能够实现最终的融合，还有一个更加根本的前提，这就是对神学的拒斥。对于施特劳斯来说，现代启蒙运动的根源即在于“反神学怒火”——这是现代性隐藏得最深的激情，也正是这一激情是现代性危机的最深根源，因为没有了神学作为对手的理性主义必然走向自我瓦解。

哲学要能够被付诸实践，就必须坚信人类凭借自己的理性能够获得完满的智慧。而只要有一个高高在上的上帝在，人类就永远有一些终极的问题无法解决，人类借助理性的自我指引就必然要受到诅咒。因此，哲学的实践化必须要首先杀死上帝。

同样地，人类要借助理性来实现一个美好的城邦，就必须祛除一个超出人类理性之外的东西。霍布斯就认为文明社会的和平依赖于统治者拥有对臣民的生杀予夺的权力。如果人们相信存在其他能赋予他们胜过生命的奖赏，能给甚于剥夺生命的更大惩罚的权力，他们就会服从这种权力，同时统治者的权威就失去了。因此必须通过启蒙，祛除人们对某种神圣力量的恐惧，而代之以对世俗权威的恐惧。① 将政治与神学松绑（也就是解开神学—政治的联盟）可以说是现代启蒙运动的基础性工作，只有在此基础上，哲学与政治的融合才有可能。可以说这里正是古今之争的症结所在。

但是受到20世纪神学复兴影响的施特劳斯却追问人类理性是不是真的杀死了上帝？对正统神学——犹太教的和基督教的——的批评究竟在何种程度上可以称为取得了胜利。② 以至于我们今天宣称的上帝死了、诸神大战的信条是那么的不容置疑？施特劳斯决心回到现代启蒙运动的根源之

① ［美］列奥·施特劳斯、约瑟夫·克罗波西主编：《政治哲学史》上、下册，河北人民出版社1993年版，第488页。

② Leo Strauss, Preface to Hobbes Politische Wissenschaft, in Interpretation, 1979, No. 1, pp. 1–5.

处，也就是回到古今之争的症结之处重新检审这个重大的问题，也就是理性与启示的斗争问题。

施特劳斯的检审对象是被开除了教籍的犹太人斯宾诺莎[①]，在施特劳斯的心目中斯宾诺莎似乎是点燃反神学怒火的第一人，还是捍卫自由民主制的第一位哲人。斯宾诺莎的宗教批判是“在犹太教内部对于正统进行攻击的经典文献”，同时他也提供了一个用以检验启蒙运动摧毁所有正统（犹太教和基督教的）是否成功的可能性。

但是施特劳斯发现现代哲人对启示神学的拒斥是不成功的，因为最重要的他们无法证明奇迹的不可能性或不真实性，他们只是嘲笑和奚落了正统论。[②] 奇迹之作为奇迹就是超出了我们理性的范围之外的现象。除非我们拥有关于整全的完美知识，亦即我们能够提供一套完美的知识来完整地解释这个世界，否则我们就无法否认奇迹的可能性，进而也无法否认上帝的存在。于是现代哲人就必须引入一种对理性进步的信仰[③]，只有相信人类的理智能够获得无限的进步并最终实现完满的智慧，才有可能真正构成对传统的否定，尤其是对启示宗教的否定。但是这个时候理性已经将自己的根基奠定在了信仰之上，这对理性来说是致命的。当进步的信仰遭到削弱甚至摧毁之后，理性本身的根基也就不存在了。这正是施特劳斯在阐释韦伯所遇到的困境时所揭露出来的现代哲学的困境。一个自以为杀死了上帝的哲学看来最终面临着自杀的命运。

通过重新回到现代启蒙运动的根基之处，施特劳斯也把我们带到了古今之争的现场：一种相信自己能够驳倒启示的可能性的哲学和一种不相信自己能够驳倒启示的可能性的哲学：这是古今之争的真正意义。正是从这一现场出发，我们得以重新看到古典哲学即原初意义上的哲学得以孕育和产生的自然土壤，这也正是为什么施特劳斯要将对韦伯的论述放在《自然权利与历史》第一章历史主义和第三章古典自然权利观念的起源的中间的原因，因为韦伯的困境可以昭示出人类所面临的自然处境。

---

① Leo Strauss, “Progress or Return?” in Ten Essays by Leo Strauss, ed. Hilail Gildin, Wayne State University Press, 1989, p. 251.

② Leo Strauss, Spinoza's Critique of Religion, Translated by E. M. Sinclair , New York: Schocken Books, 1965, pp. 28 – 29.

③ Leo Strauss, The Living Issues of German Postwar Philosophy, in Leo Strauss and The Theological-Political Problem, and Other Essential Texts, Cambridge University Press, p. 123.

四　古典的启蒙哲学

启蒙运动是现代的产物，但启蒙却是早在哲学产生的时候就有了的。按照施特劳斯的理解，启蒙的起源就在希腊哲学之中，或者可以说哲学的原初含义就是启蒙。[①] 我们可以借用柏拉图著名的洞穴比喻来说明启蒙的本质。

人类是生活在洞穴之中的，这是人类的根本的也是自然的处境。这个洞穴由宗教、习俗和法律等力量构筑而成，它们都向人类提供了关于世界和人生的解释，洞穴里的人们都按照这种解释按部就班地生活着。这就是原初意义上的哲学所借以出发的神学—政治处境，哲学所面对的是一个宣称对世界作出了终极解释并要求绝对服从的世界。但是有人发现各种宗教、习俗甚至法律都存在明显的矛盾和冲突，原有的权威开始受到质疑。正是这种对权威的质疑构成了启蒙的第一缕曙光，（NRH，84）启蒙从本质上就是带有反叛色彩的。

这样启蒙就是试图寻找到一种区别于宗教、习俗的自然的解释，因为不管是宗教还是习俗要么是人为的，要么就是神造的，所谓自然的就是既非人为的又非神造的，而是自然而然就是如此的。自然的光芒就是启蒙之光，它解除洞穴状态对人的蒙蔽与束缚，并把他们从洞穴中带到阳光下。启蒙借助的是人类理性的力量，导向的是自然的生活。（NRH，86）一言以蔽之，启蒙就是用知识取代意见的努力。

那么为什么要有哲学的启蒙呢？它的内在动力在哪里呢？施特劳斯认为，哲学的启蒙源于一种对原初统一的渴求、对不朽的欲望，[②] 因此我们可以说启蒙是理性的，但它的动力其实是非理性的激情，这是一种对理性的非理性的激情，是对神一样完满地渴望。这种激情直接指向的就是对“何谓美好的生活？”这一问题的回答。因为在启蒙的观念看来，人们在这个最重要的问题上实际是无知的，洞穴中的生活是未经反思的生活，大多数人们都只是满足于世俗观念为他们提供的答案。正因为认识到了在最

---

① ［美］列奥·施特劳斯：《柯亨与迈蒙尼德》，李秋零译，载《犹太哲人与启蒙——施特劳斯讲演与论文集：卷一》，刘小枫编，华夏出版社2006年版，第120、123、125页。

② Leo Strauss, The City and Man, Chicago: The University of Chicago Press, 1964, pp. 110－112.

重要问题上的无知，寻求对这个最重要问题的答案就变成了最重要的事情了。[①] 启蒙的意义也就在于：不断地提醒人类去思考"何谓美好的生活"。

因此真正的启蒙并未提供某种答案，因为蒙蔽我们的恰恰是各种各样的答案。启蒙是要认识到自己的无知（这个过程极有可能使得所有人类所在意的东西都失去意义，从而陷入虚无主义的深渊，但这也仅仅是一种可能，而非哲学启蒙的必然结果），并因此自觉地将自身置于问题之中，并献身于对这个问题的探寻，而这种探寻将意味着永无止境地探寻。因为对问题的任何一种回答都没有问题本身那么确定，因此被启蒙意味着去过一种探询的因而是理论的生活。[②]

正是在这个意义上，我们必须把启蒙理解为是指向它自身的一个运动，或者说启蒙既是工具，更是目的。也唯有从这里出发，我们才能辨清现代启蒙运动与古典的启蒙观念之间的本质区别在哪里。

五　古典启蒙的政治哲学

启蒙哲学在认识到与之相对的政治社会及其背后的神学问题，"为什么要哲学"或者说"为什么要启蒙"的问题就产生了。而这正是古典政治哲学的起点，也因此古典政治哲学的核心就是要妥善处理启蒙与政治社会之间的关系。

因为施特劳斯认为启蒙指向的是一种用知识来取代意见的努力，它最终必须体现为一种哲人的生活方式。但是这样的生活注定是只有极少数具有特殊禀赋的人才能过的，哲人与非哲人的区别乃至对立是不可避免的。这意味着古典时代的启蒙是针对特定的少数人并且是在特定的场合、特定的时间进行的活动。这是因为古典哲人深刻地认识到启蒙的价值并非是无条件的，政治社会的持续与稳定必然是建立在宗教、习俗之上的，大多数人的生活也必然是以意见为基础的。[③] 洞穴生活是人类共同生活的唯一选择，意见虽然只是意见，并不意味着它就是错误的。也就是说启蒙对于大

① ［美］列奥·施特劳斯：《论僭政》，何地译，华夏出版社 2006 年版，第 7 页。

② ［美］列奥·施特劳斯：《神学与哲学的相互影响》，载刘小枫、施特劳斯（Leo Strauss）、古内尔（John G. Gunnell）：《施特劳斯的政治哲学与宗教》，香港明风出版社 2003 年版，第 105—106 页。

③ Leo Strauss, What is Political Philosophy? See The Journal of Politics, Vol. 19, No. 3 (Aug., 1957), p. 299.

多数人来说是有害的。这就要求启蒙者在不得不面对公众说话的时候，他就必须把这种哲学的启蒙巧妙地隐藏起来，他必须学会以公民的身份“审慎地发言”，甚至不惜说“高贵的谎言”。一句话，古典的启蒙认识到了与其所处的政治社会的永恒紧张，启蒙的正当性并不是不言而喻的。

那么政治哲学的真正任务恰恰就是要认识到政治生活与哲学生活在本性上的差异乃至对立，并在此基础上为哲学启蒙的正当性辩护。① 政治哲学将不再像启蒙运动那样尝试寻找政治的哲学基础，而是哲学启蒙所必需的一套外衣，这套外衣可以让启蒙不至于危害到城邦及其大众的意见与生活，同样也能够使得哲学的启蒙免于城邦及其大众的迫害，最终才能够使得作为纯粹私人生活的哲学生活成为可能。②

因此，如果我们说启蒙运动的政治哲学是革命性的话，那么施特劳斯的政治哲学则是非革命性的。③ 如果说启蒙运动的政治哲学最终是为了政治的目的的话，那么施特劳斯的政治哲学最终是为了哲学。如果说启蒙运动的政治哲学是疯狂的启蒙的话，那么施特劳斯的政治哲学就是审慎的启蒙。④ 这一切都是因为施特劳斯清楚地认识到了启蒙与政治的边界，并自觉且自由地将自己置于边界之上。从这个意义上说，善的生活就是安于特定的界限的生活，德性在本质上就是节制。

六　后启蒙运动时代的启蒙

在我们这个时代（包括今天的中国学界）对于启蒙运动的反思将是紧迫的任务，这一点几乎已经深入人心。但是我们在反思启蒙运动的同时，是否还能够拯救启蒙的精神这是更加任重而道远的事业。毕竟，我们不能在倒掉脏水的同时也把盆中的孩子一同倒掉。对启蒙运动的反思是紧迫的，对启蒙精神的拯救却是高贵的。而这正是施特劳斯的工作。

---

① ［德］迈尔：《隐匿的对话——施密特与施特劳斯》，朱雁冰等译，华夏出版社 2008 年版，第 113 页。

② ［美］朗佩特：《施特劳斯与尼采》，田立年、贺志刚译，上海三联书店 2005 年版，第 166 页。

③ ［美］伯纳德特：《施特劳斯的〈城邦与人〉》，载《施特劳斯与古典政治哲学》，刘小枫主编，上海三联书店 2002 年版，第 566 页。

④ ［美］斯坦利·罗森：《一个重思启蒙的温和建议》，张陀译，载哈佛燕京学社编《启蒙的反思》，江苏教育出版社 2005 年版，第 177 页。

那么在一个后启蒙运动的时代里，我们究竟如何从古典政治哲学中获得裨益呢？我们从两个角度来考察：一个是施特劳斯如何从古典政治哲学中为自由民主制重新奠基；二是施特劳斯如何践行自由教育？

在一个诸神大战、文化多元被当作教条来接受的时代里，首要的任务不是去抨击自由民主制的种种弊病，而是对它的补救。因为在施特劳斯看来试图在相对主义的基础上建立起自由民主制是不可能的[①]，自由民主制在韦伯尤其是海德格尔思想观念的冲击下正面临着危险。而这种补救必然不能够从原先支撑着它但现在已经不再稳固的现代启蒙运动中寻找思想资源，而是必须从原先并不支持它但却依然稳固的古典政治哲学中寻求帮助。古典政治哲学在如何理解政治生活和哲学生活的关系问题上能够为自由民主制提供最低和最高的辩护：通过强调政治的必要性和非理性，它为自由民主制奠定了最低的绝对主义的根基；通过强调哲学的超越性和有限性，它为自由民主制作了最高的自由主义的辩护。

而自由教育是在后启蒙运动时代里践行哲学的启蒙的最重要手段。自由教育是一种整全性的教育[②]，是对现代性危机的积极应对，也是政治哲人唯一的政治行动。它旨在在两类优秀的灵魂中立法，一是通过辩证法将潜在的哲人的灵魂引向对智慧的热爱，以此来传承哲学的事业；二是通过在潜在的政治家的灵魂中建立一座正义的城邦，培养富有德性的政治家，以此来弥补大众民主的缺陷。[③] 我们可以将自由教育看成是古典政治哲学智慧的一种实践形式，同时它培养的也是富有古典政治哲学智慧的人：疯狂与节制两种美德的完美融合。

第三节 结语

我们看到，施特劳斯以整个政治哲学史为研究对象，通过这种方式，

---

① Leo Strauss, "Relativism," in The Rebirth of Classical Political Rationalism: An Introduction to the Thought of Leo Strauss, Chicago and London: The University of Chicago Press, 1989, pp. 14 – 18.

② Leo Strauss, The Rebirth of Classical Political Rationalism: An Introduction to the Thought of Leo Strauss, Selected and Introduced by Thomas L. Pangle, Chicago and London: The University of Chicago Press, 1989, p. 4.

③ Leo. Strauss, what is liberal education, in Liberalism Ancient and Modern, The University of Chicago Press, 1968, pp. 4 – 5.

他从当代的危机逐步退回到了古典政治哲学当中。这是一个视野逐步扩大或者说还原的过程，也是一个从所谓的“第二洞穴”爬回到“第一洞穴”的过程。这个“第一洞穴”是尚未被祛魅的世界，人类面临着一个永远无法解开的存在之谜。只有在这样一个世界中，对智慧的爱才被重新唤起。因此我们说，施特劳斯所有的工作就是要在一个历史主义盛行的时代里重新埋下哲学的种子，向优秀的灵魂发出哲学的邀请。

我们今天的困境在于现代启蒙运动的政治哲学所追求的哲学与政治的联盟已经走向了自我瓦解，它最终导致的是哲学自身的危机：哲学不再可能和必要。为了应对这种危机，我们必须首先重返政治的概念，一个未被哲学化的政治，因为只有在这样一个政治中哲学才能获得新生。因此，政治哲学史研究的目的并非直接为了哲学，而是为了回到哲学的自然根基之上。

下面我们将按照以上思路详细分析施特劳斯的思想运动，在这个分析的过程中，我们将始终以把握施特劳斯的最终意图为旨归。

第二章
现代性的危机与启蒙运动的瓦解

每当火焰熄灭的时候，对于只见过这种火光的人来说，他们以为现在消逝的是太阳。

——施特劳斯

任何伟大的思想家都是为了因应时代的困境而成其为伟大的，他们毅然决然地跳进深渊，只为担起时代的重负，摸索绝境反击的可能出路。从尼采开始，现代哲人都必须面对的巨大危机就是虚无主义问题，尼采试图以其勇猛精进的超人哲学克服这一危机。而海德格尔则认为尼采虽然反对传统形而上学，但他的权力意志学说正是形而上学本身，因此尼采非但没有克服虚无主义问题，反倒是虚无主义的最终完成者。海德格尔开出的药方是存在主义哲学，他试图将形而上学冲动荡涤尽净，在此岸为人类找到最终的家园。

而施特劳斯在继承和批判其伟大前辈的基础之上，就此问题作出了独特的诊断（很大程度上正是因为施特劳斯对于现代性危机的独特诊断，才使得他的学问方向很难被人所理解），我们甚至可以把他一生的工作都看作是对这一问题的回应。在他看来，尼采和海德格尔所作出的艰苦卓绝的智识努力非但没有克服西方现代性的危机，反而将这一危机推到了顶峰。他们都试图重返某种古典资源以此来应对现代启蒙运动带来的人的矮化、人的可能性的枯竭的问题，但是在施特劳斯看来，他们所做的努力都是与现代启蒙运动处在同一个方向上的，他们试图回归的古典也是带着现代性的“惯习”的。因此施特劳斯把尼采（海德格尔继承和发展了尼采）所掀起的浪潮称之为“现代性的第三次浪潮”，也就是现代性的第二次危机，同时也是我们时代的危机。

充分地理解这场危机是我们理解施特劳斯的最佳出发点，因为这也是施特劳斯自己的出发点。我们在最后将会看到，施特劳斯从此出发一直返回到柏拉图式政治哲学，无不是在回应他的这个起点。

第一节 作为哲学问题与政治问题的虚无主义问题——论施特劳斯对现代性危机的独特诊断

一 引言：虚无了，又怎样?!

在我们深入展开施特劳斯对现代性危机及虚无主义的独特诊断之前，我们必须首先面对这样一种与施特劳斯的独特性息息相关的质疑：尽管施特劳斯一再声称西方的危机是普遍的危机，即使对于那些见识最浅陋的人来说，这种危机的存在也是明白无疑的了。[①] 但这是不是在危言耸听呢？我们对于经济危机、政治危机、道德危机等早已是耳熟能详，甚至正如某些人所说的，危机是现代性乃至人类社会的常态[②]，危机必须被商议，这不同于根除它们。[③] 甚至再极端一点追问，即使虚无主义已经成为当代一个普遍现象，但虚无主义又有何不好或有何不对呢[④]，我们为何不可以把它“看作是明智人士能够处之泰然的小小不便”，（NRH，42）或者说是我们为了增加人的自由，而必须付出的代价。[⑤] 这两个不同层次的质疑高度相关，它可能得出这样的结论：虚无主义是人类（亦即所有人）永远无法克服因而只能去面对的问题，因而它实际上是个真理或至少是真理的表现形式。

若果真如此，施特劳斯岂不是在杞人忧天，甚至自欺欺人？然而施特劳斯对此也有两个层次的回答。针对前一种质疑，施特劳斯会说：我们必须区分问题与危机。人类社会必然是与某些永恒的、基本的问题相生相伴的，我们无法取消它们，但我们必须学会与它们共处。如果我们没有学会

---

① Leo Strauss, “The Three Waves of Modernity,” in An Introduction to Political Philosophy: Ten Essays by Leo Strauss, ed. Hilail Gildin , Detroit: Wayne State University Press, 1989, p. 81.

② 张志扬：《解释与论证：施特劳斯的〈神学与哲学的相互影响〉》，载萌萌编《启示与理性：从苏格拉底、尼采到施特劳斯》，中国社会科学院出版社 2001 年版，第 65—141 页。

③ ［美］斯坦利·罗森：《一个重思启蒙的温和建议》，张陀译，载哈佛燕京学社编《启蒙的反思》，江苏教育出版社 2005 年版，第 182 页。

④ 邓晓芒：《欧洲虚无主义及其克服——读海德格尔〈尼采〉札记》，载《江苏社会科学》2008 年第 2 期。

⑤ 张志扬：《后续西方哲学史的十种视角》，载萌萌编《启示与理性：从苏格拉底、尼采到施特劳斯》，中国社会科学院出版社 2001 年版，第 125 页。

或者说对这些问题处理不当，那么原本只是问题就会转化为危机。这一点最巧妙地体现在了施特劳斯区分“神学—政治问题”（Theologico-Political Problem）[①] 与“神学—政治困境”（Theologico-Political Predicament）[②] 上。

上面一层回答难免给人一种印象，即虚无主义就是那人类必须面对的永恒问题，因此施特劳斯还必须提出第二层次的回答：这种“明智人士”的傲慢心态恰恰就是导致虚无主义危机的重要根源，或者说他们意识不到危机的存在就是危机存在的表现。其中原因不仅在于他们严重忽视了人性的自然的二元性（即哲人与大众在本性上是有着极大差异的），进而忽略了政治问题以及政治哲学问题的极端首要性[③]，也就是说哪怕虚无主义真的是个驳不倒的真理（有很多人就认为施特劳斯骨子里是个虚无主义者）[④]，那也不是所有人都可以面对和忍受的。更重要的是虚无主义绝非就是真理，也非人类必须面对的永恒问题，这个永恒问题在施特劳斯看来是哲学与启示之争的问题（神学政治问题可以看作这一问题的延伸），只有对于这一问题的不当认识和处理（现代哲学）才会导致虚无主义的后果。

施特劳斯的两层回答也有着高度的相关性：在施特劳斯看来，前面两种质疑都是现代性危机以及虚无主义本身的一种体现，他们的共同特点是忽视了施特劳斯意义上的政治哲学，他们本质上都是尼采和海德格尔的后裔。这两个对施特劳斯影响深远的伟大哲人都试图为哲学找到此世的最终的家园，将现代性逻辑以及虚无主义推向了极端，他们非但没能克服虚无主义，而且最终成了虚无主义最彻底的完成者。正因为如此，我们才得以清楚地看到现代性危机的根源，因为事物只有当它真正长成的时候，才能显现它的真正本质；人类只有彻底走到现代性的尽头，才有可能“浪子回头”，忆起我们曾经借以出发的起点。施特劳斯对现代性的独特诊断就

① Leo Strauss, “Preface to ‘Hobbes Politische Wissenschaft’,” in Jewish Philosophy and the Crisis of Modernity, ed. Kenneth Hart Green, Albany New York: State University of New York Press, 1997, p. 453.

② Leo Strauss, “Preface to Spinoza's Critique of Religion,” in Liberalism Ancient and Modern, New York: Basic Books, 1968, p. 224.

③ Leo Strauss, On Tyranny, Glencoe, Ⅲ: Free Press, 1963, pp. 151 – 152.

④ William H. F. Altman, “Leo Strauss on ‘German Nihilism’: Learning the Art of Writing,” in Journal of the History of Ideas, Vol. 68, No. 4 (Oct., 2007), pp. 587 – 612.

从这里开始。

二　谁虚无了?!——哲学的与政治的虚无主义

以往对虚无主义的研究几乎很少追问到底是谁虚无了？或者说不同的人、不同层面的虚无是同一个虚无吗？唐纳德·A. 科罗斯比就区分了五种虚无主义①，但在施特劳斯那里就只有两种：哲学的虚无主义和政治的虚无主义。区分这两个层次是政治成熟的标志，也是政治哲学的题中应有之义。

但施特劳斯实际上并没有明确作出这样的区分，不过我们可以从他关于虚无主义的一次演讲中获得关键性的启示。在这次演讲中，施特劳斯在虚无主义之前加了“德意志”的前缀，因为他认为虚无主义“特别是德国式的”，而尼采和海德格尔都在说“欧洲的虚无主义”或“西方的虚无主义”。施特劳斯借助这一看似微小的差别是想告诉我们些什么吗？在施特劳斯的演讲中“德国式”是与英美相对的。英国人有着审慎与节制，而德国人则有着深刻的疯狂。这是不是说虚无主义是由于哲学的疯狂所导致的呢？

的确如此，施特劳斯认为对一切文明标准本身的拒斥就是虚无主义。② 所谓文明就是有意识的理性文化，它有两大支柱：道德与科学，道德意味着一套正当、高尚的行为规则，以用来调节人的行为，而科学就是理解宇宙与人的尝试。并且这两者是统一的：无道德的科学会沦为犬儒主义，这样也就摧毁了科学努力自身的根基；无科学的道德则沦为迷信，从而往往成为狂热的野蛮。③ 自然正当就是这样一种文明原则：自然是科学探索的对象，而正当就是道德规则。自然正当就是一种理性的道德，任何时代都需要自然正当的原则，它是人类共同生活的最终根基。我们可以把它看作是教条主义，但是教条主义却是人类共同生活的一种必须：因为共同生活需要将某种意见固化为权威，而不可能建立在怀疑主义基础之上。

---

① Donald A. Crosby, The Specter of the Absurd: Sources and Criticism of Modern Nihilism, State University of New York Press, 1988, pp. 1 - 2.

② Leo Strauss, "German Nihilism," in Interpretation, Spring 1999, Volume 26 (3), pp. 353 - 379.

③ Leo Strauss, "German Nihilism," in Interpretation: A Journal of Political Philosophy, Spring 1999, Volume 26, No. 3, p. 365.

（NRH，22）

虚无主义因而就是反对自然正当原则本身，但这种反对却源于对一种特殊的自然正当原则也就是现代自然权利的反对。换句话说，对文明原则本身的反对来自于对现代文明的反对。现代文明是现代启蒙运动的产物，它试图降低人类的道德标准，把道德善好等同于被启蒙了的自身利益的目标。而所谓的自然权利归根结底就是自我保存的权利，这在德国哲人看来无疑意味着人的矮化、意味着道德上的堕落。[①] 从根本上来说，现代启蒙运动所追求的开放社会是与道德生活格格不入的。一切道德生活的根基本质上都是（因此永远都是）封闭社会。[②] 封闭社会不断面临、基本上就是指向“紧要关头”、非常时刻、动员日、战争等，只有这种紧张气氛下的生活，只有其基础为时刻意识到牺牲、意识到牺牲生命与一切身外之物的必要与责任的生活，才是真正人类的生活，崇高之事非开放社会所能知。

因此我们可以说，德意志虚无主义源自于一种非虚无主义的动机，因为它对现代文明的反思恰恰是为了强调道德的层面。但是为何一种非虚无主义的动机最终会导致虚无主义的后果呢？为何对现代文明的拒斥最终会演变为对文明本身的拒斥呢？让我们赶紧回想起前文所述德意志哲学的疯狂秉性，所谓哲学的疯狂是否就是试图用哲学的诉求来评判甚至改造政治社会（亦即文明）呢？它是不是忽视了哲人与大众的本性差异了呢？

笔者认为这就是施特劳斯的真实意图，他在关于德意志虚无主义的演讲中以很隐秘的方式暗示了这一点。施特劳斯说：文明是有意识的理性文化，也就是说文明是人创造的。但是文明有一个自然基础，这是它发现而非创造的。文明的自然基础的一个例证是，所有的文明共同体都需要武力来对付外敌内寇。也就是说在文明的本性深处是可以被理性发现但却无法（至少是很有限）被理性改造的非理性的东西。但这并不意味着文明与人类生命或人类生存就是一回事，因为曾经有过（现在也有）许多人性存在者并不分享文明。这些并不分享文明的人就是哲人，他们超越于文明之

---

① Leo Strauss, “German Nihilism,” in Interpretation: A Journal of Political Philosophy, Spring 1999, Volume 26, No. 3, p. 371.

② Ibid., p. 358.

上，他们发现自然，却不能改造自然。[①]

也就是说，必须区分并且严肃对待哲学与文明、哲人与大众本性上的差异，这是人类当中最根本性的差异，永远都不可能被真正抹平。（NRH，151）哲人是爱智慧者，他在对知识的永恒追求中超越于城邦之上，他们的最终家园只能是自然的整全。而大众注定以意见为生活的指南，他们满足于做一个城邦的公民或一个家庭的一分子，他们的最终家园只能是习俗的或曰“模仿”的“整全”。[②] 因此我们可以略嫌简洁地说，所谓哲学的虚无主义就是哲人失去了回归家园的可能性，而所谓政治的虚无主义则是大众失去了自己的家园。

德意志哲人不满足于现代启蒙运动允诺给人类的“家园”，他们试图以一种哲人的标准来为所有人找到一个共同的家园。但其结果却是让哲人和民众都失去了最终的家园，这是现代性危机最极端的表现。

首要的虚无主义是政治的虚无主义，也就是我们普通所理解的虚无主义，用施特劳斯的话说就是“现代西方人再也不知道想要什么——再也不相信自己能够知道什么是好的，什么是坏的；什么是对的，什么是错的”。[③] 任何的道德判断和价值判断都失去了理性的根基，所有的标准都成了历史的、相对的，也就是受到每个人所处的特殊时代、特殊国家、特殊文化所特殊地决定的。就在几代人之前，《独立宣言》里的那些超越性的、普遍性的现代信条：比如人人生而平等，每个人都被造物主赋予了不可剥夺的权利等还被广为接受和传颂，而如今却被当作幼稚的神话或不切实际的理想而遭到了广泛的质疑和摒弃，（NRH，2）因为每一个不同的社会都有不同的神话或理想，它们之间并没有高下之分。施特劳斯斩钉截铁地说：对自然权利的拒斥就是虚无主义。

政治的虚无主义不仅使得大众的生活失去根基，而且还将进一步使得政治社会本身失去根基。其表现就在于西方人对其几百年来的宏伟目标失去了信心，一个由自由平等的个人所组成的普遍开放的社会将不再具有理

① Leo Strauss, “German Nihilism,” in Interpretation: A Journal of Political Philosophy, Spring 1999, Volume 26, No. 3, p. 366.

② Leo Strauss, On Tyranny, Glencoe, Ⅲ: Free Press, 1963, p. 212.

③ Leo Strauss, “The Three Waves of Modernity,” in An Introduction to Political Philosophy: Ten Essays by Leo Strauss, Edited by Hilail Gildin, Detroit: Wayne State University Press, 1989, p. 82.

性可以证明的优越性。[①] 因为人们不仅不再确信自己能够知道什么是最好的政治制度，而且对于这一问题也不再具有任何的思考动力，因为解答这一问题不仅被认为是不可能的，而且还将被打上意识形态的标签。

而且这种不确信今日已经被上升到一种理论的高度，最典型地表现在柏林的自由主义相对主义当中。[②] 这在施特劳斯看来无异于对自由民主制的釜底抽薪，因为柏林的自由主义已经陷入了根本性的两难困境，不再能够为自由民主制提供坚实的辩护：为了保证柏林所试图坚守的不可侵犯的消极自由领域，就必须要求某种绝对的立场，即“私人领域的神圣不可侵犯”。这就要求把自由的价值放置于所有其他价值之上。但是这又必然与价值相对主义的立场相冲突，因为所有目标和价值都是相对的、平等的，自由最多也就与其他与之相对的目的一样拥有同等权利。因此柏林的立场将陷入自相矛盾的困境：若没有一个绝对根基，自由主义就无法生存，而若拥有一个绝对根基，自由主义也无法生存。这样的自由主义将不足以反对自由民主制的敌人（共产主义政权），也不足以为自己辩护。[③] 当柏林试图为消极自由提供辩护的时候，他不得不求助于历史主义：“这些规范或戒律获得了如此广泛的接受，是如此深刻地扎根于实际的人性中，以至于它们在整个历史中发展了起来，以至于迄今为止成为了我们在说成为正常人时所意味东西的一个实质性部分。”[④] 柏林的这种做法实际上有绝对化当前流行的观点的危险。

因此施特劳斯说：“我们越是培植起理性，也就越多地培植起虚无主义，我们也就越难以成为社会的忠诚一员”。（NRH，5）这告诉我们，虚无主义是与所有形式的道德生活和政治生活都不相容的，那些认为虚无主义无可非议的人，就是缺乏了最起码的政治意识。

在这里我们就可以看到尼采和海德格尔在处理虚无主义问题时与施特

---

① Leo Strauss, The City and Man, Chicago: The University of Chicago Press, 1964, pp. 3 – 4.

② Leo Strauss, “Relativism,” in The Rebirth of Classical Political Rationalism: An Introduction to the Thought of Leo Strauss, Chicago and London: The University of Chicago Press, 1989, pp. 14 – 18.

③ Steven B. Smith, “‘Destruktion’ or Recovery?: Leo Strauss's Critique of Heidegger,” in The Review of Metaphysics, Vol. 51, No. 2 (Dec., 1997), p. 352.

④ Leo Strauss, “Relativism.” In Relativism and The Study of Man, edited by Helmut Schoeck and James W. Wiggins, Princeton: Van Nostrand, 1961, p. 138.

劳斯的不同之处。因为尼采和海德格尔都将现代自然权利观念和自由民主制看作是“畜群的胜利”[①]，或者是导致“人的精神之衰退”的根源。相比于尼采和海德格尔用道德来批判自由民主制，施特劳斯给人的一个强烈印象是：他是一个自由主义者[②]，尽管人们意识到必须立刻在自由主义之前加上“柏拉图式的”或“没有幻象的”[③]。之所以会有如此巨大的反差，就是因为在施特劳斯看来，尼采和（尤其是）海德格尔缺乏对于政治问题首要性的意识，没有充分意识到哲人的家园与大众的家园根本性的不同。他们都是站在哲学的高处俯瞰政治的低处，用哲学的最高标准来批评普遍而言的现代文明，具体而言的自由民主制。这一点就可以看作是施特劳斯区别于其前辈的最重要之处。[④]

但是尽管施特劳斯首先关心的是政治层面的虚无主义，他在骨子里与尼采和海德格尔一样都关心着哲学的虚无主义，也就是关于人的最高可能性的问题。他同尼采一样认为，现代启蒙运动的宏伟理想使得人们除了舒适的自我保存之外别无他求，用布鲁姆的话说他们是“矮化的”、“平面化”的侏儒。“每个人都是幸福而满足的，每个人也都有他渺小的日间快乐和夜晚快乐，但不会再有伟大心脏的跳动、也不会再有伟大灵魂的呼吸，更没有真实的（而非隐喻意义上的）牺牲，也就是说这是一个没有血、汗与泪水的世界。”[⑤]

在施特劳斯看来，哲人代表了人的属人范围内的最高可能性，哲人在追求智慧的过程中实现（接近）神一般的自足与不朽。[⑥] 哲学的虚无主义

---

① Thomas L. Pangle, “The Roots of Contemporary Nihilism and Its Political Consequences According to Nietzsche,” in The Review of Politics, Vol. 45, No. 1 (Jan., 1983), p. 68.

② Robert Howse, “From Legitimacy to Dictatorship-And Back Again: Leo Strauss' Critique of the Anti-Liberalism of Carl Schmitt,” in The Canadian Journal of Law and Jurisprudence 10 (1997): 77 - 103.

③ Steven B. Smith, “Leo Strauss's Platonic Liberalism,” In Political Theory, Vol. 28, No. 6 (Dec., 2000), pp. 787 - 809.

④ Leo Strauss, The Rebirth of Classical Political Rationalism: An Introduction to the Thought of Leo Strauss, Selected and Introduced by Thomas L. Pangle, Chicago and London: The University of Chicago Press, 1989, p. 28.

⑤ Leo Strauss, “German Nihilism,” in Interpretation: A Journal of Political Philosophy, Spring 1999, Volume 26, No. 3, p. 360.

⑥ Steven B. Smith, The Cambridge Companion to Leo Strauss, London: Cambridge University Press, 2009, p. 10.

意味着人们不再认为这种可能性是可能实现的，甚至也不再认为这种可能性是值得追求的。关于什么是最完美的人、什么是最好的生活，我们正在失去追问这些至关重要的问题的能力。[①] 如果这就是哲学的最终命运，那么哲人也将失去自己最终的家园。

尽管施特劳斯与尼采和海德格尔一样最终都关心哲学的虚无主义问题，要恢复一种真正高贵的人类存在形式。[②] 但是他认为尼采和海德格尔最终都以失败告终，究其原因则在于他们都试图在上帝死了的情况下，找到一种绝对的根基：尼采找到了权力意志，海德格尔找到了存在本身，以此为人类在此岸找到最终的家园。然而没有彼岸世界，人类能够在此岸找到最终的家园吗？而他们之所以坦然承认了上帝已死的观念，是因为他们接受了现代启蒙运动的根本前提假设：理性已经（或必将最终）战胜宗教启示[③]，他们都接受了现代性最隐秘的激情："反神学的怒火"，他们只不过是将缺少了真正对手的现代理性主义逻辑推向了极端，最终走向了它的自我瓦解的末途。

那么，这一切是怎么发生的呢？或者回到我们前面提出来但尚未回答的问题，何以对于现代文明的拒斥最终会发展成为对于文明本身的拒斥呢？这当中最重要的就是历史主义。

三　哲学的危机：从历史学派到海德格尔

当代拒斥自然权利的另一个更为深刻的思潮是历史主义。之所以说它更为深刻，是因为相对于韦伯的价值论学说对自然权利或一般道德原则的直接批判来说，历史主义认为所有的人类思想都是历史性的，因而对于把握任何永恒的东西来说都是无能为力的，（NRH，10）因此它是一种对人类思想本身的批判，这无异于构成了对自然权利观念的釜底抽薪。虽然形式上更为间接，但实质上却更为彻底。因此我们可以说韦伯在自然权利的

---

① Leo Strauss, The City and Man, Chicago: The University of Chicago Press, 1964, p. 3.

② Karl Loewith and Leo Strauss, "Correspondence", Independent Journal of Philosophy, 5 - 6 (1988), p. 183.

③ Leo Strauss, Spinoza's Critique of Religion, Translated by E. M. Sinclair, New York: Schocken Books, 1965, pp. 28 - 29.

问题上应该要比历史主义者更靠近施特劳斯。[①]

但历史主义并非一开始就批判思想本身，而是批判现代自然权利观念。最早的历史主义以历史学派的形象出现，它是作为对于法国大革命以及为那场浩劫做好了铺垫的自然权利论的反动而出现的。它认为对任何普遍的或者是抽象的原则的认可都将给所有社会秩序带来致命的威胁，因此他们转而强调历史的、特殊之物的优越性。但是历史学派把革命派的普遍原则推向了另一个极端：属于特定时空的东西比之普遍物具有更高的价值。（NRH，12）结果就是那号称为普遍的其实只不过是从某一局促于特定时空的东西派生而来的。历史学派一经否定了普遍规范的意义，也就摧毁了所有超越现实的努力的唯一稳固的根基。因此，我们可以把历史主义看作是比之18世纪法国的激进主义远为极端的现代此岸性的形式，它的所作所为像是要使得人们在“此世”就有完完全全的家园感。[②]

但是历史学派的承诺终究归于失败，因为历史并不能给人提供任何的标准，人们也无法从特殊之物中找到客观的规范。历史学派忽略了这一事实：只有依据某一普遍的原则——它强加给个人以义务，来接受或屈服于塑造了他的传统或情势所蕴含的标准——特殊的或者是历史性的标准才能具有权威性。这样在否弃了普遍规范之后，特殊的规范也随之失效，唯一能够继续存在的标准，乃是那些纯属主观性的标准，它们除了个人的自由选择之外别无其他依据。从而在好的与坏的选择之间的分别并无任何客观标准可言，历史主义的顶峰就是虚无主义。要使得人们在这个世界上有完完全全的家园感的努力，结果却使得人们完完全全地无家可归。（NRH，15）

但是历史主义并没有因为历史学派的失败戛然而止，而是把历史学派所暗含的理论洞见向一个更为极端的方向推进，它们把目标转向了隐藏于规范和标准之下的人类思想本身。它们接续现代知识论的传统，认为所有的人类思想都是有限的，所有的思想因而都被证明需要大加修正。这种局限性乃是命中注定的，它随着历史情景的变化而变化，而某一特定时代的

---

① Stewart Umphrey, “Special Issue on the Thought of Leo Strauss”, The Review of Politics, Vol. 53, No. 1, (Winter, 1991), pp. 19 – 39.

② Leo Strauss, Natural Right and History, Chicago and London: The University of Chicago Press, 1953, p. 13.

思想所固有的局限性乃是任何人类的努力都无法克服的。（NRH，18）我们可以把这种思想称之为普通的历史主义。

但是这种普通的历史主义不可避免地陷入这样一种困境：如果所有人类思想都是历史性的是一个真理，那么历史主义本身也必然是历史性的，也就不是真理。（NRH，21）历史主义既否定了人类思想获得普遍有效的知识的可能性，同时又通过自身承认了这种可能性。因此历史主义是荒谬的。

导致这一困境的根本原因在于历史主义还在坚持它的理论命题的超历史的性质，也就是说它还没有将历史主义运用于自身。要克服这一困境就需要将普通的历史主义进一步激进化，而这在海德格尔的存在主义哲学中得到了最终的完成。海德格尔继承了尼采的思路，认为所有的理论分析都立足于生活之外，所以它永远也不能够了解生活，而且还将导致生活本身的不可能。因为理论不是在担当，而生活就意味着担当。为了避开生活所面临的危险，海德格尔否认了理论本身的可能性，而把思想本质上看作是屈服于生活或命运的。（NRH，22）这意味着历史主义命题本身也并不是超历史的，而是深不可测的命运所赐予的不可预见的礼物。它仅仅是反映了历史现实的性质，或者说忠实于事实。（NRH，24）

这一洞见的哲学化表达就是：所有的理解都预设了对于整全的融通的观念，这种观念不能由推理来证明其有效性，因为它乃是一切推理的依据。（NRH，23）西方形而上学传统之所以认为能够获得普遍有效的知识，是因为他们预先假定了整全是可知的，这种预设的根子在于将最高意义上的“是”（to be）等同于“永远是”（to be always）。而海德格尔认为整体就其自身而论是人们永远无法理解和把握的。（NRH，26）整全在本质上是神秘莫测的。因此哲学——就其完全而原初的意义来说，乃是试图以对于整体的知识取代对于整体的意见——不仅达不到它的目标，而且是荒诞不经的。因为以知识取代意见的努力本身就是一种意见，因此哲学观念本身就建立在教条主义的亦即任意武断的前提之上。海德格尔认为这种形而上学传统正是“人类精神衰退”的总根源，因为它源于人们对安慰和确定性的渴望，源于一种对本真的生存体验的恐惧与怯懦。

为了挽救人性，海德格尔认为必须彻底质疑形而上学传统，重新理解存在。而要理解存在，就必须要理解生存，也就是说以人存在的方式去存在。要理解真正的原初的生存，返回到胡塞尔所说的先于科学理解的对于被明显感知的事物的理解，还是不够彻底的。还必须返回到先于事物被感知为客体之前的所谓人的处境。① 人的处境根本上是这样子的：人面对着一个本质上无法被理解更无法被掌控的整全，它本质上是神秘莫测的。这一处境伴随着一种根本性的不安，并表现为一种焦虑或者说畏的生存经验。它被视为人的基本经验，一切都必须借助它得到理解。②

人的处境并不是人所能选择的，它是一个“被抛”到某处的筹划。存在就是借助于对被抛、有限性的意识和接受而被体验到的，形而上学之所以遗忘了存在，就是因为它们没有建立在这种体验的基础之上。③ 以此出发我们就能认识到所有的客观的理性的知识都是虚假的，在一切真理、一切意义的背后只有无意义性、虚无，人在无意义的、虚无的世界中自由地创制视域、意义和筹划。人之所以为人，就是由于一种无支持的筹划，一种或然的筹划。人的本真的存在就是要蔑视所有的确定性，必须直面那个虚无的、无意义的深渊，并坦然地把世界之内的事物当作纯然事实性的东西接受下来。④ 这种生存观念暗示了在关于什么是最好生活的问题上不可能有真正的知识，只可能有远高于知识的东西，即筹划或决断。

然而海德格尔认为尼采并没有真正克服虚无主义，反倒成了“虚无主义的完成者”⑤，其根本原因在于尼采遗忘了价值背后的存在。“虚无和虚无主义与价值思想没有任何必然的本质联系”，“‘虚无’和 nihil 是指在其存在中的存在者，从而是一个存在概念，而不是一个价值概念。”⑥ 因此海德格尔认为尼采仍然是形而上学家，并且是“形而上学本身”：他

① Leo Strauss, The Rebirth of Classical Political Rationalism: An Introduction to the Thought of Leo Strauss, Selected and Introduced by Thomas L. Pangle, Chicago and London: The University of Chicago Press, 1989, p. 32.

② Leo Strauss, The Rebirth of Classical Political Rationalism: An Introduction to the Thought of Leo Strauss, Selected and Introduced by Thomas L. Pangle, Chicago and London: The University of Chicago Press, 1989, p. 36.

③ Leo Strauss, The Rebirth of Classical Political Rationalism: An Introduction to the Thought of Leo Strauss, Selected and Introduced by Thomas L. Pangle, Chicago and London: The University of Chicago Press, 1989, p. 45.

④ Leo Strauss, The Rebirth of Classical Political Rationalism: An Introduction to the Thought of Leo Strauss, Selected and Introduced by Thomas L. Pangle, Chicago and London: The University of Chicago Press, 1989, p. 37.

⑤ ［德］海德格尔：《尼采》，孙周兴译，商务印书馆 2002 年版，第 680 页。

⑥ 同上。

把柏拉图理解为理念和善的存在解释为权力意志。然而所有形而上学的理性主义都假设了存在是可以被人理解和掌控的，这种对存在的主宰导致的是人的最终堕落，技术性大众社会就是其最典型的表现。[①] 我们只有恢复那种神秘莫测的存在、意识到那处于人类主宰之外的东西，才有可能恢复人的最高可能性。

在施特劳斯看来，海德格尔使得哲学成了生存分析论，他的最大功绩就是有条理地分析了生存的本质结构与不变特性。但是其巨大的后果却是否认了原初意义上的哲学的可能性，这是西方最深层的危机。[②] 人类对智慧果失去了兴趣，因为人类对自身的理性失去了信心。存在主义哲学从根本上否定了人类借助理性来指导其生活的可能性，选择除了选择之外没有了任何更深的根基。而人被限定在他所处的时代和社会之内，失去了超越于洞穴之外的可能和必要。人类生活本质上就是历史的，生活在洞穴当中就是自然的。用施特劳斯的话说：现代人摧毁了所有的传统，就被迫在历史的洞穴中避难。[③]

海德格尔无法回避这样一个问题：人的出现、存在的出现是什么造成的？而海德格尔的回答则是：一切存在者均由无而有/而现。这让人想起上帝从无中创世的故事，但海德格尔又没有创世主上帝的地位。[④] 施特劳斯这一追问的目的在于彰显海德格尔根本上无法逃避形而上学，否则他的存在主义就是一种神学。（让我们马上意识到这样一个事实：《存在与时间》的核心范畴全部得自基督教神学：向死的存在、焦虑、良知、罪感）也就是说从生存本身来理解生存本质上是不可能的，对施特劳斯来说，人要么用高于他的东西（神）为标准，要么用低于他的东西（兽）为标准才能理解人本身。

---

① Leo Strauss, The Rebirth of Classical Political Rationalism: An Introduction to the Thought of Leo Strauss, Selected and Introduced by Thomas L. Pangle, Chicago and London: The University of Chicago Press, 1989, pp. 41 – 42.

② Catherine and Michael Zuckert, The Truth About Leo Strauss: Political Philosophy and American Democracy, Chicago: University of Chicago Press, 2006, p. 30.

③ Leo Strauss, The Living Issues of German Postwar Philosophy, in Leo Strauss and The Theological-Political Problem, and Other Essential Texts, Cambridge University Press, p. 123.

④ Leo Strauss, The Rebirth of Classical Political Rationalism: An Introduction to the Thought of Leo Strauss, Selected and Introduced by Thomas L. Pangle, Chicago and London: The University of Chicago Press, 1989, p. 46.

而且海德格尔对生存体验的倚重并没有充分的依据，换句话说焦虑和畏惧并非就是人性的基本特征。施特劳斯认为它是与我们所处的时代紧密相关的。因为在我们的时代里，科学理性面临着全面的危机，科学自身的价值成了一个悬而未决的问题。一个根本性的问题又“死灰复燃”了：我们是应该听从理性的指导，还是听从启示的安排。因此施特劳斯说存在主义指涉的经验便显现为一种启示。[①] 这种启示是神秘莫测的整全的自身流露，它作为命运的召唤呈现给人类。但是人类并非在面对理性与启示的冲突之时就一定会焦虑，施特劳斯暗指的就是一种古典理性主义传统。在这一传统中，理性在承认启示的可能性的前提下，依然能够证明自身的合法性。

四 政治哲学的危机

导致政治层面的虚无主义或者说对自然权利的拒斥的直接原因就是政治哲学本身的危机。政治哲学是以普遍有效的方式回答对与错的问题或者最佳社会秩序的问题，今天已经被认为不再可能[②]，它最好也只是一个梦想，而最坏则被认定为意识形态。

政治哲学本身的不可能根源于一个广为接受的当代信条：事实与价值的分野。现代科学告诉我们，科学理性只能就事实作出判断，而对于价值问题无能为力。社会科学因其对象是与价值相关联的（reference to values），因此就必须坚持价值中立（value-free）的原则，以此来保证社会科学的科学性。这样的社会科学毫无疑问将蔑视政治哲学（不管是古代的还是现代的），因为它们都排斥事实与价值的分野，并试图在自然（它是事实与价值的融合）中找到客观规范的基础，也就是所谓的自然正当（古典政治哲学）或自然权利（现代政治哲学）。

但是韦伯坚持社会科学价值中立的真实原因，并不是他相信事实与价值之间的根本对立，而是他相信对于价值不可能有真正的知识。真实的价值体系并不存在，存在的只是一系列不分高下的价值观，它们彼此之间相

① Leo Strauss, The Rebirth of Classical Political Rationalism: An Introduction to the Thought of Leo Strauss, Selected and Introduced by Thomas L. Pangle, Chicago and London: The University of Chicago Press, 1989, p. 32.

② Leo Strauss, "The Three Waves of Modernity," in An Introduction to Political Philosophy: Ten Essays by Leo Strauss, ed. Hilail Gildin, Detroit: Wayne State University Press, 1989, p. 82.

互冲突，而此种冲突又非人类理性所能解决。社会科学所能做的只能是澄清此种冲突及其全部蕴涵，冲突的解决只能留待每个个体自由的、非理性的决断。（NRH，36）

施特劳斯认为，韦伯的这种价值论学说必然会导致虚无主义或者这样的观点：每一种取舍，无论其如何得邪恶、卑下或无辜，都会在理性的祭坛前被判决为与任何别的取舍一样合理。他并且还以一种极富“辩证色彩的写作方式”[①] 详细追溯了韦伯最终滑向虚无主义的内在理路。（NRH，36－40）但是施特劳斯把韦伯所导致的虚无主义称为“高贵的虚无主义”，因为他不是来自于对所有高贵事物的冷淡，而是来自于一种对于所有高贵事物的无根基性的洞见。

那么是什么导致了韦伯认为终极价值之间的冲突是人类理性所无法解决的呢？施特劳斯首先将这种立场追溯到韦伯对悲剧生活的偏好。对韦伯来说，人生本质上就是一场无法避免的冲突。价值冲突不可解决只不过是韦伯认为冲突是人类生活的本质的观点的一个延续，他不仅认为战争是真实的，和平只不过是虚幻，而且他还在道德上接受尼采的观点，认为现代性实验对和平与普遍幸福的追求将导致人类的堕落，使得人们遗忘绝对职责和崇高使命。[②] 正是受到了尼采的超人哲学的决定性影响，韦伯的灵魂才渴望一个宇宙，在其中强烈的罪感和强烈的信仰的相互纠缠而非幸福和宁静才是人的高贵的标志。[③] 对于韦伯而言，生命归根结底是悲剧性的，伦理命令与对于幸福的追求之间始终存在着张力。[④] 人的高贵性要求终极价值之间的冲突是不可解决的。

除了这种偏好之外，韦伯毕竟提供了几个例子来证明终极价值之间的冲突无法解决，即两种正义观念之间的冲突和两种伦理之间的冲突。我们这里着重看第二个例子。（NRH，58）施特劳斯发现，在韦伯那里有两种

---

① Leo Strauss, Persecution and the Art of Writing, Chicago: The University of Chicago Press, 1988, p. 147.

② Leo Strauss, The Rebirth of Classical Political Rationalism: An Introduction to the Thought of Leo Strauss, Selected and Introduced by Thomas L. Pangle, Chicago and London: The University of Chicago Press, 1989, p. 35.

③ Leo Strauss, What Is Political Philosophy? And Other Studies, Gleneoe, III: Free Press, 1959, p. 23.

④ ［德］施路赫特：《信念与责任——马克斯·韦伯论伦理》，载《韦伯：法律与价值》，上海人民出版社 2001 年版，第 262 页。

心志伦理概念，一种是认为不应该通过邪恶和卑鄙的行为来达到政治成功，另一种是认为人们应该漠视人们此世行为的成功。第一种不但与责任伦理不冲突，而且还相互补充。而第二种与责任伦理不相容，但施特劳斯认为这种心志伦理是严格的彼岸伦理。因此当韦伯谈论心志伦理与责任伦理之间的冲突不可解决的时候，他实际上指的是此岸伦理与彼岸伦理之间的冲突。(NRH，59)

那么此岸伦理与彼岸伦理之间的冲突是不是人类理性所无法解决的呢？此岸的伦理是无助的人类理性所能辨识出来的，而彼岸的伦理所基于的启示是人类理性所无法理解的。除非科学能够证明科学对于人类生活的此岸的理解（也就是基于理性的理解）是完全合法的，否则理性就无法在此岸伦理与彼岸伦理之间作出理性地选择。但是韦伯否认了这种可能条件，因为他认为科学或哲学不是植根于人之作为人所能处置的显明前提的，而是植根于信仰的。（NRH，61）这个信仰就是认为科学是有价值的，科学著作所提供的东西都是“值得去认识的”。在历史主义的影响之下，韦伯认为这种信念只不过是特定时代特定文化的特殊产物。

由此看来，终极价值的冲突显然指向了一个科学价值的问题，如果科学本身的价值无法得到落实，那么终极价值之间的冲突也就无法得到解决。那么接受科学就仅仅是出于决断甚或偏好，“追求真理拥有像邮票收集一样的尊严”。施特劳斯认为这是20世纪科学危机的最深刻缘由，而这一危机又是深陷于危机之中的韦伯所无法解决的。[①]

施特劳斯追问：当韦伯说科学似乎不能够清晰而准确地说明自身时，他的心中实际上想的是什么？答案是人类面临的两种最根本的选择：人的指引与神的指引，它们分别指向自由见解的生活和顺从的爱的生活。(NRH，63）哲学与启示无法相互驳倒的事实实际上构成了启示对哲学的反驳，因为哲学的正当性基于对启示的反驳，而启示的正当性仅仅基于信仰，它无须反驳。哲学看来是无可挽回地失败了，这意味着“没有对启示的信仰，就不可能存在一致性。”(NRH，65）“正是启示与完全意义上的哲学或科学的冲突，使得韦伯断定哲学或科学的观念存在着一个致命的弱点。他力图忠诚于自主见解的事业，但是当他感觉到科学或哲学所恐惧

① Leo Strauss, An Introduction to Political Philosophy: Ten Essays by Leo Strauss, ed. Hilail Gildin, Detroit: Wayne State University Press, 1989, pp. 309 - 310.

的牺牲理智，正在科学或哲学的根基之处发生时，不由得深感失望。”（NRH，64）

施特劳斯一路下降，把我们带到了一个令人战栗的深渊。[①] 这也是韦伯坚持终极价值之间的冲突无法解决，并进而导致政治哲学本身的不可能的至深根由。必须要做价值判断的政治哲学无可挽回地被价值中立的社会科学所取代了，它能够有效地帮助我们确定达到特定目标的有效手段，但是对于最重要的目标选择问题却无能为力。（NRH，4）这样的社会科学是“瞎眼的巨人”[②]，因为它使得我们在小事上（达到目标的手段）理智而冷静，在面对大事时（诸目标之间的选择）却像个疯子在赌博：我们零售的是理智，批发的是疯狂。

五　现代性危机的本质：哲学与政治的失调

我们看到对现代自然权利（也就是现代政治哲学）的道德拒斥导致了历史主义，海德格尔对历史主义的激进化最终导致了哲学本身的可能性的丧失，而韦伯对历史主义的“半信半疑”则最终导致了对政治哲学本身的可能性的怀疑。前者导致了哲学的虚无主义，而后者导致了政治的虚无主义。可这一切是不是现代性的必然归宿呢？

施特劳斯说，现代政治哲学的危机之所以最终会导致哲学本身的危机以及政治哲学本身的危机，是因为在现代启蒙运动中，哲学本身完全地政治化了。本来，哲学乃是人类对于永恒秩序的追求，并且因此它就是人类灵感和激情的一个纯粹的源泉。自 17 世纪以来，哲学变成了一个武器或工具，服务于人类自我保存的需要。（NRH，24）这当然意味着哲学的堕落，因为哲学降低了自己的诉求以迎合政治社会的需要；同时它也意味着哲学的疯狂，因为它使得政治哲学化了，它试图通过全面的启蒙以达到对政治社会的彻底改造。总之，它不再认为哲学与政治在本性上是对立的，

---

① Robert Eden, “Why Wasn't Weber a Nihilist?”, in The Crisis of Liberal Democracy: A Straussian Perspective, Edited by Kenneth L. Deutsch and Walter Soffer, Albany: State University of New York Press, 1987, p. 224.

② Leo Strauss, The Rebirth of Classical Political Rationalism: An Introduction to the Thought of Leo Strauss, Selected and Introduced by Thomas L. Pangle, Chicago and London: The University of Chicago Press, 1989, p. 239.

而是认为它们随着知识与社会的共同进步最终可以实现完美的融合。[①]

而海德格尔对现代性的哲学反思骨子里依然还是延续了这样一种精神。海德格尔试图让人类“在此世就有完全的家园感”[②]，但是他混淆了哲人的家园和非哲人的家园，哲人的家只能在整全之中，而非哲人的家则只能在此世的人类事务当中。这是因为海德格尔没有看到人的自然的二元性，这种二元性在施特劳斯看来是人类的永恒存在状况。（NRH，151）这种二元性只有通过对前科学理解的自然世界的分析才能获得，这种分析必须起始于像政治行动者看待政治生活的现象一样看待政治现象。这是哲学借以出发的政治和道德背景，也是其对“存在的问题”的追问的前提基础。[③] 因为对于什么是对与错的知识的追求正是哲学的第一冲动，如果人类失去了这一冲动，哲学也就不再可能了。因此说，海德格尔非但没有缓解现代性的危机，反而进一步将这一危机推向了极端[④]，或者说他们恰恰最尖锐地体现了现代性的危机之所在。

对于施特劳斯来说，政治哲学出于这样一种认识：人性处于神—兽之间。[⑤] 政治社会是对人的一种最低要求或保障，它通过确立一些教条主义的道德原则来防止人类最终堕落为野兽；而哲学则代表了人性的最高可能性，它通过对于完满的智慧的怀疑主义式的追求而向神靠近。哲学当然是远远高于政治事务之上的，但是这绝非意味着一个“生活在伟大高度的人”就可以蔑视甚至无视政治的必要性和重要性。[⑥] 相反，哲学决不是凌空蹈虚的，它的起点必然只是他脚踩着的大地。哲学与政治既不可以截然分离，又不可以完全融合，它们只能在相互对立紧张中学会和平共处。

---

① Leo Strauss, “Progress of Return? The Contemporary Crisis in Western Civilization”, in An Introduction to Political Philosophy: Ten Essays by Leo Strauss, Detroit: Wayne State University Press, 1989, p. 258.

② Leo Strauss, On Tyranny, Glencoe, III: Free Press, 1963, p. 212.

③ Richard Velkley, “On The Roots of Rationalism: Strauss's Natural Right and History as Response to Heidegger,” in The Review of Politics, Spring 2008, 70 (2), p. 257.

④ Leo Strauss, What is Political Philosophy and Other Studies, Glencoe: The Free Press, 1959, p. 50.

⑤ Leo Strauss, “Reason and Revelation”, in Heinrich Meier, Leo Strauss and the Theologico-Political Problem, London: Cambridge University Press, 2005, p. 163.

⑥ Leo Strauss, What Is Political Philosophy? And Other Studies, Gleneoe, III: Free Press, 1959, p. 17.

哲学与政治的融合的一个至深根由就在于韦伯所面对的那个深渊当中：韦伯与海德格尔分享了这样一个错误的假定：他们所理解的理性即是现代科学或哲学所理解的理性，是“人类对于自然世界的自然理解”的完善化。① 现代哲学或科学已经不再意识到它们得以建立的基础是什么。现代哲学进而以一种内在的逻辑瓦解自身，从而使得生活与思想失去了理性的基础。②

六　结语：迈向古典政治哲学

现代政治哲学是否必然最终导致所有人的无家可归呢？对现代启蒙运动的反思是否必然最终导致启蒙精神的丧失呢？③ 所有的危机都同时意味着机遇和希望，就在施特劳斯展示海德格尔和韦伯的内在理路过程中，他就已经暗示了应对危机的可能出路。其根本的任务在于重新恢复哲学的可能性，并为其正当性奠定坚实的基础。

在处理海德格尔的时候，施特劳斯指出意识到整全是不可能被认识和把握的，这最多只能证明智慧不是人所能拥有的，却决不能构成对于哲学的意图（即对智慧的寻求）的拒绝。④ 意识到根本之谜不可解决，并不必然就使得人们放弃对根本之谜的探询。同样，在处理韦伯所意识到的哲学与启示的根本冲突时，施特劳斯用“如果”、“看起来像”这种虚拟词汇暗示了否定的答案⑤，也就是说意识到启示的可能性时并不必然导致对哲学的否弃。海德格尔和韦伯之所以最终会走向对哲学的否弃，是因为他们都共同接受了现代哲学对哲学的教条主义式理解⑥，哲学被理解为一套教

① Thomas L. Pangle, Leo Strauss: An Introduction to His Thought and Intellectual Legacy, The Johns Hopkins University Press, 2006, p. 38.

② ［美］洛文萨尔：《施特劳斯的〈柏拉图式的政治哲学研究〉》，载《施特劳斯与古典政治哲学》，刘小枫编，上海三联书店 2002 年版，第 643 页。

③ Leo Strauss, Spinoza's Critique of Religion, Translated by E. M. Sinclair, New York: Schocken Books, 1965, p. 31.

④ Leo Strauss, The Living Issues of German Postwar Philosophy, see Leo Strauss and The Theologico-Political Problem, London: Cambridge University Press, 2006, p. 133.

⑤ Clark A. Merrill, Spelunking in the Unnatural Cave: Leo Strauss's Ambiguous Tribute to Max Weber, Interpretation, Fall 1999, Vol. 27, No. 1, pp. 3 – 24.

⑥ Nasser Behnegar, Leo Strauss, Max Weber, and the Scientific Study of Politics, Chicago and London: The University of Chicago Press, 2003, p. 121.

义或者一套理论体系，一旦遇到绝对外在于这一体系之外的神秘莫测的整全或者神圣启示，这种哲学就必然走向对自身的怀疑。

但是现代哲学并非哲学的完美形式，它“是建立在对古典哲学的不充分理解之上的”[①]。古典哲学在本质上是怀疑主义的，它满足于并且止步于对存在之谜的认识和表达。因为古典哲学面对启示的挑战，清楚地认识到人类在最根本问题上是无知的，哲学对于整全的沉思将是永无止境的。哲学只是对智慧的爱，但并不拥有智慧。[②] 只有怀疑主义的哲学，才能够容许并且维持哲学与启示之间的冲突的存在，接受启示的可能性非但不会导致哲学的失败，反而能够成为哲学继续追问的不竭动力。哲学自始至终都是与启示联系在一起的。[③] 没有启示，哲学也将无从产生；如果启示被认定为失败了，那么哲学也将最终瓦解。因此只要人类最根本性的问题并没有得到解决，根本之谜并没有被人类遗忘，那么哲学的可能性就永远存在，人类的可能性也就永远不会枯竭，施特劳斯略带调皮地说也许在2200 年的缅甸会产生其他伟大的思想家。[④]

但是满足于对存在之谜的认识和表达的怀疑主义哲学将意味着一种纯理论的生活方式，一种不献身于任何理想或事业的生活方式。[⑤] 而这样的生活方式是不可能为韦伯和海德格尔所接受，因为这种生活是没有“生机”、没有激情、没有担当的。海德格尔选择了否认理论的可能性，但施特劳斯认为，还有另外一条可供选择的道路，那就是坚持对于生活所做的理论分析具有严格的秘传性质，也就是恢复柏拉图那种高贵的骗局的观念。（NRH，27）这就是古典政治哲学处理哲学与政治关系时的思路，它

---

① Leo Strauss, Introduction to Political Philosophy: Ten Essays by Leo Strauss, Selected and introduced by Hilail Gildin, Detroit: Wayne State University Press, 1989, p. 300.

② Leo Strauss, “What is Political Philosophy?” The Journal of Politics, Vol. 19, No. 3 (Aug., 1957), p. 367.

③ Jaffa, Harry, “Leo Strauss, The Bible, and Political Philosophy.” In Leo Strauss: Political Philosopher and Jewish Thinker. Edited by Kenneth L. Deutsch and Walter Nicgorski/ Lanham, MD: Rowman &Littlefield Publishers. 1993, p. 210.

④ Leo Strauss, The Rebirth of Classical Political Rationalism: An Introduction to the Thought of Leo Strauss, Selected and Introduced by Thomas L. Pangle, Chicago and London: The University of Chicago Press, 1989, p. 33.

⑤ Leo Strauss, Spinoza's Critique of Religion, Translated by E. M. Sinclair, New York: Schocken Books, 1965, p. 11.

在正视并保存哲学生活与非哲学生活的本性差异的同时，尝试与这种紧张关系和平共处。

古典政治哲学的根本任务就是要在非哲学的生活（政治生活）面前为哲学生活辩护[①]，就是要回答为什么要哲学的问题，这个问题是先于所有的哲学追问的。对这个问题的根本回答必须回到苏格拉底问题上来。“一经认识到我们对于最重要的事情的无知，我们同时也就认识到，那对于我们最重要的事情或最急需的事情，就是寻求有关最重要的事情的知识，或者说寻求智慧”，（NRH，31）也就是说哲学在人类面临的根本问题上的“事实性”的认识可以成为一个“价值判断”的基础，也就是证明哲学自身的价值所在，并且是证明哲学的生活是人类最好的生活，对智慧的寻求是人类最高的善。这样，哲学的生活就可以成为所有其他非哲学的生活的标准和尺度，哲学的价值也就可以为所有其他的价值排定高下和秩序。在这个意义上，政治所面临的根本问题，也就是价值冲突的问题就可以获得根本的解决。

由此看来，哲学所面临的根本性问题与政治所面临的根本性问题在等级上是不同的，但它们在根源上却是一致的。根本性的政治问题最终指向根本性的哲学问题，政治哲学的可能性似乎最终可以从哲学的可能性中得到证明。政治哲学的可能性对治的就是政治的虚无主义，哲学的可能性对治的就是哲学的虚无主义。而政治虚无主义问题的解决最终依赖于哲学虚无主义的最终解决，因为政治哲学的最高主题是哲学生活，它提供了对那些推动政治生活的问题的解决方法。

第二节　第三次浪潮与现代启蒙运动的瓦解

上一节中（尤其）海德格尔、韦伯思想中所彰显出来的现代性危机代表了第三次浪潮的顶峰，而他们的思想实际上都受到了尼采的决定性影响（韦伯在施特劳斯的思想中地位很特殊，因为他的思想中有两极：尼采和康德）。而对于施特劳斯来说，在 22 岁到 30 岁之间，施特劳斯几乎对尼采所说的任何东西都深信不疑。也就是说，尼采才是我们时代的危机

---

① ［德］迈尔：《隐匿的对话——施密特与施特劳斯》，朱雁冰等译，华夏出版社 2008 年版，第 113 页。

的最深刻根源[①]，是掀起现代性第三次浪潮的第一人。因此我们现在必须转向施特劳斯的尼采。

不过施特劳斯终其一生只写过一篇专门关于尼采的文章（关于尼采的《善恶的彼岸》的评注性文章，他写得如此之少，如此之隐秘，以至于因此而遭到人们的非议[②]），除此之外就剩下施特劳斯著名的《现代性三次浪潮》一文和《什么是政治哲学》的演讲中有限的部分直接提及了尼采。因此下面的分析将十分倚重这三份材料，同时也参考了其他人的研究成果。

本节的主要任务就是揭示施特劳斯隐而未彰的东西：在何种意义上尼采用一种极端现代的方式反现代并最终推进了现代性的进程？在施特劳斯看来，尼采要为我们时代的危机负责的根本之处何在？要准确回答这个问题相当困难，因为施特劳斯从未明言。甚至在一些很重要的方面，尼采的政治哲学与施特劳斯所理解的古典政治哲学有着很多相似之处，以至于很多人指责施特劳斯骨子里还是尼采分子，区别只是在于尼采大胆地公开了在施特劳斯看来应该隐秘教诲的东西。本书不同意这样的观点：施特劳斯对于尼采的批评只是说尼采公开了不应该公开的东西（先不说尼采也遵循了隐微写作的方针，而施特劳斯也公开了很多在古人看来不应该公开的东西），相反我认为在施特劳斯的节制与尼采的勇敢之间有着更加内在的差异，对这些差异的理解将关系到如何理解尼采对于现代性危机的责任所在。

一　启蒙运动的瓦解

尼采的处境是这样的：现代启蒙运动杀死了上帝，但是他们试图借以取而代之的理性在经历了黑格尔的历史哲学顶峰之后开始遭到了怀疑。整个现代启蒙运动可以说就是要用理性来解决人与政治的问题，在古代哲人那里不可想象的政治的无神论被现代哲人当成了追求的目标。在卢梭用普遍意志取代霍布斯的自然权利说之后，现代启蒙运动必须借助于一个历史

① LeoStrauss, "The Three Waves of Modernity," in An Introduction to Political Philosophy: Ten Essays, by Strauss, ed. Hilail Gildin Detroit: Wayne State University Press, 1989, p. 98.

② ［美］朗佩特：《尼采的启蒙：施特劳斯与尼采》，载《尼采在西方》，刘小枫编，上海三联书店 2002 年版，第 625 页。

进程才能实现它的目标。其终极表达就在黑格尔那里，这个目标将经过一个合理的、理性的、进步的历史过程而得到最终实现，其顶峰就是合理国家、后革命国家。而黑格尔之后的思想拒绝历史中可能有终结或顶峰的想法，也就是说它将历史过程理解为未完成的、不可完成的。然而它还是残留着对历史过程的合理性与进步性的信念。[①] 可以说理性进步主义是现代启蒙运动的根本观念。

但是尼采认为“历史感的缺乏乃是所有哲人的遗传缺陷”，历史的本质一项遭受着误解。历史并不是理性的，也不是进步的，历史过程也没有一个内在的意义、内在的方向。相反，看待历史的一个根本性洞见就在于：一切理想都是人类创造性活动的结果，是自由的人类筹划的结果。因此一切宣称拥有客观支持的（这些客观支持或者是自然，或者是神，或者是理性）理想都是没有根基的。这个历史性洞见摧毁了一切理想，同时也意味着以理性为基础的现代启蒙运动所追求的理想也都是站不住脚的，它只不过是特定历史处境中的特定人群的特定筹划而已。

所有的筹划都是对生命意志的贬抑，它们都试图通过承诺一个美好的未来或彼岸世界来获得今天或此岸的宁静与睡眠。因此都是懦弱的表现，都是消极的虚无主义。[②] 在这一点上现代启蒙运动的现代筹划比古代的筹划（以自然为基础的传统形而上学和以上帝为基础的神学）有过之而无不及。现代启蒙先辈们在杀死了上帝之后依然是乐观的，因为他们信仰理性，认为科学的进步将不可避免地带来人类社会的进步。他们承诺了一个美好的未来：一个建立在理性基础之上的美好社会，将给予每一个人平等的自由。理性并没有带来人的堕落，相反，它将（也许要经过必要的痛苦）换回伊甸园的祝福。然而尼采却对这样一个朝向美好目标的运动大加挞伐，因为我们将为这一目标的实现付出沉重代价——人的最极端堕落。马克思所承诺的共产主义社会却是尼采所无法忍受的，末人就是已经获得幸福的人，他们的生命中不再有苦难、不幸、不可解之谜、冲突和不平等，因此他们远离所有的重大使命、所有的英雄主义、所有的献身精

---

① ［美］列奥·施特劳斯：《苏格拉底问题与现代性——施特劳斯讲演与论文集：卷二》，刘小枫编，彭磊、丁耘译，华夏出版社 2008 年版，第 44 页。

② ［美］斯坦利·罗森：《尼采的柏拉图主义》，载《尼采在西方》，刘小枫编，上海三联书店 2002 年版，第 121 页。

神。尼采认为，人类可能的“仁慈”与“伟大”，要求冲突或苦难的永存。[①] 这就是尼采与卢梭的根本不同之处，因为卢梭把生存的至乐情绪体验为一种与自然交融的甜蜜与快乐，而尼采则把生存情绪体验为恐惧与灼痛。对尼采来说，那发明了幸福的人是最堕落的人，那挺立在痛苦中的人才是最高贵的人。

虽然尼采反对启蒙运动，但他也是无神论的，他也是带来启蒙的人。扎拉图斯特拉要从山上下来带给人类上帝已死的消息。但尼采的无神论不同于启蒙运动的无神论，尼采的启蒙乃是针对启蒙运动无神论所取得成功的反动。启蒙运动的无神论是出于功利的目的，是为了兑换人类的幸福，实现美好的社会。而尼采的无神论是出于良心的原因，是一种出于理智的真诚的无神论。这种无神论要求一种勇气去面对抛弃神恩之后的人类悲惨处境。因此尼采的启蒙不但指向神，而且指向被启蒙运动“神化”了的理性自身。只有当理性自身遭到怀疑之后，启蒙运动才在根基上遭到了彻底的瓦解。

因此说启蒙运动的瓦解是理性的危机[②]，现代性从理性的乐观主义发端（反神学的怒火），走到最后成了理性的悲观主义。启蒙运动发端于对世界的祛魅，它势必要为启蒙理性披上“魅”的外衣（即对启蒙理性的信仰），但到最后必须对启蒙理性本身进行祛魅。上帝死了之后，理性并没有取而代之，继之而来的事件是：理性的自杀。

今天我们已经不再有康德的乐观主义：一个民族的组织问题是可以解决的，即使这个民族是由魔鬼组成的（这句话经常被施特劳斯引用）。我们已经不再相信人类可以凭借理性建立起一种完美的政治制度，在其中每个人的自由都将得到平等的实现。我们不再相信随着科技的进步，人类文明也将随之获得同步的发展。这就是施特劳斯所说的西方现代性的危机：因为启蒙运动的理想已经不再令人信服了。[③]

---

① ［美］列奥·施特劳斯：《苏格拉底与政治学问的起源》，载《苏格拉底问题与现代性——施特劳斯讲演与论文集：卷二》，刘小枫编，华夏出版社 2006 年版，第 263 页。

② Robert C. Bartlett, The Idea of Enlightenment: A Post-Mortem Study, Toronto Buttalo London: University of Toronto Press, 2001, p. 7.

③ ［美］列奥·施特劳斯：《我们时代的危机》，李永晶译，载《苏格拉底与政治学问的起源》，载《苏格拉底问题与现代性——施特劳斯讲演与论文集：卷二》，刘小枫编，华夏出版社 2006 年版，第 2 页。

二　权力意志与超人哲学

但是启蒙运动的瓦解对于人类来说既是一个前所未有的危机，也是一个前所未有的机遇。人类似乎面临着这样两个极端的可能性：要么成为末人，要么成为超人。

尼采所说的上帝之死不仅仅是基督教的上帝死了，而是指所有的上帝都死了，所有那些宣称为所有理想提供客观根基的东西都死了。欧洲道德基础“随着这一信仰的崩溃而坍塌”①。最高的价值、绝对的命令无可挽回地自行贬值，没有目的，没有对于目的的回答。这是一种可怕的空虚的体验，是人对自身的存在的厌恶。② 尼采要我们面对一个全然没有意义的世界，这意味着人类有可能失去锚地，陷入虚无主义的深渊。

但是在认识到一切理想的真正源头（人类的筹划）并摧毁了一切理想之后，我们有可能获得一个全新的筹划、一个终极的理想，即重估一切价值。终极洞见导致终极理想。价值重估的根基是最高的权力意志，该意志高于产生一切旧价值的意志。能够依据重估一切价值来生活的，就是超人。③ 尼采正是要用超人的积极的高贵的虚无主义来克服末人的消极的、卑贱的虚无主义。积极的虚无主义要在认识到没有上帝的世界一片荒芜、毫无意义之后，依然能够赋予这个世界以意义、给予这个世界以最高的肯定。④

在上帝（一切旧的理想）死了之后，重新发现人的最高可能性，这就是尼采的使命。原先“你应”怎么做的绝对命令已经失去了最终的根基，“一切都被允许”，唯一剩下的就是“我要”的自由，而虚无就是人类为此自由付出的代价。⑤ 因为没有了上帝的世界将是一个令人厌恶的世界：实在世界不应存在，而应存世界实际上不存在，这就是虚无主义者的

---

① ［德］尼采：《快乐的知识》，黄明嘉译，中央编译出版社 2001 年版，343 页。

② Thomas L. Pangle, “The Roots of Contemporary Nihilism and Its Political Consequences According to Nietzsche,” in The Review of Politics, Vol. 45, No. 1 (Jan., 1983), p. 65.

③ ［美］列奥·施特劳斯：《现代性的三次浪潮》，载《苏格拉底问题与现代性——施特劳斯讲演与论文集：卷二》，刘小枫编，彭磊、丁耘译，华夏出版社 2008 年版，第 45 页。

④ ［美］列奥·施特劳斯：《注意尼采〈善恶的彼岸〉的谋篇》，林国荣、林国华译，载《尼采在西方——解读尼采》，刘小枫、倪卫国编，上海三联书店 2002 年版，第 30 页。

⑤ ［德］卡尔·洛维特：《从黑格尔到尼采》，李秋零译，生活·读书·新知三联书店 2006 年版，第 261 页。

内心写照。[①] 而尼采就是试图在这种虚无的“自由的荒野”上克服虚无主义，他要把“我要”转变为“我是”，要把实在和应在再度统一起来，亦即要在存在的整体当中为偶然的此在找到克服虚无主义的最终的根基。基督教的上帝虽然死了，但是尼采却想望着将原先抑制生命的上帝转变为激发生命的上帝。而所谓的“我是”就是权力意志，尼采用权力意志取代了对独立于意志之外的善本身的追求。

权力意志对于这个世界的肯定和赋值就是永恒复返。没有意义的世界整体处于变化与生成、创造与毁灭的循环往复当中，没有终结，直至永恒，世界“永远就是现今的样子，不打折扣，没有例外和选择”[②]。这意味着不会再有永福的彼岸世界，也不会再有美好的来世生活。永恒复返要对此岸生活作出全面肯定。“它是可能达到的最高的肯定方案”：对本来面貌的生活的热爱变成了让生活永远是其本来面貌的愿望。哲学不再是超离于此岸世界的，而是对这个世界的最高肯定。

尼采的权力意志学说让我们一再想起施特劳斯所极力阐发的爱欲式怀疑主义哲学，让我们想起了一种作为生活方式的哲学。但是尼采用权力意志取代了厄若斯（eros）——“对善本身的追求”——在柏拉图思想当中所占的位置。[③] 哲学思考被看成是最精神化的权力意志，它是对自然应当是什么和如何是的规定，它不是对独立于意志或决断的真理的热爱。世界本身、“物自体”、自然是完全的一团混乱并且毫无意义。所有的意义、所有的秩序都产生于人，产生于人的创造性行为，产生于人的权力意志。但是如果不存在什么客观真理，那么权力意志学说是不是也只是扎拉图斯特拉的权力意志的体现，而非真理。权力意志学说是真的，因为它代表了权力意志的自我意识，是对创造性的第一个创造性解释。这个时候哲学已经不再能够被理解为一种纯粹理论的生活方式，而是一种实践的生活方式。

整个现代性的推进过程是一个哲学的变异过程，哲学不断地从理论走向实践，这一点在尼采的哲学中最经典地表达出来。从尼采开始，我们习

---

① ［德］尼采：《权力意志》，张念东等译，商务印书馆 1991 年版，第 270—280 页。

② 同上书，第 55 页。

③ ［德］列奥·施特劳斯：《注意尼采〈善恶的彼岸〉的谋篇》，载《尼采在西方》，刘小枫编，上海三联书店 2002 年版，第 29 页。

惯性地把哲学与统治权力相连。一个事物只有在它真正长成的时候才能凸显它的本质，正是在尼采的思想中，现代性表露出了它的本质。“哲学的政治化”在权力意志这一术语中得到了集中体现。权力意志这个词可以直接启发我们，尼采关于超人的教诲绝不仅仅是个人的内部改造问题，而且势必关系到统治问题。也正是从这里我们可以理解尼采的政治哲学以及他与马基雅维利开创的现代性政治哲学的内在关联。

三 非道德主义的 Virtu——尼采的马基雅维利主义

在我们开始正面阐述尼采的政治哲学之前，我们可以先看看尼采与马基雅维利这个施特劳斯眼中的现代性创始人之间的关系。研究表明，尼采早在 1862 年就开始阅读马基雅维利的《君主论》，但是他似乎从来没有读过《论李维》。《君主论》所涉及的是最崇高意义上的君主，是新的体制和秩序的创建者。而《李维史论》所涉及的则是民众，是作为业已建立的体制和秩序的维系者的民众。① 看来尼采真正关心的是新君主的教育以及政治社会的奠基问题。在施特劳斯看来关注于非常态的政治社会的奠基而非常态的政治社会的目标问题，本身就是现代政治哲学的特点所在。因为现代政治哲学不满足于古典政治哲学的乌托邦性质，它急于确保正当社会秩序的实现，因此它把目光专注于开端问题。

而这一点又直接关系到对于 Virtu（德性）的重新理解（实际上德性观念在现代的演变一直是隐藏在施特劳斯著作中的一条或明或暗的线索）。马基雅维利所理解的德性是一种自然德性，除了勇气、胆量、强有力意志等之外，最重要的自然德性是审慎，也就是要求对德行和恶行根据环境的需要而做明智的和强有力的灵活运用。② 只有具备这样一些品质的君主才有可能在血腥中创建新的城邦，因此从根本上说这是一种服务于国家建设的美德。而尼采从《君主论》中汲取了作为其伦理学之操作基础的德性概念和作为其政治概念之操作基础的非道德主义。③ 对尼采来说，

---

① ［美］列奥·施特劳斯：《关于马基雅维利的思考》，申彤译，译林出版社 2006 年版，第 191 页。

② ［美］列奥·施特劳斯、约瑟夫·克罗波西主编：《政治哲学史》，李天然等译，河北人民出版社 1993 年版，第 340 页。

③ ［俄］多姆波斯基（Don Dombowsky）：《尼采与马基雅维利主义》，载《尼采与古典传统续编》，第 237 页。

德性不再被理解为对于激情、欲望的理性的控制，而是被理解为激情，在这种德性中，很少谨慎，最少全部常人的理性。Virtu 既包括“伟大品性”，也包括“伟大罪恶”。德性只是意味着做好和恶的事情的勇气与力量。

这样尼采似乎一下子把我们带回到现代性的开端时代，那个时代里还残留着自然德性的影子。尼采要重新发掘出这种德性，因为它已经遭到了基督教和现代启蒙运动所提倡的社会德性的毁灭性打击。按照自然德性，一个好人就是一个本身好的人，就像一个本身好的苹果；而按照社会德性，一个好人必须是一种关系性的好，相对于他人的好。尼采似乎就是要寻回这样一种自然，以克服现代性所造成的人的堕落。但是我们必须立刻指出尼采所诉诸的自然不是古典意义上可以作为一种生活标准的目的论意义上的自然，而是一个被现代自然科学所祛魅了的自然。[①] 现代自然科学已经证明了目的论的自然的彻底失败，剩下的这个自然本质上是非道德的，它“挥霍无度，冷漠无边，没有目的和顾忌，没有怜悯和正义”。这就是尼采与马基雅维利的不同之处，在马基雅维利那里自然还可以作为一个标准，因此审慎本身是最高的自然德性；而在尼采这里，审慎最多只具有工具性的意义。

但是一个不能作为标准的自然又如何能够称之为一种德性呢？尼采如何在吸收马基雅维利的同时又剔除他身上的古典残余呢？这就必须回到尼采的权力意志理论，因为认识到一切理想价值都只是人的无根基地创造，这就使得一种终极理想成为可能，那就是重估一切价值。人的高贵性就体现在这样一种价值创造当中。因此权力意志理论可以将自然转变成为高贵的自然，这种高贵不是来自于任何外在的标准，而是来自于理智的真诚，并进而取代古典观念中那个充满神性的自然。[②] 权力意志学说证明了尼采的非道德的自然德性的正当性。

因此我认为尼采用他的权力意志理论为马基雅维利的自然德性重新奠定了一个哲学基础，这个基础是在否定了目的论的自然、上帝还有启

① Leo Strauss, The City and Man, Chicago and London: The University of Chicago Press, 1964, p. 11.

② ［美］列奥·施特劳斯：《注意尼采〈善恶的彼岸〉的谋篇》，载《尼采在西方》，刘小枫编，上海三联书店 2002 年版。

蒙运动的理性之后产生的。尼采是马基雅维利的学生，而且他还将宗师的教诲做了创造性的转换，因此也许我们可以称尼采为马基雅维利最好的学生。

但是必须指出的是，尼采的 Virtu 绝不是仅仅运用于自身的自我塑造，它必须是与统治别人相关的。尼采经常被认为是一个反政治的哲学家，他的基本主题是“反政治的个体问题，这种个体追求的是那种远离现代世界的自我完善”。但是这是对尼采著作的误解。尼采在后期作品中认为，为了变革人性，需要哲学立法与伟大政治之间的一种柏拉图式的联合。这种人性的变革，必然需要对现代社会的政治结构进行根本的改变。[①] “一个人应该坚持他自己之关于人的理想”，并且“一个人应该将他自己的理想压倒性地应用到他的同伴和他自己身上，从而发挥一种创造性影响”。尼采学习马基雅维利（这个恶的教诲师），学的决不是怎么修身养性，而是如何培养一个新君主以创建一个好的社会秩序。尼采虽然反对马基雅维利的学生霍布斯、卢梭，但是在这个根本性冲动上还是与他们一致的。正是在这个维度上，尼采政治哲学的全貌才得到了充分的展现，由此我们可以回答尼采在何种程度上延续了现代性。

四　尼采的伟大政治——哲人立法者的统治

尼采的超人已经绝然否弃了彼岸的世界，那么他就必须在此岸找到自己的最终家园，而这必然意味着扎拉图斯特拉必须要回到民众中间，与他们生活在同一个世界里。“他要创造一个既能作为哲人又能作为民众生活于其中的世界”[②]。权力意志和永恒复返不仅是针对哲人的，也是针对民众的。贯穿扎拉图斯特拉之遗产的是一种深深的现代倾向，哲人不再把自己想象为一个纯粹真理的热爱者，而是一个“立法者”、“奠基者”、甚至一个先知，他带来“新的模式和秩序”。“他们的创造就是一种立法”。[③] 为了能够阻止畜群道德的胜利以及由此而来的人类的堕落，我们必须呼唤

---

① ［法］凯斯·安塞尔—皮尔逊（Keith Ansell-Pearson），《尼采反卢梭——尼采的道德—政治思想研究》，宗成河等译，华夏出版社 2005 年版，第 58 页。

② ［美］罗森：《启蒙的面具：〈扎拉图斯特拉〉疏解》，吴松江等译，辽宁教育出版社 2003 年版，第 10 页。

③ T. Pangle，《战士精神与扎拉图斯特拉的政治哲学》，载《尼采在西方》，刘小枫编，上海三联书店 2002 年版，第 99 页。

未来的哲学家的统治。扎拉图斯特拉上山终究是为了下山，他在山上沉思的也终究是山下的事情。一句话，尼采实际上试图在此世为哲人找到最终的家园感。

尼采心目中的超人懂得权力意志的真理，敢于追求永恒复返的大地生活，从而成为未来大政治的立法者、统治者。这个超人熟谙马基雅维利式的统治术，他要将一种非道德的政治发挥到极致。（这里我们应该立刻回想起施特劳斯所说的，尼采要为纳粹政治负责，其分量之多，一如卢梭要为雅各宾主义负责）其中尤其重要的一点是，他像马基雅维利一样反对宗教，也像马基雅维利一样利用和模仿宗教。对他来说“宗教是一个附加的手段，可以克服反抗，能够进行统治——作为一个纽带，把统治者和民众共同联结起来”。①

但是与马基雅维利不同的是，在尼采这里哲学与宗教难解难分，施特劳斯甚至说尼采（这个反基督者）骨子里是圣经的后裔。② 我认为这句话的意思绝不是说尼采又重新召回了一个外在的超越的上帝，而是说超人把上帝内在化了，只有一个内在的上帝才是一个激发生命的上帝而非遏制生命的上帝。因此尼采否定“我们的宗教”（即基督教），但是却热情呼唤“新的宗教”。我们甚至可以说尼采创造了一种以哲学为基础的宗教，仍然用施特劳斯的话说，尼采的“超人意味着在其自身中对雅典（哲学）与耶路撒冷（宗教）的最高融合”③。这让我们想起施特劳斯在界定现代性的特点时所说的话：如果要说现代性是一种世俗化了的圣经信仰的话，那么这里所谓世俗化的真实意思是说，在圣经信仰丧失或者衰微之后，保留具有圣经起源的思想、感受、习惯。④ 尼采赋予了哲学以最高的教化和统治的职责。让我们别忘了扎拉图斯特拉是一位先知，一位宗教导师，但是他教授的是超人的学说。对于古典政治哲学来说出于政治原因

① ［德］尼采：《善恶的彼岸》，宋祖良等译，漓江出版社2000年版，第61页。

② ［美］列奥·施特劳斯：《注意尼采〈善恶的彼岸〉的谋篇》，载刘小枫编《尼采在西方——解读尼采》，上海三联书店2002年版，第33页。

③ ［美］列奥·施特劳斯：《耶路撒冷与雅典：一些初步的反思》，何子健译，载《道风基督教文化评论》2001年第14期，第63页。

④ ［美］列奥·施特劳斯：《苏格拉底问题与现代性——施特劳斯讲演与论文集：卷二》，刘小枫编，华夏出版社2006年版，第33页。

才需要关心宗教，而对于尼采的未来哲学来说哲学具有“内在的宗教性”。[①]

这里将扎拉图斯特拉与苏格拉底相比将给予我们重要的启发。苏格拉底的一生只有一次向人民讲话，那时他被雅典人民控告并有丧失生命的危险，他不得不为自己的哲学生活辩护，其余时候他面对的都是个人。而且按照施特劳斯的解读，苏格拉底的辩证法根本上来说只能说服单独一个人，而且那个人还必须具备一定的资质，他没有色拉徐马库斯那样面向公众演讲的能力。这正是哲学的本性所决定的。但是扎拉图斯特拉却自愿从他的山巅下降，并且他还向“人民”讲话，而迫使他这样做的是他对人的爱、他向其他人赐予祝福的需要。他也有门徒，但不像苏格拉底，他的所有门徒都是没有名字的。[②] 这意味着扎拉图斯特拉掌握着教化和统治的能力。

这意味着，与古典哲人认为哲学与政治的联合必须凭借不可控的机运不同（因为哲学与政治在本质上相互背离），尼采已经不再认为哲学与政治之间有着无法调和的矛盾，而是认为通过让社会的意见反映真理而不是与真理相抵触的办法，企图让社会的意见与哲学的特点相一致。[③] 尼采试图恢复的前苏格拉底哲人的启蒙精神，但是他并没有把保存希腊启蒙精神的一种策略，即柏拉图主义政治哲学视为具有永久的、独立的价值。在施特劳斯看来，这就是尼采远远没有看到政治哲学的极端重要性，没有看到哲学与政治在本性上的根本的异质性。而导致这一点的根本原因在于，尼采是站在经历了现代启蒙运动的洗礼之后的世界，在这个祛魅的世界里，哲学已经被政治化了，哲学与政治的边界已经被模糊了。

五　现代性之顶峰

施特劳斯认为尼采的思想运动可以被理解为一场从历史至上性走向自

---

① Leo Strauss, The Rebirth of Classical Political Rationalism: An Introduction to the Thought of Leo Strauss, Selected and Introduced by Thomas L. Pangle, Chicago and London: The University of Chicago Press, 1989, p. 41.

② ［美］丹豪瑟（Werner J Dannhauser）：《扎拉图斯特拉与苏格拉底》，载《尼采与古典传统续编》，第 38 页。

③ ［美］朗佩特：《尼采的启蒙：施特劳斯与尼采》，周展译，载《尼采在西方——解读尼采》，刘小枫编，上海三联书店 2002 年版，第 604 页。

然至上性的运动，尼采试图通过诉诸自然来克服现代启蒙运动所造成的人的危机。但是尼采所诉诸的自然不是古典哲学所理解的可以成为人类生活终极标准的目的论的自然，而是一种被自然科学祛魅了的自然，这种自然是冷酷的、毫无意义可言的。因此尼采的超人就不是依循自然而生活，因为自然不可依循。尼采整个事业的目的是为了把人类的高贵建立在人的创造性之上，而人的创造性则被理解为价值创造。这是由对权力意志的终极真理的发现而导致的终极的理想，超人将依循重估一切价值而生活。但是脱离了自然的监护的超人将最终依据什么来重估呢？而重估将不允许产生任何结果，因为任何的结果都需要接受进一步地重估。那么人依循什么而生活呢？正如伯恩斯所说的“自然与自由的现代观念取代了古典道德对有目的的自然的依赖，最终导致对人类创造力的高举，与此相随，要找到目的的理性源头以指引这种创造力，也变得不可企及”①。没有指引、漫无目的的创造性，可以说这就是施特劳斯所说的“自由民主制危机的最深根源”。

施特劳斯指出尼采将不得不面临这样一个困境：要么承认权力意志是尼采发现的一种真理，要么将权力意志理解为尼采自身的一种筹划或解释。② 如果仅仅是一种筹划或解释，那么它就很有可能为另一种筹划所取代，它因此就不能成为克服虚无主义的最终根据。看来，在尼采的世界里，实然与应然之间依然有着一道不可跨越的鸿沟。它呼唤着被克服。

海德格尔就认识到尼采虽然批评传统形而上学，但仍然是形而上学家，并且是“形而上学本身”：他把柏拉图理解为理念和善的存在解释为权力意志。③ 因此权力意志说到底就是一种“求意志的意志”④，也就是说意志不是为了意志的对象，而就是意志本身。所有被意志的东西本身都是没有价值的，只有意志本身是有价值的。所有被创制的价值都是没有价值的，只有价值创制本身是有价值的。这样看来，尼采无法摆脱权力意志

---

① ［美］伯恩斯（Laurence Berns）：《亚里士多德与现代人论自由与平等》，柯常咏译，载《城邦与自然——亚里士多德与现代性》，刘小枫编，华夏出版社 2010 年版，第 217 页。

② ［美］列奥·施特劳斯：《苏格拉底问题与现代性——施特劳斯讲演与论文集：卷二》，刘小枫编，华夏出版社 2006 年版，第 44 页。

③ 转引自罗蒂《超越实在论与反实在论》，载《文化：中国与世界》，第五辑，上海三联书店 1988 年版，第 292 页。

④ ［德］海德格尔：《林中路》，孙周兴译，上海译文出版社 1997 年版，第 240—246 页。

的主观随意性问题。施特劳斯说本来试图克服虚无主义的尼采，最终却让自己陷入了难以摆脱的虚无主义的深渊。① 因此尼采非但没有克服虚无主义，反而是虚无主义的完成者。

海德格尔试图使尼采对虚无主义的克服免于重新陷入形而上学，或免于诉诸自然。他的方法就是将历史主义激进化，完全否认人类超越其历史处境获得理论真理的可能性。人们应该如何生活，似乎答案就在于人们实际上如何生活。实然与应然之间的鸿沟的确是被克服了，但却是以完全消解应然为代价的。现代思想就在最彻底的历史主义中，达到其巅峰和最高的自我意识。因为遗忘永恒，或者远离人最深的欲望继而远离种种的难题，是现代人从一开始就不得不为试图成为绝对主权者、变成自然的主人和所有者以及征服机运所付出的代价。然而我们不要忘记，尼采为这一顶峰的到来做了关键性的铺垫，他对生存情绪的独特体验（即对恐惧、焦虑的体验）已经为海德格尔的存在主义埋下了伏笔。②

因此我们认为作为现代性第三次浪潮发起人的尼采虽然试图通过重返古典来克服现代性的危机，但是他是用现代化了的方式重返古典，因此也就是用现代的方式反现代，并最终将现代性推向了高潮。③ 在这里我们提一下麦金泰尔的观点也许是合宜的，因为麦金泰尔认为尼采虽然激烈批判启蒙运动的现代性，但他却是现代性体系内部展开的更有代表性的阶段，因为正是尼采把现代性的个人主义推向了极端境地。④ 但是与施特劳斯不同，麦金泰尔提出在启蒙筹划失败之后在尼采与亚里士多德之间的选择问题，而施特劳斯提出的却是在尼采与柏拉图之间的选择问题。这种不同在某种程度上也许可以看作是柏拉图与亚里士多德之争在我们时代的延续。

---

① Leo Strauss, "Relativism," in The Rebirth of Classical Political Rationalism, 1989, p. 26.

② Leo Strauss, The Rebirth of Classical Political Rationalism: An Introduction to the Thought of Leo Strauss, Selected and Introduced by Thomas L. Pangle, Chicago and London: The University of Chicago Press, 1989, p. 32.

③ Robert Pippin, "Nietzsche's Alleged Farewell: The Premodern, Modern, and Postmodern Nietzshce," pp. 252 – 280.

④ ［英］麦金泰尔：《德性之后》，龚群等译，中国社会科学出版社 1995 年版，第 143 页。

第三节　社会科学、价值判断与科学的价值——评施特劳斯的韦伯论述*

如果说尼采在施特劳斯心中是现代性危机的重心之地，那么马克斯·韦伯则是现代性危机的直接表现，因为正是在韦伯那里，用来回答何谓美好社会的政治哲学已经变得不可能了。现在就让我们转而去探察一番，施特劳斯如何理解韦伯的困境，以及他是否提示了可能的出路。

近期国内学界又出现了对韦伯社会科学方法论的广泛讨论，② 但是所有这些智识上的努力都局限于韦伯的思想范围之内。笔者认为一个越出韦伯思想之外的视野将大大有助于我们确定韦伯的方位，同时明了韦伯可能的局限性所在。

在这一点上，施特劳斯为我们提供了很好的思想资源。早在 1932 年，施特劳斯就说过有必要对韦伯进行彻底的批判。③ 三年之后，施特劳斯在写给其好友克莱因的信中提到他已经读了很多韦伯的著作。④ 然后直到 1949 年，施特劳斯才终于把对韦伯的思考付诸笔端。我们今天所看到的关于韦伯的艰深讨论可以说是施特劳斯近二十年努力的结果。

但是我们似乎很难简单地说施特劳斯是在批判韦伯，这样做不仅是简化了韦伯，更是低估了施特劳斯。在施特劳斯心目中韦伯是“这个世纪当之无愧的最伟大的社会科学家”，是“科学与学术的精神之化身”。施特劳斯 1940 年在做关于德国哲学的演讲时提到，一战后德国最引人注目的两本书是斯宾格勒的《西方的没落》和韦伯的《学术作为志业》。斯宾格勒的书是对现代科学和哲学的价值的最无情的攻击，而韦伯的公开演讲

---

* 本书曾经全文发表于《社会》2011 年第 6 期，后该文又被《中国社会科学文摘》2015 年第 5 期全文转载。

② 吕新雨：《“价值无涉”与学术公共领域：重读韦伯——关于社会科学研究方法论的笔记》，载《开放时代》2011 年第 2 期。冯钢：《“客观性”、“理想类型”与“伪道德中立”——评罗卫东的“重返韦伯”》，载《浙江社会科学》2006 年第 6 期。罗卫东：《社会科学从业人员的理性自觉——回到韦伯》，载《浙江社会科学》2006 年第 5 期。

③ Leo Strauss, “Die geistige Lage der Gegenwart,” in Gesammelte Schriften, Stuttgart: Verlag J. B. Melzer, 1996 (2), p. 447.

④ Leo Strauss, Letter to Jacob Klein, January 8, 1935, in Gesammelte Schriften, Stuttgart: Verlag J. B. Melzer, 1996 (3): p. 536.

则是战后德国对现代科学和哲学最令人印象深刻的捍卫。[①]

但是当他接触到海德格尔之后，他又认定韦伯只不过是个“孤儿”。[②]“孤儿”这个词很有意思，代表着孤独流浪、无家可归甚至无能为力，它似乎在表达一种同情，一种对韦伯的处境的深切同情。这是因为韦伯不得不面对这样一种令人窒息的处境[③]：他的身后是三百年的科学传统，使得他对科学的观念怀有坚定的信仰，但他的面前却是历史主义的深渊——它深刻地揭示了哲学或科学的根本前提最终都是历史的、相对的，哲学或科学的正当性已经岌岌可危。[④] ——这使得他对科学的价值怀有深层的不安。韦伯以一种令人敬佩的高贵来面对这一现代人的历史命运，以对科学的激情献身来捍卫人之作为人的尊严。

施特劳斯深切地体认到韦伯所面临的处境，并且对他艰苦卓绝的努力和伟大的人格表达了最崇高的敬意。[⑤] 但是施特劳斯认为韦伯对科学或哲学的捍卫是不成功的，对科学的激情献身恰恰证成而非反驳了科学或哲学是没有根基的。施特劳斯要找到导致韦伯之失败的最深层原因，并在此基础之上为科学或哲学的价值重新奠定根基。这就是施特劳斯的根本意图。

一　为什么是韦伯？——韦伯的思想方位

施特劳斯对韦伯的讨论最集中地体现在《自然权利与历史》一书的第二章。从全书的整体结构来看（全书呈现出一个精美的循环结构）[⑥]，关于韦伯的这一章处于一种特殊位置上：它既构成了当代危机的集中表现，又可以成为走向古典自然权利论的桥梁。这一表面的观察能否得到学

① Leo Strauss, The Living Issues of German Postwar Philosophy, see Leo Strauss and The Theologico-Political Problem, London: Cambridge University Press, 2006, p. 118.

② Leo Strauss, “Existentialism”, Interpretation 1995 (22), p. 304.

③ Leo Strauss, The Rebirth of Classical Political Rationalism: An Introduction to the Thought of Leo Strauss, Selected and Introduced by Thomas L. Pangle, Chicago: University of Chicago Press, 1989, p. 27.

④ Richard Velkley, “On the Roots of Rationalism: Strauss's Natural Right and History as Response to Heidegger”, The Review of Politics 70, 2008, pp. 245 – 259.

⑤ Clark A. Merrill, Spelunking in the Unnatural Cave: Leo Strauss's Ambiguous Tribute to Max Weber, Interpretation, Fall 1999, Vol. 27. No. 1.

⑥ Richard Kennington, “Strauss's Natural Right and History”, Review of Metaphysics, 1981 (35), pp. 57 – 86.

理的支撑呢？韦伯在施特劳斯思想中的独特方位在哪里呢？

在本书导言结尾处，施特劳斯说当今的社会科学拒斥自然权利是出于两种理由：即历史主义和事实与价值的分野。[①] 所谓自然权利无非就是超越于任何时代和社会之上的正义标准，“放之四海而皆准、俟诸百世而不惑。”[②] 它的成立首先要求存在哲学的可能性，这是自然权利的必要条件。而哲学的可能性就在于人们认识到存在一个根本性的问题——关于整全的知识，尽管我们在这个问题上是无知的，但是人们却能认识到在这个问题上存在根本性的选择——哲学与启示，它们都试图对整全给出自己的答案。（NRH，30）历史主义对自然权利的拒斥就在于否认了哲学的可能性，否认根本性问题的存在，这是对自然权利的彻底拒斥。

而韦伯承认哲学的可能性，亦即承认存在根本性的问题和根本性的选择，他只是否定了自然权利的充分条件，即政治哲学的可能性，它要求的是根本性的政治问题能够获得终极的解决。（NRH，30）哲学所面临的根本性问题与政治所面临的根本性问题在等级上是不同的，但它们在根源上却是一致的。根本性的政治问题最终指向根本性的哲学问题，政治哲学的可能性似乎最终可以从哲学的可能性中得到证明。

施特劳斯用苏格拉底问题来说明这一点。“一经认识到我们对于最重要的事情的无知，我们同时也就认识到，那对于我们最重要的事情或最急需的事情，就是寻求有关最重要的事情的知识，或者说寻求智慧”，（NRH，31）也就是说哲学在人类面临的根本问题上的“事实性”的认识可以成为一个“价值判断”的基础，也就是证明哲学自身的价值所在，并且是证明哲学的生活是人类最好的生活，对智慧的寻求是人类最高的善。这样，哲学的生活就可以成为所有其他非哲学的生活的标准和尺度，哲学的价值也就可以为所有其他的价值排定高下和秩序。在这个意义上，政治所面临的根本问题，也就是价值冲突的问题就可以获得根本的解决。也是在这个意义上，政治哲学可以看成是对哲学的价值的辩护。[③] 因此韦

---

① Leo Strauss, Natural Right and History, Chicago and London: The University of Chicago Press, 1953, p. 8. 以下文中没有在脚注中标明的引文均出自本书，为避免重复，均在文中简要标示。

② 古涅维奇：《自然正确问题与〈自然权利与历史〉中的基本抉择》，彭刚译，载《施特劳斯与古今之争》，刘小枫选编，华东师范大学出版社，第 96 页。

③ 迈尔：《隐匿的对话——施密特与施特劳斯》，朱雁冰等译，华夏出版社 2008 年版，第 113 页。

伯对政治哲学的拒斥也就意味着失去了为哲学辩护的可能性。

但是，对于苏格拉底问题还存在另一种可能性，亦即“对于智慧的成功寻求确实可能会导致这样的结论：智慧并不是我们所急需的东西”。(NRH，31）对于施特劳斯来说，这并没有构成对哲学的价值的反驳，因为这个结论合乎情理之处就在于它是寻求智慧的结果，这是对理性的合乎理性的否定，也是对哲学的价值的肯定。但是，这一可能性确实带给人这样一种印象：在哲学与反哲学的选择（其最典型代表就是启示）之间的冲突是永远无法解决的。施特劳斯暗示，韦伯就是认识到了这种印象，使得他相信哲学最终无法证明自身的价值。但是奇怪的是，施特劳斯接下来推论说，韦伯拒斥自然权利是因为他认为存在着多种多样相互冲突的终极价值，没有任何一个能够证明比别的更加优越。难道哲学与启示之间的冲突就是终极价值之间的冲突吗？终极价值的冲突是一场诸神大战，而诸神是在上帝死后才“从坟墓中爬出”的①，既然上帝都死了，启示又从何谈起呢?！所以我认为施特劳斯如此令人费解的巨大思维跳跃，恰恰就是为了突出这两个问题等级之别，后者遥遥指向前者，并以此告诉我们韦伯已经把哲学与启示的冲突转换成了终极价值之间的冲突，这个时候的哲学及其生存处境已经发生了根本性的变化！

为了突出这一点，施特劳斯紧接着对韦伯与历史主义做了刻意的比较。韦伯拒绝历史学派的前提：个别乃是整体的流溢物，他认为个别的或部分的现象只能理解为别的个别的或部分的现象的产物。（NRH，32）这就是韦伯的科学观念，这种观念实际上拒绝了有所谓整全的存在，科学的目的不再是对整全的追问，而是发现个别事物背后的因果关系。另外，受历史主义的影响，韦伯必须得承认科学本身的价值是历史的，“所有的科学都假定科学是有价值的，可是这一前提本身就是特定文化的产物，因此也就是历史上相对的。”（NRH，33）但是韦伯又没有完全接受这种观点，他认为在无数历史的价值观念之中，包含着超历史的终极价值，这是他区别于历史主义的最要紧之处。

由此我们看到，哲学已经不再是原初意义上的苏格拉底式哲学，哲学的真正对手也已经被诸神所取代，人类的根本处境也已经从哲学与启示之

① Max Weber, From Max Weber: Essays in sociology, Translated and edited by H. Gerth and C. Wright Mills, New York: Oxford University Press, 1946, pp. 148 – 149.

争转变成了终极价值之间的冲突。但是现在我们并不知道这种转变会带来怎样的结果，我们只是知道韦伯已经不是站在原初的境况中来为哲学奠基了，他的历史处境已经被历史主义化了。因此，尽管在自然权利的问题上，韦伯的立场与历史主义相比可能要更靠近施特劳斯[1]，但是为了揭示韦伯的真正困境以及他所作的努力的局限性所在，我们就必须首先将韦伯去历史主义化，因此施特劳斯把注意力集中在了韦伯关于终极价值的论题上。

二 道德上的后果——虚无主义

施特劳斯并未直接讨论韦伯的价值学说是否是对的或错的，而是转而论述它所导致的道德上和理论上的后果。施特劳斯说他这么做是为了帮助我们清除理解韦伯的障碍，（NRH，52）这是因为在历史主义大行其道的年代里，韦伯的价值学说似乎是不证自明的，意识到他可能带来的后果是将韦伯去历史主义化的必要步骤。

韦伯的价值学说在道德上导致的后果就是虚无主义。施特劳斯一步步地追寻韦伯的思路，清晰地展示了这种后果是如何产生的。韦伯的出发点是某些新康德派所理解的康德观点与历史学派观点的混合。他从新康德主义那里承袭了道德律令的伦理立场，从历史学派那里承袭了这样一种观点：没有任何可能的社会或文化价值能被说成是正确的。道德律令诉诸我们的良心，具有强大的约束力，而文化价值则诉诸我们的情感，没有特殊的约束力。这带给人的印象是道德律令是至高无上的，当道德与政治发生冲突时，将毫不犹豫地站在道德一边。但是韦伯持有的观点却与此相反，因为他认为出于政治目的而背负道德歉疚的负担，正如出于道德目的而背负政治上不负责任的负担一样，完全是同样正当的。也就是说韦伯真正认为的东西是，道德律令与文化价值一样是主观的。（NRH，34）

那么，当两者发生冲突的时候，该如何作出选择呢？韦伯在此基础上发展了他的人格观念。人格的真实含义依赖于自由的真实含义，一个有人格的人在于他自主地设定根本价值，在于使这些价值成为持久的目标。（NRH，37）这样韦伯就把道德律令与文化价值结合起来了。

---

① Stewart Umphrey, "Special Issue on the Thought of Leo Strauss", The Review of Politics, Vol. 53, No. 1, (Winter, 1991), pp. 19 – 39.

人格的概念要求人们要有理想。然而施特劳斯认为这只是一种“形式”上的命令，而没有内容上的要求。也就是说韦伯的绝对命令只是要求“追随你心中的守护神”，而不管这个神是善的还是恶的。必须要有所选择，而选择什么是次要的，甚至是无关紧要的。这是由于在人们得从其中进行选择的不同的价值之间，存在着无法解决的致命冲突。

在这个阶段，美德意味着对任何事业的献身。但是唯有不献身于所有事业的人，才能同等的尊重所有事业。（NRH，38）这意味着对纯粹理论的态度或科学价值的否定。这种贬低促使韦伯赋予他称之为纯粹“生机论”的价值像道德命令和文化价值同样高度的尊严。生机论意味着不加限制地追随本能，或根据欲望自由地生活，或过着感性的生活。但是这样的观点似乎与先前的人格观念决裂了。

但是“生机论”却提供了新的区分美德与卑鄙的基础：绝对命令“你应该具有理想”现在转变为“你应该激情地生活”。如果人们能够以“生机论”价值之名拒绝道德命令的话，那么除了任意的心血来潮，人们有什么权利以“生机论”价值之名来拒绝平庸的生活方式呢？而如果无法拒绝，那么唯一剩下的要求就是“你应该有所取舍”。（NRH，40）

在施特劳斯看来，这还没有真正导致虚无主义，因为不管我可能具有什么样的偏爱，我都必须理性地行动，我们必须忠诚于自己，必须在忠诚于最终目标的过程中前后一致。可这是为什么呢？坚持对随便某个神的忠诚不是因为那个神的缘故，而就是为了坚持而坚持，为了忠诚而忠诚。此时理性已经完全失去了价值，只剩下对于理性的非理性偏好，所有的标准都瓦解了。对一切文明标准的拒斥就是虚无主义。①

我们看到施特劳斯以一种极富“辩证色彩的写作方式”② 将韦伯的价值论导向了虚无主义。但是施特劳斯又把这种虚无主义称之为“高贵的虚无主义”，因为这种虚无主义并不源自对所有高贵事物的漠不关心，而是源自对被认为是高贵的所有事物的无根基性的洞察。这实际上暗示了施特劳斯对于韦伯的价值论有着深深的同情，并且它并不是一定导向虚无主

① Leo Strauss, “German Nihilism,” in Interpretation, Spring 1999, Volume 26 (3), pp. 353 - 379.

② Leo Strauss, Persecution and the Art of Writing, Chicago: The University of Chicago Press, 1988, p. 147.

义的。韦伯之所以会导向虚无主义，是因为他在否定了一切标准之后也否定了理性本身。对于他来说，献身科学与献身所有其他的东西一样都是没有理由的，科学本身是没有价值的，恰恰是对科学的献身赋予了科学以价值。也就是说，对科学的激情献身恰恰证明了科学是没有根基的。“为了有资格把韦伯的虚无主义描绘为高贵的，人们就必须与其立场决裂。”（NRH，41）为了做到这一点，我们必须清楚他的立场的基础何在。

三 理论上的后果——价值中立的社会科学之不可能性

韦伯的价值学说导致的理论后果是：建立在此论题基础之上的价值中立的社会科学是不可能的。如果能够证明价值中立的社会科学是不可能甚至是不可取的，那么导致它的基础即韦伯的价值学说就在一定程度上受到了削弱，这就更好地帮助我们消除了理解韦伯的障碍。

韦伯坚持价值中立是为了维护社会科学的科学性[①]，但是施特劳斯认为，价值中立的社会科学本质上是不科学的。这是因为从社会现象的呈现到对社会现象作出因果性解释，也就是在整个社会科学研究过程中，都有价值判断贯彻其中。

首先，社会现象的呈现必然是暗含了价值判断在里面，社会科学家要在不同的社会现象之间作出区分，比如“真正的民族精神”和“纯粹的生活技术”之间的区分，“真假宗教”之间的区分，都必须借助价值判断才能完成。（NRH，43）这表面上是个事实判断，实际上却同时是个价值判断。施特劳斯通过引用韦伯一系列的评价性语言来指出，韦伯整个的宗教社会学事实上是在不断地作出价值判断，不进行价值判断，社会科学家就无法研究道德和宗教。

其次，社会科学家要想如其所是地表述和理解社会问题，就必须作出价值判断。比如如果卖淫的堕落性没有同时被理解的话，那么卖淫作为社会学主题也是不可能被理解的。（NRH，44）同样地，如果没有价值判断，腐败就不可能作为腐败现象而出现，社会科学家也不会对此产生研究的兴趣。批评先于解释，历史学家必然是一个批评家，“他选择他认为重

① Leo Strauss, The City and Man, Chicago: The University of Chicago Press, 1964, p. 11.

要的主题，关于这个主题是值得的批评性判断先于解释”[①]。这就再次证明了社会现象的呈现绝不仅仅是关涉到价值。

再次，为了对某一社会现象作出因果解释，也是要求做价值判断的。比如要找到某位将军在某个战役中失败的原因，就必须确定“所关注的行动是由对手段和目标的理性思考引起的，还是由情绪因素引起的”。（NRH，46）这就要求建构有关特定环境中完美的理性行动的模型，按照这一模型来衡量将军的行动，揭示出将军犯下了一个又一个愚蠢的错误，那么就是对将军作出了一个客观的价值判断，这种判断是内在于处境并且被行动者自己自然接受的。

当然这就要求我们如其所是地理解历史人物及其所处的环境，它是我们作出正确的价值判断或因果解释的前提。但是人类所有的理解都是依靠特定的参考框架进行的，这种参考框架很可能只是对他自己的社会理解自身的方式的纯粹反映，那么他就会迫使其他社会进入他的概念框架的普罗克鲁斯提之床——用自己社会的理解方式来理解其他社会及其成员的行为方式。（NRH，48）比如施特劳斯指出韦伯三种统治的理想类型就是法国大革命之后欧洲政治的特有境况：“它不是源于对政治社会性质的完备反思，而只是由两三代人的经验提供了基本的取向。”（NRH，49）正是因为这种偏狭，使得韦伯不能正确地理解比如柏拉图，他错误地把柏拉图描述为智者，而实际上柏拉图的全部工作却是对智者的批判；他也不能把加尔文教的本质等同于加尔文自己认作为其工作本质的东西。

尤其是在加尔文教与资本主义精神的问题上，拒绝价值判断本质上是个理智不诚实的表现。因为施特劳斯发现真正导致资本主义兴起的教义——人们对世上职业的献身是灵魂得救的标志——并不是加尔文自己的神学，因为按照加尔文自己的理解，任何试图从他人行为中获悉他们是否被选中的努力，都是“一种强行获悉上帝秘密的无可辩护的努力”[②]。这意味着是真正的加尔文神学的堕落导致了资本主义精神的出现。但是，受到价值中立原则的束缚，韦伯不能作出这样的判断，他也不能把加尔文宗

① Leo Strauss, “On Collingwood's Philosophy of History”, Review of Metaphysics 5, June 1952., p. 588.

② Max Weber, The Protestant Ethic and The Spirit of Capitalism, Translated by Talcott Parsons. New York: Charles Scribner's Sons, 1958, p. 110.

的本质等同于加尔文自己认作为本质的东西，“因为加尔文自己的解释将自然地担当一种评价标准”。（NRH，51）价值中立本来是为了保证客观性，但它导致的结果却是更大的不客观。

因此价值中立的社会科学是不可能的，而且施特劳斯还认为它也是不可取的。因为拒绝作出价值判断的社会科学可以有效地帮助我们确定达到特定目标的有效手段，但是它却不能帮助我们分辨合法的与非法的、公正的与不公正的目标。（NRH，4）这样的社会科学将使得我们在小事上（达到目标的手段）理智而冷静，在面对大事时（诸目标之间的选择）却像个疯子在赌博：我们零售的是理智，批发的是疯狂。

这一点尤其表现在下面这个问题上：价值中立的社会科学在面对希特勒的第三帝国时是否依然保持价值中立？社会科学要不要为我们在这样重大的问题上提供帮助？“一种无法以医生谈论例如癌症那样的同等信心谈论暴政的社会科学，无法如其所是地理解社会现象。因此它不是科学的。”① 可以说这是施特劳斯对于现代社会科学不满的最直接原因。

在证明了社会科学是不可能并且不可取的之后，施特劳斯通过一个策略性的后退，进一步地表明韦伯的根本立场以及施特劳斯与他的分歧所在。他举例说，我们无法判断加尔文及其追随者之间到底哪个更好或更坏，如果我们不能在真正的宗教与高贵的非宗教之间作出判断的话，我们也无法判断良家女子和妓女之间谁更高尚或卑劣。如果我们谴责所有的性行为的话。（NRH，53）施特劳斯这么做是为了清楚地展示价值冲突与终极价值之间的问题等级，如果终极价值之间的冲突是无法解决的，那么价值中立的社会科学就是可能且必须的，而这就将同时证明政治哲学是不可能的。但是如果情况正相反，那么政治哲学就不仅是必要的，而且是可能的了。因此我们可以把施特劳斯对韦伯社会科学方法论的讨论看成不仅是为了削弱韦伯的价值学说的合理性，而且更是为了在后面开启政治哲学做准备。

四　第一次下降——终极价值之间的冲突

前面的论述可以看作是对表层的摧毁，为的是让表层下面的问题呈现出来。施特劳斯现在就开始了一个下降的历程，追问终极价值的冲突不可

① Leo Strauss, On Tyranny, Glencoe, Ⅲ: Free Press, 1963, p. 189.

解决这一论断背后的理由是什么。

施特劳斯发现在韦伯几千页的著作中，韦伯只是花了不超过三十页的篇幅来主题性地讨论如此重要的假设。（NRH，55）为什么这一假设对韦伯来说是如此地不证自明，施特劳斯提供了一个临时性的解答，那就是认为这一假设只不过是对悲剧性生活的偏好。

在施特劳斯看来，韦伯并没有为他这个至关重要的前提提供充分的论证，对他来说，人生本质上就是一场无法避免的冲突。价值冲突不可解决只不过是韦伯认为冲突是人类生活的本质的观点的一个延续，他不仅认为战争是真实的，和平只不过是虚幻，而且他还在道德上接受尼采的观点，认为寻求和平与普遍幸福将导致人类的堕落。（NRH，56）韦伯的灵魂渴望一个宇宙，在其中失败（强烈的罪感和强烈的信仰的私生子）而非幸福和宁静才是人的高贵的标志。[①] 对于韦伯而言，生命归根结底是悲剧性的，伦理命令与对于幸福的追求之间始终存在着张力。[②] 人的高贵性要求终极价值之间的冲突是不可解决的。

在说明了韦伯的立场只是出于他对悲剧生活的偏好之后，施特劳斯还必须正面证明这种立场是站不住脚的。施特劳斯讨论了韦伯用以证明终极价值之间的冲突不可解决的例子中的其中两个，即两种正义观念之间的冲突和两种伦理之间的冲突。我们这里着重看第二个例子。（NRH，58）施特劳斯发现，在韦伯那里有两种心志伦理概念，一种是认为不应该通过邪恶和卑鄙的行为来达到政治成功[③]，另一种是认为人们应该漠视人们此世行为的成功。第一种不但与责任伦理不冲突，而且还相互补充。而第二种与责任伦理不相容，但施特劳斯认为这种心志伦理是严格的彼岸伦理。因此当韦伯谈论心志伦理与责任伦理之间的冲突不可解决的时候，他实际上指的是此岸伦理与彼岸伦理之间的冲突。（NRH，59）

那么此岸伦理与彼岸伦理之间的冲突是不是人类理性所无法解决的呢？此岸的伦理是无助的人类理性所能辨识出来的，而彼岸的伦理所基于

---

① Leo Strauss, What Is Political Philosophy? And Other Studies, Gleneoe, Ⅲ: Free Press, 1959, p. 23.

② 施路赫特：《信念与责任——马克斯·韦伯论伦理》，载《韦伯：法律与价值》，上海人民出版社 2001 年版，第 262 页。

③ Max Weber, Max Weber: Essays in Sociology, Translated and Edited by H. Gerth and C. Wright Mills, New York: Oxford University Press, 1946, p. 127.

的启示是人类理性所无法理解的。除非科学能够证明科学对于人类生活的此岸的理解（也就是基于理性的理解）是完全合法的，否则理性就无法在此岸伦理与彼岸伦理之间作出理性的选择。但是韦伯否认了这种可能条件，因为他认为科学或哲学不是植根于人之作为人所能处置的显明前提的，而是植根于信仰的。（NRH，61）这个信仰就是认为科学是有价值的，科学著作所提供的东西都是“值得去认识的”。在历史主义的影响之下，韦伯认为这种信念只不过是特定时代特定文化的特殊产物。

由此看来，终极价值的冲突显然指向了一个科学价值的问题，如果科学本身的价值无法得到落实，那么终极价值之间的冲突就无法得到解决。那么接受科学就仅仅是出于决断甚或偏好，“追求真理拥有像邮票收集一样的尊严”。（NRH，61）这种哲学或科学就是一种教条主义，因为它接受了没有充分证据的观念，而这与科学的本质是相矛盾的。施特劳斯认为这是 20 世纪科学危机的最深刻理由，而这一危机又是韦伯所不能解决的。[①]

五 下降到深渊——理性与启示之争

实际上施特劳斯已经触及了他与韦伯最根本性的分歧，但是他没有明确地表达出来，因为韦伯的立场还没有被彻底呈现出来。为了达到这一点，施特劳斯追问：当韦伯说科学似乎不能够清晰而准确地说明自身时，他的心中实际上想的是什么？（NRH，63）

前面提到，施特劳斯把韦伯关于终极价值之间的冲突还原到此岸伦理与彼岸伦理之间的冲突，现在他进一步将它们明确为人类最根本的两种选择：人的指引与神的指引，它们分别指向自由见解的生活和顺从的爱的生活。

一开始施特劳斯还描绘了一幅哲学与启示谁也无法驳倒对方的图景：“所有有利于启示的论据，看来只有当预先假设对启示的信仰时才是有效的；而所有反对启示的论据，看来只有当预先假设无信仰时才是有效的”。（NRH，64）但是施特劳斯马上就指出哲学与启示无法相互驳倒的事实实际上构成了启示对哲学的反驳，因为哲学的正当性基于对启示的反

---

① Leo Strauss, An Introduction to Political Philosophy, ed. Hilail Gildin (Detroit: Wayne State University Press, 1989), pp. 309 – 310.

驳，而启示的正当性仅仅基于信仰，它无须反驳。哲学看来是无可挽回地失败了，这意味着“没有对启示的信仰，就不会存在一致性的可能性”。(NRH，65)

“正是开启与完全意义上的哲学或科学的冲突，使得韦伯断定哲学或科学的观念有着一个致命的弱点。他力图保持对于自主见解的事业的忠诚，但是当他感觉到科学或哲学所恐惧的牺牲理智，正在科学或哲学的根基之处发生时，不由得深感失望。”（NRH，64）这让我们回想起了在开头部分提到的对于苏格拉底问题的两种可能回答，哲学或科学的价值在启示的可能性挑战之下变得毫无根基了。

施特劳斯把韦伯的价值论追溯到了人类最根本性的选择问题上，而这个选择竟是一个令人战栗的深渊。这一深渊让韦伯认识到了启示的可能性，施特劳斯认为这是韦伯不同于后来的新政治科学家的最根本之处，韦伯因此就“具有一种深度，拥有要求尊重的权利”。因为在启示的可能性问题上，施特劳斯有着同样的立场。[①] 但正是在这同一个地方，施特劳斯暗示了自己与韦伯的根本性分歧之所在：面对启示的可能性，哲学或科学是否就真的彻底失败了？施特劳斯用“如果”、“看起来像”这种虚拟词汇暗示了否定的答案。[②] 而韦伯的立场却已经得到了清晰的呈现，他的失误和他的伟大同样在于：当他面对这一深渊的时候勇敢地作出了献身于科学的选择。但是这一勇敢的献身恰恰证明了：科学并非基于理性，而是基于献身，科学只是一个没有根基的决断主义。科学最终成为对于理性的非理性的偏爱。施特劳斯开始展示自己超越这一深渊的可能途径。

六 返回表面——前科学的自然世界

至此，我们可以发现施特劳斯对韦伯的分析采取的是一种下降到深渊的形式，我们被迫放弃了所有的希望。[③] 这种下降是必要的，它是我们摆

① Leo Strauss, Spinoza's Critique of Religion, Translated by E. M. Sinclair , New York: Schocken Books, 1965, pp. 28 – 29.

② Clark A. Merrill, Spelunking in the Unnatural Cave: Leo Strauss's Ambiguous Tribute to Max Weber, Interpretation, Fall 1999, Vol. 27, No. 1, pp. 3 – 24.

③ Robert Eden, "Why Wasn't Weber a Nihilist?", in The Crisis of Liberal Democracy: A Straussian Perspective, Edited by Kenneth L. Deutsch and Walter Soffer, Albany: State University of New York Press, 1987, p. 224.

脱历史主义的束缚并为科学重新奠基的必经阶段。施特劳斯摆脱深渊的方法就是回到事物的表面（即韦伯关于社会科学方法论的著述），因为施特劳斯一直坚信，表面才是事物的核心。[①] 在经历了艰苦的下降过程之后，施特劳斯开启了一个上升的过程。

施特劳斯用一种极富修辞性的语言让我们迅速返回到表明，即韦伯的社会科学方法论。施特劳斯是在迫使我们彻底反思韦伯的科学观念，因为正是这种观念使得韦伯无法找到一种基点，这一基点能够让他在接受启示的可能性的条件下依然坚持科学的价值。

韦伯的方法论不同于寻常的方法论，它是对人类知识局限性的反思，或者是对人之作为人的处境的反思。（NRH，65）但是这种反思注定是不能真正彻底的，因为他对科学观念的理解本质上就是有局限的。对韦伯来说，科学是对实在的一种特殊变型，而实在在未被科学变型之前是一无限的、无意义的序列或混沌，它们由独特的、无限可分的事件构成，那些事件本身并无意义，所有的意义都是由认知主体的活动而产生的。（NRH，66）这就注定了对科学方法的反思本质上只不过是在科学自己建构起来的世界中的反思。

但是施特劳斯认为，在所有的科学表达之前，就有了一种对于实在的表达，亦即常识。韦伯没有对常识所表达的实在进行任何分析，而是代之以理想类型的分析。这个先于哲学的自然世界，并非理论态度的对象或产物，而是我们生活于其中并且着手要去面对的“事物”的世界。（NRH，365）在这个世界里没有事实与价值的分野，自然的事物必然是事实与价值相统一的事物[②]，而上帝作为绝对的唯一，也是一个在自身内部统一了事实与价值的存在。[③]

施特劳斯把我们带回到前哲学的常识世界，它是哲学与神启的共同自然起点，只有回到这样一个世界我们才能看到人的指引与神的指引之间的选择的原初形式。也只有在这里哲学才能面对自己真正的对手，并因此而

① Leo Strauss, Thoughts on Machiavelli, Chicago: The University of Chicago Press, 1978, p. 13.

② Leo Strauss, "Epilogue," in Liberalism Acient and Modern, Chicago and London: The University of Chicago Press, 1995, p. 221.

③ Nasser Behnegar, Strauss and Social Science, The Cambridge Companion to Leo Strauss, Edited by Steven B. Smith, Yale University, Cambridge University Press, 2009, p. 230.

明了人类知识的局限性所在，从而能够提供一个基础，使得人们能够负责任地判断，根本性的冲突在原则上能否得到解决。（NRH，66）而韦伯对哲学与启示的冲突的理解是在一个已经被现代科学理论化了的世界基础之上进行的，在这个祛魅的世界里一旦回荡起启示的幽灵，这个世界就土崩瓦解了。施特劳斯超越深渊的第一步某种程度上可以看作是返回一个"复魅"的世界，返回哲学出现之前的世界，因为只有这里才能重新找到哲学的根基。

七 超越深渊——政治哲学

施特劳斯把韦伯的价值中立的社会科学的基础最终追溯到哲学与启示之争，但是我们必须追问，施特劳斯为什么要带领我们经历这样一个漫长的思想历程，为什么不可以直截了当地讨论最根本的问题？我认为施特劳斯的真实意图在于：通过挖掘韦伯的思想困境，他也为我们暗示了跳出这一困境的出路；通过揭示价值中立的社会科学在根基上的不可靠性，他也为我们指明了政治哲学——真正科学的社会科学——的可能性和必要性。

如前所述，韦伯的社会科学是对政治哲学可能性的否定，因为他否认价值冲突可以通过人类理性加以解决。而政治问题首要的和最基本的事实就是它是关于价值冲突的问题，因此对于政治事实的解释必然要求能够对政治价值作出理性的陈述[①]，政治哲学的根本任务因此就是要为澄清并最终解决这种冲突而努力。

政治哲学时刻牢记亚里士多德关于人的两个经典定义：人是政治的动物，人也是理性的动物。很多时候人们都无法理解这两个定义之间有什么关系，实际上政治是人类对于正义、善等事物拥有特殊的理性能力的一种表现，正是这种政治能力使得政治的现象与社会的、经济的或生物的现象区别开来。

但是"事实与价值的分野"否认了人类这种理性能力的可靠性，其结果只能是降低了政治和社会科学，把作为整体的政治事物分解为可供科学分析的作为部分的事实，因为它关于价值的观念否定了组成政治事物的

---

① Martin Diamond, "The Dependence of Fact Upon Value", Interpretation Spring 1972, p. 226.

特殊要素。[①] 也就是说，韦伯的社会科学所处理的对象已经不再是政治事务的本来面目，而是经理性处理和建构的产物。这样的社会科学不再用政治的视野来看待政治、用政治的语言来谈论政治。

因此，旨在解决价值冲突的政治哲学必然受“价值判断”引导，并以“价值判断”为旨归。而每一种价值判断都是以特定的参考框架——作为整体的政治制度——为基础的，自由至上的价值理念就指向以自由为旨归的政制，平等优先的价值理念就指向以平等为旨归的政制。因此这些多种多样相互冲突的政制，就迫使我们追问哪种政制是更好的和最好的。[②] 没有对这些问题的解决，所有的价值判断都将失去立足之地。因此“以一种克制‘价值判断’的纯粹描述性或分析性的政治科学，取代对最佳政治秩序的求索，这一努力在古典著作看来荒谬不堪。”[③] 用施特劳斯的形象比喻来说就是，古典政治哲学是从高处向低处看问题，而以韦伯为代表的现代社会科学是从低处向高处看问题。从高处来看低处总比从低处来看高处要来得安全，因为要从高处来看低处，人们不必剥夺低处如其所是地显现自身的自由；而要从低处来看高处，人们就必须扭曲高处。[④] 因此现代社会科学所追求的客观性就是以狭隘化我们的视野为代价的，实际上是一种更大的不客观。

古典政治哲学就是一个从低处不断向高处攀升的过程。因为任何一种观念都指向超越于它自身的东西，我们对于任何一个部分的理解都建立在对整体的理解之上。[⑤] 价值判断在政治哲学中因此就好像是攀爬政治问题的阶梯，每一个有缺陷的价值判断都指向一个超越于它自身之外和之上的参考框架，而每一个参考框架又指向一个更高的整体。这样一直上升，就

---

① Fred M. Frohock, “Notes on the Concept of Politics: Weber, Easton, Strauss”, The Journal of Politics, Vol. 36, No. 2 (May, 1974), pp. 379 - 408.

② Leo Strauss, What Is Political Philosophy? And Other Studies, Gleneoe, III: Free Press, 1959, p. 34.

③ Leo Strauss, The Rebirth of Classical Political Rationalism: An Introduction to the Thought of Leo Strauss, Selected and Introduced by Thomas L. Pangle, Chicago and London: The University of Chicago Press, 1989, p. 58.

④ Leo Strauss, “Preface to Spinoza's Critique of Religion,” in Liberalism Ancient and Modern, Chicago and London: The University of Chicago Press, 1968, p. 225.

⑤ Leo. Strauss, “What is Political Philosophy?”, The Journal of Politics, Vol. 19, No. 3 (Aug., 1957), p. 368.

必然会超出于政治之外，因为政治作为一个整体只是一个更大的整体中的一部分[①]，要想认识和解决政治问题，就必然要追问一个更为根本性的问题，即追问整全本身，而这就是哲学的使命。（NRH，370）在这个上升的过程中，政治哲学又是通往哲学的桥梁。韦伯拒绝价值判断就是堵死了这样一条通道。而施特劳斯对韦伯社会科学的批判则可以看作是为了重新打通通往古典政治哲学的桥梁，这就是施特劳斯在揭示了韦伯所处的深渊之后返回问题的表面的意图所在。

八 结语：迈向一种怀疑主义的哲学

施特劳斯的论证已经停止，但却并未完成，他把这一任务留给了读者自己。而实际上这一论证的终点却是在他文章的开头部分就埋下了，这就是关于苏格拉底问题的讨论。

施特劳斯认为，哲学与启示之间的冲突并不必然导致哲学的自我瓦解。现代科学之所以会有这样的厄运，是因为它骨子里是教条主义的，[②]因为它自认为应该并且能够从根本上解决存在之谜，这意味着它最终能够战胜启示和一切蒙昧。一旦在历史主义的影响下认识到启示的可能性之后，现代科学就认为已经不再能够为自己的根基提供清楚而明确的说明。

但是现代科学并非哲学的完美形式，它“是建立在对古典哲学的不充分理解之上的”[③]。古典哲学在本质上是怀疑主义的，它满足于并且止步于对存在之谜的认识和表达。因为古典哲学面对启示的挑战，清楚地认识到人类在最根本问题上是无知的，哲学对于整全的沉思将是永无止境的。哲学只是对智慧的爱，但并不拥有智慧。[④]只有怀疑主义的哲学，才能够容许并且维持哲学与启示之间的冲突的存在，接受启示的可能性非但不会导致哲学的失败，反而能够成为哲学继续追问的不竭动力。哲学自始

---

① Leo Strauss. “The Origins of Political Science and the Problem of Scorates”, in Interpretation, ed. David Bolotin, Christoher Bruell, Thomas L. Pangle: Wickersham Printing Co., Lancaster, PA, 1996, Vol. 23, No. 2, p. 138.

② Nasser Behnegar, Leo Strauss, Max Weber, and the Scientific Study of Politics, Chicago and London: The University of Chicago Press, 2003, p. 121.

③ Leo Strauss, Introduction to Political Philosophy: Ten Essays by Leo Strauss, Selected and introduced by Hilail Gildin, Detroit: Wayne State University Press, 1989, p. 300.

④ Leo. Strauss, “What is Political Philosophy?”, The Journal of Politics, Vol. 19, No. 3 (Aug., 1957), p. 367.

至终都是与启示联系在一起的。[①] 没有启示，哲学也将无从产生；如果启示被认定为失败了，那么哲学也将最终瓦解。这样对于启示的信仰就是理智地认识到理智的局限性之后的产物，是对一种无法否认的可能性的理智认可，因此就不是如韦伯所说的“对天启的信仰只不过是对荒谬之物的信仰”。(NRH，60)

但是满足于对存在之谜的认识和表达的怀疑主义哲学将意味着一种纯理论的生活方式，一种不献身于任何理想或事业的生活方式。[②] 而这样的生活方式恰恰就是韦伯所不能接受的，因为这种生活是没有“生机”、没有激情的。这就把我们带回到了施特劳斯在一开始就提出的苏格拉底的答案与反苏格拉底的答案之间的冲突，施特劳斯现在告诉我们，只有站在苏格拉底答案的立场上，我们才能为哲学重新奠定根基。

第四节 结语

毫无疑问，施特劳斯对尼采有着极为深切的认同，但是同样很显然的是他们两者有很多气质上的不同。相比于尼采的冷酷、傲慢、狂躁，施特劳斯更是温和的、谦逊的、宁静的。相比于尼采对悲剧精神的倡导，施特劳斯更喜欢欢笑的苏格拉底。相比于俄罗斯的陀思妥耶夫斯基，施特劳斯更喜欢英国的简·奥斯丁。

更进一步说，这种气质上的不同必然与他们的内在世界紧密相连，这直接关系到我们如何理解哲人的节制，就像尼采试图回到前苏格拉底世界一样，尼采身上展现了前苏格拉底哲学的疯狂本性。尼采虽然是现代性最深刻的批评者，但是在施特劳斯看来他依然站在了现代性同一个方向上来批判现代性，因而反倒是推进了现代性的进程，究其根本原因就在于尼采依然是在用一种“政治化了的哲学”来批判“哲学化了的政治”，并试图用古典哲人认为凭借机运才可能实现的哲人王来完成由马基雅维利开创的现代性事业。我认为这就是施特劳斯在他著名的《德意志虚无主义》中

---

① Jaffa, Harry, “Leo Strauss, The Bible, and Political Philosophy.” In Leo Strauss: Political Philosopher and Jewish Thinker. Edited by Kenneth L. Deutsch and Walter Nicgorski/ Lanham, MD: Rowman &Littlefield Publishers, 1993, p. 210.

② Leo Strauss, Spinoza's Critique of Religion, Translated by E. M. Sinclair, New York: Schocken, 1965, pp. 10 – 11.

指出德意志哲人（尤指尼采）出于对现代启蒙运动的道德不满而最终导致的却是非道德的虚无主义的原因。

可以说，为了尽可能做到真诚，尽可能有挑衅性，尼采极力践踏公共责任的所有原则。与此相反，苏格拉底给予节制以应有的地位，并将公共责任的原则置于高贵地位。[①] 而施特劳斯之创发哲学的苏格拉底转向，目的也就是为了彰显哲人的节制，这种节制不是人们理解的表面上的伪装，而是一种源于内在认识的真诚表露，这种内在认识的根本就是对人类知识有限性的深切体察，它最集中地体现在所谓“爱欲式怀疑主义”当中。

这里还不是处理施特劳斯所力图复兴的古典政治哲学的恰当地方，我们现在要追问的问题是：启蒙运动的瓦解是不是一个必然的过程呢？现代性的三次浪潮为何以及如何一浪高过一浪？现代启蒙运动的政治哲学有着怎样的内在问题？只有理解了这一点，我们才有可能进一步理解施特劳斯的政治哲学意涵。

---

① ［美］丹豪瑟（Werner J Dannhauser）：《扎拉图斯特拉与苏格拉底》，载《尼采与古典传统续编》，第63页。

第三章
现代启蒙运动的内在问题

不是人类所打的结，无法由人类解开。

——列奥·施特劳斯

如前所述，施特劳斯把现代性的危机诊断为现代政治哲学的危机，它受到了来自实证主义和（尤其是）历史主义的双重挑战。① 也就是说，现代启蒙运动的理想瓦解了：一个相信理性的权力的文化最终不再相信理性有能力赋予自己的最高目的以效力。而且这场政治哲学的危机最终演变成为哲学的危机，这是施特劳斯最不为人所理解的地方。

那么我们应该如何理解这样一种转变呢？施特劳斯有一个著名的说法：现代性的三次浪潮，正是这一浪高过一浪的浪潮逐渐地将现代启蒙运动推向自我瓦解的末途。显然在施特劳斯看来，现代启蒙运动有着内生性的顽疾或者先天性的不足，正是它的一步步恶化最终导致了启蒙的死亡。因此我们现在的任务就是厘清这三次浪潮之间的层级递进关系，为何它们会一浪高过一浪？它如何从原初的理性乐观主义转变为最后的理性悲观主义？一句话，现代启蒙运动到底存在什么样的问题需要我们去检审呢？

不过需要首先交代的是，为了能更顺畅地理解三次浪潮如何以及为何一步步演变成为今天的样子，我们采用了倒叙的方式（第三次浪潮我们已经在上一章中述及）。我相信这符合施特劳斯的意图，因为这样更能突出施特劳斯重启古今之争的意图：倒着爬回古今之争的战场上，不光是要重新审理古今之争，而且是要尽可能获得一个不同于现代性但却足以更好地理解现代性的整全的视野。

① ［美］列奥·施特劳斯：《现代性的三次浪潮》，载《苏格拉底问题与现代性——施特劳斯讲演与论文集：卷二》，刘小枫编，华夏出版社 2006 年版，第 33 页。

第一节　现代性第二次浪潮

现代性的第一次浪潮是大胆而又自信的，但是这种自信的下面隐藏着深刻的危机，让—雅克·卢梭第一次将这种危机表达出来，这就是现代性的第二次浪潮。而施特劳斯给予卢梭以极大的关注，因为没有作者比卢梭更多地谈到个人与社会之间的“张力”，也没有人以更热情洋溢的语言来描写“寂静沉思的魅力与狂喜”了。（NRH，291）正是在这些地方，卢梭表现了他与古典政治哲学的亲近与疏离，同时还是在这些地方，卢梭表现了他对他的现代前辈们的批判与继承。

一　最现代的反现代

卢梭以两种古典观念的名义来攻击现代性：一方面是城邦与德性，另一方面是自然。（NRH，253）卢梭不满于他的现代前辈们所造成的现代人的状况，一种被鄙夷地称呼为“布尔乔亚”的人，这种人介于自然人和道德公民之间，既不能够在纯然自己的世界里获得幸福和满足，又不能够完全地献身于国家。布尔乔亚需要所有的人，却从来不愿意作出牺牲，它只把社会当作达到私人目的（而且最重要的是经济利益）的手段。卢梭反对霍布斯和洛克把政治社会的目标仅仅看成是为个人提供和平与幸福，他认为政治社会的目标更重要的是要教育个人使之成为道德人。这样卢梭就在一定程度上提高了被霍布斯和洛克一再降低了的政治的目标，尽管相对于古典政治哲学来说这目标依然是被降低了的。

可以说卢梭让个人主义与社会要求之间的紧张关系重新浮现了出来。“在某个时刻，他热忱捍卫个人权利或心灵权利，反对所有的限制和权威；在下一个时刻，他以同样的热忱要求个人完全服从于社会或国家，并赞成最严峻的道德或社会纪律。”（NRH，254）“他向他的读者们表达了一个总是来回于两个正相反对的立场之间的人的令人困惑的见解。”卢梭甚至接受了古代关于哲学与城邦之间冲突的观念，认为“科学或哲学必然弱化国家‘哲学’的力量，由此弱化公民与某种具体生活方式或者说是他们共同体生活方式的联系。”（NRH，256－257）好公民将自己献身于同胞以及对同胞的责任，科学家和哲学家则与之相反，只顾自私地追求自己的快乐。

为此，卢梭一方面反对他的现代前辈们把道德问题与政治问题还原为技术问题，“古典政治家滔滔不绝地谈论风俗与德性，而我们的政治家只谈论贸易和货币。”（NRH，255）卢梭以德性的名义抗议其前辈的堕落颓废主张。但是我们必须立刻指出卢梭所说的德性不是古典意义上作为人之自然本性之完善的德性概念，而是一种政治德性，这是一种要求自我约束甚至自我牺牲的爱国主义精神，这是公民社会得以持存的根本基础。因此，卢梭以德性和公民社会的名义极力抨击他的现代前辈们所提倡的启蒙运动，因为以科学知识的广泛传播为特征的启蒙运动势必摧毁宗教信仰，而宗教信仰是政治德性因而也是政治社会得以稳定的基石。他认为科学必须保留在少数人手中，它必须对普通人保持隐秘。当然，当卢梭以科学对宗教信仰有害为由抨击科学时，心里想到的是“公民宗教”，即那种仅仅作为社会纽带的宗教。

另一方面，卢梭又反对他的现代前辈们把自然当作改造和征服的对象，好像必须为自然披上文明的外衣。因为卢梭思想的另一端又将他引向对自然的回归。卢梭高度赞扬了哲学的生活，因为他在纯粹的、不偏不倚的陈述的愉悦和着迷中发现的是完满的幸福和如神般的自足。（NRH，261）他生活于自己之内，没有德性，但却是善的。他是个孤独的沉思者，是个终究无用的社会成员，但却安享着自己的快乐。

很显然，卢梭受到了古典观念的重大影响，并以此为基础批判他的现代前辈们。但是我们必须认识到在哲学的社会地位问题上，古典哲人与卢梭所处的时代完全不同。有关科学与社会的古典表述，尤其柏拉图的表述，是为了对抗针对哲学的普通偏见，而卢梭所必须对付的是一种有利于哲学的，有可能更为凶险的偏见——到了他那个时代，哲学不但已经形成受到普遍尊崇的传统，而且成为一种时尚。① 启蒙运动使得哲学堕落为一种时尚，或者说消除偏见的战斗本身已向一种偏见蜕变。

正因为此，卢梭虽然在哲学与社会之间的不协调问题上与古人一样，但是他不同意古人解决这种不一致的方法。相反他延续了他的现代前辈们的思路。他总是屈服于他想从中解放出来的那些权力，并且始终只是现代性内部的小心谨慎的持异议者，而不是现代性的真正反对者。也就是说，

---

① ［美］列奥·施特劳斯：《论卢梭的意图》，载《苏格拉底问题与现代性——施特劳斯讲演与论文集：卷二》，刘小枫编，华夏出版社 2006 年版，第 98 页。

卢梭并非一个“反动派”。

古典政治哲学认为人的自然的智力不平等具有或应当具有决定性的政治重要性，因此智者的无条件的绝对统治是解决政治问题的最佳方案。但是古典政治哲人又清醒地认识到这一最佳方案是不可能实现的，因为它既违反了政治的本性，也违反了哲学的本性。因此，哲学与政治之间的冲突导致的最终结果就是：真正的或自然的秩序（上智对下愚的绝对统治）必然被它的政治复制品所取代，即贤者对非贤者的统治。[①] 这是实践当中可以追求的最佳政制。

现代启蒙运动不承认人的智力的不平等，它认为可以通过科学知识的普及加以消除，它更不同意由此导致的政治的不平等的正当性。而卢梭虽然与启蒙运动唱反调，重申人类智力的自然不平等具有极端重要性，但是卢梭同样否认从自然不平等的事实得出的政治不平等的要求具有正当性。相反，卢梭要做的就是建立政治的平等，难怪他把自己视为民主理论的第一人。卢梭用不同于其现代前辈的方法实现其现代前辈们的共同追求，即确保最佳政制秩序的实现。正是在这个意义上，卢梭是马基雅维利的后裔。不过，因为卢梭认识到了人的自然独立性与社会的对抗，这就决定了政治问题的最佳解决方案是一个使人尽可能保持自由的社会。[②]

卢梭实现这一目标的思路是这样展开的。首先他接受了霍布斯从自然状态中为政治社会寻找基础的思路，他与霍布斯一样攻击传统的自然法学说：自然法的根基必定在于先于理性的原则之中。他还进而赞同霍布斯在自我保全的权利中找到了自然法的原则，他还与霍布斯一样严肃地通过考察“人类的实然状况”而非他们的应然状况，来寻找正义的基础。(NRH，266)

但是他认为：“霍布斯前后非常不一致，因为在一方面，他否认人类生来就是社会化的；另一方面，他努力通过参照其人类经验——这是社会人的经验——来确立自然人的特征。”（NRH，268）换句话说，霍布斯看到的只不过是文明人，而非真正的自然人。卢梭要将自然状态极端化，他要通过“思索人类心灵中最初的和最单纯的运作”来找到真正自然的自

① ［美］列奥·施特劳斯：《论卢梭的意图》，载《苏格拉底问题与现代性——施特劳斯讲演与论文集：卷二》，刘小枫编，华夏出版社 2006 年版，第 99 页。

② 同上书，第 94 页。

然人。他所理解的自然状态中的人是亚人性的或前人性的，这种人不但缺乏社会性，而且还缺乏理性。自然人受两种情感支配：自爱心和同情心，自爱心使得他被对于自我保全的关切所支配，因此他就有可能伤害他人，只要他认为这能够使他保全自己；但是正因为他还具有同情心，他就不会为伤害他人而伤害他人，人类就有可能在任何习俗性的限制出现之先生存下来。（NRH，270）就每一方面而论，自然人都是前道德的：他全无心肝。因此在卢梭看来，人几乎没有什么自然本性，如果一定要说有的话，也只是人的近乎无限的可完善性与可塑性。我们想让人类变成什么样子，他就变成什么样子。

对于卢梭来说，人们脱离自然状态进入公民社会不是一个理性的必然的过程，而是一系列的自然的偶发事件的结果。自然人只具有肉体的初级欲望，这些欲望原本很容易得到满足，但是随着人口的增长，满足这些欲望变得越来越困难，理性就在此时产生了。自然的偶然事件促使人类不断发展自己的理性，

在卢梭的自然状态学说中，现代自然权利论达到了其关键阶段。通过对那一学说的透彻思考，卢梭面对着完全抛弃它的必然性。（NRH，274）因为自然人是次人，因此就不可能返回自然状态为人类生活找寻规范。卢梭一开始试图像霍布斯那样通过返回自然状态寻找权利的普遍基础，但其结果却是自然完全不能提供这种基础。

二 普遍意志

卢梭的自然状态指向的是不再被理解为自然法的一种理性的法则，他以公意学说取代了传统的自然法。（NRH，276）按照这种学说，个体的欲望就通过“普遍化”，亦即通过被看作是同等地约束着全体社会成员的某种法则的内容，将它自己转化成为一种理性的欲望，这样的欲望被“普遍化”证明为是合理的并且从而是正义的。

“要寻找一种结合的形式，使它以全部公共力量来维护和保障每个结合者的人身和财富，并且由于这一结合而使每一个与全体相结合的个人又只不过是在服从自己本人，并且仍然像以往一样地自由。这就是社会契约所要解决的根本问题。”（《社会契约论》，卷一，章四）

借助于普遍意志这种形式，个人与社会之间的冲突得到了解决。在卢梭社会契约中，个人在服从公意时，只是在服从他们自己，而不是在服从

命令，他们不是受束缚的，而是自由的。为了享有社会的好处，人人必须接受社会的负担。每个人必须将自己以个人利益为取向的意志服从于以共同利益为取向的公意，只有在这些限制下，社会中的自由才是可能的，因为他服从的是非人格的社会意志，而非任何私人意志。公民就像自然状态下的人一样自由。为了在社会中仍然像以往一样得自由，人们必须完全地“集体化”或“非自然化”。（NRH，286）这意味着对人类行为的约束将全然是来自于社会，这是一种相对于垂直约束的自然约束的水平约束。水平约束因为来自于与我相同的显而易见的他人，因而更加现实。①

这样卢梭就用普遍意志取代了超验的自然法，自然法和普遍意志都是实然与应然的统一，就其存在而言就是应该存在的。但是传统自然法的一大缺陷就是它对人提出了太高的要求，因而很难确保正当秩序的实现。而普遍意志却是较低的因而是较实际可行的，因为它并不消除不同的利益，而恰恰是以不同利益的存在为前提。② 而且相对于霍布斯、洛克的自我保存的绝对权利来说，普遍意志又对每个人提出了较高的道德要求，因而就更加靠近了政治社会对于个体的要求。因此我们可以说卢梭的普遍意志实际上是在平衡功利与道德之间的关系，他进一步远离了自然，因此是比霍布斯的方案更加现代的解决方案。

三 历史哲学

施特劳斯强调指出，哲学与社会之间的紧张关系是卢梭思想的实质之所在，他从来没有解决这个问题，因为卢梭至死都认为，即使是正当的社会也是一种形式的束缚，因为人的问题不可能在政治层面获得解决。③ 因此他顶多把他对于个人与社会之间的冲突这一问题的解决方法，看作不过是一个能够容忍的近似的解决方法。但是施特劳斯以脚注的形式提到，卢梭的后继者们（尤其指向康德）认为成熟期的卢梭找到了一个解决哲学与社会之间的冲突的方法，解决之道就在于某种特殊类型的社会，这个社

---

① Leo Strauss, What is Political Philosophy and Other Studies, Glencoe: The Free Press, 1959, p. 52.

② ［法］凯斯·安塞尔—皮尔逊（Keith Ansell-Pearson），《尼采反卢梭——尼采的道德—政治思想研究》，宗成河等译，华夏出版社 2005 年版，第 94 页。

③ ［美］艾伦·布鲁姆：《巨人与侏儒——布鲁姆文集》，张辉编译，华夏出版社 2007 年版，第 227 页。

会既满足了个人的、又满足了社会的合法要求。（NRH，255）很显然，施特劳斯虽然强调了卢梭与其后继者之间的区别，但是他还是暗示了卢梭所提出的“能够容忍的近似的解决方法”为他的后继者们提出完全的终极的解决方法做好了铺垫，而这正是卢梭要为现代性的推进负责的地方。

“在卢梭的自然状态学说中，现代自然权利论面临其最危急的时刻。卢梭深入思考了这一问题，他不得不直面必须完全放弃这一学说的处境。如果自然状态是一种前人道状态，为了在自然状态中找到人的标准而返回自然状态就是荒谬的。霍布斯已经否认了人有一种自然的目的。他相信在人的起源处能找到自然的或非任意的权利基础，而卢梭指出在人的起源处不存在任何人道的特性。因此，基于霍布斯的前提，必须完全放弃在自然和人的自然中寻找权利基础的尝试。”（NRH，273）

为了克服这一困境，卢梭展示了另一种可能性：“因为他表明了人所具有的特性不是自然所赋予的，而是人为了克服和改造自然而进行的或被迫进行的活动的结果：人的人道是历史进程的产物。”（NRH，274）但是卢梭认识到这种解决方法预先设定历史进程或其后果比自然状态更为可取，也就是说，预设了历史进程的“意义”。卢梭不能接受这种预设。相反，他认为，历史进程是偶然的，它并不能提供一个人的标准；且假如历史进程隐藏着目的，这一目的也无法为我们所认识，除非存在着超历史的标准。如果没有历史终点或历史目的这样一些前定的知识，就不能认为历史进程是进步的。（NRH，274）这样卢梭就暗示了历史的进路以应对现代自然权利的危机，但是他自己并没有选择这条路走下去，而卢梭的后继者们则从自然权利转向了历史。用施特劳斯的话说就是，当人类彻底摆脱自然的监护，就必须在历史的洞穴中寻求庇护。

德意志哲学家们接过卢梭的问题，将普遍意志的概念及其意蕴彻底化了，但他们完全抛弃了卢梭本人借助自然对这条理路所进行的限制。他们认为社会与哲学之间、共同体与个人之间的冲突是可以得到解决的。但这个解决并不是可以一蹴而就的，而是必须经过一个历史的过程。在这个过程中，盲目自私的激情最终可以确知普遍意志的实存，亦即将普遍意志确知为一种理想，这样就能确保合理的或正义社会的实现。[①] 历史是理性

① ［美］列奥·施特劳斯：《现代性的三次浪潮》，丁耘译，载《苏格拉底问题与现代性——施特劳斯讲演与论文集：卷二》，刘小枫编，华夏出版社 2006 年版，第 41 页。

的，在决定性的方面，机运的偶然性必将得到完全的征服，因为历史将彰显人类的本质，通过认识人类过去做了什么，我们将能认识到人类未来能够做什么。[①] 正当社会秩序的实现有着本质的必然性，在第一次浪潮中导致降低标准的同一种现实主义倾向（即征服机运以确保正当秩序之实现的倾向）造成了第二次浪潮中的历史哲学。历史取代了自然。

由卢梭触发并经德意志哲人发扬光大的历史哲学对于古典政治哲学来说是完全陌生的，因为有关政治事务之本性或有关最佳政制秩序的哲学问题根本不同于史学问题。其实从马基雅维利开始强调政治社会的起源问题，尤其是在霍布斯的自然状态学说中，现代人就开始用历史的眼光来打量人和政治的问题，只是到了卢梭之后，历史才真正彻底地走到前台，取代前现代哲人们用自然的眼光审视人和政治的问题的悠久传统。而这种从前现代向现代的转折根本上是因为古典政治哲人关注的是人类的最高可能性，而现代政治哲人只关注于人们实际上如何生活。这种目标的降低导致了他们视野的转变。

历史哲学假设了“历史进程”这样一种东西的存在，这个进程通常而言就是一种“进步”，一种知识与社会的同步进步。到了黑格尔那里，历史就成了绝对精神外化自身的过程，因此是一个从落后到进步的发展过程，其顶峰即是合理的、后革命国家。主人和奴隶将从最初的争斗走向最终的和解，此前所有的人类政治斗争也将终结。这样，历史哲学就借助于历史来确保对机运的征服以及正当秩序的实现，继承和完成了被卢梭首先拆穿然后再修补的现代启蒙运动的宏伟计划。

在施特劳斯看来，这种进步的观念是哲学传统从非历史的观点转变为历史主义的中间环节。[②] 它最终导向的是对政治哲学本身可能性的否定，也就是我们时代的危机的根源。

四　启蒙运动

卢梭虽然因为认识到城邦与自然之间的紧张关系而严厉批评了霍布

---

① ［美］列奥·施特劳斯：《评柯林伍德的历史哲学》，余慧元译，载《苏格拉底问题与现代性——施特劳斯讲演与论文集：卷二》，刘小枫编，华夏出版社 2006 年版，第 140 页。

② Leo Strauss，What is Political Philosophy and Other Studies，Glencoe：The Free Press，1959，p. 66.

斯等人的启蒙运动，要将自私的个人转变成为心中只有公意的公民，卢梭更多地求助于立法者。但是实际上，和马基雅维利一样，卢梭是一位从启蒙出发的准现代人，他的普遍意志学说依然接受了启蒙运动的共识：政治关系可以诚实、公开地引导出来，或者说理性可以设法补救、协商异议、实现和平等。[①] 而且卢梭自然状态中的人没有给定的或固定的人性，人是无限可塑的，这就为启蒙运动无限制地改造人性提供了可能。法国大革命期间出现的“灵魂深处闹革命”的暴力就是这种逻辑的现实翻版。

卢梭的后继者们因为秉持着哲学与社会之间的冲突终究可以解决的乐观主义将启蒙运动的精神推向高潮，其中最经典的表述即在康德那里。康德说所谓启蒙运动就是人类（因而是每一个人）脱离自己所加之于自己的不成熟状态，就是要让每个人都自觉地、自由地运用自身所固有的理性。但他这里所指的是理性的公开运用，亦即任何人作为一个学者在整个阅读世界的公众面前对理性的运用，康德认为理性的公开运用必须一直是自由的，因为只有这种使用才能够给人类带来启蒙。而与之相对的是所谓理性的私下运用，指的是一个人在委托给他的公民岗位或职务上对其理性的运用，它可以被狭隘地加以限制，而不致特别地妨碍启蒙的进步。[②]

应该说在运用人类理性这一点上古今之间并没有不同，所以我们不能简单地称之为是假启蒙。但是我们之所以称它为启蒙运动，首先就在于现代启蒙运动是针对所有人的，理论上所有人都可以达到康德所谓的“成熟状态”。这意味着所有人都可以脱离于洞穴之外而生活，并且人类在智性上的差别终有一天（如果不是马上的话）是可以被消除的。因此现代启蒙运动首先是大众启蒙运动。

但是如果启蒙就是人类有勇气运用自己的理性，从而摆脱自己造成的不成熟，那么启蒙运动就意味着人类还必须有勇气去实现某种政治秩序，

---

① ［法］库柏（Patrick Coby）：《卢梭、马基雅维利与政治伦理——评格兰特〈伪善与正派：马基雅维利、卢梭与政治伦理学〉》，顾丽玲译，载《卢梭的苏格拉底主义》，刘小枫、陈少明主编，华夏出版社 2005 年版，第 305 页。

② ［德］康德：《答复这个问题：“什么是启蒙运动”》，载康德《历史理性批判文集》，何兆武译，商务印书馆 1990 年版，第 22—29 页。

以便使成熟和理解变得可能。[①] 实际上康德的公开运用理性的绝对自由就是以某种政治秩序的实现为前提的，这种政治秩序与柏拉图所说的洞穴截然不同，因为它是建立在普遍理性原则基础之上的。实际上这就是施特劳斯所说的“普遍同质的开放社会”[②]。在这样的社会里，启蒙与社会是可以和谐共处的。

在未来的理性社会里，不但哲人与大众的区别将不复存在，甚至连康德所说的学者与公民的区分也是多余的了。这将是一个齐平的社会，启蒙是为了把人（下文将会证明这里的人实际只能是少数具有哲学潜力的人）从低处往上拔，而启蒙运动则是把所有人都拉平。因为在一个全然理性的社会里，社会对于每一个公民的要求必然是符合理性法则的，只要这个社会是个理性的社会，而这个公民是个理性的人。在这里启蒙与政治社会将不再矛盾，学者的身份与公民的身份将达到完美的统一。

但是这样一个完美的社会并不是现成的，也不是马上就能实现的，它需要一个进步的观念来支撑，从前面引述的资料中我们可以看出，康德正是用这个进步的标准来衡量理性的公开运用与私下运用的。启蒙运动就是推动这种历史进步的最重要也是最根本的力量。

因此我们可以总结说现代启蒙运动的核心意图可以看成是：要将政治社会建立在理性的基础之上，或者套用柏拉图的洞穴比喻，它是要用洞穴外的光照亮洞穴内的每一个角落，或者说是要在光天化日之下建立城邦。启蒙运动就是一场社会改造运动，在这场运动中，启蒙被工具化了，更具体地说是被政治化了（NRH，34）。哲学的启蒙从古典时代主要作为一种私人性的纯粹知性追求变成了一种公共政治的武器和工具。与启蒙的政治化相辅相成的就是政治的启蒙化，[③] 现代政治必须要以某种哲学学说或主义才能获得其合法性基础。如果政治不按照启蒙的主张进行设计和改造，那么启蒙了的个人将依然处于与政治秩序矛盾重重的境地。

---

① ［德］凯文·保罗·盖曼（Kevein Paul Geiman）：《启蒙了的世界主义：对康德的“崇高”的政治透视》，载詹姆斯·施密特编《启蒙运动与现代性：18 世纪与 20 世纪的对话》，徐向东、卢华萍译，上海人民出版社 2005 年版，第 520 页。

② Leo Strauss，Liberalism Ancient and Modern，foreword by Allan Bloom，Chicago and London：The University of Chicago Press，p. x.

③ Leo Strauss，Studies in Platonic Political Philosophy，Chicago：University of Chicago Press，1983，p. 29.

五　结语

综上所述，现代性的起点是对实在与应在之间鸿沟的不满，而现代性的第一次浪潮通过降低应在来使之俯就实在，但是这并没有从根本上解决实在与应在之间的鸿沟问题。施特劳斯说，甚至霍布斯也没有简单地否定从实在（既定秩序）到应在（自然法或道德律）的上诉之合法性，因为在霍布斯那里自然依然被当作了标准。但是到了卢梭这里，普遍意志的观念完全克服了实在与应在之间的鸿沟，它就其单纯存在而言便是应当存在的东西。卢梭试图通过回归古典的精神来弥补现代自然权利所造成的困境，但实际上他进一步加剧了这种困境，并且催生了更加现代的历史哲学。

卢梭以古典的古代、同时又是以一种更加先进的现代性的名义，对现代性作出了热情洋溢而又强劲有力的攻击，进而构成了现代性的第一次危机。而尼采以毫不逊色的激情和力量将这种攻击再来了一次，由此预言了现代性的第二次危机，亦即我们时代的危机。

第二节　现代性第一次浪潮

一　马基雅维利与现代启蒙运动

施特劳斯早期认为，霍布斯是现代政治哲学的创始人，但是后来他发现这个殊荣应该归于马基雅维利，因为“霍布斯与政治哲学传统的彻底决裂只不过是接着马基雅维利首创的东西说的”①。对施特劳斯来说，马基雅维利是第一位想通过一场宣传战役来迫使机运就范、控制未来的哲人。在希望通过启蒙运动建立新模式和新秩序的一长串现代思想家中，马基雅维利位居榜首。因此说，现代启蒙运动源于马基雅维利。② 那么马基雅维利是在何种意义上开创了现代性，奠定现代性浪潮的主导趋势的呢？

---

①　关于这一思想转变请参见施特劳斯：《霍布斯的政治哲学：基础与起源》美洲版前言部分，申彤译，译林出版社 2001 年版，第 9 页。以及施特劳斯：《现代性的三次浪潮》，载《苏格拉底问题与现代性——施特劳斯讲演与论文集：卷二》，彭磊、丁耘等译，华夏出版社 2006 年版，第 34 页。

②　［美］列奥·施特劳斯：《什么是政治哲学?》，李世祥等译，华夏出版社 2011 年版，第 37 页。

施特劳斯用两个要点来概括马基雅维利的学说：第一点是马基雅维利不满足于古典政治哲学的乌托邦性质，因为他们根据人应该如何生活来设想最佳的政治秩序，这是不可能实现的。马基雅维利因此提出了通达政治事务的现实主义途径，把注意力集中于人们实际上如何生活的。第二点是马基雅维利相信命运女神是可以凭借人类力量加以控制的，这样公正秩序的实现就可以得到保证。施特劳斯认为这两点是马基雅维利之后所有现代性思想家都遵循的“基本的统一性”所在。

而这两点是建立在对古典政治哲学的拒斥基础之上的。因为一方面古典政治哲学追寻的是最佳的政治秩序，这种秩序对于德性的实践最具指导性。但是另一方面古典政治哲人又清楚地认识到最佳政制的建立必然依赖于不可控制、难以把握的命运或机运。这里尤其应该提到亚里士多德，因为他被认为是政治现实主义者，但是他同样认为最佳政制的实现只能看机运。因为在亚里士多德看来，如果无法获致合适的质料，或可用的地域与人民的自然本性并不适于最佳政制，那么便无法建立最佳政制。但是马基雅维利认为在亚里士多德看来是不可能的东西无非有极大困难而已，因为一个运用非常手段将糟糕的质料改造为良好质料的杰出人物可以克服这个困难，建立最佳政制的障碍可以得到克服，因为质料是可以改造的。①

那么马基雅维利是如何实施这个在古人看来不可能的质料改造计划并确保最佳政制的实现的呢？马基雅维利又是如何控制被古人看来无法控制的命运的呢？

首先，马基雅维利必须降低政治生活的目标，刻意限制自己的视野，专注于所有政治社会实际上所追求的目标。古典政治哲学认为政治的目标在于德性的实践，尤其是人的智识德性的完满，极端一点说，政治的目标是少数几个哲人对智慧的寻求。这样的目标当然是因为太高而难以实现了。为此，马基雅维利对德性作出了重新解释：他认为政治社会先于德性的产生，而非相反，人只有在社会中才能养成德性。因此社会的目标就不可能是德性的实践，因为结果不可能先于原因，受制于条件者也不可能先行于条件。这样马基雅维利就改变了德性与政治社会的关系：“所谓德行所谓善，似乎只有在涉及它们的社会功能与政治功能的情况下，才是高尚

---

① ［美］列奥·施特劳斯：《现代性的三次浪潮》，载《苏格拉底问题与现代性——施特劳斯讲演与论文集：卷二》，彭磊、丁耘等译，华夏出版社2006年版，第35页。

可嘉的。”[①] 德性服务于社会，而社会的共同目标是：不受外族统治、稳定或法治、繁荣、荣耀或帝国。

因此人无法从德性的角度定义社会的公共善（这正是古典政治哲学的理路），而只能从公共善的角度来定义德性。因此德性只不过是公民德性，是爱国主义或献身于集体自私。这样马基雅维利就祛除了超越于国家之外和之上的目标，这样做就是无视比爱国精神更为高贵的德性，或即使爱国精神神圣也限制爱国精神的德性。这是降低政治目标之后的必然结果。

但是人并非天生就具备爱国的德性，相反人天生是极度自私的，因此就需要通过教育、强迫使得人们能够变得具有公共精神或者说变好。承担这一教育和强迫职责的是一个渴望获得最高荣誉的新君主，这个新君主是没有丝毫道德观念因而与罪犯无异的社会奠基者。或者说，新君主遵循的是自然的德性，除了像狮子一样凶狠残暴（像圣经中的上帝）以在民众心中唤起恐惧之外，[②] 他最重要的自然德性是审慎，也就是要求对德行和恶行根据环境的需要而做明智的和强有力的灵活运用，在马基雅维利看来这是他所讲的 Virtu（德行、美德）一词的本来意义。[③] 因此，社会的德性就是建立在自然的德性基础之上，或者说道德是建立在不道德基础之上的。必须强调指出的是，马基雅维利之所以要重新解释德性的概念及其与社会的关系，是因为马基雅维利把目光专注于一种非常规状态，即社会的

---

① ［美］列奥·施特劳斯：《关于马基雅维利的思考》，申彤译，译林出版社 2006 年版，第 424 页。

② ［美］列奥·施特劳斯：《关于马基雅维利的思考》，申彤译，译林出版社 2006 年版，第 250—251 页。施特劳斯认为“血”是一个极为敏感但又极为根本的政治学论题，因为政治学最崇高的研究对象是“建城”，最棘手的研究对象是“革命”。无论是“建城”还是“革命”，它们都涉及一个旧时代的“终结”，和一个新时代的“开始”，可以说这种开端和终结的意识正是人类嗜血本性的体现。具体请参见林国华：《诗歌与历史：政治哲学的古典风格》，华东师范大学出版社 2005 年版，第 12 页。同时我们可以考虑一下阿伦特关于暴力与社会秩序创生之间的关系的论述。在阿伦特的思想体系中，最体现人的自由和特性的是参与公共领域的行动，行动就意味着新的可能性的开启，意味着对原有秩序的反叛和行为的不可预期性，因此它必然是带有一种暴力色彩的。就好像新生儿的出生一定伴随着流血一样，新的社会秩序的创生，新的历史的开启也是在暴力中孕育的。参见阿伦特：《论革命》，陈周旺译，译林出版社 2007 年版，第 12、18 页。

③ ［美］列奥·施特劳斯、约瑟夫·克罗波西主编：《政治哲学史》，李天然等译，河北人民出版社 1993 年版，第 340 页。

诞生和奠基，这种目光是霍布斯等人考察从自然状态向政治社会状态转变的思路的先声。而古典政治哲学关注的却是社会的常规状态，是在承认政治社会已经存在的前提下展开的思考。（要知道对于起源、开端的关注是一种典型的哲学冲动，[①] 现代政治哲学将这种冲动运用在了政治分析当中）因此我们可以说，马基雅维利使得社会秩序根基的问题成为焦点，而非使社会秩序的目的的问题成为焦点。

回到新君主培养民众的爱国德性问题上来。马基雅维利认为民众的善并不是天生的，只有通过自然必然性，他们才可能被造就成为好人，并且维持这个好的状态。必然性之最初降临到人们的头上，所凭借的是外在于人类的自然，是原始的恐怖状态。而生活在社会中的人们，只有通过他人所人为造成的这种制造恐惧的强制手段，才可能被造就成好人，并且维持这个好的状态。正如马基雅维利在《论李维》第一篇 4 段里说，人从不会按照自己的利益做任何善事，除非某种“必需”驱使他们如此。饥饿和贫困使人勤劳，法律使他们善良，对犯法行为的惩罚导向对正义的认识。

因此所谓民众的善其实是对自然必然性的恐惧，并且进而只不过是由恐惧所造成的对政府乃至对邪恶的顺从驯服而已。[②] 只有政府、法律以及其他制度构制，才能够使得人们成为好人。而此处的“政府、法律”等本质上就是在模仿自然必然性，或者说是在人为制造必然性的恐惧。自然的必然性必须被人为的必然性所取代，自然的恐惧则必须被人为的恐惧所取代。正如施特劳斯所说的：“对于共和国来说不可或缺的上帝恐惧，是能够用对于一位君主所怀有的恐惧来予以取代的。”[③] 因为在施特劳斯的论述中，真正的君主一直都具有《旧约》中上帝的形象。我们很自然地想到马基雅维利认为基督教鼓励的驯服所带来的罪恶，他借此证明为了消除世俗的罪恶，就必须重新唤起人们对于“现世惩戒”的恐惧。[④] 因此所谓的政治启蒙归根结底只不过是用一种人为的恐惧来代替自然的恐惧，是

---

① ［美］列奥·施特劳斯：《给沃格林的信》，1950 年 10 月 1 日，载《信仰与政治哲学：施特劳斯—沃格林通信集》，恩伯莱、寇普编，华东师范大学出版社 2007 年版，第 75 页。

② ［美］列奥·施特劳斯：《关于马基雅维利的思考》，申彤译，译林出版社 2006 年版，第 421 页。

③ 同上书，第 426 页。

④ 同上书，第 276 页。

用一种蒙来遮蔽另一种蒙。

以上就是马基雅维利的政治教诲，其实质可以说是关于全新君主的全新教诲，也就是关于在社会的基础乃至结构中不道德的本质的固有性。马基雅维利让政治完全脱离了道德的约束，转变成为审慎的计算和技术性的操作。而马基雅维利作为这个全新教诲的发明者，是一个先知，准确地说是未武装的先知。为了确保他的政治教诲的成功，他必须模仿基督教的耶稣，因为在马基雅维利看来，耶稣作为一个未武装的先知，凭借宣传在死后获得了胜利，许多民族的许多代人业已接受了耶稣所创立的新模式和新秩序。因此马基雅维利虽然极力反对基督教，但是却接受了基督教的宣传的理念，他渴望通过宣传带来一场意见的变革，届时这场意见的变革会促成政治权力的变革。因此施特劳斯评论说，在马基雅维利之前，没有人曾想到要为这一目的制定特定的战略和战术以确保自己的教诲死后获得成功。古典哲人都甘于一个事实，即他们的教诲绝不会替代意见，而是会与它们共存，他们从来没有梦想过要控制一般而言的人类思想的未来命运。因此，马基雅维利就是第一位想通过发起一场战役、一场宣传战役来迫使机运就范、控制未来的哲人。①

因此说，在古典哲人看来不可控制的命运女神是可以被伟大人物运用力量加以控制的，其方法就是大众启蒙运动。其核心就是用正确的教诲取代错误的意见，以此为政治社会奠定理性的基础。通过宣传新的道德教诲以推翻旧的秩序建立新的秩序，马基雅维利成为现代启蒙运动的发起人或预言者。这也就意味着哲学（以知识取代意见的努力）就不再是超越于政治社会之上的更高的目标追求，而是沦为了实现政治目标的手段。马基雅维利在这一关键点上的确是现代性的第一人。② 从马基雅维利开始，现代政治哲人企图成为一个新的社会秩序的立法者和先知。

总之，马基雅维利之成为现代启蒙运动的第一人，是因为他不满足于古典政治哲学的乌托邦性质，为了确保最佳政治秩序的实现，他刻意降低了政治生活的目标，并用大众启蒙的方式控制机运。哲学在这里第一次被

---

① ［美］列奥·施特劳斯：《什么是政治哲学?》，李世祥等译，华夏出版社 2011 年版，第 37 页。

② ［美］列奥·施特劳斯：《关于马基雅维利的思考》，申彤译，译林出版社 2006 年版，第 470—475 页。

政治化了，而政治社会也得以建立在“低而稳固”的基础之上。因此我们说马基雅维利奠定了现代启蒙运动的基本品性，尽管并非全部。

二　霍布斯的自然权利论

如果说马基雅维利是现代性的发起人，那么霍布斯就是现代性的奠基人。同马基雅维利一样，霍布斯主要关心的是要克服古典政治哲学那种“乌托邦”的特性，代之以一种能够得到科学证据的有利支撑来抵御“怀疑论者吹毛求疵的指责”的“现实主义”。但是与马基雅维利令人厌恶的感觉不同，霍布斯（在马基雅维利基础之上）所设想的方案更加缓和，因而也更加诱人。施特劳斯半开玩笑地将霍布斯比作福尔摩斯，而把马基雅维利比作莫里亚蒂教授①，因为首先两者都非常智慧，而霍布斯更加严肃地对待正义，而马基雅维利教授则邪恶。不过，当霍布斯以马基雅维利的精神去重新理解自然正当之时，马基雅维利式的革命才获得其全部力量。② 施特劳斯用“政治享乐主义”一词来概括霍布斯的政治方案。

所谓“政治享乐主义”是柏拉图主义与伊壁鸠鲁主义的奇妙混合。霍布斯所理解的柏拉图主义政治哲学传统是一种灌注着公共精神的或“理想主义”的特定传统，与之相对立的就是智者学派、伊壁鸠鲁等非政治性的古典传统。如何能够将乍看起来截然对立的两个传统融合起来呢？关键就在于霍布斯并不全然接受他所理解的政治理想主义传统，他拒绝了一个使得政治理想主义遭到失败的根本前提：传统政治哲学假定，人天生就是政治和社会动物。霍布斯既拒绝了这一假定，就加入了伊壁鸠鲁的传统，即认为人天生或者本来就是非政治的、甚至是非社会的动物，还接受了他的前提，亦即善根本而言等同于快乐。然而，他是为了政治的目的而在利用那种非政治的观点，他给那种非政治的观点赋予了政治的内涵。他试图将政治理想主义的精神贯注于享乐主义传统之中。于是，他成为政治享乐主义的创始人。（NRH，168－169）

---

① Leo Strauss, What is Political Philosophy and Other Studies, Glencoe: The Free Press, 1959, p. 48.

② ［美］列奥·施特劳斯：《现代性的三次浪潮》，载《苏格拉底问题与现代性——施特劳斯讲演与论文集：卷二》，刘小枫编，华夏出版社 2006 年版，第 38 页。

这样霍布斯就不但改变了（实际上是降低了）古典政治哲学的目标，而且也改变了享乐主义的传统。政治生活的目标不再是人的完善或德性的完美，而享乐主义也不再具有古典意义上的禁欲色彩，转而变成了欲望的满足，他使得原本毫无进取之心的伊壁鸠鲁精神变得“积极主动、狡猾诡谲、野蛮狂暴而富于煽动性”（柏克语）。相比于马基雅维利还把对荣誉的追求保留在了政治领域之内，霍布斯让政治服务于欲望的满足就更加缩小了政治哲学的视野。但是欲望的满足虽然不是人的最高快乐，但却也是人的自然欲求之一部分，尽管是较低的部分。霍布斯因此就尝试为政治社会寻找到一个自然的然而是较低的基础，正是这一基础使得霍布斯的政治方案更容易为人所接受，以至于使“人类生活的每个角落都革命化了”。（NRH，169）

霍布斯必须一方面保持自然法的观念（不同于马基雅维利）；另一方面又要使它脱离人的完满性的观念（不同于古典政治哲学），唯一的方法就是使自然法能够从人们实际生活的情况、从实际支配了所有人的最强大的力量中推演出来。而对多数人而言最强有力的不是理性而是情感，自然法一定得从一切情感中最强烈者推演出来。而一切情感中最强烈的乃是对死亡的恐惧，对暴死的恐惧（其反面就是自我保存的欲求）取代了对完满性的追求成为霍布斯自然法的基石。与传统自然法截然相反，自我保全是人的绝对权利，所有其他的权利都从中派生出来，而绝对的义务却并不存在。因此国家的目的就成了保护每个人由自我保全所派生出来的各项权利，而非促进一种有德性的生活，而每个人的实际欲求比之人的最高目的来说更能够确保理想秩序的实现。（NRH，182－184）这样霍布斯就在马基雅维利的基础之上建立了现代自然权利理论。我们可以说这是一种现实主义和理想主义的奇特混合，他让由马基雅维利开启的对古典的反叛真正成型。

而霍布斯的这一整套现代自然权利理论都是建立在他的自然状态学说基础之上的，施特劳斯认为只是从霍布斯开始，自然状态理论才成为了政治哲学的一个核心论题。实际上我们可以把自然状态理论看成是对马基雅维利社会奠基理论的替代或升级，他同样是把社会的奠基问题而非常规性问题当成了政治哲学的关注焦点。[①] 对霍布斯而言，自然状态并不是存在于遥远过去的一种状态，而是我们一直会陷入的状态。按照这种说法，自然状态就是我们在没有政治权威时的生活情景“在没有公共权力使人们敬畏的时候，人们就处于战争状态，而这种战争状态，是一切人对一切人的战争”。

那么如何才能让这种新颖的自然权利论发挥实效呢？需要做的当然不是道德的感化，而是启蒙或宣传。人们能够保证正当社会秩序的实现，因为他们能够通过理解和操纵激情的运作而战胜人性。在许多情形下都已证实，对于死于暴力的恐惧比之对于地狱之火或上帝的恐惧而言，其力量更加微弱。只要人们还信仰不可见的力量，对于不可见的力量的恐惧就比对于死于暴力的恐惧更加强烈。而一旦人们得到了启蒙，对于死于暴力的恐惧就会充分发展起来。这就意味着，霍布斯所提出来的全盘体系要想行之有效，就得消除对于不可见力量的恐惧，而这只能由世界的祛魅科学知识的传布或者说大众的启蒙才能带来。[②] 霍布斯的学说是第一个必然无误地以一个完全“启蒙”（请注意这里的引号）的、亦即非宗教的社会来作为社会或政治问题的解决之道的学说。（NRH，198）

霍布斯对于启蒙所能达到的实效寄予了极高的期望。他说野心和贪婪的力量来自于庸人们所持的错误意见，一旦人们所了解的正义原则就像数学知识一样确定时，野心和贪婪就会散失力量。而这一过程只有通过大众的启蒙才有可能实现。霍布斯确信，哲学只要成为普及化了的哲学并且从而成其为公众见解，它自身就能带来哲学与政治权力的合一，偶然性就将得到征服，而正当政治秩序的实现就有了根本保证。（NRH，200）

实际上，政治享乐主义必然与政治无神论同气相求、同枝相连。或者说，政治享乐主义的前提之一就是积极的无神论，而伊壁鸠鲁的前现代的无神论则是消极的。所谓积极的无神论认为社会生活可以没有对于上帝或诸神的信仰和崇拜，而这一点是伊壁鸠鲁所不可能同意的。必须让政治摆脱神学的阴影，才有可能确保政治享乐主义的实现。现代性乃起源于一种

---

① ［美］艾伦·布鲁姆：《巨人与侏儒——布鲁姆文集》，张辉编译，华夏出版社 2007 年版，第 247 页。

② ［美］列奥·施特劳斯：《论卢梭的意图》，载《苏格拉底问题与现代性——施特劳斯讲演与论文集：卷二》，刘小枫编，华夏出版社 2006 年版，第 72 页。

独立于现代科学基础的“特殊道德态度”，这种态度构成了“现代心灵的最深层”，它根本地是一种“反神学的激情”。对早期的现代思想家来说，这种激情要比任何单纯的政治问题都重要。① 因此我们说，对于大众启蒙的诉求就是霍布斯政治哲学的题中之义。

总之，霍布斯继承并发展了马基雅维利的事业，他为了确保正当秩序的实现，进一步降低了政治社会的目标，政治不再服务于有德性的生活，而是服务于自我保存所派生出来的各种权利。然而为了确保这样一种“政治享乐主义”的实现，他必须求助于大众启蒙，这也就意味着他必须把哲学转变成为一种服务于政治的工具。

三　结语

如果说霍布斯是现代性的创始人，那么我们就可以称呼洛克为现代性的形象代言人。因为霍布斯只是让现代自然权利论初具雏形，而洛克则是现代自然权利论最著名和最有影响的导师。（NRH，165）而且霍布斯的利维坦有着专制的倾向，洛克试图让他的国家为个人的自我保存提供更大的保障。洛克接手霍布斯的根本方案，只就其一点进行改革，这一点就是把霍布斯的自我保存的自然权利拓展为舒适的自我保存的自然权利。

因为洛克认识到人的自我保存首先需要的是食物或财产，而不是枪。因此自我保存的权利必然暗含着对自我保存所需的各种手段的权利，这样自我保存的欲望就变成对财富和获取的欲望。② 这样财产权而不是对暴死的恐惧就成为公民社会的真正基础。正是从洛克开始，人类的物质欲求得到了解放和证明，经济问题也成为政治领域的主导问题。可以说我们在洛克这里最能够找到我们所生活于其中的这个世界的影子。

但是这一影子背后还有更加重大的线索。施特劳斯说，我们今天用经济手段解决政治问题依然是秉承了马基雅维利的前提，因为马基雅维利发现或发明了用一种非道德的事物替代道德的需要，洛克则发现或发明了把获取财产作为这一替代物，他们骨子里都是一种去道德化的倾向。因此

---

① Leo Strauss, Liberalism Ancient and Modern, Chicago and London: The University of Chicago Press, 1968, p. 201.

② Leo Strauss, What is Political Philosophy and Other Studies, Glencoe: The Free Press, 1959, p. 49.

说，经济主义是发展成熟了的马基雅维利主义。[①] 洛克把政治社会的目标降低到了更加实际也更加诱人的地步，这样一种简单易行、充满魔力的解决方案一直吸引着现代人目光。

总而言之，由马基雅维利开启的现代性第一次浪潮一直冲到洛克这里真正形成了一个小高潮，把马基雅维利的事业真正推向了现代世界的每一个角落。这一浪潮的起点是对实在与应在、实际与理想之间鸿沟的不满，哲学面对这一鸿沟除了做白日梦之外似乎一无是处。对此，现代哲人提出的解决方案是：将应当设想为并未对人提出过高的要求，或者设想为与人最强烈、最共通的激情相一致，以此来降低应当，使之俯就实在。[②] 这是确保正当秩序实现的首要保证。而大众启蒙运动则是这一冲动的内在要求，是为了保证哲学能够有用（即服务于政治）的可靠手段。在这一又简单又诱人的美好蓝图之下，个人的欲望与政治社会的要求之间似乎可以达到完美的和解，人们所欲求的似乎恰恰就是社会所要求的。只有当人的最高欲求被再次激发时，现代性第一次浪潮所提供的方案才会暴露它的致命缺陷。而这就是卢梭的使命，是他开启了现代性的第二次浪潮。

第三节　现代启蒙运动的内在问题[③]

不管是在西方还是在中国，对于启蒙运动的反思已经形成一股巨大的潮流，以至于我们不得不承认启蒙运动已经走向了“自我瓦解”的末途，或者说我们已经生活在启蒙运动的计划被摧毁之后的暗淡阴影之中。这其中施特劳斯被认为是极其深刻又极其特殊的一支，因为据说他是站在了启蒙运动之外的立场——古典政治哲学——上来反思启蒙现代性的。[④] 言下之意，其他对启蒙运动的反思实际上是启蒙运动的内在逻辑的延续和发

---

① Leo Strauss，What is Political Philosophy and Other Studies，Glencoe：The Free Press，1959，p. 50.

② ［美］列奥·施特劳斯：《苏格拉底问题与现代性——施特劳斯讲演与论文集：卷二》，刘小枫编，华夏出版社 2006 年版，第 40 页。

③ 本节内容曾发表于《杭州电子科技大学学报》（哲学社会科学版）2013 年第 3 期。

④ ［美］艾伦·布鲁姆：《走向封闭的美国精神》，缪青译，中国社会科学出版社 1994 年版，第 310 页。同时请参见鲁明军：《古今之辩：2000 年以来中国思想界的现代性之争》，载《二十一世纪》网络版，2008 年 11 月号，总第 80 期。

展，因此就注定没有办法清楚地认识到现代启蒙运动的内在问题，更谈不上对我们当下困境的有效应对。

正所谓“不识庐山真面目，只缘身在此山中”。不管我们将如何评价施特劳斯的立场和判断，我们都有必要首先认真倾听他对现代启蒙运动的内在问题的独特诊断。我相信这不仅有利于深化我们对现代性问题的认识，也有利于促进施特劳斯与主流学界之间的交流和理解。

施特劳斯把现代启蒙运动理解为三次浪潮，并且是一浪高过一浪，最终将现代性推向虚无主义的顶峰。而且我们看到后面两次浪潮（卢梭和尼采）都是通过某种程度上的回归古典来批判和矫正现代性的弊病，而且最终结果却是在同一个现代性方向上推进了现代性。也就是说，在施特劳斯看来，正因为卢梭和尼采骨子里分享了现代性的某种“共同的一致性”才使得他们自觉不自觉地成为现代性的助推手。那么这种“共同的一致性”是什么呢？我认为这种一致性就在于这样一种现代政治哲学的根本冲动：控制机运以确保正当社会秩序的实现。这是一种根本上与古典政治哲学的教诲背道而驰的冲动，我们唯有理解了这一冲动才有可能明白施特劳斯所说的现代性的危机是政治哲学的危机这样一种独特诊断。

一　现代启蒙运动的政治哲学

正如施特劳斯在梳理和批判施密特的《政治的概念》时一针见血地指出的：要真正理解和彻底批判现代自由主义，就必须首先跳出现代自由主义的视野之外。[①] 施特劳斯在界定现代性的“内在统一性”及其内在逻辑时就是这么做的，它是我们深入理解施特劳斯的独特性的重要入口。

在试图界定现代性的特征时，施特劳斯有条件地接受了一种“相当通行的想法”，即认为现代性是一种世俗化了的圣经信仰。简单地说就是，人们不再希望天堂生活，而是试图凭借纯粹人类的手段在尘世建立天堂。我们也经常用霍布斯的利维坦、黑格尔的合理国家、马克思的共产主义社会来与圣经相比附。但是施特劳斯立刻提到了柏拉图，因为他在《理想国》中所做的事情就是要用纯粹人类的手段终止尘世的一切邪恶，众所周知的方法就是哲学王。看来施特劳斯借助柏拉图的例子一方面是要

① ［美］列奥·施特劳斯：《施密特〈政治的概念〉评注》，载迈尔：《隐匿的对话——施密特与施特劳斯》，朱雁冰、汪庆华等译，华夏出版社 2002 年版，第 191—200 页。

否定一般意义上的认为现代性是圣经信仰的世俗化的观念，因为柏拉图不可能把圣经信仰世俗化；另一方面是提醒我们现代性与古典政治哲学密切相关，尽管也与圣经信仰相关。因此施特劳斯做了一些修正：所谓圣经信仰的世俗化实际意味着：在圣经信仰丧失或者萎缩之后，保留具有圣经起源的思想、感受、习惯。[①] 因此圣经信仰对于理解现代性只是具有否定性的意涵，而在现代性的肯定性意涵方面，我们必须借助于古典政治哲学：现代性是对古典政治哲学的彻底更正。

因此只要我们理解了古典政治哲学的"基本统一性"，那么作为其对手的现代政治哲学就能清晰地呈现出来。在施特劳斯看来，古典政治哲学的"基本统一性"在于：最佳政制乃是对德性之实践最具指导性的秩序，而最佳政制的实现则只能看机运。因此与之相对的由马基雅维利开创的现代政治哲学的"基本统一性"就在于：拒绝本质上是乌托邦的最佳政制，而将眼光专注于符合人们实际如何生活的正当社会秩序，同时这种秩序可以通过控制机运来实现。

因此，在古典政治哲学看来不可能的哲学与政治的融合成了现代启蒙运动的追求目标，哲学与政治不再是本性上相背离的，而是在根本上可以达成和解的。哲学要成为政治性的，也就是要服务于正当政治秩序的实现；政治也要变成哲学性的，也就是要以哲学发现的真理为基础。如果说古典政治哲学中最佳政治秩序的实现要强迫哲人返回洞穴统治城邦，那么现代启蒙运动则是认为可以通过重建洞穴以保证阳光能够照到洞穴的每一个角落，黑暗的王国将得到彻底的清除。[②] 但是对于古典政治哲学来说，恶是与人类生存境况无法分离的，最显明易见的经验事实就是在很多时候人类必须借助恶的手段才有可能制止恶。[③] 而且"恶正如善一样是人类本性的一部分，寻求消除恶就是寻求超越于人类本性之上。"[④] 这大概正是

---

① ［美］列奥·施特劳斯：《现代性的三次浪潮》，丁耘译，载《苏格拉底问题与现代性——施特劳斯讲演与论文集：卷二》，刘小枫编，华夏出版社 2006 年版，第 33—34 页。

② Robert C. Bartlett, The Idea Of Enlightenment: A Post-Mortem Study, Toronto Buttalo London: University of Toronto Press, 2001, p. 4.

③ Victor Gourevitch, "Philosophy and Politics, Ⅱ," in Review of Metaphysics 22 (1968), p. 292.

④ Leo Strauss, The City and Man, Chicago and London: The University of Chicago Press, 1964, p. 127.

施特劳斯所极力反对的政治理想主义的根本冲动。

古典政治哲学尽管起点很高，但对于政治事务本质上还是悲观的，但现代启蒙运动虽然起点很低，但对于政治事务却抱有乐观主义的态度。现代启蒙运动承诺了一个美好的未来，在其中恶将从人类生存境况中抹除，实在与应在之间的鸿沟将彻底消弭。① 一个设计良好的社会理论上说将给予每一个人以平等的自由，这样他们就可以追求自己认为的那种（随便哪种）幸福。这一点也许正是施特劳斯所说圣经信仰衰弱之后残留的“具有圣经起源的思想、感受、习惯”：不用要求每一个人都成为上帝的信徒，（因为信仰自由，信什么都可以，什么也不信也可以）但是却可以平等地获得他所认为的那份幸福，因为他所在的社会将提供给他追求他的幸福的充分自由和条件。幸福不取决于美德，它已经被启蒙的自利所取代②。也就是说，“幸福和正义的联合已不再是通过个体对智慧的追求，而是通过对社会的整体重建来实现”。③ 正如尼采批判卢梭时（尽管并不完全正确）所说的，现代人不再从个人的内部来解释和克服他所遭遇的困境，他们习惯性地谴责社会的不公。我们今天把这种在私人困境与公共问题之间的转换能力称之为“社会学的想象力”。

二　进步主义信仰

那么是什么支撑起了启蒙运动的宏伟蓝图呢？是什么激励着现代哲人去做古典哲人只能在思想中企及但却无法付诸实践的社会改造运动呢？一句话，是什么让原本被认为相互背离的哲学与政治在现代要走向融合呢？

我认为这里面的根本原因就在于前面提到的圣经信仰的衰弱。这个因素虽然只是在否定性意涵上构成了现代性的特征，但是它却是现代启蒙运动的起点。正是因为现代哲人自以为一劳永逸地摧毁了圣经信仰，人类可以凭借理性给予这个世界最终极的解释。也就是说，真正的智慧不再像古典哲人那样认为是可欲而不可及的，而是终有一天它将成为现实。只有这

---

① Leo Strauss, What is Political Philosophy and Other Studies, Glencoe: The Free Press, 1959, p. 51.

② Thomas L. Pangle, Leo Strauss: An Introduction to His Thought and Intellectual Legacy, Baltimore: John Hopkins Press, 2006, p. 79.

③ ［法］让－弗朗索瓦·勒维尔、马蒂厄·里卡尔：《和尚与哲学家——佛教与西方思想的对话》，陆元旭译，江苏人民出版社2005年版，第19页。

个时候，世界祛魅了，政治终于被认为可以与神学脱钩，人类理性将取代上帝的位置成为解决人与政治问题的最终依据。

这意味着什么呢？人类一旦否定了圣经的信仰，人类必须立刻将理性树立为神。这种对理性的信仰就是对进步主义的信仰，这可以说是现代启蒙运动的中心思想：从长远来看，知识、哲学和科学将随着人类的探索和积累不断进步，与之相伴的是，政治社会的整体福祉也将随之得到逐步地改进。[①] 连接着知识的进步与社会的进步这两条平行线的，就是大众启蒙的宏伟计划。

知识的进步之所以是可能的，是因为我们发明了方法。“方法带来了对思想的自然差异的测量（leveling），并且在原则上方法是每个人都可学的。”[②] 从理论上来说，只要掌握了方法，任何人最终都可以理解他想要理解的任何东西。以前大数学家都解不开的数学难题，如今成了高中生的练习题。进步是这样一种观念，它意味着最终的问题、根本的问题能够获得最终的解决，因此这些问题的答案就可以教给孩子们，这样后代就可以建立在前代人的答案基础之上，而不需要重复面对那个根本性的问题。[③] 进步假定了对基本问题的答案能够被转让。可以说现代对于方法论的重视根本上是服务于一个实践的目的，因为有了方法的保障，我们就可以通过宣传的机器让每一个人都获得真理。

让我们听听杰斐逊美丽的预言：“但愿世上所有的人最后都会认识到，我相信有些人会早一些，有些人会晚一些，它是唤起人们起来砸碎无知和迷信的枷锁，起来接受自治带来的幸福和安全的信号……大家的眼睛都已睁开，或者正在睁开，他们都看到了人的各种权利。普遍传播的科学之光照亮了每一个人的视野，让他们看到了实实在在的真理，让他们明白大众并非生来就背负马鞍，少数人也并非生来就受到主上恩宠，穿着马靴合理合法地骑在他们身上，这些就是其他人的希望所在。”[④] 在杰斐逊看

---

① ［美］尼科尔斯（James H. Nichols）：《柏拉图与作为政治的修辞术》，载《古典传统与自由教育》，刘小枫、陈少明编，华夏出版社 2005 年版，第 96 页。

② Leo Strauss, “Progress or Return?” An Introduction to Political Philosophy, Wayne State University State University Press, 1989, p. 257.

③ Ibid., p. 258.

④ Thomas Jefferson, Selected Writings, ed. Harvey C. Mansfield, Jr. (Arlington Heights, III.: AHM Publishing, 1979), p. 12.

来，科学的进步与传播必将同时带来社会的改良与进步，这似乎是不证自明的了。

哲学要能够与政治实现真正的融合，它就必须克服骨子里的怀疑主义倾向，这种怀疑主义根源于对人类知识局限性和不完整性的清醒认识。①因此苏格拉底只知道自己一无所知，所有的理解都只会是同意而已，所以他并不面向大众，而是仅仅面向单个的人。所以哲学与政治就不能结合在一起，除非人类拥有像上帝一样的能力。而现代启蒙运动本质上是智术师式的，因为进步主义信仰为人类提供了一个临时的避难所，使得他们自以为自己知道关于好和坏的知识，因此他们要面向大众公开教人。只有这个时候，哲学或科学的本质不再被认为是沉思，而是行动。应该为了增强人的力量而培育哲学或科学。科学或哲学应该使人能够借助理智征服自然，成为自然的主人和所有者。马克思的宣言就是最好的体现：重要的不再是认识世界，而是改造世界。

因此说现代启蒙运动的政治哲学基于一种无根基的对进步主义的信仰：信赖哲学或科学的无限进步，相信其成果的广布能推动社会、政治和道德的无限进步。一旦这种信仰在经历了黑格尔历史哲学的顶峰之后遭受怀疑，那么它所承诺的美好未来也将不再可信。正是在这个意义上，施特劳斯说现代性危机可以说是进步观在其完整与明确的意义上最高的危机。②

三　政治与哲学的危机

现代启蒙运动骨子里试图融合哲学与政治以确保一个美好社会的到来，但是要将两个本性不同的东西捏合在一起，其结果必然不是双赢，而是双输。我认为这就是古典政治哲学的真正教诲：存在着一些界限它是人类不可逾越的。美梦越美，醒来之后面对的现实将越残酷。哲学的政治化与政治的哲学化将导致政治与哲学的双重危机。

---

① Steven B. Smith，"Strauss's Platonic Liberalism"，Political Theory，Vol. 28，No. 6，2000，pp. 787 – 609.

② Leo Strauss，An Introduction to Political Philosophy：Ten Essays by Leo Strauss，ed. Hilail Gildin，MI：Wayne State University Press，1989，pp. 259 – 264.

从政治方面来看，现代启蒙运动试图把政治社会完全建立在理性的基础之上，而政治本质上是非理性的场所。政治共同体基于绝对冲突的生存体验，而绝对冲突最终就是基于战争体验。[①] 政治联合的感情基础来自于战争的兄弟情谊，这是在战场上体验到的神圣感，为了共同的事业而甘愿牺牲生命。这样的政治现象又基于施密特根植于神学人类学，即隐秘的霍布斯主义的人类学——人之绝对罪性。这正是施特劳斯在评注施密特的《政治的概念》时同意施密特的地方所在，政治的背后有一个神学的问题。[②]（尽管施特劳斯在如何跳出自由主义的视域问题上批判施密特）因此现代启蒙运动试图把政治哲学化实际上是在瓦解政治生活赖以维系的根基，一个建立在理性基础之上的普遍同质的国家，是反自然的。[③] 而反自然的，就一定会遭到自然的惩罚。当现代启蒙运动依然处于上升势头亦即它依然还相信进步主义的幻想的时候，政治将处于一个不断激进化的状态中，因为政治洞穴中的黑暗角落永远都将成为哲学改造的对象。而一旦理性进步主义的信念遭受怀疑，已经被哲学化了的政治将不再能够找到任何证明自身的根基。而这就是施特劳斯所说的当代自由主义陷入的困境。因此，政治的哲学化要么催生浪漫的政治理想主义，要么催生可悲的政治冷漠。无论是哪一种都是不利于政治生活的健康的。

从哲学方面来看，哲学的政治化就是让哲学服务于政治，而其前提是哲学必须克服怀疑主义的倾向。前面说过，哲学必须在否定了圣经的信仰之后转而进入对于理性自身的进步主义信仰当中才有可能让自己克服怀疑主义进而实践化。但是“对于理性的信仰”是一个非常悖谬的词汇，因为它将理性奠基于一个信仰的行为，这是对于理性的致命威胁。从这个意义上，也许启蒙运动的启蒙的真正名称应该是蒙昧才对，是一种披着怀疑主义外衣的教条主义。这导致的后果就是：一旦进步主义的信仰遭到怀疑，人们必然质疑理性是否还具备一个可以证明自身的根基，理性自身将

---

① ［美］盖伯哈特：《重访“政治”概念》，载刘小枫、陈少明编《霍布斯的修辞》，华夏出版社2008年版，第252页，

② ［美］列奥·施特劳斯：《施密特〈政治的概念〉评注》，载迈尔《隐匿的对话——施密特与施特劳斯》，朱雁冰、汪庆华等译，华夏出版社2002年版，第191—200页。

③ Leo Strauss，1946年1月致洛维特的信，见 correspondence concerning modernity《关于现代性的通信》，Independent Journal of Philosophy，1983（4），pp. 107 - 108.

成为遭受怀疑的对象。很显然这就是施特劳斯在论述韦伯所处的困境时所揭示出来的当代理性主义的困境所在。（NRH，64）只是因为韦伯已经处于一个后启蒙运动的时代，所以他必然面对这一困境，又是因为他理解的哲学就是已经被政治化了的哲学，所以他无法跳出这一困境。这就是为什么施特劳斯说：之所以政治哲学的危机最后会演变为哲学的危机，是因为哲学早在 17 世纪就已经被政治化了。（NRH，34）

现代启蒙运动本来试图改造人类所处的洞穴，这个人造的洞穴用的建筑材料不是意见，而是真理。它承诺说有一天人类可以完全生活在光天化日之下。可是当启蒙运动瓦解之后，我们发现我们现在已经处在了一个更加黑暗的第二重的非自然的洞穴之中。① 那里不但没有光，而且没有任何对于光的渴望和冲动。因为这个洞穴已经宣称不再有高高在上的神的存在，唯一的神就是那个被哲学化了的政治教条：多元主义。施特劳斯颇为感慨地说："远离人类最深的渴望继而远离种种首要的难题，是现代人从一开始就不得不为试图成为绝对主权者、变成自然的主人和所有者以及征服机运所付出的代价。"② 然而这是一笔合算的交易吗?!

四　结语

综上所述，在施特劳斯看来，现代启蒙运动的根本冲动在于：它不满足于古典政治哲学从"人们应该如何生活"的高处看待最佳政治的乌托邦性质，转而试图从"人们实际上如何生活"的低处出发，通过哲学与政治的融合来确保正当社会秩序的实现。为达到此目的，它必须首先"打倒"神学的权威，让政治与神学脱钩；同时，它还必须让哲学摆脱怀疑主义的纠缠，进而才能"保证"哲学与政治这两种根本上异质的因素的联盟。这就是现代启蒙运动的最隐蔽的内在逻辑。

这个逻辑具有强大的吸引力，因为它承诺了一个自由开放的良序社会终将能够实现，在这个社会中每个人的幸福都将得到保证。在这个不断进步的过程中，对于启蒙的关注仅仅服务于这个美好社会秩序的实现，它假

---

① Clark A. Merrill, Spelunking in the Unnatural Cave: Leo Strauss's Ambiguous Tribute to Max Weber, Interpretation, Fall 1999, Vol. 27, No. 1.

② Leo Strauss, What is Political Philosophy and Other Studies, Glencoe: The Free Press, 1959, p. 55.

设了个人的福祉和社会的秩序之间可以通过大众的启蒙获得最终的调节。它使得我们可以不再关注于灵魂的内部改造，而是将注意力集中在外部社会的改造之上，古人只能在言辞中设想的乌托邦蓝图，现代人能够亲手将它实现!?

但是现代启蒙运动在一个根本性的问题上违背了古典政治哲学揭示出来的真理：真正的幸福不可能通过改造外部世界（征服自然、改造社会）的方式来实现。真正的幸福只能通过内部实现，并且只能通过个人的内在努力去获得。幸福不可能被从外部给予，更不可能被平等地给予。可以说，现代启蒙运动关注的不是幸福本身，最多只是它所认为的达到幸福的条件或基本条件，以及对于这些条件或基本条件的分配问题。相对于古典政治哲学从纵向上关注人的幸福本身，现代启蒙运动从横向上关注人的幸福的条件是一种舍本逐末的路径，它注定没有办法真正解决人的根本问题。

尽管施特劳斯一开始就否认了现代性是圣经信仰的世俗化，但是他也同时告诉我们对圣经信仰的拒绝是现代性的否定性意涵。而实际上，只有在拒绝了圣经信仰之后，现代启蒙运动的筹划才有可能真正展开。因为只有拒绝了圣经的上帝，并进而树立起对理性进步的信仰，哲学才有可能政治化，政治的无神论也才有可能被认为是切实可行的。也就是说只有首先获得现代性的否定性的一面，即否定圣经的上帝，才有可能获得现代性的肯定的一面，即政治才能与神学脱钩，哲学才能取而代之，完成新的联盟。因此，宗教和政治是“原初事实”（original facts），是生活的自然方面。要对现代性进行更准确地诊断，我们就必须回到哲学所面对的那个原初事实。① 我们必须进一步回到启蒙运动的源头上，回到哲学与神学依然处于对峙状态的地方，那才是古今之争的真正战场。

第四节　现代性有什么不好?

现代政治哲学相对于古典政治哲学的根本特点在于：它为了确保理想政治秩序的实现，刻意降低了政治社会的目标；它不再从人的最高目标来

① ［美］约翰·古奈尔：《理性、启示和自然——施特劳斯主义之前的施特劳斯》，田立年译，载《施特劳斯的政治哲学与宗教》，香港明风出版社2003年版，第165页。

理解、衡量政治社会，而是从人的较低甚至最低目标来理解、衡量政治社会。这当然带来了古典政治哲人所意想不到的收获。我们总以为可以不对个人提出什么道德的要求，而只要有一套设计完美的制度就可以万事大吉了。正是在这种制度主义思路中，大众启蒙才被诉求的。

现代启蒙运动的最大特点是把目光从个人转移到了社会身上，认为一个秩序良好的社会可以反过来确保每个人幸福的实现。在这个过程中，对于启蒙的关注仅仅服务于这个美好社会秩序的实现，它假设了个人的福祉和社会的秩序之间可以通过大众的启蒙获得最终的调节。毋庸置疑，这一想法能够赢得很多人的同情，因为他本身就是出于对大多数人的命运的同情，现代知识分子无不是在这一同情的激励之下沉思的。甚至施特劳斯也一再提醒大家要记得现代启蒙运动给这个世界带来的繁荣、自由。

但是现代启蒙运动在一个根本性的问题上违背了古典政治哲学揭示出来的真理：真正的幸福不可能通过改造外部世界（征服自然、改造社会）的方式来实现。真正的幸福只能通过内部实现，并且只能通过个人的内在努力去获得。幸福不可能被从外部给予，更不可能被平等地给予。现代启蒙运动关注的不是幸福本身，而是它所认为的达到幸福的条件或基本条件，以及对于这些条件或基本条件的分配问题。相对于古典政治哲学从纵向上关注人的幸福本身，现代启蒙运动从横向上关注人的幸福的条件是一种舍本逐末的路径，它没有办法真正解决人的根本问题。

当然，我们依然可以反驳说：我们关心的只是政治，而非哲学。作为政治，它就只能也只应关心有限的、紧迫的问题，至于那最根本性的问题我们只能留给每个人自己去解决。这当然就是最典型的现代自由主义乌托邦思路，这是我们目前最为熟悉的解决方案。它从个人主义的起点出发，要么假定每个人都有能力凭借自己的力量回答那个根本性的问题，要么干脆假定本来就没有终极性的答案，所以每个人只要过他自己想过的任何生活都可以。假设这些都不成之为问题，它们接着就把政治完全消解为一架利益分配的机器，它不但没有自身的目的，而且在根本性的问题上还始终保持中立。但是我们立刻就会发现它的中立性必须有所保留，因为显然每个人都过他想过的任何一种生活是不可以的，他至少不能侵犯别人的生活。为此它必须偷偷搬进一种同样具有压制性的关于根本性问题的答案：我们应该如此生活，相互包容，在对错、好坏的问题上持有相对的立场。那种不宽容的、不妥协的生活是不文明的，因此也是不受欢迎的。只有在这个时候，相对主义才暴露出它绝对主义的底色。现代政治哲学自以为一劳永逸地克服了古典政治哲学的诸多弊端，尤其是它的不平等、不自由，但它却无法克服政治生活的共同宿命：任何政治在本性上都是压制性的，它必须立足于对根本性问题的某种解答。然而在古典政治哲学看来，这样的命运绝非就是坏事，因为绝大多数人都只能依凭于一个压制性的政治共同体而获得庇护；只有极少数人可以凭借他们自身的努力，获得真正的解放。然而这是现代性视野无法看清楚的问题，它标榜的是通过不断地改造社会，不断地打破各种外在的枷锁，最终实现全人类的解放。但是它最终导致的却是私人领域的虚无主义，公共领域无休止的纷争。

第四章
现代启蒙运动的起源——理性与启示之争

> 如果两座山的山巅乌云笼罩，因而我们无法确定哪一座更高，难道因此我们就拿不准一座山要比一座土丘更高？
>
> ——施特劳斯

要理解古今政治哲学的差异，就必须回到哲学与神学之争。这并不意味着古今之争的本质是哲学与神学之争，因为绝不是说古代站在了神学一边，现代站在了哲学一边。但它却意味着古今之争的本质是如何看待哲学与神学之争：它们之间的分歧可否解决？如果能够解决的话，哪一方胜出？对这两个问题的回答将导致一个极端重要的政治问题：即哲学能否与政治联盟，以替代神学与政治的自然联盟？

我认为，施特劳斯的最终观点是：古典哲学认为这个问题不可解决，它是人类必须面对的永恒问题，因此哲学与政治不能也不应联盟；而现代哲学认为这个问题可以解决，而且是哲学最终战胜了神学，由此现代政治哲学要用哲学与政治的联盟取代神学与政治的联盟。要知道，由马基雅维利首先开启的现代政治哲学是由一种“反神学的怒火”引起的[①]，在他之后这团火一直在霍布斯、卢梭等后继者身上燃烧。

直到启蒙运动瓦解之后，原本被进步主义信仰遮蔽了的理性的无根基性问题再次暴露出来。然而任何的危机都同时孕育着机遇，20 世纪初德国神学的复兴也让施特劳斯看到了正统宗教的顽强生命力，启示或神性灵感对于理性构成的挑战又被重新开启。于是施特劳斯试图回到现代政治哲学的开端之处，重新考察那一场反神学的战役。如果这场战役并没有现代哲人所宣称的那样获得了一劳永逸的胜利，那么我们就必须重新面对哲学

---

① ［美］列奥·施特劳斯：《什么是政治哲学?》，李世祥等译，华夏出版社 2011 年版，第 35 页。

与神学的冲突，这就有可能为我们重新理解古典政治哲学赢得契机。

第一节　现代启蒙运动的宗教批判

上一章提到现代启蒙运动控制机运以确保正当社会秩序的实现的冲动骨子里是一种试图让哲学与政治相融合的冲动。而为了实现哲学的政治化，让哲学服务于政治改造、社会进步，就必须首先打倒宗教信仰。[①] 如果这种对宗教信仰的批判是彻底的、成功的，也就是说人可以完全摆脱上帝的监护，那么人就可以按照理性的原则来解决人与政治的问题，现代启蒙运动的宏伟蓝图也就顺理成章了。而如果不是，那么现代启蒙运动就是先天不足的了。

因此说，“反神学的怒火”是现代性隐藏得最深的激情，它被隐藏得如此之深，以至于让我们忘记了人类所面对的原初的境况。只是到了现代启蒙运动走向自我瓦解、理性主义遭受怀疑的时候，被认为早就已经得到解决的宗教的问题、神学的问题才又呈现出来。任何危机都同时意味着机遇，而要能够将危机转变成为机遇，我们必须回到现代启蒙运动的源头之处，重新检审那场“反神学的怒火”，看它是否如其所宣称的那样取得了决定性的胜利。

一　神学的复兴与启示的再理解

不过施特劳斯并不是直接进入对现代启蒙运动的宗教批判的再审理的，他受到了20世纪初的德国神学复兴思潮的重大影响。施特劳斯坦言，在巴特、罗森茨威格等人的影响下，他重新激起了对神学的兴趣，在这些兴趣指引下，似乎有必要考察这样一个问题：现代启蒙运动对正统神学——犹太教的和基督教的——的批评究竟在何种程度上可以称为取得了胜利。[②]

此处我们无意详细讨论这场神学复兴运动的具体情况，只需指出它带

---

① Kirk F. Koemer, Liberalism and its Critics, Billing & Sons Limited, Worcester, 1985, p. 193.

② Leo Strauss, “Preface to Hobbes Politische Wissenschaft,” in Leo Strauss, Jewish Philosophy and the Crisis of Modernity: Essays and Lectures in Modern Jewish Thought, State University of New York Press, 1997, p. 453.

来的重大后果就可以了。现代神学的复兴让这样两个问题的提出再度成为可能，即什么是哲学？为什么要哲学？这是因为一种高于哲学之上的标准——上帝——在那些复兴的浪潮下复活了。这当然意味着现代启蒙运动的最高危机，因为它自以为一劳永逸地解决了的问题又像幽灵一样重新出现；但同时也意味着一个新的机遇，因为启示对于理性的挑战又被重新开启。①

但是施特劳斯并没有始终跟随罗森茨威格这些人，因为施特劳斯认为他们是带着现代哲学的诸多偏见来理解启示的，因此他们没有能够真正把握启示的原初意义，他们所复兴的神学最多也只是被现代启蒙运动的宗教批判所改造和调整过之后的神学。现代神学把启示内在化、信仰化、主观化了，使它扎根于信仰者的意识当中。而施特劳斯认为这种做法无非是为了适应现代哲学尤其是康德哲学主客二元对立的前提而作出的。现代宗教哲学接受了现代自然科学对于希腊的目的论的宇宙论的拒斥，也就是说他们接受了自然领域与道德、宗教领域的划分。罗森茨威格的新神学虽然致力于克服现代宗教哲学的二元对立色彩，但他所借助的存在主义哲学资源使得他把启示理解为完全建立在个体同上帝遭遇的存在主义体验之上，因此实际上是更加激进地把启示内在化、相对化了。新神学如同现代宗教哲学一样，没有能力把握启示的真正意义。② 因此也就没有办法真正理解理性与启示之争。

对于施特劳斯来说，所谓启示的真正（原初）意义是与上帝全能的观念以及上帝的神秘和不可预测特性紧密联结在一起的。启示意味着宗教所揭示的真理是建立在客观世界的基础之上的，而非扎根在信仰者的意识当中。它是纯然外在的、客观的，是人的理性所不能理解和把握的。甚至可以说，启示在本质上并非人类灵魂的经验，否则它就可以被内在化，或者至少在一定程度上被人类所理解。因此，除了启示之外，便不存在任何其他的权威以判别启示的真实性。

表面上看来，这是一种对于启示的极端激进的理解，但在施特劳斯看

---

① ［美］托马斯·潘戈尔：《编者导言》，载列奥·施特劳斯《古典政治理性主义的重生——施特劳斯思想入门》，郭振华等译，华夏出版社 2010 年版，第 28 页。

② ［法］丹尼尔·唐格维：《列奥·施特劳斯思想传记》，林国荣译，吉林出版集团 2011 年版，第 188—198 页。

来这却是对于启示的原初的因而是自然的体验，因而就多少具有了保守的意义。它昭示出的是一个在施特劳斯思想中具有根本重要性的原则：人类理性的极端有限性。也正是抱持着这样的理解，我们才能更好地理解施特劳斯对于现代启蒙运动的宗教批判的批判。

二 伊壁鸠鲁主义的政治化

在这里我们还有必要提到一个在现代启蒙运动的形成中，也是在施特劳斯的思想坐标中占据重要地位的古典哲人，他就是伊壁鸠鲁。其实早在20世纪20年代施特劳斯就形成了从伊壁鸠鲁思想出发理解启蒙运动的想法，并就此向克吕格等人求教。[①] 伊壁鸠鲁之所以重要，不仅是因为他构成了与柏拉图式政治哲学相对立的古典世界的另一端，施特劳斯把他称之为“哲学习俗主义”。（NRH，109）而且还因为伊壁鸠鲁的宗教批判是17世纪宗教批判的来源之一，而且也可能是最重要的来源。[②]

伊壁鸠鲁主义指的是一种最普遍的人类动机，即一劳永逸地将自身从律法的束缚和负担中解放出来，以追求一种愉悦的生活。在施特劳斯看来，正是这一对抗上帝的道德动机促成了启蒙运动的宗教批判。让我们别忘了伊壁鸠鲁是一个享乐主义者（尽管带有禁欲的色彩），因此他的反宗教乃是出于对快乐、幸福的追求，他把宗教看成是造成人类恐惧的来源，因此是一种需要被克服的障碍。而这种享乐主义的动机也正是现代启蒙运动的动机，“通过抛弃宗教，人类幸福得以增进，而先于这一切的则是追求幸福的意志。”[③] 正是在这个意义上，尼采批判他先前的宗教批判都是出于功利的目的，只有他的无神论才是真正彻底的无神论，因为他的宗教批判是出于彻底的理智真诚的需要。

虽然启蒙运动的动机来自伊壁鸠鲁，但它对这一动机做了调整，亦即扩展了伊壁鸠鲁理想的范围。他必须被调整，否则享乐主义就无法实现政治化。因为伊壁鸠鲁的动机本质上是一种私人动机，但启蒙运动要将这种

---

① ［美］列奥·施特劳斯：《回归古典政治哲学——施特劳斯通信集》，朱雁冰、何鸿藻译，华夏出版社2006年版，第5页。

② Leo Strauss, Spinoza's Critique of Religion, Translated by E. M. Sinclair, New York: Schocken Books, 1965, p. 38.

③ Leo Strauss, Spinoza's Critique of Religion, Translated by E. M. Sinclair, New York: Schocken Books, 1965, p. 276.

动机扩展到了所有人。之所以会发生这样一种调整，是因为启示宗教不可避免地与政治共同体发生了关联，对启示宗教的反抗就必须得采取一种政治造反的形式。原初的伊壁鸠鲁不会导致一种社会改造运动，但启蒙运动本质上就是这样一种运动。正因为如此，柏克才会说老伊壁鸠鲁派原本毫无进取之心，但是“晚近以来，他们变得积极主动、教化诡谲、野蛮狂暴而富于煽动性”。(NRH，170)

现代启蒙运动对伊壁鸠鲁的动机的继承和转化势必要影响到现代启蒙哲人在批评宗教时的彻底性，记住这一点将有助于我们更好地理解这场战斗。

三 对启蒙运动的宗教批判的批判

现代启蒙运动起源于对启示宗教的批判，这一过程首要地由被开除了教籍的犹太人斯宾诺莎的宗教批判开始。① 在施特劳斯看来，斯宾诺莎的宗教批判是“在犹太教内部对于正统进行攻击的经典文献”，同时他也提供了一个用以检验启蒙运动摧毁所有正统（犹太教和基督教的）是否成功的可能性。

那么斯宾诺莎是如何批判启示宗教的呢？施特劳斯认为，斯宾诺莎并没有通过系统论证来驳斥启示，而是通过某种特殊的修辞手段获得了驳斥的表象而已。② 他只是“嘲笑和奚落”了正统论。③ 现代启蒙运动的宗教批判专注于驳斥启示主张的外在意义，而绝少关心启示的内在意义。这就是为什么启蒙运动的宗教批判总是如此倾心关注奇迹的现实性、圣经中的语词灵感、律法的不可改变的特性以及其他诸如此类的教义，因为这样做恰恰可以使信仰丧失信誉。④

所谓“系统论证”就是要求能够提供证据证明这个世界和人类生活

---

① Leo Strauss, “Progress or Return?” in An Introduction to Political Philosophy, Wayne State University State University Press, 1989, p. 251.

② Leo Strauss, Spinoza's Critique of Religion, Translated by E. M. Sinclair , New York: Schocken Books, 1965, p. 143.

③ Leo Strauss, Spinoza's Critique of Religion, Translated by E. M. Sinclair , New York: Schocken Books, 1965, pp. 28 – 29.

④ [法] 丹尼尔·唐格维:《列奥·施特劳斯思想传记》，林国荣译，吉林出版集团 2011 年版，第 196 页。

没有一个神秘的上帝的假设也能得到完美的理解，它进而要求人类要能够凭借理性提出一个完整的哲学体系来完整地解释这个世界。人类必须在理论上和实践上显示自己为世界的主人和他们自己生活的主人，那仅仅被给定的世界必须被人类创造的世界所取代。[①] 但是这进一步意味着我们必须拥有关于整全的完美知识，亦即我们知道整全的每一个部分，我们才能确定不存在施行奇迹的上帝。

施特劳斯宣称，只有一种方式处理启示的可能性：必须能够证明上帝不是神秘的，或者证明我们拥有对于上帝的本质的充分知识。实际上施特劳斯认为现代自由思想的根基就是自然神论——即认为上帝的本质是可以被认知的。[②] 在施特劳斯看来，这种企图实际上是要变更耶路撒冷与雅典之间的深刻对立，这是现代哲学隐秘的起点。[③] 如前所述，在尼采的超人哲学中我们看到了这种企图发展的最高峰。

然而这在根本上是不可能的，因为人类的理性是有限的，而整全的根基总是神秘的。[④] 对于这个神秘的整全，人类只能拥有追问智慧的爱欲，但却终究不可能获得关于整全的完整智慧。斯宾诺莎虽然试图建立一个包罗万象的体系，以此来反驳启示，不可测度的上帝在这个体系中找不到任何存在空间。但是他最多只能承诺一个遥远的未来，通过人类的智识进步，终有一天我们将能够完全理解我们所在的这个世界。对启示宗教的攻击必须是与进步的信仰（无论它是一种事实抑或仅仅是一种可能）相联系的。[⑤] 但这种进步主义的信念本质上是无根基的。

因此在施特劳斯看来，现代启蒙运动的哲人对启示或宗教正统的拒斥是不成功的，也是不可能成功的。因此现代哲学试图通过驳斥神的启示而结束哲学与神学之争是远远不可能兑现的。事实上，现代哲学试图通过将

---

① Leo Strauss, Liberalism Ancient and Modern, Chicago and London: The University of Chicago Press, 1968, pp. 254 - 255.

② [美] 列奥·施特劳斯:《神学与哲学的相互影响》，载《信仰与政治哲学：施特劳斯与沃格林通信集》，谢华育、张新章等译，华东师范大学出版社 2006 年版，第 315 页。

③ [美] 艾伦·布鲁姆:《纪念施特劳斯》，载刘小枫编《施特劳斯与古典政治哲学》，上海三联书店 2002 年版，第 328 页。

④ Leo Strauss, The City and Man, Chicago and London: The University of Chicago Press, 1964, pp. 19 - 21.

⑤ Leo Strauss, The Living Issues of German Postwar Philosophy, in Leo Strauss and The Theological-Political Problem, and Other Essential Texts, Cambridge University Press, p. 123.

哲学转变成一种系统的确实性来达到这一目的的种种不成功的努力，只不过使人们对无知的意识更加模糊，或是破坏了这种意识。① 或者说它只是武断地把一切未经理性检验的东西都斥之为迷信，把一切对于神性事物的接受都当作是未成熟的状态。哲学本来是从意见到知识的升华运动，但是现在却变成了“一种反对一切偏见的偏见”。

四　诸神大战——事实抑或教条?

通过对现代启蒙运动的宗教批判的批判，施特劳斯实际上揭示出了“上帝并没有死”，或者说实际上它也不可能这么容易死。这无疑是一个相当严重的推论，因为它将危及那些在我们今天已经被当作毋庸置疑的前提：诸神大战、价值多元。

今天几乎所有的社会科学家、政治哲学家都认为价值多元乃是一个不争的事实，以至于“不敢面对这样雄辩的历史事实，甚至妄想加以改变，当然有失政治哲学的切实踏实职责”。② 不仅如此，以赛亚·柏林更是认为，只有在一个各种目标相互冲突的社会中，政治哲学在原则上才能成立。然而诸神大战、价值多元真的就是一个不争的事实抑或只是教条?

似乎我们所有人都成了扎拉图斯特拉的信徒，“满心欢喜”地接受了他带给我们的关于上帝死了的消息。所有的上帝都死了，因为我们人类第一次认识到了所有的上帝都只不过是人类自由地创造和筹划。上帝死了这句话意味着上帝曾经存在，而它的存在完全取决于我们对于它的盲目信仰。认识到这一真理，我们将不再有可能继续信仰上帝。③ 除非我们因为懦弱而自欺欺人。

然而所有那些接受了尼采的“启示”（这个词在这里听起来是如此荒谬）的后现代人都没有意识到尼采所说的上帝（所有的上帝）是已经被启蒙运动修正过了的上帝，是一个终究可以被人类所认知的自然神论意义上的上帝。他们从来不会试图回到已经被他们遗忘了的现代启蒙运动的前

① Leo Strauss, Studies in Platonic Political Philosophy, Chicago: University of Chicago Press, 1983, pp. 149 - 150.

② 钱永祥：《为政治寻找理性——〈当代政治哲学〉中译本前言》，载金里卡《当代政治哲学》，刘莘译，上海三联书店 2003 年版，第 9 页。

③ ［美］列奥·施特劳斯、约瑟夫·克罗波西主编：《政治哲学史》上、下册，河北人民出版社 1993 年版，第 993 页。

辈哲人们对于启示宗教的批判现场，因为他们已经是后现代的子民，启蒙运动已经过时了。施特劳斯的工作一定是让他们感到尴尬甚至气愤的，他竟然宣称（施特劳斯从来没有这样宣称）了上帝的复活，他竟然认为有一个绝对的价值。

他们的这种气愤不是一个理论的气愤，（因为他们认为上帝的问题早就在理论上一劳永逸地解决了）而是一个道德的、政治的气愤，因为上帝的复活是与宽容不相符的，也是与自由民主制不相符的，它意味着对每个人私生活的干涉。当年斯宾诺莎试图在理论上否定上帝以为哲学的自由探究、自由民主的事业开辟道路，今天躲在自由民主的大树下乘凉的后人们已经忘记了先人栽树时的艰辛以及艰辛背后可能隐藏的问题。今天我们已经很大程度上实现了斯宾诺莎的追求：国家保持中立，每个人都有权选择信或者不信以及信什么，唯独有一点不可以不信，那就是诸神大战、价值多元。信不信这个甚至已经成为一个人讲不讲道德甚至野蛮还是文明的标志。①

施特劳斯认为，存在诸多价值乃至它们之间相互冲突并不必然就导致它们之间的冲突是理性无法解决的，更不必然意味着不存在终极的、绝对的价值。这就相当于历史主义者借助所谓历史经验，即历史上存在多种多样的对于“正确”与“错误”的知识，但这并不就能证明所有的知识都是历史的、相对的。（NRH，10）它最多只是告诉我们，在这样一些重要的问题上我们是无知的。而认识到这样一种无知正是哲学追问的真正的自然的起点，这种灵魂的冲动把我们引向的就是“什么才是真正的正确”、“什么样的生活才是最好的生活”。然而本来是作为哲学起点的一个东西，今天它却变成了哲学追问的终点。

不得不说，对于一个已经被启蒙了的人、一个成熟了的人这是非常有诱惑力的，因为它披着怀疑主义的外衣。然而这只不过是已经被政治化了的哲学的最新成果，而且有可能是最后的成果，它取消和排除了哲人超越于政治之外寻求最终的完善的可能性和必要性。因此这是一种披着怀疑主义外衣的教条主义，是哲学在今天的真正对手。

---

① Leo Strauss, The Rebirth of Classical Political Rationalism: An Introduction to the Thought of Leo Strauss, Selected and Introduced by Thomas L. Pangle, Chicago and London: The University of Chicago Press, 1989, p. 17.

五　结语

综上所述，现代理性主义的危机和存在主义神学的复兴重新开启了再审理性与启示之争的契机，施特劳斯为了重新评估和理解这种冲突，回到了现代启蒙运动的宗教批判的现场。施特劳斯认为现代启蒙运动的哲人们远没有一劳永逸地解决理性与启示之争的问题，因为他们不能提供一套完整的解释体系以排除全能的上帝的可能性。这意味着上帝并没有死，也不可能那么容易死。这一推论带来的重大后果就是我们必须重新思考在今天被认为是毋庸置疑的前提的诸神大战、价值多元的教条。

当然必须指出恢复上帝的可能性（以至于很多人把施特劳斯等同于神学）并非施特劳斯的最终目的，也不是在理性主义已经衰微的年代里还落井下石，更不是一个政治目的（以至于被人们认为反民主），而仅仅是为了恢复理性与启示之争的原初含义。因为施特劳斯认为西方危机的最深刻根源在于：现代理性主义在失去了自己的对手之后走向了自我毁灭。只有重新恢复理性与启示之争的原初含义，才有可能重新为理性奠基。

第二节　“耶雅之争”与神学—政治问题

我们正在进入一个争议颇多但是又非常关键的问题领域，这就是施特劳斯如何理解和对待理性与启示之争。（施特劳斯有时候用耶路撒冷与雅典之争的比喻来取代理性与启示之争）之所以非常关键，是因为它不仅关系到我们如何理解哲学的真实处境，而且还关系到我们如何认识政治的命运；不仅关系到古典哲学如何转变为古典政治哲学，而且关系到现代政治哲学的内在问题如何最终导致现代哲学的危机。

而之所以说它争议颇多，是因为不同的人对于施特劳斯在这个问题上的态度的理解截然不同。Michael Zuckert 就认为在雅典与耶路撒冷之争问题上，施特劳斯派至少分裂成了四种立场：第一种是所谓理性主义者，以 Thomas L. Pangle 和 Allan Bloom 等所谓“东岸派”成员为代表，他们认为理性最终可以拒绝启示；第二种是所谓决断主义者，以 Lawrence Lampert 和 Stanley Rosen 等人为代表，他们否认哲学能够拒绝启示，因此宣称施特劳斯只是任意地武断地决定选择哲学；第三种是所谓 zetetic（探询、怀疑）苏格拉底式施特劳斯主义者，以 Marc Guerra 为代表，他们认为施特劳斯始终坚持认为哲学不能拒绝启示的可能性，但是施特劳斯找到了理性地证明选择哲学的正当性而不需要拒绝启示的方法；第四种是所谓信仰型的施特劳斯主义者，以 Harry Jaffa 和 Susan Orr 等所谓“西岸派”成员为代表，他们认为施特劳斯在启示与理性之争问题上的立场开启了通往信仰之路。①

尽管如此，我们并不试图去呈现和评论各种施特劳斯主义者在这个问题上的态度的利与弊。相反，我们将努力靠近施特劳斯主义之前的施特劳斯，亦即施特劳斯理解自身的那种理解。而且我们将始终将这个问题与古今之争相联系，因为只有这样我们才能把施特劳斯对这个问题的理解与他所立足的古典政治哲学以及他所面对的现代性困境联系起来，这样才能更准确地把握施特劳斯的意图。

一 理性与启示之争

施特劳斯在对韦伯的分析中这样展开理性与启示之争：“没有了光明、指引和知识，人是无法生活的；只有具备了对于善的知识，他才能找寻他所需要的善。因此根本的问题就在于，依靠他们的自然能力来进行孤立无助的努力，人类是否能够获得有关善的知识——没有了这种知识，他们就不能个别地或集体地指导自己的生活；或者，他们是否需要依赖于有关天启的知识。没有什么选择比这更为根本：人的指引还是神的指引”。(NRH，75)

这是一种带有浓厚人类学色彩的铺陈方式，它不仅使得这种选择极为根本，而且极为迫切，因为它关系着人的最终关切：什么是最终的善？什么是美好的生活？如何才能达致幸福？正是在这样一个共同的问题之上，理性与哲学才分道扬镳的。哲学与启示都有一个共同的目的：阻止人们绕开最重要的问题——何谓正确的或美好的生活。② 对这个共同点的强调无论如何都不会过分，因为我们今天要么认为它根本没有答案，要么认为它不再重要。因此我们也就让自己得以逃避那根本性的选择。

---

① Michael Zuckert，“Straussians”，in Steven B. Smith，Reading Leo Strauss：Politics，Philosophy，Judaism（Chicago：University of Chicago Press，2006），pp. 265 – 275.

② ［德］迈尔：《隐匿的对话——施密特与施特劳斯》，朱雁冰、汪庆华等译，华夏出版社2002年版，第166页。

但是施特劳斯要做的却是要将这种根本性选择再度呈现在我们面前，并且要极力将它们之间的冲突推向极端，让它们处于一种谁也无法真正驳倒谁的境地：对于哲学来说，它受到爱欲的驱使，渴望获得关于整全的智慧。哲学要求追问和认识的自由。但是启示却宣称它已经完整地拥有了哲学上下求索的东西，不受任何限制，也没有任何扭曲。也就是说它预先就满足了人心中推动哲学或认识真理的那种最内在的渴求，并将这种渴求本身当作一种自由的渴求彻底否定掉。[①] 哲学如果要否定这种宣称的可能性，如上一节所述，它必须能够提供完整地对于这个世界的解释体系，在这个体系中没有神秘的上帝的位置。

而对于启示来说，它根本地是受到对于上帝的畏惧的驱使。启示要求人类谦卑地顺从至高无上的权威。但是启示也没有办法完全驳倒哲学，因为启示对于人类理性来说是完全外在的、客观的，它不是理性认识的对象，甚至也不是人类灵魂能够经验的东西，它永远无法强迫孤立无助的理性认同它。因此启示之于哲学无异于一种不能明证的可能性，作为一个哲学家，他拒绝上升到不能明证他面前的任何东西。只有在预先假定了对于天启的信仰之后，所有有利于天启的论证看起来才站得住脚，才有可能驳倒哲学。“只要我们说我们先要听一听，然后再作出决定，我们就已经选择了雅典，并对抗耶路撒冷。”[②]

我们还可以从亚伯拉罕和苏格拉底这样两个典型人物中更直接、更清楚地看到理性与启示之争的尖锐性。圣经所要求的谦卑的顺从在亚伯拉罕身上得到了清晰的体现。上帝命令亚伯拉罕献祭自己的儿子以撒，亚伯拉罕尽管并不理解上帝出此命令的意义何在，但仍然遵从了此一神圣诫命。而苏格拉底对德尔菲神谕的反应则代表了哲学生活所要求的自由地探询。苏格拉底并不认为阿波罗所谓苏格拉底乃是最聪明的人的判断是最终极的判断，相反苏格拉底通过与各种被认为是最聪明之人的对话来检验这种判断。这是一种凭借人类理性的检验，它取代了盲目的服从。

---

① ［德］迈尔：《古今之争中的核心问题：施密特的学说与施特劳斯的论题》，林国基等译，华夏出版社 2004 年版，第 200 页。

② Leo Strauss, Studies in Platonic Political Philosophy, Chicago: University of Chicago Press, 1983, p. 150.

所以理性与启示之争本质上无法解决：所有宣称对启示的拒斥，都预设了对启示的不信；而所有宣称对哲学的拒斥，也预设了对启示的信仰。[①] 而且理性与启示之争也无法调解或综合，在每一次调和的努力中，在每一次无论多么深刻的综合中，总有一个要为另一个牺牲掉。在尼采的超人哲学中我们看到了这种最高的融合，但是哲学已经完全失去了它原初的含义。

不过施特劳斯在分析韦伯时有意地将胜利的天平向启示倾斜，因为理性与启示不能相互驳倒这样一个事实是有利于天启而非有利于理性的。因为天启已经宣称它一劳永逸地解开了根本性的谜底，它掌握着终极的智慧，那么承认天启的可能性，也就等于承认了哲学的探询不再必要了，哲学化的生活也就并不必定是、也不理所当然地是正当的生活了。（NRH, 76）哲学的努力是建立在充分理性的原则基础之上的，也就是说理性的哲学生活需要理性的证明；而启示虽然也没有充分的证据证明自身，但是这对于启示来说并非是至关紧要的，因为启示本来并不需要借助理性的证明。正是因为认识到了这一点，才使得韦伯断定哲学的观念有着致命的弱点，现代理性主义才会深陷危机之中。

这样看来，启示胜利了，施特劳斯最终站在了启示一边。很多人也是这样理解施特劳斯的最终立场的。但是同样显然的是施特劳斯这么做就是为了凸显出韦伯所陷困境的根本原因所在，即他像所有现代哲人一样都把哲学当作一种体系，这个体系可以解开存在之谜。只有这样哲学才能取代上帝并进而实践化、政治化。

那么施特劳斯的最终立场是什么呢？笔者认为施特劳斯最终是通过一种可以称之为“探询式怀疑主义”的哲学来为哲学生活做理性的捍卫的，这种“探询式怀疑主义”可以在承认启示的可能性的同时（需要再次强调“在承认启示的可能性的同时”而非否认启示的可能性）为哲学生活的正当性辩护。因此施特劳斯最终没有让任何一方战胜另一方，而是始终保持了这两者之间的永恒张力。

下面我们就进而论述施特劳斯所谓的“探询式怀疑主义”。

---

① ［美］列奥·施特劳斯：《神学与哲学的相互影响》，载《信仰与政治哲学：施特劳斯与沃格林通信集》，谢华育、张新章等译，华东师范大学出版社 2006 年版，第 318 页。

二 探询式怀疑主义

施特劳斯认为，哲学与启示之间的冲突并不必然导致哲学的自我瓦解。现代哲学之所以会有这样的厄运，是因为它骨子里是教条主义的[①]，因为它自认为应该并且能够从根本上解决存在之谜，这意味着它最终能够战胜启示和一切蒙昧。一旦在历史主义的影响下认识到启示的可能性之后，现代哲学就认为已经不再能够为自己的根基提供清楚而明确地说明。

但是现代哲学并非哲学的完美形式，它“是建立在对古典哲学的不充分理解之上的。”[②] 在施特劳斯看来，“古典哲学本身不是独断论的，也不是怀疑主义的，更不是‘决断论’的，而是探究式的。哲学本身不是别的，就是对问题的真正意识，此处所谓的问题就是那些根本性的和总括性的问题。”[③] 因此古典哲学并不试图像现代哲学所宣称的那样发展出一个包罗万象的宏大体系，而是满足于并且止步于对存在之谜的认识和表达。它也寻求答案（如果不是为了获得答案，就不会有追问问题的动力），但它却对任何答案的成问题性有着清晰的认识。因为古典哲学清楚地认识到人类在最根本问题上是无知的，哲学对于整全的沉思将是永无止境的。哲学只是对智慧的爱，但并不拥有智慧。[④] 但是这并不会导致哲学的失败，因为最紧迫的问题，不允许悬置判断的问题是关于我们该如何生活的问题。现在这个问题已经由这样一个事实解决了，那就是苏格拉底他是一个哲人，作为一个哲人，他知道我们对于最重要的事情是无知的。正是这个无知的有充分证据的事实，充分证明了对于最重要的事情的知识的追求就是最重要的事情。（NRH，36）这当然是在属人范围内的证明，它并不能构成对启示的可能性有效否定。正如苏格拉底对雅典公民们所说的，他并不试图否定他们所相信的神，他只是不理解这些，他拥有的只是属人的智慧。

---

① Nasser Behnegar, Leo Strauss, Max Weber, and the Scientific Study of Politics, Chicago and London: The University of Chicago Press, 2003, p. 121.

② Leo Strauss, Introduction to Political Philosophy: Ten Essays by Leo Strauss, Selected and introduced by Hilail Gildin, Detroit: Wayne State University Press, 1989, p. 300.

③ Leo Strauss, On Tyranny, The Free Press of Glencoe, 1963, p. 196.

④ Leo Strauss, "What is Political Philosophy?" The Journal of Politics, Vol. 19, No. 3 (Aug., 1957), p. 367.

因此，只有探询式怀疑主义的哲学，才能够容许并且维持哲学与启示之间的冲突的存在，接受启示的可能性非但不会导致哲学的失败，反而能够成为哲学继续追问的不竭动力。如果不是对一种高于属人的智慧的可能性的意识，就不会有永不止息的哲学探询，哲学就一定会沦为怀疑主义。因此可以说，哲学自始至终都是与启示联系在一起的。没有启示，哲学也将无从产生；如果启示被认定为失败了，那么哲学也将最终瓦解。这就是为什么施特劳斯一再强调，耶路撒冷与雅典的对立是西方生命力的源泉，西方传统不准许对它的两个要素进行综合，而只准许它们之间张力的存在。[①] 这样对于启示的信仰就是理智地认识到理智的局限性之后的产物，是对一种无法否认的可能性的理智认可，因此就不是如韦伯所说的“对天启的信仰只不过是对荒谬之物的信仰”。(NRH，60)

但是满足于对存在之谜的认识和表达的探询式怀疑主义哲学将意味着一种纯理论的生活方式，一种不献身于任何理想或事业的生活方式。[②] 而这样的生活方式恰恰是接受了尼采、韦伯的洗礼之后的我们所不能接受的，因为这种生活是没有“生机”、没有激情的。作为一种生活方式的哲学无论如何都被认为是无法理解的，关于这一点我们将在下一章中展开详细论述。

三　神学—政治问题

只有当理性与启示之间的冲突重新恢复的时候，神学—政治的问题的原初含义才能出现，进而古典政治哲学的原初视野才能得到呈现。神学—政治问题几乎已经是公认的贯穿施特劳斯一生的一个问题，因为这一点得到了施特劳斯自己的亲口证明。[③] 但是笔者并不认为这个问题的产生以及真实意义已经得到了准确地认识和清晰的表达，因为笔者认为人们并没有真正理解施特劳斯的这一主题与其他主题比如古今之争、哲学与政治之争等的关系。笔者认为神学—政治问题只有在理性与启示之争的背景下才能

① ［美］列奥·施特劳斯：《修昔底德：政治史的意义》，载《古典政治理性主义的重生——施特劳斯思想入门》，郭振华等译，华夏出版社 2010 年版，第 129 页。

② Leo Strauss, Spinoza's Critique of Religion, Translated by E. M. Sinclair, New York: Schocken, 1965, pp. 10 – 11.

③ ［美］列奥·施特劳斯：《剖白——施特劳斯与克莱恩的谈话》，何子健译，载《苏格拉底与现代性问题》，第 267 页。

得到更好的理解，而古今之争则只有在理解了神学—政治问题之后才能获得理解。因此，此时此地是澄清我们对神学—政治问题的理解的恰当地方。

所谓神学—政治问题指的是哲学（也就是人类理性的探究）所必须面对的永恒的也是根本的问题，神学与政治都是哲学的对手，但真正的、根本的对手是神学。政治永远都需要或渴望一种神学站在它的身后，因为神学与政治是天然的盟友，因为政治生活所需要的确定性可以在神学中得到最终极的满足。一个稳定健康的政治生活永远都需要教条主义的支撑，而神学就是最明目张胆的教条，它直接击中了人类天性当中的一个重要组成部分。（NRH，22）

哲学要面对的就是这样一种神学—政治联盟的自然处境，它是哲学生长的自然的土壤。在哲学出现之前，善的被等同于祖传的，而祖先流传下来的传统乃是由诸神所创立的。（NRH，81－87）祖传的神圣法典对于一个政治共同体来说是权威性的。对于这种神学—政治权威的反抗正是哲学的真正起点，它要寻求一种区别于祖传的好的自然的好。正是在这个意义上，哲学的探究不可避免地具有了政治的意义，并且与政治秩序构成了尖锐的紧张关系，这个时候古典政治哲学就诞生了（下面两章中将有更加详细地分析这个过程）。

而现代启蒙运动的政治哲学试图通过批判启示宗教来把政治从神学的束缚中解放出来，试图一劳永逸地取消神学—政治的问题，并代之以哲学与政治的联盟，这势必要求哲学与神学一样提供确定性，而这是与哲学探询的本性相违背的。一旦哲学不再追问而是躺在确定性的大床上呼呼大睡，哲学就已经不再是哲学，而成了教条了。一种教条主义哲学的生命力只能取决于它与之结盟的政治的生命力，一旦启蒙运动的政治蓝图瓦解了，现代政治哲学的危机就演变成了哲学的危机。

因此说，古典哲学因为认识到无法驳倒启示的可能性，它就必须一直面对并处理来自神学—政治问题的挑战，哲学虽然为此付出了代价（比如隐微写作），但却因此获得了一个稳固的自然的根基，成为哲学生生不息的源泉。而现代哲学因为相信可以驳倒启示的可能性，它就试图用哲学来处理政治的问题，哲学虽然因此获得了空前的成功（它在今天几乎取得了类似于国教的地位），但却因此失去了自己赖以生存的土壤。

我们到底怎样来评价这两笔交易呢？古代人的合算，还是现代人的合算？

四 古今之争抑或古今融合

论述至此，我们已经到达了古今之争的原始战场上，正是在如何理解和对待理性与启示之争的问题上，现代人与古代人分道扬镳了。一种相信自己能够驳倒启示的可能性的哲学和一种不相信自己能够驳倒启示的可能性的哲学：这是古今之争的真正意义。也是从这一焦点出发，现代人和古代人在如何对待神学—政治问题上采取了截然不同的策略。从源头上重审古今之争，才有可能让我们看清现代人的处境如何、困惑何在，并从古典思想中获得补救的资源。[①] 需要强调的是，我们必须回到古今之争的源头上去，才有可能让古今之争真正获得当代意义。

但是，我们今天存在着一个巨大的思想冲动，那就是要调和古今之争。因为很显然人们会认为古代和现代各有利弊，比如说古代人强调美德，这当然有利于克服今天的虚无主义问题；而现代人强调分配正义，这当然有利于纠正古代人对平等的缺失。于是我们要找到一个融合古今甚至超越古今的更大的视野，以便集古今之所长，避古今之所短。

乍看之下，这一计划是极其激动人心的。但是笔者认为急于寻找古今融合之道的冲动是需要警惕的，除非我们已经如其所是地理解的古今之争以及古代和现代的原貌。凡是寻求古今融合，都假定了古代和现代的视野都是有缺陷的，并且因此它们所开出的药方都是有着或多或少的毒副作用的。因此融合古今之道的方法就是找到一个超越于古今之上的整全视野，尽管是否真正的整全恐怕很难说，但至少能够比古今更整全就可以了。这样理解的古今之争是两种有缺陷的视野之争，就像有人只看到了茶杯的前面，另一个人只看到了茶杯的后面，我们需要一个同时能看到前面和后面的视野。

但是，古今融合极有可能扭曲了古代和现代的视野，或者更干脆说，古今融合作为一种当代处境下的融合，更有可能扭曲了古代的视野，其结果极有可能是对古代视野的狭隘化。而强调古今之争是站在了古典的视野基础之上来看待现代，然而这不会导致对现代的扭曲，因为古代的视野本

---

① Leo Strauss, What is Political Philosophy and Other Studies, Glencoe: The Free Press, 1959, p. 172.

来就是一个整全的视野，这个视野展现了人类面临的永恒的根本的问题，（这一点当然会被深受海德格尔所影响的人所批判）比如耶路撒冷与雅典之争、神学政治问题。而现代的视野是古代视野狭隘化之后的产物，是以对永恒问题的消解和遗忘为代价的。施特劳斯告诉我们“从一种更高的、整全的视野来看待一个相对低的、被狭隘化了的视野，就不会像从低处向高处看那样扭曲高处”。[①] 当然，这并不意味着我们要用古代的方法直接运用于今天的现实，这不但不可能而且不可取。我们是要借助古代人的视野来查看今天我们所遭遇的问题，以寻求合适的解决之道。而在我们作出这个判断之前，我们需要如其所是地理解古代人的智慧。历史主义者当然认为这是不可能的，而施特劳斯就是试图通过对政治哲学史的爬梳，重新找回一种整全的视野，这一视野以一些永恒性的问题为旨归。

总之，在我们透彻理解了古今之争之前，我们最好不要那么急于寻求古今融合之道。否则我们就不会有充足的动力向古人学习，更难以对我们所身处的时代的诸多教条保持足够的警惕。施特劳斯绝非简单地厚古薄今，毋宁说他更大的兴趣在于重新激发人类灵魂中渴求完美的那种冲动。

第三节 哪个上帝？真的死了？——论施特劳斯对现代哲学教条主义倾向的批判

一 问题的提出[②]

如果说一百多年前尼采借助疯子之口宣称上帝死了还为时过早的话，那么一百多年后的今天，上帝死了这件“大事”可谓已经妇孺皆知了，而且它几乎成了所有政治社会思潮的想当然的前提。可以说，在我们这个时代，谁如果还想诉诸上帝来思考人类社会的问题，即使不是居心叵测，也是政治“不成熟”的表现。[③] 而且，据说，谁要是不承认这个前提，就

① Leo Strauss, “Preface to Spinoza's Critique of Religion,” in Liberalism Ancient and Modern, Chicago and London: The University of Chicago Press, 1968, p. 225.

② 本节内容曾经全文发表于《哲学研究》2013 年第 2 期。

③ Isaiah Berlin, Two Concepts of Liberty, in Four Essays on Liberty, New York: Oxford University Press, 1969, p. 172.

没有资格谈论政治哲学。[①]

但是，在人们想当然地引用尼采的宣言之时，很少有人清楚地回答“上帝是怎么死的”这个问题，更很少有人提出这样的质疑：“被杀死的究竟是哪个上帝？”以及“上帝真的死了吗？”在尼采之后，人们更多地只是在思考上帝死了之后人类如何自处的问题。

然而，这两个问题真的如此不值一提吗?！还是说，我们可能被一些根深蒂固的教条所蒙蔽，以至于忽略了根本性的问题?！列奥·施特劳斯在这两个问题上带来了根本性的挑战。他认为“反神学的怒火”是现代性隐藏得最深的激情[②]，它隐藏得如此之深，以至于我们今天想当然地认为这把火已经一劳永逸地烧死了宗教的上帝。然而要知道上帝是否真的被杀死以及是如何被杀死的，我们就必须透过尼采，并进一步回溯到现代启蒙哲学与正统神学相互斗争的战场上，看看现代启蒙哲学对正统神学的批判究竟是否以及在何种程度上取得了胜利。[③]

本书的任务就是尽可能清晰地梳理现代启蒙运动以来的宗教批判，并借此凸显出隐藏在现代哲学背后的教条主义倾向，重新点明人类所面临的根本性问题的极端重要性。

二　透过尼采——信仰的上帝之死

众所周知，尼采并非是第一个宣称上帝死了的人（黑格尔早在 1802 年就说过），但他的确是将这句话撒向全世界的最有影响力的、最彻底的哲学家。因此，让我们首先来考察尼采所说的上帝之死。

尼采第一次宣称上帝死了是在《快乐的科学》一书中，他借助疯子之口说出了这番话：“上帝哪儿去了？让我告诉你们吧！是我们把他杀了！是你们和我杀的！咱们大伙儿全是凶手！”[④] 由此可见，人们实际上

① 钱永祥：《为政治寻找理性》，载金里卡《当代政治哲学》，刘莘译，上海三联书店 2004 年版，第 9 页。

② Leo Strauss, Liberalism Ancient and Modern, Chicago and London: The University of Chicago Press, 1968, p. 201.

③ Leo Strauss, "Preface toHobbes Politische Wissenschaft," in Leo Strauss, Jewish Philosophy and the Crisis of Modernity: Essays and Lectures in Modern Jewish Thought, State University of New York Press, 1997, p. 453.

④ ［德］尼采：《快乐的科学》，黄明嘉译，漓江出版社 2000 年版，第 151 页。

已经（请注意这里的 getoedtet 是过去分词[①]）谋杀了上帝，只不过他们还没有意识到；教堂已经变成了上帝的坟墓，可人们还要到那里去祈祷。

那么这是一个怎样的上帝呢？尼采说：这是一个“多愁善感”的，并且对人类充满了“无限同情”[②] 的上帝。它已不再是启蒙运动之前的正统神学所理解的那个富有神秘色彩的、令人恐惧的上帝，而是基督教的作为信仰对象的、令人爱的上帝，它是被启蒙运动以来的现代宗教哲学主观化、内在化了的上帝，它只是一个自然神，是终究可以为人类理性所认识和把握的神。[③]

这绝非偶然。可以说，自现代启蒙运动以来，上帝的存在就已经被完全“内在化”了，一个具有“绝对现实性”的上帝也就完全蒸发了。启蒙运动的特征即在于这样一个事实：它使得上帝之善优先于正统的上帝的权力、荣耀和惩罚性的愤怒；对于启蒙运动而言，上帝主要不是命令性的、呼召性的上帝，而是慈爱的上帝。[④] 正是这样一个慈爱的上帝符合了自我主体的要求，也正是这样一个被内在化了的上帝从一开始就注定要走向死亡，而这正是尼采批判现代启蒙运动的无神论的要害所在。

尼采打入了信徒的信仰体验当中，并且就此来了个釜底抽薪。在他看来，上帝的观念只不过是权力意志的产物。人类对于上帝的信仰只不过是人们在解释自然现象时由于智力不济所发生的错误[⑤]，也就是说，上帝只不过是人类的作品，是聪明人创造出来然后给“愚蠢的人”提供的一个自我欺骗的避难所。当人类认识到这一点的时候，所有对于上帝的、“客观的、超历史的精神价值”[⑥] 的信仰都将变得毫无根据了。

因此，尼采认为，他的这种釜底抽薪式的宗教批判相对于他之前的所

---

① 俞吾金：《究竟如何理解尼采的话“上帝死了”》，载《哲学研究》2006 年第 5 期。

② ［德］尼采：《尼采注疏集：扎拉图斯特拉如是说》，刘小枫编，黄明嘉、娄林译，华夏出版社 2009 年版，第 160 页。

③ ［美］列奥·施特劳斯：《神学与哲学的相互影响》，载《信仰与政治哲学：施特劳斯与沃格林通信集》，谢华育、张新章等译，华东师范大学出版社 2006 年版，第 315 页。

④ ［美］列奥·施特劳斯：《〈斐多〉引言》，转引自 David Janssens，The Problem of the Enlightenment：Strauss，Jacobi，and the Pantheism Controversy，The Review of Metaphysics，Vol. 56，No. 3（Mar.，2003），p. 622。

⑤ ［德］尼采：《快乐的科学》，黄明嘉译，漓江出版社 2000 年版，第 167 页。

⑥ Thomas L. Pangle，The Roots of Contemporary Nihilism and Its Political Consequences According to Nietzsche，The Review of Politics，Vol. 45，No. 1（Jan.，1983），p. 65.

有宗教批判都要来得彻底，它构成了现代无神论史上的“转折点”。因为在他之前的所有宗教批判都是出于功利的目的，并且都是一种外在的批判。比如伊壁鸠鲁的宗教批判就是出于对内心宁静的追求，而现代启蒙哲人的宗教批判也是出于对幸福安宁、和平稳定的追求，他们认为宗教是一种幻觉，它妨碍了人类追求此世的真实的快乐。[①] 透过尼采，我们看到了，虽然现代启蒙哲学高扬理性的旗帜，但理性的背后却是一个非理性的意志，是理智不真诚的表现。

而尼采的宗教批判则克服了这一点，因为他的批判是彻底非功利主义的，并且是从宗教信仰的内部展开的。尼采把对上帝的信仰解释成为一种权力意志，这是基于一种彻底的理智真诚，是对宗教信仰体验的自我理智反思，而非出于对心灵宁静或人生幸福的关切。相反，这种理智的真诚要求一种全新的勇敢的美德，要求我们“顶住要人牺牲的巨大考验，勇敢面对可怕的真理，毫不妥协地反对人的自欺倾向”。[②]

这样看来，尼采彻底杀死了基督教的上帝，但是却复活了异教的上帝。[③] 或者说他让一种外在于人的信仰的上帝变得重新可以理解了，上帝又披上了一层神秘的外衣。彻底的理智真诚不仅揭示了现代启蒙哲学理性上的不彻底性，也逼显出了理性本身的局限性。也就是说，现代启蒙运动以来的宗教哲学所理解的信仰体验并非就是原初意义上的宗教体验，尼采的宗教批判就是对这样一种基于错误理解之上的宗教批判的反动。因此，尼采的带有“宗教性”的无神论帮助我们重新回到了现代启蒙运动展开宗教批判的原初战场上，在那里，神秘的上帝还高高在上，而现代哲学的萌芽才刚刚诞生。

三 重返斯宾诺莎——神秘的上帝之死？

现代启蒙哲学起源于对正统宗教的批判，这一过程首要地由被开除了

① ［美］列奥·施特劳斯：《哲学与律法——论迈蒙尼德及其先驱》，黄瑞成译，华夏出版社 2012 年版，第 17 页。

② Leo Strauss, Studies in Platonic Political Philosophy, Chicago: University of Chicago Press, 1983, pp. 178 – 179.

③ 洛维特、沃格林：《墙上的书写——尼采与基督教》，田立年、吴增定等译，华夏出版社 2004 年版，第 121 页。

教籍的犹太人斯宾诺莎开启[①]，正是他试图用对上帝的爱取代对上帝的恐惧。[②] 在施特劳斯看来，斯宾诺莎的宗教批判是“在犹太教内部对于正统进行攻击的经典文献”，同时他也提供了一个用以检验现代启蒙运动摧毁所有正统宗教是否成功的可能性。

首先，我们必须明确的是，相对于尼采而言，斯宾诺莎所面对的是犹太教的上帝，这是一个让人恐惧的上帝，因为它无法为人类理解和把握，它是全知全能的，并且是神秘、不可预测的。而在斯宾诺莎看来，这样一个令人恐惧的上帝将威胁到人类的幸福与安宁，人类将不得不生活在一个令人焦虑的不确定性当中。更重要的是，当哲人面对有人宣称上帝全知全能、不可把握之时，他对知识的追求就将面临来自上帝的永恒惩罚的威胁。[③] 因此出于一种寻求稳靠的意志，就必须首先质疑正统宗教的上帝。[④] 只有驳倒这个神秘的上帝的观念，人类对于理性的信念才能建立起来，哲学才能从上帝的笼罩中解放出来，人类才能凭借理性成为自己生命的真正主宰。

那么，斯宾诺莎是怎样展开对神秘上帝的批判的呢？他只能借助于一种实证的方法，即批判支撑神秘上帝的客观证据，比如奇迹、预言、赋灵的经文等。而斯宾诺莎把他的宗教批判的重点放在了奇迹问题上，因为正是上帝施行的奇迹保证了上帝的神秘性。奇迹作为一种征兆，属于感知和经验的范畴，它是所有人（包括信者和不信者）都可以经验到的。[⑤] 正因为奇迹是发生在经验领域的，所以斯宾诺莎可以用实证的方法去批判正统宗教。

斯宾诺莎认为，相信奇迹的人之所以把某种现象称之为奇迹，是因为他们觉得这种现象是借助超自然的力量才发生的，比如人死而复生。但这

---

① Leo Strauss, An Introduction to Political Philosophy: Ten Essays by Leo Strauss, ed. Hilail Gildin, MI: Wayne State University Press, 1989, p. 251.

② Leo Strauss, Spinoza's Critique of Religion, Translated by E. M. Sinclair, New York: Schocken Books, 1965, pp. 207 – 211.

③ ［美］列奥·施特劳斯：《哲学与律法——论迈蒙尼德及其先驱》，黄瑞成译，华夏出版社 2012 年版，第 23、26 页。

④ Leo Strauss, Spinoza's Critique of Religion, Translated by E. M. Sinclair, New York: Schocken Books, 1965, p. 113.

⑤ ［法］丹尼尔·唐格维：《列奥·施特劳斯思想传记》，林国荣译，吉林出版集团 2011 年版，第 32 页。

种观念背后隐藏的假设是，人们能够知道自然力量的边界，因此才能够知道哪些事情是由于自然原因导致的，哪些事情不是由自然原因导致的。也就是说，是无知导致了人们把某些自然事件理解为奇迹，而随着人们对自然知识的不断进步，人们将有可能驱散一切的蒙昧，所有被称为“奇迹”的东西也将不再称之为“奇迹”。

然而，斯宾诺莎的这一论证是充分有效的吗？在施特劳斯看来，斯宾诺莎的确证明了奇迹的不可知性，但是他远没有证明奇迹的不可能性，因此他的宗教批判最多只是防御性的。也就是说，他只能证明神秘上帝的信仰者所宣称的对于上帝的经验是他所没有经验过因而也没法理解的，但他无法证明这种经验及其对象是不存在的。这是一种从外部来驳斥神秘上帝的策略，因为这样做恰恰可以使对上帝的信仰丧失信誉①，但也仅此而已。

但是，如果要采取进攻性的批判策略以证明神秘上帝的不可能性，就需要一个系统的论证。所谓“系统论证”就是要求能够提供证据，证明这个世界和人类生活没有一个神秘的上帝的假设也能得到完美的理解，它进而要求人类要能够凭借理性提出一个完整的哲学体系来完整地解释这个世界。“人类必须在理论上和实践上显示自己为世界的主人和他们自己生活的主人，那仅仅被给定的世界必须被人类创造的世界所取代。”② 但是这进一步意味着我们必须拥有关于整全的完美知识，亦即我们知道整全的每一个部分，我们才能确定不存在施行奇迹的上帝。

然而这在根本上是不可能的，因为人类的理性是有限的，而整全的根基总是处于神秘之中。③ 对于这个神秘的整全，人类拥有的只能是对于整全的智慧的爱欲，但却终究不可能获得关于整全的完整智慧。斯宾诺莎虽然试图建立一个包罗万象的体系，但是他最多只是“从整体的要素中断章取义，但这个整体并非清楚明白，而且永远也无法对其作出清楚明白的

① ［法］丹尼尔·唐格维：《列奥·施特劳斯思想传记》，林国荣译，吉林出版集团2011年版，第196页。

② Leo Strauss, Liberalism Ancient and Modern, Chicago and London: The University of Chicago Press, 1968, pp. 254 – 255.

③ Leo Strauss, The City and Man, Chicago and London: The University of Chicago Press, 1964, pp. 19 – 21.

描述。"[①] 为了弥补这一缺陷，他只能承诺一个遥远的未来，即相信人类的智识进步，终有一天我们将能够完全理解我们所在的这个世界。[②] 但这种进步主义的信念是徒劳无益的，因为它本质上缺乏理性的根基，理性终究无法用信仰来为其正名。

因此在施特劳斯看来，以斯宾诺莎为代表的现代启蒙哲人对正统宗教的拒斥是不成功的，也是不可能成功的，他只是"嘲笑和奚落"了正统宗教的上帝。[③] 由此，施特劳斯证明了斯宾诺莎与正统宗教的敌对，不是理论上的，而是道德上的。[④] 在理论上，上帝并没有我们相信的那样，已经被一劳永逸地杀死了，对神秘主义的批判至少是一个需要反思的问题；而在道德上，我们没有办法确定，到底应该站在上帝这一边，还是站在人类理性这一边。施特劳斯就这样为我们重启了哲学与神学之争。

四　现代哲学的根基——教条式的怀疑主义

施特劳斯对斯宾诺莎的宗教批判的批判把我们带向了现代启蒙哲学的根基之处，我们看到了隐藏在现代启蒙哲学背后的两种意志，一种是知性真诚的意志，一种是寻求稳靠的意志。知性真诚的意志是使真诚成为人的首要兴趣和动机的意志，而寻求稳靠的意志是指人对于保证自己的生命稳靠的兴趣。[⑤] 尼采的无神论背后的第一动因就是知性真诚的意志，而斯宾诺莎的无神论背后的第一动因就是寻求稳靠的意志。如果说后者推动了现代哲学的诞生，那么前者就宣告了现代哲学的瓦解，这可以说是现代哲学的必然归宿。

因为，当我们发现现代哲学的隐秘的出发点是非理性的意志时，也就是说，现代哲学在其根基处是非理性的，那么以理性主义相标榜的现代哲

① Leo Strauss, Jewish Philosophy and the Crisis of Modernity: Essays and Lectures in Modern Jewish Thought, State University of New York Press, 1997, p. 117.

② Leo Strauss, The Living Issues of German Postwar Philosophy, in Leo Strauss and The Theological-Political Problem, and Other Essential Texts, Cambridge University Press, p. 123.

③ Leo Strauss, Spinoza's Critique of Religion, Translated by E. M. Sinclair, New York: Schocken Books, 1965, pp. 28 – 29.

④ Leo Strauss, Jewish Philosophy and the Crisis of Modernity: Essays and Lectures in Modern Jewish Thought, State University of New York Press, 1997, p. 171.

⑤ ［德］迈尔：《古今之争中的核心问题：施密特的学说与施特劳斯的论题》，林国基等译，华夏出版社 2004 年版，第 215 页。

学就将自我瓦解。可以说，这种“非理性的理性主义”[①] 或者说“虚幻的理性主义”正是现代哲学最隐秘的教条，后现代的非理性主义只不过是这一逻辑一以贯之的产物。

如前所述，现代哲学起源于对宗教偏见的批判，它把一切未经理性检验的东西都斥之为迷信，把一切对于神性事物的接受都当作是“未成熟”的状态。它试图为自身划定一个可资立足的边界（经验实证的领域）来开启自身，以此为基础来获得一个确定性的“幸福岛”。它所借助的方法就是笛卡儿式的普遍怀疑方法，“这种方法为了确保存在的真实性，将之化约为一种无可置疑的可能性条件，进而根据理性的要求来重建存在。”[②] 施特劳斯将此重述为“我们只能够领会我们所能创造的事物。”它（现代哲学）“独断地漠视任何不可能为主体所把握的事物”[③]，其中最典型也最核心的就是对神秘的上帝的武断拒斥。这就是教条主义式的怀疑主义：它怀疑一切未经怀疑的东西，唯独没有怀疑怀疑本身。

在这种教条式怀疑主义的背后，是一种隐秘的信仰，这就是对人类理性的自足的信仰，对人类知识的无限进步的信仰。它认为，人类理性从此可以摆脱神秘的上帝无休止的纠缠，一路高歌猛进。人类将能够完全凭借理性来指引自己的生活，可以说，这是一种理性的“傲慢与偏见”。

但是，人类对自身理性及其力量的迷信，并不是解放了人类，而是使人类更加封闭于自身。它让我们忽略了一个根本性的问题：人的指引抑或神的指引？[④] 这个问题先于所有的理性思考，因为理性思考此时与神的指引一样，处于一个被选择的地位，正是这个选择，构成了人类的根本处境。此处不是一个理论问题，而是一个根本道路的选择问题。

而现代哲学在面临这个处境时，武断地选择了人类理性，以为可以一劳永逸地解决哲学与神学之争，并且让哲学取得决定性的胜利。但这种出

① 施特劳斯：《哲学与律法——论迈蒙尼德及其先驱》，黄瑞成译，华夏出版社 2012 年版，第 4 页。

② David Janssens，The Problem of the Enlightenment：Strauss，Jacobi，and the Pantheism Controversy，The Review of Metaphysics，Vol. 56，No. 3（Mar.，2003），p. 609.

③ Leo Strauss，Natural Right and History，Chicago and London：The University of Chicago Press，1953，p. 30.

④ Ibid.，p. 63.

于自负的努力是注定不可能成功的，它只不过使人们对无知的意识更加模糊，或者是破坏了这种可贵的意识。[①] 古典的哲学正是起源于这种对无知的意识，它认识到在人的指引抑或神的指引问题上人类无法获得一个终极的答案。正是这种对于无知的意识推动了哲学从意见领域向知识领域的升华。而现代哲学却将所有的意见理解为偏见，试图用一个绝对怀疑的基点来取代偏见，其结果只能是流于“对偏见的偏见”。最终，当理性把怀疑的矛头指向其自身时，建立在教条式怀疑主义基础上的现代哲学也就走到了自己的终点。

五　结语

综上所述，施特劳斯启发我们认识到：宣称上帝死了，是我们时代最隐秘的教条，现代启蒙哲学在其起点之处对于神秘主义宗教的批判是需要重新审视的。尼采借助理智真诚的意志从上帝信仰的内部宣告了信仰的上帝之死，预告了现代启蒙哲学的最终瓦解。而信仰的上帝则肇始于现代启蒙运动对正统宗教的批判，正是斯宾诺莎试图以一种追求稳靠的意志驳斥神秘的上帝的可能性。而这在理论上是注定不可能成功的，因为人类理性是有限的，哲学与神学的争论是先于理性思考的永恒问题。因此，可以说，基于一种“谋杀”上帝的意志决断的现代哲学，本质上是具有教条主义倾向的。

但是以上的论述并不能得出这样一个结论，即认为施特劳斯是神学家（来自科耶夫的评价）[②]，似乎在哲学与神学之争的问题上，施特劳斯站在了神学一边。事实上，施特劳斯与其说是在哲学与神学之间作出了简单的选择，毋宁说他的根本意图是在一个后启蒙运动的时代里重新开启哲学与神学的争论，这是我们时代“最高级、最困难”[③] 的问题，也是西方生命

① Leo Strauss, Studies in Platonic Political Philosophy, Chicago: University of Chicago Press, 1983, pp. 149 - 150.

② Michael S. Roth, Knowing and History: Appropriations of Hegel in Twentieth - Century France, Cornell University Press, 1988, p. 134.

③ ［美］朗佩特：《施特劳斯与尼采》，田立年、贺志刚等译，上海三联书店2005年版，第9—10页。

力的最终来源①。只有这个问题重新得到回复，哲学追问的动力以及哲学作为一种生活方式的原初含义②才能得到恰当的理解。

第四节 结语

综上所述，耶路撒冷与雅典之争是人类必须面对的最根本性的选择，它们共同提醒我们不要忘记这个最重要的问题——什么样的生活才是最好的生活？施特劳斯认为耶雅之争没有也不应有一个解决或综合之道，西方文明的生命力就在这无法解决的张力当中。只有从这个地方出发，神学—政治的问题才能得到完整地呈现，而这正是原初意义上的哲学赖以出现的自然的基础，重新寻回这种基础是我们今天克服当代危机的前提条件。

---

① Leo Strauss, The Rebirth of Classical Political Rationalism: An Introduction to the Thought of Leo Strauss, The Chicago and London: University of Chicago Press, 1989, p. 73.

② 施特劳斯把现代哲学理解为一种教条式怀疑主义，而把古典哲学也就是原初意义上的哲学理解为一种探询式怀疑主义，它是一种永不停息地追寻关于整全的智慧的生活方式，这一生活方式与神学及政治所规定的生活方式有着尖锐的冲突，而如何处理哲学与“神学—政治”的关系问题就是古典政治哲学的根本任务。限于篇幅，本书不再展开论述。

第五章
古典的启蒙哲学

内在于事物表面的问题，且只有在事物的表面，才是事物的核心。

要理解人，不能基于人自身的眼光，而唯有基于要么低于人、要么高于人的眼光。

——施特劳斯

通过以上论述，我们认为启蒙的精神之所以在现代启蒙运动瓦解之后一同走向衰微，就是因为现代启蒙运动的政治哲学已经把哲学政治化了，而现代哲学之所以能够被政治化是因为现代哲学自以为一劳永逸地否定了自己的对手：神学。一个否定了自己的对手的启蒙，最终一定会把自己当作否定的对象。

而现在，在我们理解了哲学所面对的原初境况亦即它的自然对手之后，我们也就获得了重新认识古典的启蒙哲学的契机。原初的启蒙是一个从城邦的洞穴攀升到洞穴之外的一个升华过程，这个攀升的最内在动力源自于人的灵魂中对于整全的知识的渴望。而这种攀升的努力自始至终都是纯粹个人的事情，它没有办法被公共化，它也不渴望改造城邦的洞穴，好让洞穴外的光芒照射进洞穴的每一个角落。这是古典启蒙区别于现代启蒙运动最直接也是最重要的地方，由此带来的是截然不同的命运。

这里还需指出的是施特劳斯没有把这种哲学理解为形而上学，面对着尼采、海德格尔，施特劳斯需要对这种倾向保持足够的距离。而其方法就在于他把对整全的知识的渴望深深地埋藏于城邦的神学—政治处境当中，城邦之上的整全不是一个通常所理解的柏拉图主义的理念，而是城邦生活所自然地指向的根本的、永恒的问题。启蒙正是对于这些根本的、永恒的问题的逐渐清晰的意识，它带来的不是一套包罗万象的哲学体系，而是苏格拉底式的无知之知。这个时候，哲学就必须被理解为一种生活方式，一种永不止息地追问整全的生活方式。

这样一种哲学观在施特劳斯思想中的重要性我们无论如何怎么强调都不为过，因为它可以说是施特劳斯理解古典政治哲学、克服当代危机的根本据点。下文的任务就是努力呈现一种被遗忘了的、作为一种生活方式的哲学观。

第一节　面向整全的生命——论施特劳斯作为一种生活方式的哲学观

施特劳斯思想的基础也是他广受诟病的地方在于他的解释学原则，即强调“必须像某位先哲理解自身那样来理解他”[①]，这意味着从流俗所谓哲人对“哲学史”的“贡献”返回到哲人之“意图”。[②] 那么我们也要像施特劳斯理解他自己那样去理解他，并且追问施特劳斯的意图是什么。

笔者认为，施特劳斯的根本意图在于为一种被遗忘了的、被误解了的哲学生活辩护，这一意图几乎贯穿了他学术生涯的始终。他认为哲学在诞生之初，因为缺乏自我意识而无力为自己辩护。[③] 古典政治哲学的根本目的是保卫和辩护哲学生活。柏拉图对话著作最终和唯一的目的是为什么哲学对于人间生活不可或缺。中世纪哲学也是要在律法或律法书的议厅面前辨明哲学之正当性。[④] 就连被称为传授邪恶的马基雅维利也被认为其一生事业在于借由哲学的极端政治化而重获哲学的自由，保证哲学生活的平安。[⑤] 而由马基雅维利开启的现代性却使得哲学的生活面临严重的威胁。

然而施特劳斯所指的哲学与当今通常意义上的哲学的含义是不同的：

---

① 刘小枫、施特劳斯（Leo Strauss）、古内尔（John G. Gunnell）：《施特劳斯的政治哲学与宗教》，香港明风出版社 2003 年版，第 125 页。

② 所谓“贡献”指的是对推动哲学思想发展所起的作用，这是用“哲学史”来度量哲学家的思想。而所谓“意图”指的是哲学家自身写作时的意思，他只是对人类普遍性的问题作出自己的回应，而这种回应与他所处的时代没有根本的关联。具体请参见迈尔：《隐匿的对话——施密特与施特劳斯》，朱雁冰等译，华夏出版社 2008 年版，第 183 页。

③ 同上书，第 108、109、113 页。

④ 刘小枫、施特劳斯（Leo Strauss）、古内尔（John G. Gunnell）：《施特劳斯的政治哲学与宗教》，香港明风出版社 2003 年版，第 134 页。

⑤ ［德］迈尔：《隐匿的对话——施密特与施特劳斯》，朱雁冰等译，华夏出版社 2008 年版，第 122 页。

在现代，哲学被看成是文明或“文化国度”里的一个“行省”,[①] 甚至是一种文明或文化精神的集中表现或者本质部分（黑格尔之意）。施特劳斯认为，如果是这样的话，哲学已不再是严格意义上的哲学了。因为“严格意义上的哲学是一种旨在把我们从任何文明或文化的特殊前提里解放出来的属人的努力”。[②] 因此从这个意义上说，哲学骨子里是反文化、反文明的。

对施特劳斯而言，原本意义上的哲学不是某种工作或某项职业,[③] 它也不是“一套命题、一种教义甚或一个体系，而是一种生活方式，一种为特殊的激情激发着的生活。”[④] 它不仅仅是用来说的，更是用来活的，亦即哲学是活出来的。这种生活专注于回答这样一个根本性的问题：什么样的生活是最好的。可以说，施特劳斯的所有论著都围绕着作为一种生活方式的哲学，他一直想给这种哲学寻找根据。

那么施特劳斯意义上的哲学生活是怎样一种生活？激发着它的又是怎样一种特殊的激情？又为什么说这种生活是最好的生活？本章将尝试着解答这些至关重要的问题。

一 自然的发现与整全的追问——哲学的起源

我们首先要回答的问题是，施特劳斯意义上的哲学指的是什么？施特劳斯在《自然权利与历史》一书第四章中详细分析了哲学的起源问题，还原了哲学的本来面目。

施特劳斯认为哲学是对万物“原则”之追寻，而这首先指的是对

---

① ［德］迈尔：《隐匿的对话——施密特与施特劳斯》，朱雁冰等译，华夏出版社 2008 年版，第 124 页。同时参见刘小枫、施特劳斯（Leo Strauss）、古内尔（John G. Gunnell）：《施特劳斯的政治哲学与宗教》，香港明风出版社 2003 年版，第 106 页。

② ［美］施特劳斯：《修昔底德：政治史的意义》，载《古典政治理性主义的重生》，郭振华、曹聪译，2009 年版，第 75 页。

③ Leo Strauss. “The Origins of Political Science and the Problem of Scorates”, in Interpretation, Ed. David Bolotin, Christoher Bruell, Thomas L. Pangle: Wickersham Printing Co., Lancaster, PA, 1996, Vol. 23, No. 2, p. 138.

④ ［美］列奥·施特劳斯：《神学与哲学的相互影响》，载刘小枫、施特劳斯（Leo Strauss）、古内尔（John G. Gunnell）：《施特劳斯的政治哲学与宗教》，香港明风出版社 2003 年版，第 105 页。同时参见 Steven B. Smith: The Cambridge Companion to Leo Strauss, Yale University, Cambridge University Press, 2009, p. 20.

“万物起始”或“最初事物”的追寻。但是这种追寻并不是从来就有、从来就可能的。哲学的突破口是在自然的发现。

可是自然的观念并非从来就有。在前哲学时期，自然的对应物是“习惯”或“方式”，它是“现象之全体”都具有的“习惯”或“方式”，它既没有、也不需要在自然的习惯（即那些永远如此、处处如此的习惯）和人为的习惯（即那些因部族不同而各异的习惯）之间作出区分。之所以不需要作出区分，是因为其中有一种特殊的习惯或方式有着头等的重要性：那就是“我们的”方式，一个人所从属的独立团体的生活方式，我们可称之为“至上”的习惯或方式。至上的方式是正确的路途，其正确性是由其古老性来保障的。而古老的之所以是正确的，是因为它是祖先传给我们的，亦即从来就是如此的。（NRH，90－91）因而它们实际上同时回答了有关初始事物和正确方式的问题。因此在前哲学时代，“好的与祖传的相等同”（或者说自然的习惯与人为的习惯是等同的），祖传的权威隐匿了自然，或者说它使得对万物“原则”之追问变得没有可能也没有必要。

但是一个明显的事实是，存在着许多关于初始事物的解释，不同的神圣法典之间、不同的城邦习俗之间存在着冲突。这就是“神法的难题”，也是所有人为的习惯所必然遭遇到的问题。正是权威之间的相互冲突，使得正确的方式就不再是权威所能保障的，而是成了人们探询的对象。好的就不再等同于祖传的。于是才会出现以下追问的可能和必要：是否有不同于祖传的本然就是好的事物？这种追问就是哲学的第一缕曙光，而对神圣权威的质疑成了哲学的起点。① 也正是从这个意义上说，哲学因而是一种启蒙。它试图摆脱城邦之内习俗的、宗教的意见的束缚，这种束缚以神学—政治同盟的形式存在，它是启蒙哲学的自然的根基。

这种追问是在以下两种根本性区分的指导下进行的。一是关于耳听与眼见之间的区分，一是关于人为事物与非人为事物之间的区分。在前哲学时期，耳听是知识的唯一来源，因为初始事物是任何人都无法亲见的。但

---

① 施特劳斯提醒我们，柏拉图在《理想国》和《法律篇》中以对话的背景表明了，对于自然权利的发现来说，权威之被质疑和摆脱是何等的不可或缺。参见列奥·施特劳斯：《自然权利与历史》，彭刚译，生活·读书·新知三联书店 2006 年版，第 85、86 页注释［5］。阿里斯多芬《云》中指控苏格拉底教导学生打骂父亲一事，也暗示了这一点。

是人类亲眼所见的权威之间的冲突的事实要求人们把耳听与眼见之间的区分运用到关于初始事物的问题上，人所从属的团体所认为无可怀疑的事情就与他自己所观察到的事情之间有了根本分别。“我”也就可以将自己与“我们”对立起来而不必心存负疚。（NRH，87）人们就可以用可以眼见的事物之间的“自然”的区分来代替那些耳听的因群体而异的事物之间的区分。第二个区分带来的后果是，非人为事物一定优于人为事物，人们因此便认识到存在着这样的可能性：初始事物以与所有以人为产生事物的方式根本不同的途径，产生了所有其他事物。这两个区分的运用把前哲学时期的习惯或方式划分为了事物源于自然本性（nature）的习惯和不同人类部族的习惯。

这样人类就运用理智发现了与习俗相对立的自然。[①] 自然并非“自然地”就存在的，它是被发现的。自然是比习俗更永恒、更权威的标准，它是万祖之祖，万母之母。并且我们可以说，自然始终处于被隐匿的状态，因而发现自然的追问就永远不可能终止。哲学的工作就是发现自然，因而就是永恒的追问。这可以从青年苏格拉底的活动中得到印证。按照柏拉图的记述，苏格拉底在临终那天说到，他自己年轻的时候曾非常专注于自然哲学，甚至到了惊人的程度。《云》里的苏格拉底要么是在“测量空气”，要么是坐在高空中的篮筐里仰望天空。难怪最早的哲学家被看成是“谈论自然的人们”。[②]

自然的另一种表述方法就是整全，或者说自然就是整全。“万物全体中的本性（nature）就是整全”[③]，追问自然就是追问事物的本性，而只有在整全中才能确定事物的本性。整全就是整全本身，因此“本质上是自身不变的，是永远与自己同一的。”[④] 同时整全也不可以被分割为部分，也不可以被分割为内外，因为没有东西可以和它对立。它是无限，因而也

① 自然与习俗的区别，对于古典政治哲学乃至大部分政治哲学来说十分重要。参见施特劳斯：《政治哲学史绪论》，见 Leo Strauss/Joseph Cropsey 主编：《政治哲学史》，李天然等译，河北人民出版社 1993 年版，第 3 页。

② ［美］列奥·施特劳斯：《自然权利与历史》，彭刚译，生活·读书·新知三联书店 2006 年版，第 82、83 页。同时请参见刘小枫：《哲学、上帝与美好生活的可能性——施特劳斯的政治哲学与神学》，载《施特劳斯的政治哲学与宗教》，香港明风出版社 2003 年版，第 21 页。

③ Leo Strauss, “What is Political Philosophy?”, The Journal of Politics, Vol. 19, No. 3 (Aug., 1957), p. 344.

④ ［美］列奥·施特劳斯：《论僭政》，何地译，华夏出版社 2006 年版，第 229 页。

不存在起点和终点。它是终极的原则。

因而本来意义上的哲学就是对自然或整全的追问，它是从质疑政治的或宗教的权威起步的。他试图发现的是事物基于自然或整全的本性。“自然之发现就等于是人类某种可能性的实现。”神圣法典和城邦习俗都在限定着人类生活的可能性，都要求停止追问服从权威，在这里我们可以看到，哲学在诞生之初就处于与神学和政治对峙的状态之中。而哲学具有一种解放的力量，它通过诉诸自然开启了新的可能，关于人类生活的不同于习俗的新的可能。至少按照这种可能性的自我解释，它乃是超历史、超社会、超道德和超宗教的。（NRH，89）

二 无知之知——哲学作为一种探询的生活

那么什么又是哲学的生活呢？或者说为什么要追问自然或整全呢？

哲学必须假设整全的存在，并且是可以被人们所理解和把握的。整全“躲避”我们，（实际上是我们遮蔽整全）所以它是需要被发现的。可是人类作为有限的存在只能（?）知道整全的部分：我们只能（?）拥有关于部分的部分知识。这种“知识”（其实是柏拉图意义上的意见）是以根深蒂固的二元论为特征的，也就是说我们是通过“切割”（终究是不可能的）整全来理解整全的。[①]

从这个意义上说，人类关于整全的认识只能是关于整全的意见，关于整全我们是无知的，而原初意义上的哲学就只是“对无知的知识”。[②] 不过清楚地认识到这一点绝非意味着哲学的终结（它最多只是意味着教条主义的哲学的终结），相反他恰恰意味着一种以追求知识为核心的哲学生活的开始，这是因为“正是因为意识到了在最重要的事情上的无知——即关于整全的知识——才使得哲学内在地是怀疑或‘探询’的，才促使哲学家全身心地投入到对知识的追求之中。”[③] 也就是说，一经认识到我们对于最重要的事情的无知，我们同时也就认识到，那对于我们最终以的

① Leo Strauss, “What is Political Philosophy?”, The Journal of Politics, Vol. 19, No. 3 (Aug., 1957), p. 368.

② ［美］列奥·施特劳斯：《论僭政》，何地译，华夏出版社2006年版，第212页，

③ ［美］列奥·施特劳斯：《论僭政》，何地译，华夏出版社2006年版，第7页。同时参见Leo. Strauss, “What is Political Philosophy?”, The Journal of Politics, Vol. 19, No. 3 (Aug., 1957), p. 344.

事情或者说最急需的事情，就是寻求有关最重要的事情的知识或者说寻求智慧。

需要注意的是，哲学的“无知之知”并非对所有问题的一无所知，哲学不能陷入不可知论的深渊，以至于演变成为一种教条主义的怀疑主义。① 应该说关于无知的知识不是无知，而是“一种关于真理和整全的捉摸不定的特性的知识”。② 这是一种出于自然本性的无知，（区别于受习俗熏染之后的无知，这是一种意识不到无知的无知，有点类似于佛家所说的“我知障”）它是哲学借以出发的基点。实际上我们只有知道了我们所不知道的东西，我们才能知道我们不知道。但不管我们知道多少，对于那个最最重要的问题，我们总是不知道的。

正因为如此，哲学的探询因而就首先是一种“姿态”，它既是一种生命的方向，还是一种对待生命的态度。哲学因而就是永不止息地“对关于整全的知识的探询”的生活方式。③ 这样的哲学只不过是对基本和广泛问题的真实领悟，是对“知”（其实是宣称是“知识”的意见）的不断超越。同样值得注意的是，探询和超越本身并非哲学生活的最终目的，而

---

① 值得注意的是，有许多人怀疑施特劳斯骨子里是一个虚无主义者，他怀疑一切。施特劳斯认为“躺在‘确定性’上呼呼大睡的哲人将不再是哲人”。参见 Leo Strauss, On Tyranny, The Free Press of Glencoe, 1963, pp. 208、p. 219. 人们认为与施特劳斯所批判的虚无主义不同的是，施特劳斯将自己的虚无主义倾向狡猾地隐藏起来了。也就是说在施特劳斯那里，虚无是最终的真理，只不过这个真理不能公之于世。

② Leo Strauss, “What is Political Philosophy?” The Journal of Politics, Vol. 19, No. 3 (Aug., 1957), p. 367.

③ ［美］列奥·施特劳斯：《神学与哲学的相互影响》，载刘小枫、施特劳斯（Leo Strauss）、古内尔（John G. Gunnell）：《施特劳斯的政治哲学与宗教》，香港明风出版社 2003 年版，同时可参照赵汀阳先生的论述，他认为哲学的性质根本上在于它是无立场的分析，即纯粹出自思想理由的分析，哲学使人类有着保持清醒思想的最后机会。参见赵汀阳：《论可能生活：一种关于幸福和公正的理论》，中国人民大学出版社 2004 年版，第 44 页。同时也可比较奥克肖特关于哲学的论述。他认为哲学作为一种经验（区别于经验模式），它是“没有保留或限制的经验，不受任何次要、部分或抽象的东西的妨碍和打扰，它是始终批判的经验”。Oakeshott, Michael, Experience and Modes, Cambridge University Press, 1933, p. 58. “哲学的目标是达致一些它们自身就是完满的观念，因为它们不预设任何前提；目标就是界定和建立一些观念，它们的完满程度使得不需要增添任何东西”。参见 Oakeshott, Michael, “The Concept of a Philosophical Jurisprudence”, p. 345.

只是接近整全、探索真理的一种途径[①]，或者说整全和真理就是在这种探询和超越之中向人类显现的。哲人借着这种探询和超越的“姿态”，使自己永远向整全展开。

可是哲人虽然意识到对整全的无知，而这并不意味着人类没有关于整全的意见：关于整全的意见有必要先于哲学而存在。这是因为哲学是对整全的普遍知识的追求，如果这种知识已经存在，那么这种追求也就不再必要了。而没有关于整全的知识，实际上就意味着必然存在关于整全的意见，或者说关于整全的意见实际上是给定的。哲学就是在意见基础上进行并由意见指引着的“一场升华”，（NRH，124）这场升华是“用整全的知识取代整全的意见的一种尝试”[②]，并且是一种永无止境的努力。

而最大的或者最重要的关于整全的意见就是神学和政治的权威，与哲学的生活相对立的是宗教的生活和政治的生活。宗教和政治的生活都要求顺从权威，弃绝理性，而哲学的生活是崇尚理性的生活，是否定权威的生活。在这里我们需要简要地梳理哲学的对立面，以便更加准确地理解施特劳斯所说的哲学生活的意涵所在。

《圣经》禁止追问，甚至禁止对上帝的理解。在《创世纪》释义中，施特劳斯证明了圣经的传统是无法理解的，圣经所要求的信仰也是非理性的。[③] 哲学认为人类可以凭借自己的努力获得知识，而圣经则否定这种可能，并把这种企图看成是人的骄傲与僭越。《圣经》禁止人对知识的追求，其标志就是圣经禁止人类吃智慧果，而智慧果代表在人类事务上关于善恶的知识，人们可以通过思考事物的本性获得这种知识。这就是圣经对

---

① 这里值得考察一下尼采的超人学说。在尼采那里，超人要重估一切价值，挺立于虚无之上。因为一切价值都是权力意志的产物，而对一切价值的重估则是最根本的权力意志，因为对于重估一切价值的重估依然是一种重估。可是价值重估本身并不是超人的终极价值，因为如果我们承认它是终极价值，那就意味着重估在这个问题上要停止了，因而就走向了其自身的反面。所以重估只是超人的一种实践方式，实际上是一种意志的行为。具体请参见列奥·施特劳斯：《现代性的三次浪潮》，载《苏格拉底问题与现代性——施特劳斯讲演与论文集：卷二》，刘小枫编，彭磊、丁耘等译，第44—46页。

② Leo Strauss, What is Political Philosophy?, The Journal of Politics, Vol. 19, No. 3 (Aug., 1957), pp. 343 - 344.

③ 施特劳斯认为所有哲学都是宇宙论的，所以哲学追问的是天体、星辰，而圣经是反宇宙论的，它禁止人们探讨天体的来源，它们都只是给地球光亮的工具。这意味着“褒地而贬天”。具体请参见列奥·施特劳斯：《论〈创世纪〉的解释》，载《犹太哲人与启蒙——施特劳斯讲演与论文集：卷一》，张缨等译，华夏出版社2010年版，第321—328页。

哲学的禁止。同样在伊斯兰传统中，哲学是可疑的追求，哲学家是一个可疑的群体。在现代阿拉伯语中表示哲学的“法拉斯法”（falasifa）一词仍旧带有贬损的含义，表示充满错误的傲慢的人以空洞的谈话将自己置于神圣智慧之上。[①]

与《圣经》中上帝与夏娃的关系相似的，希腊神话中墨提斯（智慧）是宙斯的第一个妻子。在这里智慧再一次与女性联系在一起，她是“爱欲”的象征，也是哲学的象征。[②] 希腊神话中的神与《圣经》神的共同点首要地不是智慧，而是正义。而哲学家的“神”既不创造也不给出秩序，更不分配正义，而只是“思考的存在，是思考自身并且只思考自身的纯粹思想”。其秉性之悬殊，由此可见一斑。

施特劳斯认为这两种神学的传统都无法回避哲学的追问。《圣经》意在教导说人希望活在单纯中，即没有关于善恶的知识。但是《创世纪》依然给人们留下了这样的印象，即按照神的形象创造出来的人不可能完全没有知识，人类必定发现限制和禁止与自己的天性不符，这意味着人先天地被诱惑去违背上帝的命令。[③] 求知可以说是人类的本性，他是这样的一个存在，“在一定程度上理解，关于善恶的知识对其自身是一种恶”。因而“罪恶而非美德是哲学的真正伙伴，犯罪是智慧的开端。”[④] 哲人试图通过理性探询整全以及人在整全中的位置，而《圣经》则用非理性的启示永久地给定了整全的说法。

而与这两个传统截然相反的是，苏格拉底认为美德即知识，无知才是罪恶的本源。哲学对自然的研究，是反对诸神的。亚里士多德把“谈论自然的人”与“谈论诸神的人”区分开来。（NRH，82）阿里斯托芬的《和平》一剧中，主人公忒瑞盖乌斯发现宙斯要为所有的战争负责，因为

---

① ［加］莎迪亚·B. 德鲁里：《施特劳斯的政治观念》，张新刚、张源译，新星出版社2010年版，第90页。当然在对待哲学的态度问题上，伊斯兰教和基督教有着十分重要的差别，直接导致了哲学命运的不同。请参见施特劳斯著作《神学与哲学的相互影响》、《哲学与律法》、《阿尔法拉比的柏拉图》等。

② 关于爱欲与哲学的关系，下文第四节中有详细论述。

③ 《论〈创世纪〉》第18页。但是施特劳斯证明，圣经作者试图在第二章中消除第一章给人留下的这种不好印象，方法即人不再是以神的形象被创造出来，而是用泥土造成的了，因此不会被需要或被“更高的地位”所诱惑。

④ ［加］莎迪亚·B. 德鲁里：《施特劳斯的政治观念》，张新刚、张源译，新星出版社2010年版，第120页。

凶残的战争之神是由宙斯控制的。通过反抗宙斯和其他的神，忒瑞盖乌斯成为拯救者。说明只有推倒众神，才能有闲适平静的正义快乐的生活。[①]而在《马蜂》中他表达了类似的观点：众神是残暴的，他们比人类犯的罪恶更多。哲人因而是彻底的无神论者。同样的，苏格拉底无所顾忌地揭穿诸神的虚伪面纱，否认打雷、闪电和下雨是由宙斯引起的，他废黜了宙斯，而代之以旋涡、云和风。他将雷声与腹泻以及人的胃所发出的隆隆声相比拟，因此剥夺了“高高在上之物”那“令人敬畏的光辉”和“令人畏惧的光芒”。[②]

而政治的生活是这样的生活：政治的生机来自意见和信仰，政治的力量来自其信以为真的原则、不容置疑的规范、理所当然的禁忌和广为信靠的体制。[③] 每一种不容置疑的习俗、一套不容违背的法律都预设或指向了一种对于整全的意见，并且是未经审查的最大的意见，因此政治生活必然是也必须是教条主义的。它与神学一样为大部分人提供了生活的根基，或者更准确地说它遮蔽了生活的根基，让大部分人都不再去追问就能够“很好”地生活下去。可以说对绝对的确定性的追求是由政治生活的本性所决定的。而这是与哲学的本性相冲突的，因为哲学在追求关于整全的知识的时候，必将触及各种政治教条的根基。[④]

因此相对于神学的、政治的生活来说，哲人的生活本质上是一种探询的生活，是献身于对整全的真理的追问的生活。对于哲人来说，被垄断了的真理就只是意见，实际上就是对真理的遮蔽。神学和政治就是最大的关于整全的意见，哲学的工作就是要质疑它们，并在这不断的质疑中让真理显露出来。

---

① Leo Strauss. “The Origins of Political Science and the Problem of Scorates”, in Interpretation, ed. David Bolotin, Christoher Bruell, Thomas L. Pangle: Wickersham Printing Co., Lancaster, PA, 1996, Vol. 23, No. 2, pp. 147 – 151.

② Leo Strauss, Socrates and Aristophanes, University of Chicago Press, 1966, p. 19.

③ [德] 迈尔：《隐匿的对话——施密特与施特劳斯》，朱雁冰等译，华夏出版社 2008 年版，第 114 页。

④ [美] 列奥·施特劳斯：《注意一种被遗忘的写作艺术》，载《苏格拉底问题与现代性》，彭磊、丁耘等译，华夏出版社 2006 年版，第 156 页。从这个意义上说，施特劳斯反对哲人是其时代精神代言人的说法，而是认为伟大的哲人都是反对他所处的时代的人，是无家可归的异乡人。参见 Leo Strauss. On Tyranny, The Free Press of Glencoe, 1963, p. 92. 明智者对束缚于时空的事情并不感兴趣，他想“将自己从此时此地的桎梏中解放出来”。

因此与政治的生活和宗教的生活相比，哲学生活本质上是一种“分离”、“断裂”的生活，“出离”与“告别”的体验伴随着哲学生活的第一步，它标示出一种“休止”。哲人就像一个“舟客”，他驾着小船驶向广漠的大海，不知道何时再踏足坚实的大地。实际上哲人唯有放下所有的负担，才能真正担起存在的重负。哲人借着真理的光芒洞察了世俗的欺骗性和荒谬性。就好像苏格拉底，他对自己的贫穷毫不在意，因为他全然漠视一切朝生暮死的东西，尤其是金钱。① 哲人唯有停止追逐，才能真正找到自己要寻找的东西。因此可以说哲人是彻底的“无家可归者”，或者说哲人是四海为家的。哲学是一个从世界以及对世界之爱中脱离开来的过程。② 哲人在城邦之中，但不属于城邦。“在最极端的意义上，他是一个陌生人”。③

三 为什么要哲学——哲学与好生活

可为什么要哲学呢？或者说为什么要追问整全呢？为什么哲学的生活是正确的并且是最值得过的呢？芸芸众生都不曾过哲学的生活，难道他们过得都不好吗？如果真是这样，哲学是否还有存在的必要呢？

“为什么要哲学的问题”实际上只是“什么是好的生活方式”这一笼统问题的特殊形式，哲学的问题首先是伦理学的问题。哲人在追问整全的时候，它的这种追问本身就是首先需要受到追问和质疑的，即为什么要追问，或追问的最终的目的是什么。而目的在苏格拉底那里是通往整全的关键。④ 前面说过人不可能外在于整全，同样地，整全也不可能外在于人。这是因为人具有整全之内的特定位置，是整全中（the whole）最卓越的一部分。可以说人是万物的尺度，或者说人是小宇宙。⑤ 整全实际上寓于人类之中，人类追问整全从根本上说是在追问自身。这在我看来就是苏格拉

① ［美］施特劳斯：《苏格拉底问题六讲》，载《经典与阐释8》，刘小枫、陈少明主编，华夏出版社2005年版。

② Leo Strauss, Liberalism Ancient and Modern, The University of Chicago Press, 1968, p. 85.

③ Leo Strauss, On Tyranny, The Free Press of Glencoe, 1963, p. 81.

④ Leo Strauss, “The Origins of Political Science and the Problem of Scorates”, in Interpretation, Ed. David Bolotin, Christoher Bruell, Thomas L. Pangle: Wickersham Printing Co., Lancaster, PA, 1996, Vol. 23, No. 2, p. 138.

⑤ ［美］列奥·施特劳斯：《现代性的三次浪潮》，载《苏格拉底问题与现代性——施特劳斯讲演与论文集：卷二》，彭磊、丁耘等译，华夏出版社2006年版，第36页。

底“认识你自己”的最深刻含义。

对于人来说，最最重要和紧迫的问题是人应该如何生活的问题，这在施特劳斯看来也是柏拉图的核心问题。而人是整全的一部分，万事万物都有它的自然本性，而人的本性也只有在整全中才能得到最终的确定。只有在确定了人的本性之后，人应该如何生活的问题才能找到最终极的答案。也就是说，生活目的的问题必须立足于存在论的基础之上。[①]

然而哲人认识到我们在整全问题上是无知的，因而对于我们应该如何生活在本质上也是无知的。对于哲学的追问来说，问题总是较之其解决更为显见。所有的解决方案都是可加质疑的。除了明了人的本质，才可有效地确立好的生活方式。因此，生活的正确之道尚处在疑问之中。但是正是所有解决途径的不确定性，正是对于最重要事情的无知，使得对知识的追寻成为最重要的事情，奉献于它的生活也因此是正确的生活之道。[②] 正是从这个意义上来说，哲学的生活因而是正确的并且是最紧要的生活。

可以说哲人的生命是完全通透和开放的，没有一丝的滞碍和闭塞。因为它只有先打开自己，才能打开通向整全的大门。实际上我们不是站在整全的对立面来理解整全，因为人类永远无法站在整全之外来“看”待整全，所以我们只是让整全向我们“显现”。阻碍整全的“显现”的，只是人类自身。因此真理在这个意义上就是“去蔽”，障蔽我们的本性的就是那戴着各种面具的习俗的灰尘。哲学的生活也就是“去蔽”的生活，是“后退”的生活，其最直接表现就是苏格拉底永无休止的追问。

广场上的苏格拉底不停地质疑别人（当然不是所有的人，而是有着特殊禀赋的青年），因为绝大多数人都自以为自己的生活是值得过的，他们的生活理念几乎都来自于城邦的法律和习俗。大多数人都这么按部就班地生活着。可是对于哲人来说，未经审查的人生是不值得过的，活得不明

---

① 这一点可以同时参照赵汀阳《论可能生活》中的论述。赵认为任何事情的最终根据不可能落在存在论所允许的范围之外，存在论之外的“根据”无处存在，所以是不存在的。价值评价的真正根据必须从存在论事实中生长出来，因此必须为生活意义寻找到存在论上的根基。参见赵汀阳：《论可能生活：一种关于幸福和公正的理论》，中国人民大学出版社 2004 年版，第 26、45 页。

② ［美］列奥·施特劳斯：《神学与哲学的相互影响》，载刘小枫、施特劳斯（Leo Strauss）、古内尔（John G. Gunnell）：《施特劳斯的政治哲学与宗教》，香港明风出版社 2003 年版，第 106 页。

不白要么是因为懒惰，要么就是因为胆怯。而哲人的一生就是奉献于追问这一根本性问题的一生。

四　为什么哲学的生活是值得过的——哲人的幸福

可是即使哲学对于整全和正确生活方式的追问是正确的、紧要的，可是这样的生活是否是幸福的呢？因为对于人来说，幸福是人的最终目的，对于正确生活方式的追问也是对何谓幸福的追问。而无数的人都不清楚到底怎样的生活是好的生活，可他们不就这样稀里糊涂地度过了自己的一生了吗？对于这个问题的回答必须回到哲学的本来面目问题上。

我们说哲学是爱智慧，我们通常都只重视智慧，而忽视了爱。然而哲学是一种被“哲学的欲望或爱欲”所激发的生活。严格来说，哲学不是智慧，而是对智慧的爱。① 这种爱是一种深藏的自我超越与永恒和神圣合一的冲动。阿里斯托芬曾经讲过这样一个故事最形象地体现了哲学的爱欲：在最初的时候，人的自然和现在不同。每个人都是由两个人构成的：有四条手臂、四只耳朵等。在这种情形下，人具有超凡的力量并且极其自大，以至于他们想要上天攻击众神。宙斯找到了一个对付人类的办法：把人一分为二，使之被削弱，于是每一半就在寻找另一半。这种对于原初统一、对于整全的渴求，就是爱欲。②

这种渴望在哲学生活与实践中得到净化或最真实的表达。“人就是这样被建立的，他的精神只有在最私人的、永无止息地对存在之谜的思索中才能找到最终的满足。”③ 换句话说，人们只有在对整全的追问中，才能实现与整全的合而为一。因为对于整全的追问就是向整全的彻底开放，整全只有在不停的追问中才得以呈现。追问不是别的，而是去除我们自身添加在事务身上的“尘埃”，还他的本来面目。哲学因而就是在渴求神的不

---

① 施特劳斯认为夏娃是第一个爱智慧者，因而是第一个哲人，因为她第一个接受蛇的诱惑，偷吃了智慧果。但是与此同时，夏娃也是罪恶、邪恶以及违背神意的代表。

② Leo Strauss, “The Origins of Political Science and the Problem of Scorates”, in Interpretation, ed. David Bolotin, Christoher Bruell, Thomas L. Pangle: Wickersham Printing Co., Lancaster, PA, 1996, Vol. 23, No. 2, p. 138. 从这里也可以看出宗教与哲学之间的矛盾关系，宗教是神借以抑制人类的理性潜能的伎俩，是宙斯维护自己统治的阴谋。

③ 值得注意的是，哲人只是像神，但永远都不可能是神，因为他终究是不可能彻底自足的。

朽，或如蛇对夏娃所说吃了智慧果之后能与神相似，哪怕为此付出生命的代价。哲人因而是神一般的人[①]，神的根本特征即是彻底的自足。

当然人毕竟不是神，因而无法实现神一样的自足，而属人的自足在于：对智慧的不断接近或朝向智慧的不断进步伴随着对这种进步的领悟，这是一个与整全不断靠近合一的过程。这种进步以及领悟可以实现人的可能范围内的最高程度的自足。施特劳斯认为，色诺芬在《希耶罗》中指出，哲学生活的动机是被一个少数人组成的小团体赞扬和崇拜的欲望，这种欲望归根结底是“自我崇拜”的欲望，他因为自身的卓越而感到满足，“哲人的自我欣赏或自我满意不必得到其他人的肯定才是合理的。”[②]

哲学因而就是“彻头彻尾私人性的”。哲人享受着私人生活的种种快乐，可以说他是个彻底的享乐主义者。[③] 但是他们的享乐又与普通人所理解的纵欲不同，可以说他们是“禁欲的享乐主义者”。[④] 苏格拉底具有“非人的禁欲主义”[⑤]，他反对洗热水澡，不允许自己的学生走出去呼吸新鲜空气，而是把所有时间花在学园中。而俗人当然无法理解哲人的境界。阿里斯托芬的《云》中，斯瑞西阿德斯的儿子极度蔑视苏格拉底及其同类，认为“那些脸色苍白、穿着破衣烂衫的自以为是要饭的”（《云》102—103 行）哲人只关心自己，不好管闲事，喜欢独自安静的私人生活。哲人的幸福不在物质的享乐之上，而是在对真理的追求之中。人类的事情对于见过“真正宏伟”的哲人来说“太琐碎”了。[⑥]

---

① ［美］列奥·施特劳斯：《神学与哲学的相互影响》，载刘小枫、施特劳斯（Leo Strauss）、古内尔（John G. Gunnell）：《施特劳斯的政治哲学与宗教》，香港明风出版社 2003 年版，第 110 页。

② ［德］迈尔：《隐匿的对话——施密特与施特劳斯》，朱雁冰等译，华夏出版社 2008 年版，第 119、124 页。同时参见卢梭：《孤独漫步者的遐想》，钱培鑫译，译林出版社 2006 年版，第 68 页。［美］列奥·施特劳斯：《论僭政》，何地译，华夏出版社 2006 年版，第 14、120、229 页。

③ Leo Strauss. “The Origins of Political Science and the Problem of Scorates”, in Interpretation, ed. David Bolotin, Christoher Bruell, Thomas L. Pangle: Wickersham Printing Co., Lancaster, PA, 1996, Vol. 23, No. 2, p. 146、p. 151.

④ 值得一提的是，古典的享乐主义是禁欲的，是通过禁欲的方式享乐。而现代的享乐主义则是纵欲的，现代性是对人的欲望的彻底释放。关于这一点，请参见施特劳斯对洛克财产学说的讨论。［美］施特劳斯：《自然权利与历史》，彭刚译，生活·读书·新知三联书店 2006 年版，第 253—256 页。

⑤ Leo Strauss, Socrates and Aristophanes, Chicago: University of Chicago Press, 1966, p. 15.

⑥ Leo Strauss, “The City And Man,” The University of Chicago Press, 1964, p. 125.

“哲学生活（因而）是一种符合自然的善好生活，能提供最稳固的快乐。”真正的哲人生活是神一样自足的生活。而幸福就是一种满足的状态（完满和自足的状态），就是不再有任何匮乏。用亚里士多德的话说，“幸福实为人生的止境”①，幸福的人一定是不再寻寻觅觅的人。哲人因为实现了人的最高程度的自足。他因为认识到了这种人的潜在的最高可能性，所以才义无反顾地踏上这条征程。

这样看来，哲人应该是彻底出世或隐遁的，哲人的生活就应该是伊壁鸠鲁式的生活，他只需要沉浸在沉思的愉悦之中即可实现个人的幸福。可是哲人又不可能过一种绝对孤独隐退的生活，这首先是因为当哲人试图超越人性的时候，他却不能不像一个人那样活着。人（也包括哲人）最终是不能完全自足的，哲学生活预先假定了“技艺的高度发达”②，哲人沉思生活所需要的闲暇是需要在城邦当中才能实现的，脱离了城邦哲人连最起码的自我保存都做不到。其次，这也是哲学生活的内在要求。因为哲学是一个从意见朝向知识的升华过程，或者干脆说哲学就是由意见所指引着的一场升华。脱离了意见，哲学就没有了自然的起点和根基。③ 而且正如科耶夫所指出的，如果脱离了人类社群，哲人合理的“主观确定性”与精神错乱者的“主观确定性”无法区分。真正的确定性必须是“交互主体的”。这是古代经典认识到的个人心灵的基本弱点。所以“哲人作为哲人也是需要朋友的”。

也许这样说更加准确：哲人与人的某种脱离是与他和人的某种联系相容的。④ 哲人需要城邦，哲人又超越城邦。一方面，他就有一种人与人之间的自然依系，这种依系是先于任何相互利益的计算的；另一方面，哲人免除了那种希望比一个人已有的联系更多的、特别是比别人有更多联系的欲望，因为他有着人所可能有的最大自足。（但这种最大的自足也依然是

---

① ［古希腊］亚里士多德：《政治学》，吴寿彭译，商务印书馆 2009 年第 10 版，第 416 页。类似于《大学》中的“止于至善”。

② Leo Strauss, Liberalism Ancient and Modern, The University of Chicago Press, 1968, p. 131.

③ Leo Strauss, “The Origins of Political Science and the Problem of Scorates”, in Interpretation, Ed. David Bolotin, Christoher Bruell, Thomas L. Pangle: Wickersham Printing Co., Lancaster, PA, 1996, Vol. 23, No. 2, p. 170.

④ ［美］列奥·施特劳斯：《论僭政》，何地译，华夏出版社 2006 年版，第 216 页。

不自足）因此哲人将不会损害任何人。[1] 哲人因而是带着出世的精神游走于人间。

因而在施特劳斯看来，哲学是对人的问题、对幸福问题的最终解决。[2] 非哲学的生活要么显然不能解决人的问题，要么只会以完全不充分的或荒谬的方式来解决人的问题。幸福生活是哲学家的生活，或者说是哲学专有的生活。[3] 它展示的是属人范围内的最高可能性。

五 小结

综上所述，施特劳斯的所谓原初意义上的哲学是一种探询真理、追问整全的生活方式。整全一直处于隐蔽的、未知的状态，而对整全的追问就是要用整全的知识来取代整全的意见。通过这种不懈的追问，哲人实现向整全的全然开放，并获得与整全合一的幸福体验。

哲学的生活既是启蒙（了）的生活，他从城邦的意见束缚中解脱出来，迈向洞穴之外。这种解放给他带来的是生活的新的可能性。他本质上是“出离”的、“禁欲的享乐主义”的，他沉浸在沉思生活的极致幸福当

① 在这个问题上也许可以参照赵汀阳关于生存空间和生活空间的区分。生存空间是有限的并且是内部冲突的，这是一个以规范为主导的世界，一个人的利益极有可能是以损害另一个人为代价的。而生活空间则是无限的并且是内部和谐的，因为一个人的幸福恰恰是建立在另一个人的幸福基础之上的。哲人从某种意义上说就是生活在生活空间里的，而非哲人则是生活在生存空间中的。参看赵汀阳：《论可能生活：一种关于幸福和公正的理论》，中国人民大学出版社 2004 年版，第 42 页。Leo Strauss，“The Origins of Political Science and the Problem of Scorates”，in Interpretation，ed. David Bolotin，Christoher Bruell，Thomas L. Pangle：Wickersham Printing Co.，Lancaster，PA，1996，Vol. 23，No. 2，p. 157. Leo Strauss，“The City And Man”，The University of Chicago Press，1964，p. 128.

② Leo Strauss，“The Origins of Political Science and the Problem of Scorates”，in Interpretation，Ed. David Bolotin，Christoher Bruell，Thomas L. Pangle：Wickersham Printing Co.，Lancaster，PA，1996，Vol. 23，No. 2，p. 205.

③ Leo Strauss，What is Political Philosophy?，The Journal of Politics，Vol. 19，No. 3（Aug.，1957），p. 221. 当然哲人实际上并不能真正说服其他人（甚至包括那些潜在的哲人）哲学的生活是最值得过的，因为哲学作为一种生活方式建立在一种生命体验之上，这种体验是灵魂向整全的彻底开放，可是这种体验没有办法借助理智来表达。换句话说，哲人只能是吸引潜在的哲人进入哲学生活，而不能说服更不能强迫他们进入哲学生活。正如费希特所说，任何教育都必须以“以后你就会明白我为什么这样做”的方法进行，哲人也没有办法说服非哲人接受哲人的生活。他唯一可以借用的就是“展示”与“诱惑”，展示自己灵魂的完善与高贵，诱惑他们哲人所享受到的至福。

中。表面上看来，哲人的生活是后退的、否定性的生活，可是哲人正是通过无穷的后退换取无穷的进取空间，通过绝对的否定达到绝对的肯定。这种生活也许正是施特劳斯所寻求的“在一种没有信仰的情况下生活的可能性”。[①]

第二节 作为一种哲学实践的“解释学”——论施特劳斯的解释方法

要准确理解施特劳斯的哲学观，就必须同时注意他的“解释学”（请注意此处的引号）方法，因为在后启蒙运动时代搞哲学必然是与经典解释有关系，而施特劳斯的独特解释方法又与他所理解的哲学实践息息相关。因此接下来我们就来关注施特劳斯的“解释学”。

施特劳斯被称为“海德格尔之后最重要的释义学大师”，[②] 但是施特劳斯的“解释学”对于他自己的意义可以说是“成也在兹，败也在兹”。长期以来，不管是在国内还是在国外，施特劳斯的“解释学”方法都是广为争议的话题。批评他的人最肤浅的就是认为这是一种“书虫英雄主义”（bookworm heroism），嗤之以鼻，一笑而过。[③] 深入到思想根基里的批评来自德鲁里，她认为施特劳斯的解释基于一种危险的神秘主义，它与施特劳斯暗地里主张的哲人的秘密统治是同一个逻辑。[④] 伯恩耶特指责施特劳斯只是“没有秘密的狮身人面像”，表面上神神鬼鬼，骨子里什么东西都没有。[⑤] 还有人讥讽施特劳斯“整个哲学生涯都把古典著作涤荡于唇舌之间，仿佛品尝陈年白兰地似的，而这么做几乎不可能增加人类知识的

---

① ［美］列奥·施特劳斯：《施特劳斯致克吕格的信，1932 年 12 月 27 日》，载《回归古典政治哲学——施特劳斯通信集》，迈尔编，朱雁冰、何鸿藻译，华夏出版社 2006 年版，第 57 页。

② 刘小枫、施特劳斯（Leo Strauss）、古内尔（John G. Gunnell）：《施特劳斯的政治哲学与宗教》，明风出版社 2003 年版，封面文字部分。

③ ［美］斯蒂芬·霍尔姆斯：《施特劳斯：仅对哲学家而言的真理》，载《反自由主义剖析》，曦中、陈兴玛等译，中国社会科学出版社 2002 年版，第 105 页。

④ ［加］莎迪亚·德鲁里：《列奥·施特劳斯的政治观念》，张新刚、张源译，新星出版社 2010 年版，第 98—102 页。

⑤ Myles Burnyeat, “Sphinx without a Secret”, New York Review of Books, 30 May 1985, pp. 30 – 36.

总量”。[①]

赞许他的人也不少：罗森一篇著名的文章《作为政治的解释学》注重的是施特劳斯解释学与政治的关系，强调在共同体内部，任何解释都是一个政治行动。[②] 坎特则赞扬施特劳斯为西方当代解释学理论作出了卓越贡献，施特劳斯的成就是对当代解释学“鲜明的对比和健康的矫正”。[③] 国内也有学者专门研究过施特劳斯的解释学方法，他赞扬施特劳斯的解释学不同于传统的普遍的解释学理论，“它虽然相对而言简单但是却不教条”。[④]

笔者认为上述几种观点都没有把施特劳斯的解释学方法与其独特的哲学观和政治哲学观结合起来，有只见树木不见森林之嫌。本书试图论证施特劳斯的“解释学”（假如存在的话）不仅仅只是一种阅读的方法，甚至也不是达到解释目的的手段，它本质上是一种哲学生活的实践，是处于今天的我们寻回本源的哲学生活的必不可少的途径。

一 解释的基础——显白教诲与隐微教诲

解释可以被看成是写作的一个反向运动，写作是作者赋予文本以意义，而解释则是从文本中解读出意义来。因此一个人怎样解释，取决于他认为作者会怎样写作；解释的方法取决于写作的方法。要讨论施特劳斯解释学的正当性，就必须首先讨论施特劳斯关于写作技巧的论述，而这必然就得直面施特劳斯备受诟病的显白教诲与隐微教诲的区分。但是这种区分的基础何在呢？

施特劳斯指出，在写作中区分“显白的教诲”与“隐微的教诲”是一个历史事实。古典哲人认为哲学与政治之间存在永恒的矛盾，哲学只关心真理，是对万物“原则”的毫无限制的疯狂追寻。[⑤] 这种追寻必然始于

---

① Brian Barry, Political Argument, London: Routledge and Kegan Paul, 1965, p. 290.

② ［美］罗森：《作为政治的解释学》，宗成河译，载《施特劳斯与古典政治哲学》，刘小枫主编，上海三联书店 2002 年版，第 192 页。

③ ［美］坎特：《施特劳斯与当代解释学》，程志敏译，载刘小枫、陈少明编《经典与解释的张力》，上海三联书店 2003 年版，第 166 页。

④ 郑兴凤：《论施特劳斯的解释学视域》，载《现代哲学》2004 年第 3 期，第 18 页。

⑤ ［美］列奥·施特劳斯：《自然权利与历史》，彭刚译，生活·读书·新知三联书店 2003 年版，第 83 页。

对哲学所处的政治社会所遵循的一整套意见的质疑，而这套意见恰恰是政治社会所赖以存在的根基。[①] 因此哲人一方面要向普通大众隐藏自己真正的观点，“不只是现在，而且是任何时代”。[②] 他们这么做不仅是为了保护哲学的免遭迫害，还是为了保护社会免于哲学的伤害。这就是所谓“显白的教诲”。另一方面哲人又必须向潜在的哲人透露一些真理，以吸引他们进入哲学的行列，这是为了哲学事业的传承。这就是所谓的“隐微的教诲”。可以说，“显白教诲”是真理的必要外衣，学会编织这种外衣是哲人成长为政治哲人的必要条件。

值得注意的是，人们往往认为“显白教诲”除了保护哲学和社会免于互相伤害的作用之外，本身并不具有意义。我们可以说相比于“隐微教诲”，施特劳斯更重视的是“显白教诲”，理由是这样的：哲学是从意见到知识的一个升华过程。[③] 因此意见并非是应该被废弃的毫无价值的，相反它是哲学的自然起点。那么“显白教诲”作为一种意见也就一定是“隐微教诲”的自然起点。“显白教诲”表面上看来是通往“隐微教诲”的一种障碍，而实际上它也是一种桥梁。之所以是一种障碍，是因为它要把大多数普通人排除在外，同时还是借此对潜在哲人的甄别和考验。而之所以是一种桥梁，是因为它首先具有足够的诱惑力，其次它也是借以上升的阶梯。

因此真正的哲学写作是“显白教诲”与“隐微教诲”杂糅在一起的，而这样的杂糅就是所谓的“修辞问题”（literary question），亦即哲学在社会面前的言说问题。施特劳斯认为：“修辞问题研究就是社会研究的一个重要部分……修辞问题，恰当地来理解，就是社会与哲学关系的问题。”[④] 修辞问题是事物的表层现象，是读者直接面对的对象，而在施特劳斯看

---

① Leo Strauss, What is Political Philosophy? See The Journal of Politics, Vol. 19, No. 3 (Aug., 1957), p. 299.

② Leo Strauss, Persecution and the Art of Writing, Chicago: The University of Chicago Press, 1988, p. 34.

③ ［美］列奥·施特劳斯：《自然权利与历史》，彭刚译，生活·读书·新知三联书店 2003 年版，第 125 页。

④ Leo Strauss, The City and Man, Chicago and London: The University of Chicago Press, 1964, p. 52.

来，事物的表层就是事物的核心。[①] 解释因此就是从“显白教诲”到“隐微教诲”的升华过程，并且是一个永无止境的升华过程。因为如果哲学并不是智慧，而是对智慧的爱，那么解释也不是“隐微教诲”，而是追问“隐微教诲”的过程。

但是正如罗森所质疑的，施特劳斯致力于揭露西方传统中隐微教诲的存在是很难理解的，因为一方面这是一项吃力不讨好的工作，换来的只不过是英语学界的冷嘲热讽。更重要的是这种公开化的努力似乎破坏了隐微式本身实践的道德和审慎原则。[②] 这个质疑非常有力，因为表面上看来，解释学是隐微写作技术的反技术，旨在把被隐藏了的揭示出来。因此施特劳斯运用解释学公开了隐微写作的传统，而这个传统之作为传统是被隐藏的，那么施特劳斯是否就违背了他所颂扬的传统原则，并因而成为现代人了呢？[③] 他是不是公开了本不应该公开的东西了呢？

施特劳斯没有回答这样的问题，但是如果我们一定要为他寻找理由，似乎只能是这样的：存在着两重意义上的解释，第一层是施特劳斯解释经典文本，这是一个纯粹内在的并且私人的思想过程；第二层是我们解释施特劳斯的“解释”，此时我们所面对的“解释”实际上又变成了文本。也就是说施特劳斯的写作是同时融合了解释与书写的两个过程。因此施特劳斯在书写他的解释过程中，极有可能又运用了隐微写作的技巧，他的解密了之后又重新设置了新的秘密。新一轮解释的任务已经落到了施特劳斯的读者身上。

如果这样的解释是站得住脚的，那么我们可以把施特劳斯的解释学定位在纯粹内在的思维。解释首先不是写作，也不是言说，因为不管写作还是言说都是实践性质的。而解释首先作为纯粹的思，是理论性的。思的过程也就是从显白教诲向隐微教诲升华的过程。因此解释具有哲学的首要性质。

二 解释的对象——作为整全之模仿的文本

解释的对象是文本，而施特劳斯所说的不是普通的文本，而是堪称经

---

① ［美］列奥·施特劳斯：《关于马基雅维利的思考》，申彤译，译林出版社2003年版，第64页。

② ［美］罗森：《作为政治的解释学》，宗成河译，载《施特劳斯与古典政治哲学》，刘小枫主编，上海三联书店2002年版，第192页。

③ 同上书，第226页。

典的文本，它是伟大的思想家精心雕琢出来的作品，也只有这样的思想家才有资格和能力如施特劳斯所描绘的那样写作。我们怎么定位文本，我们也就怎么对它作出解释。

在施特劳斯眼里，经典文本不仅仅是经典作家的言辞，而是对整全的模仿。这是因为，言辞作为书写的媒介有着本质上的局限性，书写一旦完成，就已经死亡，因此只能针对不同的时间和不同的人表达同样的东西。[①] 与之不同的是对话，面对面的口头交流，它最大的好处就是能够根据不同的对象和不同的场景作出灵活的调整与适应。哲学本质上是一种对话的活动，因此柏拉图哲学总是以对话的形式。但是柏拉图却是记录苏格拉底的对话，哲学要用对话录（区别于苏格拉底的对话）的形式出现，这就必然要受到言辞的限制。

为了克服这种现象，尽可能全面准确地呈现他的教诲，“柏拉图不仅运用了其作品的内容（众多角色们的言辞），也运用了其作品的形式（总体上的对话形式，每篇对话的特殊形式。每篇对话中每一部分的特殊形式，情节，人物，人名，地点，时间，场景诸如此类）”[②]。这些形式正是整全的构成要素，它们旨在恢复对话所赖以发生的情境，就像戏剧场景一样。我们发现柏拉图的对话是戏剧的，因此为了能够真正理解它，我们就必须像戏剧一样去阅读它。正是这些形式的补充，才使得柏拉图的对话具有了口头交流的弹性和适应性。[③] 因此对对话作品的透彻理解就是根据“形式”来理解内容。比如对于《理想国》著名的开场情境的解释就是利用了“形式”来理解内容：苏格拉底与格劳孔从雅典来到比雷埃夫斯港，这个表面上看起来极其简单的叙事介绍，在施特劳斯看来却孕育了极其丰富的信息。首先，比雷埃夫斯港是民主政治的大本营。其次，苏格拉底来到这里并非是为了讨论有关正义的话题，而是为了参加祭祀诸神的活动。从中施特劳斯解读出这是哲人从阳光明媚的理念世界下降到昏暗的洞穴内

---

① Leo Strauss, The City and Man, Chicago and London: The University of Chicago Press, 1964, p. 52.

② ［美］列奥·施特劳斯：《论柏拉图政治哲学新说之一种》，彭磊译，载《苏格拉底问题与现代性——施特劳斯讲演与论文集：卷二》，刘小枫编，华夏出版社 2006 年版，第 225 页。

③ Leo Strauss, The City and Man, Chicago and London: The University of Chicago Press, 1964, p. 53.

的过程，整部《理想国》都可以看成是一个哲人下降重返洞穴的故事。[①]

文本作为对整全的模仿，它表面上是死的，而实际上是一种特殊的交往形式，它是一场形象的、生动的在剧情推动下的运动过程，读者的解读过程就是在全程参与到剧情运动的过程之中。文本的运动就是整全的呈现，而解释就是交往或者说对话。在此过程中，读者与剧中人物开始共同面对相同的对话情境。既然任何的交往都只能是具体的，而不可能是抽象的，那么对交往的解释（也是一种交往）就只能也是具体的了。

总之文本作为整全的模仿是一种特殊的交往形式，施特劳斯的解释以寻求与被研习的思想家们进行交往对话为旨归，[②] 解释的过程无疑就是一个交往对话的过程，在交往与对话的过程中，整全向双方逐渐地呈现。而哲学的本意是对整全的追问，[③] 解释作为对整全的追问，因此就具有了哲学的意涵。

三 解释的目的——作者的意图

如前所述，解释是在纯粹内在思维中"完成"从"显白教诲"向"隐微教诲"的升华，但这并不意味着解释的目的就仅仅在于寻找"隐微教诲"，"隐微教诲"并不是真理的全部。施特劳斯的"解释学"的最直接目的就是"要像作者理解他自身那样去理解作品"。[④] 作者的自身理解，显然不仅仅就是指隐微教诲，它是"显白教诲"与"隐微教诲"的综合，这种综合就是作者的意图。

施特劳斯一再强调，要从流俗所谓哲人对"哲学史"的"贡献"返回到哲人之"意图"。[⑤] 所谓"贡献"指的是对推动哲学思想发展所起的作用，这是用"哲学史"来度量哲学家的思想。而所谓"意图"指的是

---

① Leo Strauss, The City and Man, Chicago and London: The University of Chicago Press, 1964, p. 62.

② Thomas L. Pangle, Editor's Introduction, see Leo Strauss, The Rebirth of Classical Political Rationalism, Chicago: The University of Chicago Press, 1989, p. viii.

③ Leo Strauss, What is Political Philosophy? See The Journal of Politics, Vol. 19, No. 3 (Aug., 1957), p. 344.

④ Leo Strauss, The Rebirth of Classical Political Rationalism, Chicago: The University of Chicago Press, 1989, p. 209.

⑤ ［德］迈尔：《隐匿的对话——施密特与施特劳斯》，朱雁冰等译，华夏出版社 2008 年版，第 183 页。

哲学家自身写作时的意思，他只是对人类永恒根本的问题作出自己的回应。施特劳斯其实暗示，只有理解了作者的意图，才是真正理解了作者本身。难怪施特劳斯及其信徒们的很多文章都是以某某人的意图做题的。

但是历史主义否认这种可能性的存在。它认为所有的思想都是历史性的，都受到思想家所处的历史环境的制约和影响。同样任何人也都只能从自己时代的立场出发来解读过去的思想，并且认为这种解读超过过去思想家对自己思想的理解。[①] 历史主义因此而否定了历史客观性的可能性。可以说历史主义否认了哲学的可能性，它把我们的视野牢牢局限在了当下，把我们的思想束缚在人造的历史洞穴之中。

而施特劳斯之所以坚持认为“像作者理解他自身那样去理解作品”是可能的，而且他还进一步认为“像他本人那样去理解他，只有一种方式”[②]。这是因为“学说之创建者理解其学说的方式是唯一的，倘若他本人是清醒的话”。这就意味着理论上我们可以找到一种终极的解释，它符合作者的真实意图。

这样的宣称难免令人觉得过于霸道，但是施特劳斯之所以敢于这么做，是因为他坚持存在不受历史影响的永恒的问题，尽管人们可以对这个问题提出不同的解答，但这些问题本身是不变的。[③] 问题之所以不变，是因为整全之作为整全是不变的。意识到了根本问题的存在，也就是意识到了整全的存在。因此施特劳斯解释学的根本目的应该被理解为像作者那样认识到根本性的永恒问题即整全的存在。

因此可以说解释学是消除历史主义带来的认识障碍的一种方法，在施特劳斯看来，在我们的时代进行哲学思考主要在于“倾听伟大的哲学家们之间的对话……也就在于研读一些伟大的著作”[④]。它的目的就是要寻

---

① ［美］列奥·施特劳斯：《评柯林伍德的历史哲学》，余慧元译，载《苏格拉底问题与现代性——施特劳斯讲演与论文集：卷二》，刘小枫编，华夏出版社 2006 年版，第 149 页。

② ［美］列奥·施特劳斯：《政治哲学与历史》，洪涛译，载《思想史研究》第一辑《什么是思想史》，上海人民出版社 2006 年版，第 33 页。

③ Leo. Strauss, Natural Right and History, Chicago: The University of Chicago Press, 1953, pp. 75 – 76.

④ Leo Strauss, Liberalism Ancient and Modern, foreword by Allan Bloom, Chicago and London: The University of Chicago Press, 1989, p. 7.

回前科学的或前哲学的自然理解[①]，这是一种非历史主义的历史研究，它们敞开着对于我们的自然世界的自然理解的可能性。

值得注意的是，对这些根本性的永恒问题的意识恰恰正是施特劳斯意义上的哲学精髓所在。[②] 在其原初的意义上而言，哲学是探寻的，或者说是怀疑的，相比于对问题的答案来说，问题本身才是更加确定的。因此如果说哲学的实践是向整全的开放，那么解释学的实践也是向整全的开放。当然必须指出的是解释学所面对的整全不是古典哲人所面对的整全，而是由伟大思想家所模仿的整全。这一点在上一节中已有论述。在我们的时代，人正是通过对文本的解释，通过意识到整全的存在，才把自己的心灵从历史的局限性中解放出来的。感受到从当下的束缚中解放出来，正是哲学的意义之所在。

施特劳斯说苏格拉底教导我们，目的是理解整全的关键。[③] 我们也可以说作者的意图是理解文本的关键，因此也就是理解整全的关键。因为如前所述，文本就是对整全的模仿。解释者正是借助对文本的解释才获得了对整全的理解。而这实际上就是哲学的工作，“解释学”在这个意义上就是严格意义上的哲学实践。

四 解释的原则

那么如何才能把握作者的意图，进而把握作者所呈现的整全性的问题呢？施特劳斯没有一套放之四海而皆准的解释学理论，施特劳斯也非常怀疑一种超越于“形式的”或外在经验的普遍解释学理论是否可能。[④] 但是我们还是可以从他的解释实践中总结出一些基本原则，我们将发现，这些原则无一不是哲学精神的体现：

一是读者必须始终抱着谦虚好学的心态，必须相信古人能够教会我们

---

① 古涅维奇：《自然正确问题与〈自然权利与历史〉中的基本抉择》，彭刚译，载《施特劳斯与古典政治哲学》，刘小枫主编，上海三联书店 2002 年版，第 343 页。

② Leo. Strauss, Natural Right and History, Chicago: The University of Chicago Press, 1953, p. 32.

③ Leo Strauss. The Origins of Political Science and the Problem of Socrates, in Interpretation, Ed. David Bolotin, Christoher Bruell, Thomas L. Pangle: Wickersham Printing Co., Lancaster, PA, 1996, Vol. 23, No. 2, p. 138.

④ ［美］坎特：《施特劳斯与当代解释学》，程志敏译，载刘小枫、陈少明编《经典与解释的张力》，上海三联书店 2003 年版，第 103—104 页。

一些我们在其他地方无法学到的知识。施特劳斯认为要理解一种真正的学说，必须对它怀有真正的兴趣，兴趣越大，充分理解它的可能性就越大。还必须认真对待它，也就是说，必须愿意考虑这一可能性：它就是真理。[①] 对于真理的热爱就是哲学最原始的含义，没有这种热爱，就没有解释的动力和毅力。

二是心智的完全开放，让文本以最完整的面貌呈现在我们眼前，坦然面对和接受所有来自文本对我们既有观念的挑战。因此对经典文本的解释可以说是一个不断认识到自己的无知的过程。“必须克服自我去聆听他们，而不是强迫他们接受我们的质询”。[②] 这首要的就要求我们不要把自己的问题强加在作者身上，而是要把作者有意识地提出的问题当作自己的问题，只有这样才能恰如其分地运用他的材料。[③] 认识到无知是哲学的正当结果，而自我的开放就是哲学的恰当姿态。哲人永远不能在确定性的温床上睡懒觉。

三是坚持从表面出发。施特劳斯不断强调，表面是解释的出发点和落脚点，表面并不是需要被克服、被撕裂的“面纱”。正如罗森所说“表面不能被毁构，因为不管我们从何处开始，表面总是作为开端”。[④] 就要求我们坚持文本的字面含义，充分尊重作品的表层结构。因为哲学是从意见到知识的升华，因此表面就具有了桥梁的重要意义。

四是字斟句酌、一丝不苟。出于前述哲学与政治的紧张关系和对政治迫害的考虑，一个谨慎的思想家会在其写作的时候字斟句酌。因此我们在阅读这样的著作时就必须有足够的耐心字斟句酌、一丝不苟，反复推敲作者遣词造句的良苦用心，而不能只专注于作者提出的结论和教条。这是对哲人的必要磨炼。对于具体的、个别的、细枝末节的关注和理解，在布鲁姆看来正是哲学教育的方法和目的所在。因为抽象的观念在将世界条理化

① ［美］列奥·施特劳斯：《政治哲学与历史》，洪涛译，载《思想史研究》第一辑《什么是思想史》，上海人民出版社2006年版，第34页。

② ［美］阿兰·布鲁姆：《文本的研习》，韩潮译，载《思想史研究》第一辑《什么是思想史》，上海人民出版社2006年版，第51页。

③ ［美］列奥·施特劳斯：《评柯林伍德的历史哲学》，余慧元译，载《苏格拉底问题与现代性——施特劳斯讲演与论文集：卷二》，刘小枫编，华夏出版社2006年版，第151页。

④ ［美］罗森：《作为政治的解释学》，宗成河译，载《施特劳斯与古典政治哲学》，刘小枫主编，上海三联书店2002年版，第192页。

的同时也遮蔽了事物，它使得经验世界日益枯竭。[①] 哲人不应是干枯的，他必须对于经验世界具有敏锐的感受力。培养潜在哲人对枝节的关注，就是要让他不要忘记哲学借以出发的自然起点。

总之，施特劳斯“解释学”不仅是一种方法，即不仅仅具有工具性的意义，它还具有存在论维度上的意义，即它就是一种生活方式和哲学精神的体现，对文本的解释犹如哲人的生活，就是一趟不知目的地的航行，“他开始踏上了一条他并不知晓其目的地的征途。他不可能毫无改变地回到他所出发的地方，即他所处的时代。”[②] 难怪布鲁姆在评价施特劳斯的《关于马基雅维利的思考》一书时近乎夸张地声称像是踏进了漫无边际的沙漠。“大部分时间我们都在沙海中长途跋涉，满目黄沙，枯燥乏味，了无生意。”[③] 而这对于哲学来说是必要的，也是正常的。

五 解释的技术——“字里行间”阅读法

要能够“像作者理解自己那样去理解作者”，要能够紧紧抓住文本本身的运动轨迹，就必须有一些特殊的技术方法，施特劳斯把这套方法称为“字里行间阅读法”。具体来说，这套方法可以大致从以下几个方面来运用：

（一）留心一些常识性的错误

当我们发现一些常识性的错误，以至于连聪明的中学生都知道的错误时，我们不能简单地认为这是作者一时疏忽所致。正如施特劳斯所说：“我们与其认为他（马基雅维利）也具有常人的弱点而掉以轻心，等闲视之，毋宁相信他始终是在字斟句酌，一丝不苟。”[④] 我们有理由认定这是作者有意为之的，如果作者是在讨论故意犯下写作错误可能性，情况就更是如此。[⑤] 他用这种方式在隐藏什么观点或者提示读者思考的方向。

---

① ［美］阿兰·布鲁姆：《文本的研习》，韩潮译，载《思想史研究》第一缉《什么是思想史》，上海人民出版社 2006 年版，第 56 页。

② ［美］列奥·施特劳斯：《评柯林伍德的历史哲学》，余慧元译，载《苏格拉底问题与现代性——施特劳斯讲演与论文集：卷二》，刘小枫编，华夏出版社 2006 年版，第 133 页。

③ ［美］列奥·施特劳斯：《关于马基雅维利的思考》，申彤译，译林出版社 2003 年版，第 80 页。

④ 同上书，第 55 页。

⑤ Leo Strauss, Persecution and the Art of Writing, Chicago: The University of Chicago Press, 1988, p. 30.

（二）注意互相矛盾的地方

施特劳斯发现，马基雅维利处心积虑地以某种精巧微妙的方式，蓄意自相矛盾。一个典型的例子就是，在《李维史论》中，马基雅维利两次提到了佛罗伦萨对皮斯托亚的政策，第一次认为皮斯托亚这个城市自觉自愿地接受了佛罗伦萨的统治，是因为佛罗伦萨人对皮斯托亚人一贯以兄弟相待。而仅仅在四章之后，又认为这其间的奥妙在于“和平秘术”，是佛罗伦萨人对皮斯托亚人采取的分而治之的策略导致的结果。施特劳斯借此告诉我们，第一个说法与普遍观点和谐一致，认为道德应该也可以支配政治生活；而第二个说法则建议我们对上述普遍观点产生疑虑。[①] 那么哪一个才是马基雅维利的真实观点呢？施特劳斯说，我们倘若在某类作品中发现了两个自相矛盾的观点，我们就有理由假设，那个更隐秘的论点传达了作者的真实观点。[②] 也就是说，在施特劳斯看来，马基雅维利的第一种说法明显是针对普通大众说的，是显白的教诲，而后一种观点则是针对哲人或潜在的哲人说的，因此就是隐微的教诲，也就是马基雅维利的真实观点。

（三）比照文本之间的细微差异

这种比照可以在三个层次上展开：第一种是比照文本与文本对象或者说是作者与作者处理的原作者之间在同一个问题上的差异。最典型的例子就是马基雅维利在《李维史论》中，对于李维所叙述的历史故事，不事声张地作出改动。施特劳斯认为这证明了马基雅维利开始质疑李维的权威。[③]

第二种是比照同一个作者在不同文本中就同一个问题上的差异。施特劳斯发现法拉比在《柏拉图的哲学》中全然不谈神和神们，而在《概要》中却频频地谈到了神和神们，甚至有十四次之多。[④]

---

① ［美］列奥·施特劳斯：《关于马基雅维利的思考》，申彤译，译林出版社2003年版，第49页。

② ［美］列奥·施特劳斯：《注意一种被遗忘的写作艺术》，林志猛译，载《苏格拉底问题与现代性——施特劳斯讲演与论文集：卷二》，刘小枫编，华夏出版社2006年版，第166页。

③ ［美］列奥·施特劳斯：《关于马基雅维利的思考》，申彤译，译林出版社2003年版，第179页。

④ ［美］列奥·施特劳斯：《阿尔法拉比如何解读柏拉图的〈法义〉》，载阿尔法拉比《柏拉图的哲学》，程志敏译，华东师范大学出版社2006年版，第190页。

第三种是比照同一个作者在同一个文本中的不同部分就同一个问题上的差异。比如施特劳斯分析了阿尔法拉比在《法义概要》中是如何分配“神”（God）和“神们”（gods）的。在前言和整个第一卷中，或者一定程度上更准确点，在前面六页中，提到“神”是提到“神们”的三倍，即“神”提到了三次，“神们”提到了一次。往下就只提到了“神”一次。[①]

注意特殊的沉默。

这是施特劳斯经常运用的方法。“智者的沉默总是意味深长的。这不能用遗忘来解释”。他发现马基雅维利在《君主论》与《李维史论》两部书中都没有提及世界的此岸与彼岸的区别，也从来没有提到过我们的灵魂。施特劳斯认为，马基雅维利通过在普遍观点认为十分重要的问题上的沉默向读者显示出，这些题目对于政治来说并不重要，亦即普通人的观点是错误的。[②] 而作者之所以不直接表明自己的反对态度，不仅仅是考虑到了哲学与社会之间的紧张关系，作者通过隐藏自己与流行观点的对立来保护自己。更重要的是他通过这样不同寻常的沉默，变相提醒深思熟虑的读者领会到他的特殊观点。

以上几点只是施特劳斯经常运用的几种解释手法，还有许多我们不能一一罗列。但可以肯定的是，运用这样细致灵活的解释手法，是一个永无止境的过程，解释者永远处于文本的征途中。这与哲学事业的永无止境是相一致的。

六　结语

综上所述，相比于形形色色的解释学理论，施特劳斯的“解释学”看起来是简单而朴素的，它没有太多的普遍而抽象的理论可以阐发。因此我们甚至可以说施特劳斯根本就没有所谓的“解释学”，他只有具体的解释技巧，最多也就是一些解释的原则。但是一旦我们真正进入施特劳斯所展开的解释过程，我们会发现这是一个漫长、复杂甚至枯燥的旅程。

---

① ［美］列奥·施特劳斯：《阿尔法拉比如何解读柏拉图的〈法义〉》，载阿尔法拉比《柏拉图的哲学》，程志敏译，华东师范大学出版社 2006 年版，第 190 页。

② ［美］列奥·施特劳斯：《关于马基雅维利的思考》，申彤译，译林出版社 2003 年版，第 31 页。

而之所以会这样，根本原因在于施特劳斯的“解释学”根本上是服务于哲学的目的，或者干脆说“解释学”就是哲学的一部分。施特劳斯的解释学注重解释的目的，但也注重（甚至更加注重）解释的过程，这个解释的过程就是哲学化的过程。解释的过程培养的就是“一种适度的脾性，一种既勇敢无畏，又谦逊审慎的习惯”，而这就是施特劳斯心目中理想的哲人品质。而且解释过程的复杂与艰辛，恰恰构成了一道门槛，它将粗心大意的大多数人排除在哲学的大门之外，同时又为极少数潜在的哲人开了一扇隐蔽的小门。

第三节　哲学生活的当代意义

论述至此，我们不禁要问，苏格拉底式的哲学生活在我们今天还有什么意义？在我们这个时代，追问整全还有什么意义？这样的问题一定会被接触过施特劳斯的人无数次地问起，他所孜孜以求地恢复哲学的可能性的事业，到底于人于己有何裨益?！难道它比我们今天所苦苦追求的自由民主、公平正义还要来得重要和宝贵吗?！今天哲学不正处于这样一种尴尬的境地吗?！

对于我们这个时代的人来说，哲学要么是不可能的，要么就是没有必要的，因为整全即使不是不存在，也是不可知的。而这正是我们的危机之所在。整全一如神一样，代表了人类向上攀升的最高峰。如果人类否弃了顶峰，我们又从何而来攀升的动力。而人类就是这样一种东西，他如果不努力往上攀升，他就必然往下堕落。

当然，苏格拉底不是也不可能是神，他更像是介于神与人之间的。苏格拉底式的哲学生活代表了人类身上最深的冲动，它是人向着属人的最高可能性的冲锋。在今天，人类的冲动被大大地局限了，甚至已被釜底抽薪。今天我们所能想象的人的最高可能性是什么呢？我们今天普遍接受的是每个人都有每个人自己的活法，没有办法证明哪种活法更好。所以只要我们相互尊重、相互包容，大家客客气气、和和美美地生活在一起就可以了。但是人类的本性是永远无法满足于这种状态的，因为这种暂时的妥协不可能解决根本性的问题，人们依然会感觉到无所不在的焦虑和前所未有的空虚。也许苏格拉底式的哲学生活只是代表了解决人类问题的终极方案当中的一种，但这种最深的冲动本身却是普遍的、真实的（尽管也是隐藏着的)。在苏格拉底所生活的年代（实际上是所有的年代里)，就存在着各种各样相互冲突的生活方式，只是因为宗教或习俗规定了某一种生活方式是正确的、最值得过的。但正是因为面对着有着各种宗教或习俗背景的生活方式之间的冲突，哲人才展开了追问何谓自然的就是好的、正确的生活方式。也就是说，在古典时代，生活方式之间的冲突是哲学的起点。而到了当代，它却成了哲学的终点。

我们可以不同意施特劳斯关于何谓最好生活这一问题所提供的答案，因为很显然大多数人都很难说服自己相信（仅仅只是相信）苏格拉底的生活是最好的生活，整天沉迷于对整全的追问是最好的生活。我们似乎的确没有办法借助于理性的论证来使某人相信某种绝对的东西，除非某人亲身体验到了或见证到了这种绝对。这就相当于我们永远无法向别人证明室利·罗摩克里希纳所过的生活是最好的，除非你亲眼见证了发生在他身上的奇迹或者亲眼见到了神。同样，哲学作为一种生活方式也无法被证明和授受，除非你亲自践行了那种生活。

但是，关于何谓美好生活这一问题本身却是永远不应该被遗忘的。苏格拉底的哲学生活的最重大意义并不在于要让每个人都去过他那样的生活，而在于他像一个牛虻，不断地提醒我们，我们现实中的生活是有缺陷的，我们还可以渴望一种最好的乃至绝对好的生活。他刺痛了人性中惰性的一面，也激起了人性中积极向上的一面。施特劳斯牢牢把握的就是这样一种冲动，他渴望整全、渴望永恒。只要这种冲动一直存在，那么对美好生活的追问也就会一直存在，人类的可能性也就永远不会枯竭。而这恰恰就是施特劳斯面对当代西方危机的时候所致力于的事业：重新恢复一种被遗忘了的哲学生活的可能性。

第六章
古典启蒙的政治—哲学

向上的路和向下的路是同一条路。

——赫拉克利特

政事的确并非最高，然而最首要，因为它最紧迫。

——施特劳斯

也许这是人类的宿命：当下总是承载着原罪，因为它总是没有成为它应该成为的样子。而它应该成为的样子，要么总是来源于遥不可及的过去，要么总是来源于同样遥不可及的未来。而施特劳斯似乎是一个复古主义者，他总是把我们当下的困境归咎于对古典传统的叛离，并总是邀请他心目中优秀的读者从古典的传统中寻找疗救当下困境的药方。

施特劳斯对柏拉图式古典政治哲学传统的复兴就是对西方危机的深刻回应。“我们是因为西方的危机、我们时代的危机才被迫返回古典政治哲学的。”① 而西方的危机是政治哲学的危机，因为它在如今被当成了意识形态，现代启蒙运动所允诺的美好蓝图已经失去了它往日的热情。在实证主义、（尤其是）历史主义的深刻影响下，政治哲学即使不是消失殆尽，也已经奄奄一息。而70年代以来规范政治理论的复兴，试图在忽视或者接受历史主义的前提下重新振兴政治哲学，这在施特劳斯看来是不可能的。施特劳斯要做的是在正面回应历史主义的挑战的基础上复兴古典政治哲学。

但是什么才是施特劳斯所理解的古典政治哲学呢？我们前面已经分析过，施特劳斯的学生以及学生的学生在这个关键问题上分成了两派，一派我们可以称为哲学的施特劳斯，强调哲学的疯狂本性以及由此而派生出来的政治哲学对于哲学生活的辩护；另一派我们可以称为政治的施特劳斯，

① Leo Strauss，The City and Man，Chicago and London：The University of Chicago Press，1964，p. 1.

强调哲学的审慎以及政治哲学对于政治生活的积极意义。笔者认为，这两种理解似乎正好对应了施特劳斯在《城邦与人》导言中暗示的政治哲学的两种职能：一是神学不可或缺的婢女；一是社会科学的公正女王。但是施特劳斯强调说，在今天彰显后者的重要性要比彰显前者的重要性来得更加紧迫。这是因为即使是地上的最高法院更喜欢遵从的是社会科学的论点而非十诫。① 好的甚至是最好的也不一定是紧迫的、首要的，认识到这一点正是智慧的体现。（NRH，162）而从这个意义上来说，似乎政治的施特劳斯试图从事的就是最紧迫的任务，而哲学的施特劳斯试图恢复的似乎就是最根本的事业。这一判断同样可以在这样一个层面上得到证明：施特劳斯在《城邦与人》中首先讨论的是亚里士多德的《政治学》，因为他是政治科学的创始人。而施特劳斯立马又强调对《政治学》的讨论是“明显临时性”的，因为古典政治哲学是政治科学的首要形式。②

如果我们上述的理解是成立的，那么我们该如何理解这样两种颇富张力的政治哲学呢？施特劳斯能否为他的弟子们获得一个包容性的框架呢？笔者认为是可以的，实际上这两种理解都是正确的理解，只不过都不全面，它们各自都只看到了政治哲学的一个侧面。

实际上施特劳斯所复兴的古典政治哲学是一个融合了上升与下降的永不停息的运动过程：一方面，哲人需要从政治这个意见的领域向上升华到知识的领域，从洞穴上升到光天化日之下；另一方面，出于内外综合的原因，哲人又必须从知识再返回到意见的领域，从洞穴之外再返回到洞穴之内。也就是说，古典政治哲学必须被理解为是双重性的：一方面要转向城邦，另一方面又要离开城邦。③

---

① Leo Strauss，The City and Man，Chicago and London：The University of Chicago Press，1964，p. 1.

② Ibid.，p. 12.

③ ［美］伯纳德特：《施特劳斯的〈城邦与人〉》，载《施特劳斯与古典政治哲学》，第562页。值得一提的是，区分经典作家写作时的双重身份及其学说中的双重教义乃是施特劳斯解读经典时的惯用手法，比如他区分了洛克作为英国人和哲学家、卢梭作为普通人和哲人的不同身份，同样他也区分了马基雅维利学说中的自然德性与社会德性、霍布斯学说中的自然正义与社会正义。表面上看施特劳斯这么做是为了解决经典中非常明显的自相矛盾之处，实际上是为了突出哲学与政治这两个层面的问题。这正是通过回溯政治哲学史的过程重新寻回整全的视野时所要求的。

笔者认为我们用这样的方式来理解施特劳斯所复兴的古典政治哲学并非是任意的杜撰，它在形式和内容上都是符合古典哲人的精神的，因为众所周知，上升和下降的意向充斥于柏拉图的对话当中，尤其是在《理想国》中更是经典。① 而这个双向运动的过程绝非徒劳的折腾，他培养了哲人两种气质：勇敢和温顺；它也让哲人具备了两种看待世界的方式：超越的和世俗的；它更加让哲人对人类有了更深的认识：对于人类来说，那本然地或者说处于自然就是最高尚的东西，并非是人类最迫切的，因为人类本质上乃是一种“介于其间”（in-between）的存在物——介于禽兽与众神之间。② 古典政治哲学可以说正是对这一认识的典型实践。

第一节 上升的路——论作为哲学阶梯的政治哲学

绝大多数时候，我们都是这样来理解政治哲学的：“哲学”表示研究方法，“政治”表示研究的内容和作用：政治哲学用一种关联政治生活的方式研究政治问题，因此，其研究内容应该等同于目的，也就是政治行动的最终目的。也就是说政治哲学最终是服务于政治的。但是还存在另外一种理解的可能性：“政治”起形容词作用，没有表明什么内容，而是处理方式。依据这种观点，我们可以说，“政治的哲学”主要还不是指用哲学方法处理政治生活，而是指用政治的、通常的方式来处理哲学问题，或者说用政治方式让人们走进哲学。③ 这个时候政治哲学就不是服务于政治，而是超越于政治的了。

施特劳斯用这样看似简单的语义分析方法向我们提示了古典政治哲学的独特意涵。“政治的哲学”这一解读暗示了还可能存在一种“非政治的哲学”，从“非政治的哲学”转向“政治的哲学”是我们深入完整地理解古典政治哲学的最佳切入口。

---

① ［美］沃格林：《王制》义证，载《经典与解释·王制要义》，刘小枫选编，张映伟译，华夏出版社 2006 年版，第 181 页。

② ［美］列奥·施特劳斯：《自然权利与历史》，彭刚译，生活·读书·新知三联书店 2006 年版，第 155 页。

③ Leo Strauss, On Tyranny, The Free Press of Glencoe, 1963, p. 93.

一　苏格拉底的转向

苏格拉底是政治哲学的创始人，但他显然不是哲学的创始人。哲学先于政治哲学，是苏格拉底把哲学从天上带回到人间，从而开创了政治哲学传统。施特劳斯对这个事件的独特解释在于，他区分了青年苏格拉底和老年苏格拉底，正是这一转向成为政治哲学的原点。

苏格拉底在临终前说，他年轻的时候曾以惊人的方式关注自然哲学，而且达到了惊人的程度。他这个时候的典型形象是坐在高空的吊篮里如痴如醉地观看太阳，它告诉我们：自然哲人似乎不食人间烟火，他总是在云端穿梭，他的目光永远向上专注于永恒。

促使苏格拉底从自然哲人转变为政治哲人的是他的朋友兼对手：阿里斯托芬。可以说，古典政治哲学所面临的问题和阻碍清晰地体现于阿里斯托芬对苏格拉底的描述和指控当中，这一描述和指控是雅典城邦对苏格拉底指控的范本和来源。在阿里斯托芬的《云》中，阿里斯托芬把苏格拉底描绘为完全非爱欲的、非政治的，他们缺乏关于自我的知识，对自己的思想所得以存在的基础也没有意识，他不仅无所顾忌地质疑城邦的正义观念，实际上他根本“不在意正义的问题”。[①] 他像牛虻一样质疑所有其他人的生活方式，他缺乏实践智慧或曰审慎，他鲁莽地向青年传授非正义和无神论，其最终的结局就是城邦的公民用一把大火焚烧了苏格拉底的思想所。阿里斯托芬的巨大贡献因此就在于，他提醒了苏格拉底：一个只是专注于研习自然的人是无法理解政事的，而哲学又天生具有政治性，这就必然导致哲学的悲剧性命运。

色诺芬和柏拉图的苏格拉底可以看作是对阿里斯托芬的指控的回应，这一回应的核心就在于澄清哲学并非阿里斯托芬笔下的苏格拉底的“自然学”，而是某一种灵魂学。（psychology）苏格拉底具有明显的政治性，他是具有自我知识、因而也具有实践智慧的真正哲人。苏格拉底的一个深刻转变就是从少年式地鄙视政治和道德事务、鄙视人事和人，转向成熟地

① Leo Strauss，“The Origins of Political Science and the Problem of Scorates”，in Interpretation，ed. David Bolotin，Christoher Bruell，Thomas L. Pangle：Wickersham Printing Co.，Lancaster，PA，1996，Vol. 23，No. 2，pp. 157 - 158.

关心政治和道德事务、关心人事和人。①

色诺芬的苏格拉底与阿里斯托芬的苏格拉底之间最显著的差异之一就是，前者文雅而有耐性。后者则显得完全缺乏文雅，甚至毫无礼貌，当然也毫无耐性。通过借用荒唐可笑的东西，色诺芬使苏格拉底显得与值得尊敬的事物保持和睦，与城邦保持和睦，并以自己的行动致力于最高等的公民美德或政治美德。可以说，色诺芬的苏格拉底著作是在《云》的层面上通过绝妙地运用阿里斯托芬的手法而对《云》所做的回应。

阿里斯托芬指责苏格拉底是非爱欲的，而柏拉图却认为苏格拉底是最卓越的爱欲者，这是因为按照柏拉图，阿里斯托芬所说的爱欲方向是水平的，而他的爱欲的方向是垂直的。② 这一点至关重要，因为水平方向的爱欲的确是极端的非政治的，因为它在政治城邦的上方（云端）运作，而垂直方向的爱欲则必然是穿过城邦并且越过城邦的，这样理解的爱欲就必然是政治性的，也才会有政治哲学产生的必要和可能。

可以说，哲学承认这样一个事实：人类还是有某些值得认真对待的地方，这就是政治哲学的起源。这绝不意味着苏格拉底不再关心作为整全的自然，恰恰相反，他是转变了一种迈向整全的自然的方式，这一方式的核心就在于：对政治事物（人类事务）的探究是获悉作为整全的自然的最佳方式。这是因为人具有整体之内的特定位置，是整全中（the whole）最卓越的一部分。可以说人是万物的尺度，或者说人是小宇宙。整全实际上寓于人类之中。对于色诺芬或柏拉图的苏格拉底来说，人事是通向整全的线索。③ 色诺芬让他的苏格拉底寻思：苏格拉底以前的哲人是不是明白人不能发现关于自然的真理，因为各派哲人观点相互对立，就像是疯子。此时的苏格拉底找到了更稳固清醒的对整全的论点，也就是说，存在有限数目的存在者，有些事物是不可变的，有些事物是可变的，有些事物既不生成也不朽坏。尽管有无限多的事物，但事物种类和等级的数目却是有限的。这些种类和等级是不可变的，既不生成也不朽坏。亦即，整全的特征就是理智分析上的异质性，整全由类或种构成，靠人的感觉感知并不能充

① Strauss, Socrates and Aristophanes The University of Chicago Press, 1966, p. 314.

② ［美］列奥·施特劳斯：《古典政治理性主义的重生——施特劳斯思想入门》，郭振华等译，华夏出版社 2010 年版，第 188 页。

③ ［美］列奥·施特劳斯：《关于马基雅维利的思考》，申彤译，译林出版社 2006 年版，第 15 页。

分地明了整全的特征。苏格拉底之有别于他之前的哲人，就在于这一事实：他在智性异质性（neotic heterogeneity）中发现了整全或自然的核心。整全不是一，也不是同质的，而是异质的。而这种异质不是可感的异质性，而是智性的异质性，本质上的异质性。[①]

一旦哲学的追问发生这样一种根本性的转变，哲学就必然面临一个本质上是异质的、独一无二的政治城邦，哲学可以穿越它，但却不可能无视它。此时的哲学必须成为“政治的”，这意味着哲学的追问本身成了追问的对象。[②] 因此我们可以说“政治的”哲学就是政治哲学。

二　城邦作为哲学的自然起点

如前所述，苏格拉底转向研究人间事物，不是基于对神圣之物或自然之物的漠视，而是基于一种试图了解一切事物的新路径。对于政治哲人来说，政治事物虽然不是最高的，却是最先的，因为它是最急迫的。政治是基础，是不可或缺的条件。实际上，人或政治是通向万物的线索，是通向自然之整全的线索，因为它们连接或结合了最高的与最低的，因为人是个小宇宙，或者说，因为人或政治事物和它们的对应物是最高原则显现自身的形式。苏格拉底的政治哲学是为了保存前科学的世界，为的是彰显从此世界向上升华的充分必要性。[③]

实际上，只有在城邦中才可能孕育哲学的萌芽。有必要强调指出的是，城邦不同于我们今天在国家与社会分野之下的国家或社会，城邦先于这种划分。城邦是封闭的、自我满足的洞穴。[④] 它是先于哲学反思的，因为关于什么是善被认为已经得到了祖传律法的永久保障；意见之作为真正的意见就在于它认为自己已经对最终极的问题给出了最终极的答案，不再有其他的可能性，因而也不再有追问的必要性。但是城邦又是指向哲学

---

① Leo Strauss, "The Origins of Political Science and the Problem of Scorates", in Interpretation, ed. David Bolotin, Christoher Bruell, Thomas L. Pangle: Wickersham Printing Co., Lancaster, PA, 1996, Vol. 23, No. 2, pp. 171 - 193.

② ［德］迈尔：《隐匿的对话——施密特与施特劳斯》，朱雁冰、汪庆华等译，华夏出版社2002年版，第112页。

③ Thomas L. Pangle, Leo Strauss: An Introduction to His Thought and Intellectual Legacy, The Johns Hopkins University Press, 2006, p. 39.

④ Leo Strauss, The City and Man, Chicago and London: The University of Chicago Press, 1964, p. 29.

的，这是因为：

“所有政治行动的目标不是保守就是变革。当渴望保守时，我们希望不要变得更糟；当渴望变革时，我们希望能带来更好的东西。所有的政治行动因而都由某种更好或更糟的思想引导。但关于更好或更糟的思想隐含着关于善的思考。引导着我们所有行动的对善的意识具有意见的特点：对善的意识不再受到质疑，但经过反思，它又证明自己是可疑的。我们能够质疑对善的意识，恰恰这一事实把我们指向不再可疑的关于善的这样一种思想——指向一种不再是意见而是知识的思想……如果这种指向变得一目了然，如果人们把获得关于好的生活、好的社会的知识作为他们明确的目标，政治哲学就出现了。”①

在这里我们甚至可以把城邦当作是整全的模仿物，它是自我封闭的，因为它自认为是神或神子的创造物，它有一个完美的形而上学或神学根基。但是这个模仿物又必然是向着整全开放的，因为对于整全的模仿必须建立在对于整全的正确认识基础之上。在这里我们已经隐约可以看到：正是因为城邦和哲学最终关心的是同一个事情，所以城邦指向哲学，甚至需要哲学，但是实际上城邦与哲学又处于尖锐矛盾当中。

因此我们说，尽管人事或政事是变幻无常的，是追求永恒与不朽的哲人所不屑一顾的，但是政治却是最明显、最急迫之处，是人之作为人必须首先面对的事物。它们是通向自然之整全的线索，诸最高原则在它们身上得到了最初的显现。只有它们才构成了哲学借以出发的真正自然起点。

这就是苏格拉底辩证法的真正意涵：意见虽然是要被超越的，但绝不是可有可无的。没有意见，哲学将成为无源之水，因为对知识的追求将不再可能。意见、表面、现象是最先进入人类视野的，苏格拉底是从人们关于事物本性的意见来了解它们的本性的。（NRH，124）无视人们关于事物本性的意见，就等于是抛弃了我们拥有的通向实在的最为重要的渠道，或者是抛弃了我们力所能及的最为重要的真理的足迹。这就是施特劳斯一再强调的，哲学绝不是关于某种知识的体系论说，而只是从意见到知识的升华过程，这一过程必然是由意见所指引着的。实际上，意见领域和知识领域表面上是对立的，而实际上是重合的，知识的领域孕育在意见的领域

① ［美］列奥·施特劳斯：《什么是政治哲学?》，李世祥等译，华夏出版社 2011 年版，第1—2 页。

当中。只有建立在这种理解之上，在“原始的形式里，政治哲学广义上是哲学的核心，或更准确地说是‘第一哲学’”。[①] 如果忽视哲学的社会和政治环境与哲学本身的区别，知识得以存在的条件和知识产生的原因之间的差异也就会变得模糊起来。[②] 从这个意义上说，施特劳斯绝不是人们通常理解的本质主义的绝对主义者。[③] 可以说，相对于对知识的强调，施特劳斯更加看重伴随着意见而来的对于知识的意识。

正是基于对哲学的自然基础——城邦和意见的领域——的重视，施特劳斯才强调我们今天迫切需要做的不是从城邦和意见的领域上升，因为在历史主义的影响之下，我们已经不是生活在一个柏拉图所说的“自然的洞穴”当中，而是生活在一个“人造的洞穴”里。[④] 因此，我们今天迫切要做的是从“人造的洞穴”爬回到“自然的洞穴”当中，以此才能找回哲学的故乡。

三　价值判断与作为阶梯的政治哲学

如前所述，政治问题是人类面临的首要的和紧迫的问题，其首要性和紧迫性在于它关乎生活方式的选择问题。一般而言，对实现一个确定目标的手段，人们总能一致，而目标却总是引起争议的：我们总是仅仅在关于正义和善的事情上彼此争执，并与自己争执。政治哲学的任务就是解决这些争议。因此对于政治事实的解释必然要求能够对政治价值作出理性的陈述，[⑤] 政治哲学的根本任务因此就是要为澄清并最终解决这种冲突而努力。但是今日占据主导地位的观念认为，我们的社会科学应该坚持价值中立的原则，放弃对于诸多价值之间的选择判断。施特劳斯认为，这样的社会科学无异于不再面对真实的政治事物并且放弃社会科学家的责任。施特劳斯在《自然权利与历史》中对韦伯的处理就可以看成是这样一种努力：

---

① Leo Strauss, The City and Man, Chicago and London: The University of Chicago Press, 1964, p. 20.

② Victor Gourevitch, Philosophy and Politics, The Review of Metaphysics, Vol. 22, No. 1 (Sep., 1968), pp. 58 – 84.

③ Hwa Yol Jung, Leo Strauss's Conception of Political Philosophy: A Critique, The Review of Politics, Vol. 29, No. 4 (Oct., 1967), pp. 492 – 517.

④ Steven B. Smith, "Leo Strauss's Platonic Liberalism," In Political Theory, Vol. 28, No. 6 (Dec., 2000), p. 794.

⑤ Martin Diamond, "The Dependence of Fact Upon Value", Interpretation spring 1972, p. 226.

通过批判价值中立的社会科学返回人类所面临的原初境况，从而恢复政治哲学的可能性。

在这里我们无须指出价值中立的社会科学的不可能性，我们只需要指出它所带来的后果就可以了：它使得政治哲学不再可能。因为政治哲学时刻牢记亚里士多德关于人的两个经典定义：人是政治的动物，人也是理性的动物。很多时候人们都无法理解这两个定义之间有什么关系，实际上政治是人类对于正义、善等事物拥有特殊的理性能力的一种表现，正是这种政治能力使得政治的现象与社会的、经济的或生物的现象区别开来。

但是“事实与价值的分野”否认了人类这种理性能力的可靠性，其结果只能是降低了政治和社会科学，把作为整体的政治事物分解为可供科学分析的作为部分的事实，因为它关于价值的观念否定了组成政治事物的特殊要素。[①] 也就是说，韦伯的社会科学所处理的对象已经不再是政治事务的本来面目，而是经理性处理和建构的产物。现代社会科学并没有理解人类事务本身，它最多只是理解了它所建构的那一部分。在政治现象刚刚冒头的时候，我们被告知我们应该止步了。这样的社会科学不再用政治的视野来看待政治、用政治的语言来谈论政治。

因此，旨在解决价值冲突的政治哲学必然受“价值判断”引导，并以“价值判断”为旨归。而每一种价值判断都是以特定的参考框架——作为整体的政治制度——为基础的，自由至上的价值理念就指向以自由为旨归的政制，平等优先的价值理念就指向以平等为旨归的政制。因此这些多种多样相互冲突的政制，就迫使我们追问哪种政制是更好的和最好的。没有对这些问题的解决，所有的价值判断都将失去立足之地。因此“以一种克制‘价值判断’的纯粹描述性或分析性的政治科学，取代对最佳政治秩序的求索，这一努力在古典著作看来荒谬不堪。”[②] 用施特劳斯的形象比喻来说就是，古典政治哲学是从高处向低处看问题，而以韦伯为代表的现代社会科学是从低处向高处看问题。从高处来看低处总比从低处来看高处要来得安全，因为要从高处来看低处，人们不必剥夺低处如其所是

---

① Fred M. Frohock, “Notes on the Concept of Politics: Weber, Easton, Strauss”, The Journal of Politics, Vol. 36, No. 2 (May, 1974), pp. 379 – 408.

② Leo Strauss, The Rebirth of Classical Political Rationalism: An Introduction to the Thought of Leo Strauss, Selected and Introduced by Thomas L. Pangle, Chicago and London: The University of Chicago Press, 1989, p. 58.

地显现自身的自由；而要从低处来看高处，人们就必须扭曲高处。[①] 因此现代社会科学所追求的客观性就是以狭隘化我们的视野为代价的，实际上是一种更大的不客观。

当代的社会科学号称要坚持价值中立的原则，但是在所有这种“科学研究”得以展开之前的关联价值却是不折不扣地取决于研究者所处的历史处境，它的问题和取向都不是价值中立的。因此它号称的客观将是最大的不客观。那些所谓价值中立的陈述大多要靠没有公开表露的、也就是说评论者没有意识到的价值判断来支撑。[②] 拒绝价值判断的社会科学将是一个瞎眼的巨人，在至关重要的价值选择问题上它宣称一无所知，而在达到特定目标的手段问题上却津津乐道。因此它就有沦落为任意一种意识形态的危险，而这正是施特劳斯所一再警告的我们时代的危机所在。

古典政治哲学就是一个从低处不断向高处攀升的过程。因为任何一种观念都指向超越于它自身的东西，我们对于任何一个部分的理解都建立在对整体的理解之上。[③] 价值判断在政治哲学中因此就好像是攀爬政治问题的阶梯，每一个有缺陷的价值判断都指向一个超越于它自身之外和之上的参考框架，而每一个参考框架又指向一个更高的整体。这样一直上升，就必然会超出于政治之外，因为政治作为一个整体只是一个更大的整体中的一部分，[④] 要想认识和解决政治问题，就必然要追问一个更为根本性的问题，即追问整全本身，而这就是哲学的使命。在这个上升的过程中，政治哲学又是通往哲学的桥梁。韦伯拒绝价值判断就是堵死了这样一条通道。而施特劳斯对韦伯社会科学的批判则可以看作是为了重新打通通往古典政治哲学的桥梁，这就是施特劳斯在揭示了韦伯所处的深渊之后返回问题的表面的意图所在。

---

① Leo Strauss, “Preface to Spinoza's Critique of Religion,” in Liberalism Ancient and Modern, Chicago and London: The University of Chicago Press, 1968, p. 225.

② Leo Strauss, What is Political Philosophy and Other Studies, Glencoe: The Free Press, 1959, pp. 18 – 20.

③ Leo. Strauss, “What is Political Philosophy?”, The Journal of Politics, Vol. 19, No. 3 (Aug., 1957), p. 368.

④ Leo Strauss, “The Origins of Political Science and the Problem of Scorates”, in Interpretation, ed. David Bolotin, Christoher Bruell, Thomas L. Pangle: Wickersham Printing Co., Lancaster, PA, 1996, Vol. 23, No. 2, p. 138.

四 言辞中的最佳政制

古典政治哲学的上升始终围绕着一个核心问题展开：何谓最佳政制（Regime）？“政制是秩序、形式，它赋予社会其特性。因此，政制是一种特定的生活方式。政制是作为共同生活的生活方式，是社会的生活和生活在社会中的方式，因为这种方式最终取决于某一类人的优势，取决于某一类人对社会的明显主宰……政制具有多样性，每种政治都或明或暗地提出一个主张，这种主张会超出任何特定社会的边界，因此这些主张彼此冲突。因而，政制本身而非纯粹旁观者的偏见迫使我们思考，在相互冲突的政制中，哪种更好或最终哪种是最佳政制。”① 任何政制都会宣称自己是最佳政制，并因此倾向于去寻求关于最佳政制的知识，否则它将无法维持自己的生存。

古典政治哲学所理解的最佳政制是智慧的绝对统治，用任何不明智者的同意来限制明智者的统治都是违反自然的。（NRH，140）以至于这种哲人王政制给人一种僭政想象，德鲁里就批评施特劳斯的古典自然正当教诲实质上就是对僭政的教诲。② 这里暂且不去追问哲人王统治与僭政是何关系，提出一点就足够了：施特劳斯对僭政的批判几乎贯穿了他所有的论著。我们真正应该问的问题是，施特劳斯以及他所理解的古典政治哲学为何要提出一种给人强烈的僭政色彩的哲人王政制，一种带着浓厚最坏政治色彩的最佳政制？其真实用意何在？这一点德鲁里从来没有深思过，然而却是窥探古典政治哲学的重中之重。

智者的智慧里装有关于“上天订立的规范”或者说“不成文法”的知识，智者的统治是代自然在统治，因此当然就是最符合自然的。智慧之人的绝对统治似乎是政治问题唯一智慧的解决办法。智慧之人将分派给每一个不智之人最适合他用的东西和最适合他做的事情。只有这样的政制才可以彻底消除人世的恶。③ 古典派所理解的最佳政制不仅是最可欲的，而

---

① ［美］列奥·施特劳斯：《什么是政治哲学?》，李世祥等译，华夏出版社 2011 年版，第 25 页。

② ［加］莎迪亚·德鲁里：《列奥·施特劳斯的政治观念》，张新刚、张源译，新星出版社 2010 年版，第 191 页。

③ Leo Strauss, “Jerusalem and Athens,” in Studies in Platonic Political Philosophy, Chicago: University of Chicago Press, 1983, pp. 171 – 172.

且也是可行的或有可能的。它之所以既是可欲的又是可能的，是因为它合于自然。由于它合于自然，它的实现就并不需要人性中出现什么奇迹般的或寻常的变化；它并不要求将人类和人类生活中本质性的恶或不完满之处荡涤净尽，因而它乃是可能的。同时，由于它与对人性的卓越或完美的要求相一致，它又是最可欲的。然而，最佳政制的实现又远非必然的，因为人们不能控制他赖以成为现实的那些条件，它的实现取决于机遇。它存在于言而非行中，这是它的本质所在。最佳政制就其本质而言是一个“乌托邦”。(NRH，139)

最佳政制最终只能存在于言辞当中的根本原因就在于完满的智慧只能存在于言辞之中，或者说人只能追求智慧，而无法占有智慧。最佳政制就是按照自然的统治，它的实现不可能是出于两个原因：一方面非智者不愿意接受智者的统治，因为他是非智者。在极端条件下，最顺从的笨伯也可能不同意智者的绝对统治。另一方面，智者也不愿意统治[①]，遑论当僭主了。哲人实际上内在地不可能做好的统治者，因为一个好的统治者必须关注被统治者的利益和幸福，也就是说要有意做善事或行正义，而真正的哲人只关心自己的事情。如果要哲人来统治就必须强迫他，即使是最好的政治看来也必须基于一种不义。施特劳斯把我们带进了这样一个死胡同：渴望统治的人没有智慧，有智慧的人不想统治。最好的人即使是与最好的政治也是不能相融合的，它让我们看到了政治的终极局限性：城邦永远都不会是哲人的最终归宿，因为城邦永远都不可能是真正的整全。

因此古典政治哲人构想最佳政制，绝不像我们现代人所认为的是要为现实政治提供实践的蓝图，毋宁说它是对这种政治理想主义的最高批判。古代经典所描述的乌托邦的实现是未必可能的，而现代的乌托邦的实现是绝对不可能的。[②] 古典解决方案提供了一个稳定的标准，我们可以据此判断任何实际的秩序；而现代的解决方案却毁掉了那独立于现实状况的一个标准的观念。

而之所以要在言辞中（而非行动中）建构城邦，是因为只有通过在言辞中建构最佳政制才有可能回答何谓自然地就是最好的生活这个问题。

---

① Leo Strauss, The City and Man, Chicago and London: The University of Chicago Press, 1964, p. 124.

② Leo Strauss, On Tyranny, The Free Press of Glencoe, 1963, p. 227.

什么东西依据自然是正当的，或者什么是正义这样的问题，只有通过对最佳制度的构想和谈论，才能找到完备的答案。（NRH，144）可见讨论最佳制度的问题，是哲学追问何谓最好生活的一个必要组成部分。这就提醒我们，必须时刻记住：政治哲学服务于哲学，而非服务于政治。

城邦是模仿的整全，只有穿越这个模仿的整全，真正的整全才有可能向我们显现。因此对“何谓最好的城邦”的追问是对“何谓最好的生活”的追问的必经之路；最好的人只有在与最好的城邦的对峙之下才有可能得到完整地回答。这就是柏拉图在追问何谓真正正义的人的时候转而追问何谓真正正义的城邦的原因，对政治的追问服务于对哲学的关怀。这再次告诉我们，除了用来搞哲学外，柏拉图的著述不能用于任何其他目的。尤其，任何社会秩序和党派都不能正当地把柏拉图称作他们的守护神。[①]

五　哲人的自然正当

对最佳政制的追问让这样一个问题呈现出来：即何谓自然的正当[②]？这可以看作是古典政治哲学的最大贡献。施特劳斯一再强调，政治生活中的冲突非但没有否认自然正当的存在，相反却导向和呼唤了自然正当。因为能够帮助我们最终解决政治争执的就是关于自然正当的知识，（NRH，3）任何一个社会它要想持续下去就必须依靠某种自然正当，这应该说就是政治生活的本性。施特劳斯甚至在“热情洋溢”地声称拒绝自然权利的自由民主制理念的底部也辨别出了对某种自然正当的承认，或者更明确地说，对那种对自然权利所做的特殊解释的承认，依照这种解释，必要之事是对多样性或个体性的尊重。（NRH，5）

显然，真正的自然正当是哲人的自然正当，这是一种最高意义上的自然正当。（区别于第二节将要论述的较低的或被稀释了的自然正当）哲人

---

① ［美］列奥·施特劳斯：《论柏拉图政治哲学新说之一种》，载《苏格拉底问题与现代性——施特劳斯讲演与论文集：卷二》，刘小枫编，华夏出版社 2006 年版，第 225 页。

② 关于 natural right 的中文翻译是一个十分关键的问题。实际上施特劳斯故意使用了这样一个带有双关性的词 right，因为它既可以翻译成正当，也可以翻译成权利。笔者认为施特劳斯此举是为了凸显古今之争的关节点所在：古代的自然正当之所以是正当是因为它来自于一种超验的秩序，而现代的自然权利之所以是权利是因为现代否认了一种超越秩序，并过分强调了个体性的优先性。因此，当他论述古典政治哲学的时候，他一般使用单数的 right，这个时候我们应该翻译成“正当”，当他论述现代政治哲学的时候，他一般使用负数的 rights，这个时候我们应该翻译成“权利”。

的自然正当超出了所有的城邦甚至是最佳城邦之外，因为哲人的爱欲迫使他只能在超出于城邦之外的作为整全的自然当中获得栖息之地。在这个意义上，施特劳斯似乎站在了古典政治哲学所批判的习俗主义（庸俗习俗主义自不用说，甚至包括哲学的习俗主义）立场之上。因为习俗主义者认为城邦及其道德、法律都是纯粹习俗的产物，只有追求纯粹私人性的快乐尤其是哲学沉思的快乐才是唯一自然的。（NRH，98）以至于施特劳斯的敏锐的批评者们紧紧抓住这一点指责他是非道德主义者。

在这里还不适合为施特劳斯的道德立场辩护，下文将会涉及。此处尤其紧要的是指出，与最佳政制是不可能的一样，最高意义上的自然正当也是可意欲而不可企及的。之所以最高意义上的自然权利是不可能的，是因为人类凭借无助的理性不可能获得完满的关于自然的智慧，哲学因此无法塑造一种独断的自然权利教义。必须指出，施特劳斯与柏拉图、亚里士多德一样在提到自然正当学说时有着“常见的迟疑和模糊”，而不像托马斯·阿奎那一样“简单明了”。（NRH，163）这是因为阿奎那对《圣经》启示的信仰，而严格意义上的自然正当学说仅仅依靠人的理性而非启示。因为实际上对于施特劳斯所理解的哲人来说，知识或智慧本身也是含糊的，甚至没有意见来得明确。[①]

因此，我们不应该把施特劳斯关于自然正当的论述当作是对政治问题的终极解决方案，实际上他在《自然权利与历史》一书中指明了他写这本书是为“一种不充分的哲学讨论所作的铺垫”。[②] 实际上作为一种哲学讨论（更何况还是不充分的）对于根本性问题的意识的确定性要远远超过对于这些问题的回答的确定性。因此施特劳斯所谓回归古代自然权利的主张绝非回归某一教义，而是要唤醒人们对于自然权利观念的根本性的问题性格的意识。[③]

最高的自然权利虽然更多地作为一种问题意识而存在，但是它却带给我们一种“神圣的敬畏”，它类似于一种神的启示，告诉人类我们的自由是有着某种不可逾越的终极界限的，并非所有的事情都是得到允许的。

---

① Leo Strauss, On Tyranny, The Free Press of Glencoe, 1963, p. 88.

② ［美］列奥·施特劳斯：《“给霍尔姆特·库恩的信”》，载《自然权利与历史》，彭刚译，生活·读书·新知三联书店 2006 年版，第 23 页。

③ ［法］丹尼尔·唐格维：《列奥·施特劳斯思想传记》，林国荣译，吉林出版集团有限责任公司 2011 年版，第 157 页。

(NRH, 130)

施特劳斯有意区分了自然正当与自然法，自然法是斯多葛学派的发明，后来被阿奎那所接受，在施特劳斯看来，自然法是一个自相矛盾的概念。[①] 自然法是把自然当作了权威，而这是与自然的本意相违背的。自然法依靠的是神圣意志，而自然正当依靠的是人类理性。自然只能当作标准，(NRH, 92) 哲学在根除权威之后认识到，自然乃是标准。因为，在感官知觉的帮助下发现自然的人类官能，乃是理性或理智，而理性或理智与其对象的关系，根本就不是丝毫不问为何要与权威一致就俯首听命。把自然称作最高权威，就会使对哲学而言至关重要的分别、亦即理性与权威之间的分别模糊不清。施特劳斯的古典自然正当只被理性得到充分培育的少数明智者所掌握，而自然法则自然地并自动地被所有人所认识，因为它是上帝通过良知颁布的。

最高意义上的自然正当与最佳政制一样是一个典型的思想实验，它是为了哲学并且从属于哲学的，它只是要借助这样的终极思考探测人类理性的边界，并为人类树立一个最高的标杆。它是人类最高可能性的体现，是人类不可遗忘的问题。它与最佳政制问题一道形成了一个富有创造性的对峙。

六 作为神学婢女的政治哲学

我们看到，对最佳政制的追问最终导向的是一个形而上学问题，因为最佳政制似乎就是对整全的完美模仿。在这个意义上，政治问题与形而上学问题似乎是同构的。那么，当整全本身在政治城邦的边界之外浮现出来并成为哲学追问的对象之时，哲学上升的道路是否已经达到顶点了呢？如果是的话，这个顶点意味着什么呢？

笔者认为这个顶点就是神学的问题。“哲人不常常提到但却无法摆脱的一个极重要问题是：神是什么？”[②] 当西耶罗向西蒙尼德询问这个问题的时候，西蒙尼德迟迟不能回答，最后干脆不再考虑回答这个问题。[③] 唯

---

① Leo Strauss, “Natural Law”, in the Encyclopedia of the Social Sciences, Vol. 12, p. 80.

② Leo Strauss, The City and Man, Chicago and London: The University of Chicago Press, 1964, p. 241.

③ Leo Strauss, On Tyranny, The Free Press of Glencoe, 1963, p. 108.

有当哲学追问到“什么是神”这个问题的时候，哲学的追问才找到自己的边界。这是一个人所能够意识到但却无法给出终极回答的问题，其实质即在于：无助而有限的人类理性只能意识到整全的存在，而无法最终揭开整全之谜；而神却宣称她一劳永逸地解决了这个问题。唯有在这个意义上，正如我们上一章已经证明的，哲学永远不可能否定神学的可能性。

恰恰是在这个时候，为什么要哲学的问题或者哲学的正当性问题才成为了哲学永远都必须面对的紧迫性问题。为什么要哲学的问题暗示了存在一种更高的标准，哲学必须依此被裁断。① 城邦对于哲学的指控乃至迫害并非完全是没有道理的，因为城邦政治的背后实际上有一个神学的问题。这就是哲学所面临的“神学—政治问题”的原初含义，如何在面对这个问题的深刻挑战的前提下证明哲学自身的正当性，就是政治哲学的根本任务所在。

在被施特劳斯称为柏拉图最具政治性的《法义》中，雅典异乡人引起一个政治人向他说了一句话：“异乡人，你把我们人类看得如此卑微。”异乡人回答道：“不必惊诧，但请原谅我；因为我说刚才这些话之前，曾把脸转向神并随之而获得了这种体验。不过倘若你喜欢，那就权且认为我们人类并非那么可鄙，而在某种程度上值得严肃对待”。我们看到，哲人把眼光从神转移到人类事务上，是政治哲学诞生的前提。② 但是我们现在却发现，当政治哲学从最卑微、最紧迫的人类事务一路上升并达到顶点的时候，神再次呈现在了哲人的面前。

这表面上看来是徒劳地在走弯路，而实际上认识到神学的不可否认的可能性是哲学学会节制的最深层原因，③ 也是为哲学的正当性辩护的根本路径。因为通过政治哲学认识到神的可能性以及人类理性的局限性，是通过人类理性的方式实现的；哲人认识到自己的无知是通过自己的求知达到

① Leo Strauss, The Living Issues of German Postwar Philosophy, see Leo Strauss and The Theologico-Political Problem, London: Cambridge University Press, 2006, p. 129.

② ［美］列奥·施特劳斯：《苏格拉底问题五讲》，载《古典政治理性主义的重生——施特劳斯思想入门》，郭振华等译，华夏出版社2010年版，第190页。关于这一点，麦金泰尔在论及柏拉图的《法义》时也有所提及，请参见阿拉斯戴尔·麦金泰尔：《伦理学简史》，龚群译，商务印书馆2003年版，第89—90页。

③ Leora Batnitzky, “Leo Strauss and the ‘Theologico-Political Predicament’,” in The Cambridge Companion to Leo Strauss, ed. By Steven B. Smith, Cambridge University Press, 2009, p. 60.

的。人类并非自然地就是虔诚的，相反，也许他天生就倾向于偷吃智慧果，但是他对智慧的追求似乎仍将把他引回到神的身边。在这个意义上，政治哲学就是神学的婢女。

七　结语

从政治城邦的意见领域向上升华的过程是相互对立的两个问题——何谓美好生活与何谓最佳政制——螺旋式上升的问题，它呈现出典型的理想主义色彩，以至于让现代哲人对其不现实性深表不满。但是这样的理想主义不仅是哲人深厚爱欲的自然体现，也是让根本性的问题得到充分展现的必然要求，是哲人在思想中练习节制的根本要求。没有这样看似不切实际的理想主义，我们就无法理解当哲人返回城邦的时候，他的政治现实主义的一面。

第二节　下降的路——论作为社会科学女王的政治哲学

施特劳斯对古典政治哲学向上升华以及最佳政制的不可能性的激进描述给人一种强烈的印象：哲人一心只想着走出城邦洞穴之外，除非强迫，否则哲人是不愿意下降到洞穴中来的。施特劳斯在分析《理想国》开篇的场景时就指出了这一点：在苏格拉底和格劳孔回雅典城的路上，玻勒马霍斯及其朋友拦住了他们，以人多的优势强迫苏格拉底留在比雷埃夫斯港。[①] 关于哲人是否愿意以及为何下降到洞穴的问题也因此引起了广泛的争论。[②]

我们也可以为哲人的下降找到很多理由：比如哲人虽然达到了人的可能范围内的最高自足，但是他并非完全自足，他还需要在物质上依赖于城邦，这是一种灵魂对肉体的依赖；再比如城邦养育了哲人（包括肉体和精神上），哲人理应返回城邦以报恩；哲人对他们的亲属以及同胞怀有自

---

① Leo Strauss, The City and Man, Chicago and London: The University of Chicago Press, 1964, p. 62.

② J. Beatty, Plato's Happy Philosopher and Politics, Review of Politics, 38 (October 1976), p. 567.

然的亲情，因为他们本质上也是人而非神。(NRH，152)

但是我们以上所列举的理由都有一个共同的特点，即哲人的下降都被理解为外在于哲学以及政治哲学的附加活动，它意味着真正的哲人是只把眼睛注视着上方而从不下降的。爱若斯总是被理解为"一股强迫的、驱策的力量"，其翅膀承载着灵魂向上向光明飞升。笔者认为这样的理解是不充分的，因为哲人下降到城邦依然是哲学爱欲作用的结果，[1] 是哲学事业不可或缺的内在组成部分。

之所以要强调这一点，是为了突出节制是哲学的内在要求，而非像很多人所理解的那样是来自于社会的外部强迫。爱欲可以让人疯狂，也可以让人节制，它们同样都是对整全的追问的产物。因为整全本质上就是异质的，真正的智慧也绝不会是同质的。政治与哲学的根本紧张就是这种异质性的体现。只有在这个意义上，政治哲学才是真正的第一哲学。

遵循这一思路，下文将意在展现哲人的下降以及对节制的实践以及他带给城邦的可能的福祉。这将是施特劳斯所复兴的古典政治哲学最富施特劳斯色彩的一面。

一　政治的本性

上一节我们提到，古典政治哲学通过追问何谓最佳政制，使得城邦的局限性得到完美地展现。施特劳斯进而认为，认识到这种局限性，也就让我们看到了城邦的本质所在。因为要看到这种局限性，我们必须把城邦放置在一个超越于城邦之上的整全的视野之下，尽管我们并不一定要对这个整全作出明确的回答，而只需意识到整全的存在就可以了。[2]

的确，在整全的视野之下，城邦被构想成为一个"能够行动的真正整体"，"一个容器或水池，个体和群体在其中行动"。[3] 这个"整体"为绝大多数人提供了栖息的家园，是绝大多数人理解他们自身以及与这个世界的关系的参照系。可以说，真正的城邦就是自然的洞穴，而洞穴之作为

---

① ［美］安德鲁（Edward Andrew）：《下降到洞穴》，载刘小枫编《施特劳斯与古典政治哲学》，上海三联书店 2002 年版，第 253 页。

② Leo Strauss, The City and Man, Chicago and London: The University of Chicago Press, 1964, p. 138.

③ ［美］列奥·施特劳斯：《苏格拉底与政治学问的起源》，载《苏格拉底问题与现代性：施特劳斯演讲与论文集：卷二》，刘小枫编，华夏出版社 2006 年版，第 259 页。

洞穴就在于它被当作世界本身，就在于其中的人完全沐浴在政治生活之中。[①]

而哲人穿越了城邦，他们不可能在任何一个现实的乃至最佳的政制中栖居，因为他们渴望的是一个永恒的家园。他们要做的是整全的“公民”。但是通过认识到城邦政制的背后站立着一个高高在上的神，是哲学可以意识但无法否认的，哲人不仅意识到人类理性的有限性，而且认识到了政治事务的本性，它是与哲学的本性尖锐对立的。

政治虽然是低微的，但却是紧迫的且必要的。哲人满足于理论的探索，因此可以从容地搁置判断，但政治事物却要求（如果不是立刻的话）作出决断。哲学可以基于理性展开辩证和说理，让真理逐渐呈现，但政治最终却必然求助于强迫，因为政治事务具有根本性的非理性一面。哲学试图不断地探寻真理，而政治却总是试图压制这种探寻，[②] 因为它总是有意或无意地认为自己占有着真理。这样的社会必然有限制和审查，但限制和审查一如人们的自由那样是合于自然的。因为人生来如此，他除了克制自己低下的冲动外就无从达到人性的完满。单是这一事实就表明，即使是专制统治本身也并非违背自然。

绝大多数人都渴望确定性的温床，都需要厚厚的城墙将那未经驯服的偶然性世界排除在自己的视野之外。任何共同体都需要在寻求共同善好的各类人的意志和意见之上建立起共识。[③] 如果说哲人要拆毁这堵墙是人性追求完美的表现，因为他渴求的实际上是终极的确定性，那么绝大多数人渴望这堵墙也是人性（nature）的一部分，因为他渴求的只不过是相对（仅仅相对于哲人而言的相对性）的确定性。此时我们应该记起施特劳斯要我们注意区分人的本性和人的本性的完善之间的不同，（NRH，145－146）人的本性是政治的动物，而人的本性的完善却是超越于政治之上的对永恒秩序的追求。

在讨论色诺芬的《西耶罗》的时候，施特劳斯甚至颇显反动地认为，任何政治都有僭政的成分，差别只不过在于程度的不同，或者说僭政实际

---

① Leo Strauss，The City and Man，Chicago and London：The University of Chicago Press，1964，p. 240.

② Leo Strauss，On Tyranny，The Free Press of Glencoe，1963，p. 26.

③ ［美］艾伦·布鲁姆：《爱的阶梯》，秦露译，载《柏拉图的〈会饮〉》，刘小枫译，华夏出版社 2003 年版，第 149 页。

上体现的是政治生活的底线或本性。[①] 我们前面说过，施特劳斯在许多场合都对僭政尤其是现代僭政提出了不遗余力的批判，但是僭政并非人类共同生活中最坏、最不可接受的结果，因为任何政府都好过无政府。甚至如果可以的话，我们可以在言辞上把最佳的政制即哲人王的统治称为“哲人的僭政”，这是一种好的僭政。当然我们立刻就会意识到，“哲人的僭政”这是一个自相矛盾的术语，哲人连从政都不愿意，更遑论僭政呢？哲人和僭主实际上处于人的两端，与哲学生活相反，僭主的动机是对爱戴的欲望，即对不管人们的品质如何而被他们爱戴的欲望。僭主不得不赋予人和属人的事物以一种绝对的重要性。僭主对人的依系很少私人的关心，他不是对某个人的爱，而是对一个很大的群体的爱，原则上还是对所有人的爱。同时，僭主也渴望被他所有的臣民爱戴。僭主的特征就在于他关心被所有人爱戴而不管他们的本性如何。[②]

之所以把僭政当作政治生活本性的体现，是因为它最典型地体现了人类生活的终极困境：“恶于人不能分离”，换句话说，有些恶是自然的，无法彻底消除，最多只能在相对有限的范围内减轻。即使是人类可能拥有最完美的智慧，并且这样的人也愿意统治，也就是说最完美的城邦真正实现了，也不可能彻底清除人世的恶。因为这只不过是借助一种恶来消除另一种恶。当然这里所说的恶绝不是习俗意义上的恶，而是自然的恶。只要完美的智慧并没有普及到所有人身上，这种自然的恶就永远无法消除，政治也就永远都是一种必要的恶。

这是政治（人类共同生活）不可避免的局限性，这种局限性不可能借助哲学来弥补。政治的本性将击溃理性和任何形式的说服，[③] 从这个意义上说现代民主政治试图用说理（本质上是一种哲学的方式）来彻底取消强制就是违背了政治的本性，本质上是不审慎的表现。[④] 而古典政治哲人清醒地认识到人内心某种东西的力量，这种东西违背理性，因而无法将

① Leo Strauss, On Tyranny, The Free Press of Glencoe, 1963, pp. 76 – 77.

② ［美］列奥·施特劳斯：《论僭政》，何地译，华夏出版社 2006 年版，第 140、207、213 页。

③ Leo Strauss, The City and Man, Chicago and London: The University of Chicago Press, 1964, p. 23.

④ 徐贲：《摊开手掌，欢迎加入对话——说理不是攥紧的拳头》，2011 年 11 月《南方周末》自由谈。

其劝服，但又必须将其制伏。苏格拉底明白政事的本性：政事并不完全具有理性。劝谕有绝对限度，因为理性有绝对限度，因此《王制》中的最佳政制是不可能的。只有搞一场彻底清洗，最佳城邦才可能，但总会有无法清洗掉的强大遗习，其势力只能为每个个体自身的持续努力所打破。当且仅当所有人都变成哲人，亦即当人性奇迹般地得到改造，最佳城邦才会成为可能。① 按照这种理解，现代启蒙运动的伟大理想寄希望于对人性的彻底改造，其本质是要让所有人都成为哲人，六亿神州尽舜尧，灵魂深处闹革命。

因此我们说，施特劳斯讨论僭政的合理性是基于对政治本性的认识，这绝不意味着僭政就是我们要追求的目标，而是意味着僭政是我们不得不时刻去面对的潜在可能性。唯有意识到这一点我们才有可能为避免僭政的出现作出努力。

认识到政治的本性是哲人下降的第一步，也是哲学在思想中认识到节制的第一步。唯有在这个时候，哲学与城邦的对峙才真正呈现出它的原貌，而疯狂与节制的融合才获得了思想的根基。因此，我们可以把这种下降的起点看作是政治哲学的顶点。

二 作为辩护的政治哲学

如前所述，政治的本性与哲学的本性处于尖锐的二元对立当中，这是一种自然的对立，因此是不应该也不可能被完全取消的。哲人必须在这种二元对立当中生存，这就是政治哲学的中心议题，它的根本任务就是保护哲学与政治，不让它们相互伤害。其方法当然不是改变政治，因为政治的本性是试图取消这种二元对立的，唯一可行的就是哲学自身作出调整。

从根本上来说，哲学是因为坚持自然与习俗的区分才与政治城邦处于对立状态的，取消这种对立当然是不可取的，但是可以模糊这两者之间的区别。② 这么做实际上是要使哲学的锋芒内敛，我们可以将这一工作区分为消极的和积极的两个层面：在消极意义上，政治哲学要在城邦的法庭面

---

① ［美］列奥·施特劳斯：《古典政治理性主义的重生——施特劳斯思想入门》，郭振华等译，华夏出版社 2010 年版，第 227 页。

② Leo Strauss, The City and Man, Chicago and London: The University of Chicago Press, 1964, p. 103.

前为哲学生活辩护，证明哲人是城邦虔诚的公民；在积极意义上，政治哲学要证明哲学对于城邦政治生活的积极贡献，证明哲人是城邦最好的公民。

让我们先从消极的方面来看，因为这一方面得到了绝大多数施特劳斯研究者的认同，以至于似乎有过分的嫌疑。哲学在城邦面前的辩护在于“使城邦确信，哲学家不是无神论者，他们不是要亵渎在城邦看来神圣的一切东西，他们尊敬城邦所尊敬的东西，他们不是颠覆者，而是好公民，甚至是公民中最好的公民。”[①]

要达到这个目标，首先，政治哲学要在城邦的法庭前为哲学辩护，就必须遵守和借助城邦的标准。其次，要在城邦面前为哲学辩护，哲学就必须学会同时面向多数人讲话，而这是哲学本身所不具备的能力。苏格拉底的言辞本质上具有私人性质，而不是能够影响城邦及其法律的公共修辞。苏格拉底对公众感兴趣，只是在于它包含着他能从中分离出来的个体。因此要学会公众演讲，哲人就必须向诗人学习，因为诗人能够把观众作为一个整体向他们讲话。[②] 但是这绝不意味着哲人要转变为诗人，而是说哲人要能够驾驭诗歌。要知道最优秀的诗人被逐出城邦，并不是因为它们宣扬虚伪，而是因为它们宣扬一种错误的虚伪。[③] 而诗人之所以错误，就是因为他们是独立的、自主的，自主性的诗通过诗性地模仿激情而表达激情，它把激情神圣化。哲学需要的是从属性的诗，因为从属性的诗能够帮助人们学会用理性控制激情。施特劳斯认为从属性的诗歌（或者说“哲化的诗歌”）的最伟大样板便是柏拉图的对话，在《理想国》中，苏格拉底方式（仅仅适用于哲人对待精英的方式）必须与忒拉徐马霍斯方式（适用于哲人对待杂众的方式）相结合。[④]

---

① Leo Strauss, What is Political Philosophy and Other Studies, Glencoe: The Free Press, 1959, p. 126.

② ［美］艾伦·布鲁姆：《爱的阶梯》，秦露、何子健译，载《柏拉图的〈会饮〉》，刘小枫译，华夏出版社 2003 年版，第 189 页。

③ Leo Strauss, The City and Man, Chicago and London: The University of Chicago Press, 1964, p. 134.

④ ［美］列奥·施特劳斯：《苏格拉底问题五讲》，载《古典政治理性主义的重生——施特劳斯思想入门》，郭振华等译，华夏出版社 2010 年版，第 226 页。

再次，哲人必须区分隐微教诲和公开教诲。[①] 隐微教诲就是为了哲学之故，而公开教诲就是为了政治之故。恰当的写作是对一部分读者说出真理，而对另一部分读者保持沉默，同时引导他们达到有益的意见。[②] 在这里我想强调指出的是，我并不认为公开的教诲就是一种公开的欺骗，因为公开的教诲并不是虚假的教诲。它是哲人所体验到的真理的一部分，因为这是人类本性的二元性的真实体现。笔者认为熟练掌握了写作技巧的思想家会在通往哲学的道路上设置人为的障碍，显白教诲就是这种障碍之一，它迷惑了众人的眼睛。就好比迈蒙尼德所说的那个“有细孔的衬着透雕银色花样的金苹果”，银色的表皮光亮夺目，普通人往往就被它给迷惑住了，而不再深思表皮背后苹果的真实质地。之所以要用银质的表皮，而不是其他劣质的金属，就是为了使得外表具有足够的诱惑力。[③]

现在我们可以把哲学活动区分为两个层面，一个是纯粹理论的或沉思的层面，另一个是实践的或政治的层面，第一个层面是哲学的本来意义，而第二个层面是哲学的派生意义，没有第二层含义，第一层意义也会丢失。政治哲学因此是一种理论活动的实践的或政治的方面，而这一活动本身不是实践的或政治的。政治哲学服务于实践的功能。[④] 哲学因此需要节制来净化或软化，政治哲学因此是在言语中练习节制。

如果说消极的辩护旨在洗刷哲学不虔诚的罪名，那么积极的辩护则是证明哲学从根本上有利于城邦的福祉。苏格拉底就宣称自己作为牛虻使城邦回忆起它的最高抱负，这就是人的德性的完满，而哲人的生活就是人类生存所无法臻至的高峰。因此即便危害了城邦，哲学生活也是城邦真正的、自然的目的。[⑤] 政治正义是手段，而哲学生活是目的，因为哲学生活

---

① 长期以来隐微写作技艺的问题一直都是围绕着施特劳斯的一个争议性论题，而在本项研究者笔者并没有花很大笔墨来论述这一问题，这是因为笔者认为大多数关于隐微写作技艺的争论（不管是赞同者还是反对者）都倾向于把隐微写作技艺当作是哲学生活所需要的外在策略，而笔者认为这并不符合施特劳斯的真正意图。

② Leo Strauss, The City and Man, Chicago and London: The University of Chicago Press, 1964, p. 53.

③ ［美］坎特：《施特劳斯与当代解释学》，程志敏译，载刘小枫、陈少明编《经典与解释的张力》，上海三联书店 2003 年版，第 134 页。

④ Leo Strauss, On Tyranny, The Free Press of Glencoe, 1963, p. 26.

⑤ Leo Strauss, The City and Man, Chicago and London: The University of Chicago Press, 1964, pp. 83 – 88.

是因其自身具有价值的，是因其自身就值得选择的。

同时还必须证明，政治共同体的幸福必定取决于哲学研究。① 苏格拉底为城邦展现的哲人生活作为“本来不可能得到承认的标准”，可使道德分歧得到仲裁，道德问题获得澄清。哲学既不那么必要，也不那么讨人喜欢，但是哲学是最重要的一样东西。一个城邦要达到充分实现，哲学就必须得到接受与尊重。②

三 实践中的最佳政制

哲人在言辞中建构的最佳城邦因其完美是不可能实现的，也许人根本就不适合过分完美的东西。然而这样一种乌托邦却绝非海市蜃楼，它揭示了权力对智慧的呼唤。哲人思想上触及的绝对标杆也是人类现实政治的绝对尺度。因此，如果说智慧的绝对统治是不可能的，那么智慧的相对统治就是可能的，并且是必要的。

也就是说，实践中的最佳政体是智慧与同意的折中。(NRH，141) 少数的明智者不能够以强力来统治众多的不明智者，那些庸庸碌碌的芸芸众生必须认识到明智者就是明智者，并因为他们的智慧而自愿服从他们。然而明智者说服不明智者的能力却是极其有限的。如前所述，哲人因此必须要向诗人学习，学习向大众公开演讲的能力。这个时候我们发现，掌握了诗歌技艺的哲人已经远不仅仅是为哲学的消极辩护了，而是不折不扣的统治之术或御民之术。也许对于哲学的最好保护应该是哲人的统治，似乎哲人如果不愿意统治别人就要被别人统治。

但是，哲人是这样一种人，他们宁愿忍受不义，也不愿对别人施行不义。作为最好的人的典型，他们不应该伤害别人，也不应该那么容易被别人伤害。而施行统治就必然要伤害某些人，这是哲人所不愿意做的。因此，进一步折中的办法就是由一个明智的立法者制定一套公民们经循循善诱而自愿采用的法典。那些执行法律的人必须能够根据立法者所无法预见的情势的要求来“完成”法律，这些人就叫高尚之士或绅士。实践中的

① Leo Strauss, What is Political Philosophy and Other Studies, Glencoe: The Free Press, 1959, p. 93.

② [美] 艾伦·布鲁姆:《爱的阶梯》，秦露、何子健译，载《柏拉图的〈会饮〉》，刘小枫译，华夏出版社 2003 年版，第 223 页。

最佳政制应该是这样一个共和国，在其中，教养良好而又深具为公精神的土地贵族，服从法律而又完成法律，进行统治而又反过来接受统治，他们雄踞于社会而又赋予社会以其特性。（NRH，142）古典政治哲学在关于最佳制度的问题上达成了一个双重的答案：单纯的最佳制度就是明智者的绝对统治；实际可行的最佳制度乃是法律之下的高尚之士的统治或者以贵族制为核心的混合政制。

因此说，脱离了政治理想主义的诱惑不仅不会削弱反而会加强哲人对政治生活的关注或曰政制责任，因为他对政治事物的本性有了更加清醒地认识。施特劳斯认为，柏拉图的《法义》就是柏拉图真正的政治作品，也是他最虔敬的作品。《法义》呈现了对于既非诸神又非诸神之子的存在者来说可能的最佳城邦，在其中依然有对不虔敬的惩罚，但已经大大有利于哲人了。

四　政治的自然正当

此处，我们可以适时地点明施特劳斯关于两种自然正当的思想。我们上一节提到的哲人的自然正当是最高意义上的自然正当，它自然地就是与政治社会相冲突的，任何现实的政治社会都不可能建立在这样一种自然正当基础之上。因此哲人如果要保护哲学与政治免于相互侵害，就必须弱化或者稀释最高意义上的自然正当，使之能够与政治社会实现非自然地融合。而这就是政治的自然正当。

如果说，哲人的最高意义上的自然正当是哲学的隐微教诲，那么政治的自然正当或者次等的自然正当则是哲学的公开教诲，这种自然正当是政治社会道德的基础。① 一如前述，笔者并不认为这种公开教诲就是一种公开的欺骗，因为政治的自然正当并不是虚假的谎言，而的的确确是政治社会所呼唤和必需的。懂得节制的哲人只是智慧地将人对自然的最高诉求隐藏起来。

如果说，哲人的自然正当构成了政治社会遥不可及的天花板，那么政治的正当则构成了政治社会的地板。它是任何政治社会如果想要存在下去

① ［美］朗佩特：《施特劳斯与尼采》，田立年、贺志刚译，上海三联书店2005年版，第184页。

就必须承认的权利。[①] 本性上要打破砂锅问到底的哲学一层层挖开了政治社会的根基，现在要依靠政治的自然正当来重新埋起。它要把自然与习俗的区分重新变得模糊起来，甚至要重新给它披上神圣的外衣。施特劳斯坚持认为，政治之作为政治必须要借助宗教的支撑，政治的根基要想真正稳靠，似乎必须是神秘的。只有"由神圣创建并包含着堕落的人的绝对义务……严格意义上的或头等的自然正当才不会危害公民社会。"（NRH，153）正如东岸派施特劳斯给予我们的启发一样，此时的政治哲学似乎承担起了神学的功能，这似乎再次印证了我们在上一节中提出的观点，政治哲学是神学的婢女。但是，颇显吊诡的是，这是一种基于人类理性认识的"神学"奠基，神学怎么可能基于理性呢?!（也许这就是为什么有人称施特劳斯为"认知主义的有神论者"的原因）理性基于理性地认识而认识到自身的局限性，并自觉地限制自身，为神留出空间。因此，神似乎是出于一种政治的需要而被引入的，那么政治哲学作为神学的婢女也就是作为一种政治的必要了?！因为哲人之作为哲人并不需要诉诸神。

在这里笔者想再次强调自己的观点：哲学是"穿越"城邦的一种理智活动，它绝不是简单地否定城邦的道德习俗。哲学所欲求的自然正当当然是超越于道德习俗之上的，但是正因为其超越地位，自然正当可以成为道德习俗的补充物，甚至可以成为道德习俗最终要能够成立的根基。施特劳斯所理解的希腊哲学和圣经的共同之处就在于认为道德需要某些其他东西来补充，尽管对于这个补充物它们两者有着截然不同的态度。[②]

此时我们发现，哲学曾经借以出发并被它不断超越了的起点，现在又重新回到了眼前。但是相对于上升阶段的政治哲学看待这个起点的眼光来说，下降阶段的政治哲学看待这个起点多了虔敬，因为它来自于理性指引下的节制。哲人只有充分认识到了政治本质上的非理性，才有可能指引政治朝着理性的方向努力，尽管这一努力必将受到人类本性的决定性限制。笔者认为证明了这一点，就是对哲学生活的最高辩护。

---

① Leo Strauss, Studies in Platonic Political Philosophy, Chicago: University of Chicago Press, 1983, p. 140.

② Leo Strauss, Jewish Philosophy and the Crisis of Modernity: Essays and Lectures in Modern Jewish Thought, State University of New York Press, 1997, p. 105.

五　作为社会科学女王的政治哲学

很多施特劳斯的研究者都认为，古典政治哲学仅仅只是为哲学生活做政治的辩护，只是为了防止来自政治的迫害。也就是说，除了坚持不合时宜的高贵的谎言之外，施特劳斯不能向他的追随者揭示任何通向政治责任心之路。[①] 我认为这种观点在以下意义上是正确的：哲人对于根本性问题（比如理性与启示之争）的意识的确定性要远远超过对这些问题的答案的确定性。这给人这样一种印象，即哲人似乎只（应该）拥有否定性的知识，而不可能（也不应该）拥有肯定性的知识。

但是这种观点是片面的，同样是在这个意义上：哲人所不确定的是对那些最根本性的问题解答，但并非所有的问题都是根本性的。实际上存在着问题的等级制，无限的、绝对的问题是无法解决的，但有限的、相对的问题却是可以解决的。用施特劳斯形象的比喻来说，如果两座山的山巅乌云笼罩，因而我们无法确定哪一座更高，难道因此我们就拿不准一座山要比一座土丘更高?[②] 政治哲人越过一座座土丘向着山巅攀升，哲人对于这种攀升以及相应地对于问题的等级应该有着确然的知识，否则他就无法从哲学的活动中获得幸福的体验了。

政治问题虽然指向超越于自身之上的根本性问题，但这是爱欲辩证法提升的结果，它本质上还是属于较低层次的。因此这个领域的问题是可以获得解决的，尽管不可能是终极性地解决。因为哲人认识到恶不可能得到彻底地清除，但是可以减轻。

政治哲人能够借以帮助解决政治问题的标准就是自然的标准。按照自然，人类的目标存在着普遍有效的自然的等级制。（NRH，162）虽然最高意义上的自然目标即哲人的智识完满是与政治社会相冲突的，但是较低的目标却是与政治社会相融合的。有一个例子可以比较极端地体现施特劳斯在这个问题上的态度：当一个城市规划专业的学生向施特劳斯提出预算分配的问题时——假设在资金有限的情况下，学校或医院谁应该获得更

---

① ［美］朗佩特：《尼采的启蒙：施特劳斯与尼采》，周展译，载《尼采在西方——解读尼采》，刘小枫编，上海三联书店 2002 年版，第 611 页。

② ［美］列奥·施特劳斯：《什么是政治哲学?》，李世祥等译，华夏出版社 2011 年版，第 14 页。

多——施特劳斯毫不犹豫地回答，“学校，因为教育比健康更重要”。①

也许这难免让人觉得过于武断，为什么教育就一定比健康重要呢？笔者认为施特劳斯的这种回答是撇开了所有具体的现实情况，以自然的标准来衡量人们应该更注重教育而非健康，因为教育关系的是灵魂，是人身上最接近整全的部分，因此是最高贵的部分。② 当然，施特劳斯此处是以政治哲人的身份在说话，而非一个政治家。若是一个政治家在考虑这个问题的时候，他就必须充分考虑到这个预算分配问题所处的具体的现实处境。

这意味着承认，政治哲学只能告诉我们一个普遍有效的目标等级制，但是却并不告诉我们行为的法则。这就是为什么施特劳斯要强调自然正当与自然法的区别，自然法包含了人类行动的原则。“人们不仅必须思考相互竞争的不同目标在等级中哪一个是较高的，而且必须思考哪一个在境遇中是最紧迫的。最紧迫的正当地优先于较不紧迫的，而在许多境遇中，最紧迫的却在等级上低于较不紧迫的”，（NRH，162）而这就是政治家的技艺了。施特劳斯用医生来比喻这种技艺：政治技艺可与医生的医术相比拟，医生要在每种情形下确定对人体而言何为健康或好。（NRH，102）医生当然要对何谓健康有一个终极的标准，就像中医用阴阳平衡作为健康的绝对标准一样。但是医生在具体诊断开方的时候，却无不是具体情况具体分析的。古典政治哲学关心的是最佳政制制度，它没有办法（像现代政治哲学所宣称的）一劳永逸地回答在一切环境下都有可能实现的正当的社会秩序问题。政治问题不可能有普遍有效的解决办法，它需要政治家的实践智慧来补充。（NRH，193）

政治哲人理所当然地区分了两个问题：一是有关最好的政治秩序的哲学问题，一是这个秩序能否或应不应该在某个时代的某个既定国家中建立起来的实践问题。他们自然懂得所有政治行动都有别于政治哲学，政治行

---

① Edward C. Banfield, “Leo Strauss: 1899 – 1973.” In Remembering the University of Chicago: Teachers, Scientists, and Scholars, edited by Edward Shils. Chicago: University of Chicago Press, 1991, p. 496.

② Leo Strauss, “The Origins of Political Science and the Problem of Scorates”, in Interpretation, ed. David Bolotin, Christoher Bruell, Thomas L. Pangle: Wickersham Printing Co., Lancaster, PA, 1996, Vol. 23, No. 2, pp. 171 – 193.

动必须以明确把握相关处境为基础。[①] 以追求普遍性为任务的政治哲学，恰恰能够在政治实践中给予政治家技艺以充分的尊重。

而医生似乎恰好就是施特劳斯要赋予政治哲学的角色，政治哲学理应对何谓最好的政制有一个清晰的认识，否则他就不足以评判任何现实的政治。政治哲学家判断僭政要像医生判断癌症一样坚定，否则就不是一个称职的政治哲学家。而这正是施特劳斯指责价值中立的社会科学的地方所在，他们在最重要的事情上放弃了一个真正的社会科学家应该承担的责任。正是在这个意义上，施特劳斯说我们的当务之急是重新恢复政治哲学作为社会科学的女王地位。

六　结语

至此为止，我们已经尝试性地论述了古典政治哲学的上升与下降，在这个上升和下降过程的中心是施特劳斯终其一生都在思考的"神学—政治问题"，正是这个问题构成了哲学所必须面对的根本性问题。施特劳斯在面对这一问题的时候把哲学与政治都推向了极端：哲学仅仅是对整全的追问，这种追问仅仅表现为探询式的怀疑主义；而政治是对整全的垄断性（独断性）回答，它的背后是高高在上的神，是哲学只可能意识而不可能反驳的神。这样，一方面是极端的不确定性，另一方面是极端的确定性。它们之间的张力就被推向了极致。

因此施特劳斯所复兴的古典政治哲学给我们留下了这样一个强烈的印象，古典政治哲学具有根深蒂固的二元论色彩：哲学与政治、启示与理性、自然与习俗、自然德性与道德德性、隐微与显白教诲等等都是这种二元论所展露出来的东西。笔者认为这种两重性是对整全的异质性的模仿，古典政治哲学要在言辞中将这种在实践中不可能融合的东西完整地呈现出来。这是思想在存在边界上的舞蹈，它在思想上是疯狂的，但却可以带来实践上的节制。正是在这个意义上说，哲学是勇敢与温顺、疯狂与节制的最高融合，[②] 这一点正是笔者最想强调的：一个真正智慧之人不应该是一个疯子，也不应该是一个不幸之人，更不应该因为自己

---

① Leo Strauss, What is Political Philosophy and Other Studies, Glencoe: The Free Press, 1959, p. 61.

② Ibid., p. 40.

的不幸而欺骗。节制不是一种迫不得已的行为，甚至懂得节制是智慧的真正体现。

因此笔者认为节制也许在施特劳斯的政治哲学中处于更加中心的位置。节制让我们不至于对政治抱有过高的幻想，因为政治有着难以逾越的局限；同时它也能让我们不致对政治有着非人的轻蔑。[①] 因为我们终究只是人，而不可能是神。作为人的人对于善的追求必须有所节制，绝不可以超出可能的限度。总之，正是因为节制（而非疯狂）才使得哲学与政治能够不至于僭越各自的领地互相伤害，[②] 这才是古典政治哲学的核心主题，也是它有所裨益于今日之我们的关键所在。

第三节　政治的“地板与天花板”——施特劳斯论政治生活的限域及其启示[③]

一　引言：政治的“疟疾”

综观历史与现实，我们发现现代性政治有一个奇怪的毛病，就像人患了疟疾一样，在政治烂漫主义和政治虚无主义之间来回摆荡。前有法国大革命改天换地的政治豪情，后有德意志虚无主义唤来的法西斯专政，[④] 紧接着又是历史决定论武装起来的共产主义实践，到了今天，还有众所周知的政治冷漠相伴左右。总之，不管是政治的“发烧”还是政治的“低温”，都是政治机体病态的表征，都将给人类文明带来可怕的灾难。

治病必先探源。之所以会陷入冰火两重天的泥潭，是因为现代政治哲学光顾着改造现实的政治，却忘记了一个更加根本的问题：何谓政治生活的本性?! 在现代政治哲人看来，政治最多只是一个特殊的人造物，可以

---

① Leo Strauss, Liberalism Ancient and Modern, Chicago and London: The University of Chicago Press, 1968, p. 24.

② Leo Strauss, The City and Man, Chicago and London: The University of Chicago Press, 1964, p. 299.

③ 本节内容曾全文发表于《浙江工商大学学报》2015 年第 3 期。

④ 关于现代性的三次浪潮及其政治后果的论述请参见 Leo Strauss, “The Three Waves of Modernity,” in An Introduction to Political Philosophy: Ten Essays by Leo Strauss, ed. Hilail Gildin, Detroit: Wayne State University Press, 1989, pp. 82 – 83.

完全按照人类理性的原则来构造。① 政治哲学的任务就是找到这一理性原则，然后制定一个指导政治实践的行动方案。正是根据这一逻辑，现实政治将接受理性法则的不断拷问，政治大厦的根基将不断地被挖掘出来，不断地被代之以理性装饰起来的“根基”，这就是鼓舞了几代人的政治烂漫主义。然而，一旦烂漫主义的幻象破灭，对理性的信仰不再牢靠，人们又将投入政治虚无主义的怀抱。因此，表面上看来截然相反的两种政治现象，其背后的逻辑却是一贯的：理性与政治或者说哲学与政治是完全可以而且应该相互融合的。

在施特劳斯看来，现代政治哲学所理解的政治本质上是已经“被哲学化了的政治”，它最经典的表述应该就是波普尔所说的“开放社会”，② 这个社会上下通透，生活于其中的每一个人都可以自由而平等地追求自己的幸福（随便怎样理解）生活。但是，施特劳斯认为这是一种不切实际的幻想，而且危害无穷。真正的政治社会就是“自然的洞穴”，而洞穴之作为洞穴就在于它被当作世界本身，就在于其中的人完全沐浴在政治生活之中。③ 在这种古典视野下，政治生活是一个有限的、封闭的场域，它与我们生活的房子一样，下面有地板做支撑，上面有天花板覆盖。④ 政治的“地板与天花板”就是人类理性无法逾越的界限，清醒地认识到这一界限，是我们采取一切政治行动的前提条件，同时也是健全的政治保守主义的根本精神所在。

---

① Robert C. Bartlett, The Idea of Enlightenment: A Post-Mortem Study, Toronto Buttalo London: University of Toronto Press, 2001, p. 4.

② 通常认为施特劳斯联合沃格林拒斥波普尔就是因为波普尔的《开放社会及其敌人》一书，请参见甘阳《政治哲人施特劳斯：古典保守主义政治哲学的复兴》，载《自然权利与历史》，彭刚译，生活·读书·新知三联书店2006年版，第7页。但笔者认为这种判断有这样一种嫌疑：把施特劳斯与波普尔之争简化为意识形态之争。但这种立场显然无法被施特劳斯所接受，因为他直接批判波普尔的地方就在于他认为波普尔是意识形态鼓吹手，更根本的应该在于他认为波普尔面对古典著作时的傲慢态度。具体请参见施特劳斯《信仰与政治哲学——施特劳斯与沃格林通信集》，谢华育、张新樟等译，华东师范大学出版社2007年版，第94页。

③ Leo Strauss, The City and Man, Chicago and London: The University of Chicago Press, 1964, p. 240.

④ Leo Strauss, Studies in Platonic Political Philosophy, Chicago: University of Chicago Press, 1983, pp. 140 – 141.

二 政治的“天花板”

在现代政治哲人看来，古典哲人一再强调德性至上，美则美矣，但却注定无法变为现实。正是出于对乌托邦性质的不满，现代政治哲人才决心从“人们实际上如何生活”的低处出发，在“低俗而稳固”的基础上确保正当社会秩序的实现。① 的确，古典政治哲学从“人们应该如何生活”的高处来评判政治制度，它始终关心的是“什么是最佳的政制?”可以最有效地指导德性的实践。

在古典政治哲学看来，最佳的政制就是哲人的智慧的绝对统治。② 这是因为政治生活的特征就在于持对立主张的人们之间的价值冲突，每一种主张都以善好或正义的意见为基础。③ 因此，政治生活就呼唤一种智慧的出现，政治哲学的根本任务就是要澄清并最终解决这种冲突。而要想终极地解决政治冲突，就必须把政治放在一个整全的大背景中来看待，因为政治社会作为一个“模仿的整全”，它是真正的整全的一部分。④ 我们只有理解和把握了整全，才有可能彻底理解和把握其部分，进而才有可能彻底地解决政治冲突。也就是说，政治生活需要一种关于整全的智慧来支撑，而这正是哲人的本来含义，所谓真正的哲人，就是把自己的一生奉献于认识整全、追求智慧的人。因此，政治共同体的幸福就取决于哲学研究，因为只有哲学所追求的智慧才可以彻底解决人类幸福的问题。⑤ 这样看来，哲人的绝对统治似乎是政治问题唯一智慧的解决办法，哲人的智慧里装有关于“上天订立的规范”或者说“不成文法”的知识，智者的统治是代

---

① Bloom, The Closing of the American Mind: How Higher Education Has Failed Democracy and Impoverished the Souls of Today's Students, Simon and Schuster Inc. 1987, p. 167.

② Leo Strauss, Natural Right and History, Chicago and London: The University of Chicago Press, 1953, p. 140.

③ Leo Strauss, The Rebirth of Classical Political Rationalism: An Introduction to the Thought of Leo Strauss, Selected and Introduced by Thomas L. Pangle, Chicago and London: The University of Chicago Press, 1989, p. 51.

④ Leo Strauss, "The Origins of Political Science and the Problem of Scorates", in Interpretation, Ed. David Bolotin, Christoher Bruell, Thomas L. Pangle: Wickersham Printing Co., Lancaster, PA, 1996, Vol. 23, No. 2, p. 138.

⑤ Leo Strauss, What is Political Philosophy and Other Studies, Glencoe: The Free Press, 1959, p. 93.

自然在统治，因此当然就是最符合自然的。智慧之人将分派给每一个不智之人最适合他用的东西和最适合他做的事情。只有这样的政制才可以彻底消除人世的恶。[①] 这就是柏拉图所说的哲人王的政制，是人类可以凭借理性去想象的最佳的政制形式，我们可以把它称为政治的“天花板”。

毫无疑问，这种哲人—王的最佳政制一定会给人一种僭政的想象，德鲁里就批评施特劳斯的古典自然正当教诲实质上就是对僭政的教诲，[②] 而像波普尔这样的学者也一定会把柏拉图和施特劳斯当作是“开放社会的敌人”。在这里没有必要为柏拉图和施特劳斯辩护，我们只需进一步追问：古典哲人为何要提出哲人—王这样一种政制形式？他为我们描绘政治的“天花板”的最终意图是什么？

我们可以直截了当地回答，描绘政治的“天花板”绝非就是像德鲁里和波普尔所认为的那样，是用来指导政治实践的社会改革方案，它本质上是一个只存在于言辞当中的“乌托邦”。[③] 这首先是因为完满的智慧只能存在于言辞之中，理性只能触及这样一种神一样的状态，但人类凭借理性却无法真正达到这样一种完满。理论上说，哲人王的统治就像是神一样在统治，只有神一样的统治才有可能彻底消灭人世间的恶，但人终究只是人。哲人也只是一直处于追求智慧的征途之上，而无法占有智慧。我们由此也可以推论出施特劳斯的一个重要论断：政治生活渴望并且需要一种神学的支撑，而哲学虽然渴望“神一样”的智慧，但哲学终究只是对于智慧的无止境的探求，因此它就势必对政治的以及神学的教条构成严峻的挑战。这就是施特劳斯所谓的“神学—政治问题”。[④] 可以说，哲学与政治以及神学的永恒冲突是最佳政治无法实现的根本原因。

另外一个与之息息相关的原因在于哲人与王的结合是可遇而不可求的，它依赖于人类理性所无法控制的机运。一方面非智者不愿意接受智者

---

① Leo Strauss, “Jerusalem and Athens,” in Studies in Platonic Political Philosophy, Chicago: University of Chicago Press, 1983, pp. 171 – 172.

② ［加］莎迪亚·德鲁里：《列奥·施特劳斯的政治观念》，张新刚、张源译，新星出版社2010年版，第191页。

③ Leo Strauss, Natural Right and History, Chicago and London: The University of Chicago Press, 1953, p. 139.

④ Leo Strauss, “Preface to ‘Hobbes Politische Wissenschaft,’” in Jewish Philosophy and the Crisis of Modernity, ed. Kenneth Hart Green, Albany New York: State University of New York Press, 1997, p. 453.

的统治，因为他们是非智者，并不清楚智慧者智慧之所在。这样，再顺从的非智者也可能不同意智者的绝对统治；另一方面，智者也不愿意统治①，更遑论当僭主了。哲人实际上内在地不可能做好的统治者，因为一个好的统治者必须关注被统治者的利益和幸福，也就是说要有意做善事或行正义，而真正的哲人只关心自己的事情。如果要哲人来统治就必须强迫他，只有强迫一个骨子里不愿意统治的人来统治，才有可能实现最好的政治，这样看来，即使是最好的政治看来也必须基于一种不义。就这样，施特劳斯所展现的柏拉图把我们带进了这样一个“死胡同”：渴望统治的人没有智慧，有智慧的人不想统治。最好的人即使是与最好的政治也是不能相融合的，它让我们看到了政治生活的终极局限性：城邦永远都不会是哲人的最终归宿，不是人类栖居的永恒家园。

因此，如果从否定意义上说，古典政治哲人构想最佳政制，决不像我们现代人所认为的是要为现实政治提供实践的蓝图，而毋宁说它是对这种政治理想主义的最高批判。② 政治的“天花板”为我们提供了一个稳定的标准，我们可以据此判断任何实际的政治秩序；同时，它也给予我们一个严峻的警告：不要对于政治抱有过高的期望，政治生活内在地拥有其无法逾越的界限。

从肯定的意义上说，之所以要在言辞中（而非行动中）建构最佳政制，描绘政治的“天花板”，是因为只有通过在言辞中建构最佳政制才有可能回答何谓自然地就是最好的生活这个问题。什么东西依据自然是正当的，或者什么是正义这样的问题，只有通过对最佳制度的构想和谈论，才能找到完备的答案。③ 换句话说，城邦是模仿的整全，只有穿越这个模仿的整全，真正的整全才有可能向我们显现。因此，笔者认为，对“何谓最好的城邦”的追问是对“何谓最好的生活”的追问的必经之路；最好的人只有在与最好的城邦的对峙之下才有可能得到完整的回答。这就是柏拉图在追问何谓真正正义的人的时候转而追问何谓真正正义的城邦的原因，对政治的追问服务于对哲学的关怀。

① Leo Strauss, The City and Man, Chicago and London: The University of Chicago Press, 1964, p. 124.

② Leo Strauss, On Tyranny, The Free Press of Glencoe, 1963, p. 227.

③ Leo Strauss, Natural Right and History, Chicago and London: The University of Chicago Press, 1953, p. 144.

总而言之，在古典政治哲学看来，政治的最高“天花板”就是哲人的统治，而这只是在言辞中描绘的“乌托邦”，它的目的除了彰显政治生活的局限性，批判狂热的政治理想主义之外，更是为了突出哲学生活的高贵性。

三　政治的“地板”

如果说，哲人的统治构成了政治社会遥不可及的“天花板”，那么自然正当的原则则构成了政治社会的“地板”；如果说前者因其高蹈而不切实际，那么后者则因其过于实际而多少有些“赤裸裸”，以至于有太多的人不愿意接受甚至正视它。这是因为，自然正当的原则是要我们承认在众多人为的、习俗性的正当原则之外，存在着一种自然的就是正当的原则，它是任何政治社会如果想要存续下去就必须承认的原则。①

毋庸讳言，人类社会历史上存在着多种多样相互冲突的正当性观念，这种多元性不仅发生在不同群体之间，而且也发生在同一个群体的不同时间段之间。历史主义者以此为证据证明根本不存在超时空的正当性原则。② 但是，施特劳斯认为，诸神大战的历史经验并不能逻辑地证明不存在终极的、绝对的价值，它最多只是告诉我们，在这样一些重要的问题上我们是无知的，而认识到这样一种无知正是哲学追问自然正当原则的自然起点。

那么，为什么对于无知的自然意识能够成为古典哲人追问自然的正当的动力，而意识到诸神大战却成为现代人否认自然正当的根据呢？这就涉及一个古今之争的根本性问题，即如何看待哲学与神学之争。③ 古典哲学清楚地认识到人类理性的有限性，因此它把哲学与神学之争看作是人类理性必须面对但却无法解决的问题。而自斯宾诺莎开始的现代哲人自认为一

---

① Leo Strauss, Studies in Platonic Political Philosophy, Chicago: University of Chicago Press, 1983, p. 140.

② Leo Strauss, Natural Right and History, Chicago and London: The University of Chicago Press, 1953, p. 10.

③ Leo Strauss, What is Political Philosophy and Other Studies, Glencoe: The Free Press, 1959, p. 172.

劳永逸地驳倒了神学[①]，进而可以把政治社会从神学的束缚中解放出来，代之以哲学与政治的同盟。但是，20世纪启示神学的复兴告诉施特劳斯，现代哲人对于神学的攻击是不成功的，因为人类理性根本上无法在不借助上帝的前提下提供一套完整的解释世界的系统。[②]也就是说，上帝不是那么容易被杀死的。而恰恰是有了神学这个强劲对手的持续存在，才使得哲学对于整全的智慧的追问有了根本的动力。也就是说，对于自然正当原则的追问，就是在神学—政治同盟的自然背景下才有其可能和必要的。

如果我们承认神学是哲学无法驳倒、不可或缺的对手，那么我们也必须承认面对神学—政治问题的纠缠就是哲学的本分。哲学必须清楚地认识到政治永远都需要或渴望一种神学站在它的身后，因为一个稳定健康的政治生活永远都需要教条主义的支撑，而神学就是最明目张胆的教条，它直接击中了人类天性当中的一个重要组成部分。[③]这就是对于确定性的渴望，神学"一劳永逸"地满足了人类的这种需求。但是，在众多的神法、众多的政治权威之间存在着令人尴尬的矛盾冲突，这一事实促使哲人去追寻区别于习俗的正当之外的自然的正当原则。[④]从中我们可以看出，哲学追问具有天生的政治性：如果说神学是用一种非理性的方式为政治生活奠定基础，那么政治哲学就是试图用一种理性的方式来为政治生活奠定基础。

表面上看，自然正当的原则对于政治秩序具有极强的颠覆性，18世纪的革命派就具有这样的观念。虽然绝大多数人都渴望确定性的温床，而哲学总是呈现出怀疑主义的样态，但哲学对于自然正当的追寻却是人类凭借理性对于确定性的终极解决方案。虽然任何共同体都需要在寻求共同善好的各类人的意志和意见之上建立起共识[⑤]，而哲学总是表现为对既有意

① Leo Strauss, Spinoza's Critique of Religion, Translated by E. M. Sinclair, New York: Schocken Books, 1965, pp. 28 – 29.

② Leo Strauss, Liberalism Ancient and Modern, Chicago and London: The University of Chicago Press, 1968, pp. 254 – 255.

③ Leo Strauss, Natural Right and History, Chicago and London: The University of Chicago Press, 1953, p. 22.

④ Ibid., pp. 86 – 87.

⑤ [美] 艾伦·布鲁姆：《爱的阶梯》，秦露译，载《柏拉图的〈会饮〉》，刘小枫译，华夏出版社2003年版，第149页。

见的挑战，但哲学实际上是试图用知识来取代意见，因而可以看作是对共同体共识的理性化努力。从这个意义上说，政治哲学似乎承担起了神学的功能，或者说成了“神学的婢女”。[①]

尽管施特劳斯从来没有明确说明到底“什么是自然”以及“什么是自然正当”，但是他用哲学与“神学—政治问题”相对举的方式，向我们证明了如果人类试图借助理性来终极地解决政治问题，就必然要诉诸自然正当的原则，因为它是任何政治社会赖以持存的基础。虽然施特劳斯一再指出：任何政治都有僭政的成分，差别只不过在于程度的不同[②]，或者说专制时刻都有着被诉求的可能性，哪怕是再开放再自由的民主政治都不例外。在施特劳斯看来，以希特勒的法西斯专政为典型代表的现代僭政就是以德意志虚无主义为基础的，正是非理性的虚无主义土壤呼唤和造就了希特勒式的现代僭主。作为治病的药方，对于自然正当原则的坚守，实际上就是对理性解决人类问题的原则的坚守，将为我们防止政治的虚无主义、抵抗各种僭政统治提供极其重要的思想资源。

四　政治的实践：智慧与同意的平衡

一旦我们清楚地认识了政治生活的“地板与天花板”，我们就能在政治生活中获得有益的启示。所谓“执其两端而用之”，可以说现实中的政治实践都是处于“地板”与“天花板”之间的一个平衡状态。

施特劳斯说，实践中切实可行的最佳政制是智慧与同意的折中。[③] 我们可以从两个方面来看待这个论断。一方面，虽然说哲人在言辞中建构的最佳城邦因其过于完美是不可能实现的，然而这样一种乌托邦却绝非海市蜃楼，它揭示了政治权力对智慧的迫切需要。如果说智慧的绝对统治是不可能的，那么智慧的相对统治就是可能的，并且是必要的，它是我们理性地解决政治问题的必然要求。

---

① Leo Strauss, The City and Man, Chicago and London: The University of Chicago Press, 1964, p. 11.

② Leo Strauss, On Tyranny, The Free Press of Glencoe, 1963, pp. 76 – 77.

③ Leo Strauss, Natural Right and History, Chicago and London: The University of Chicago Press, 1953, p. 141.

与之密切相关的另一方面在于，正因为智慧不能全然凭借自身来施行统治，更无法以纯粹强制的方式来统治不明智者，因此智慧的统治就必须获得民众的同意。如果说严格意义上的智慧是理性的象征，那么作为整体的民众就代表了政治当中非理性的因素，理性必须要能够获得非理性的因素的同意才有可能切实发挥作用。因此，智慧者就必须向诗人学习，学习一种政治修辞的技艺。[①] 这种技艺其实是任何政治中（尤其是民主政治）非常重要的政治技艺，它可以帮助政治精英赢得民众的同意。

我们由此看到，不管是智慧的统治还是同意的折中，都是自然的，因为它们都是政治共同体内部异质性的体现，这种异质性就体现在施特劳斯极其强调的哲人与非哲人的本质差别。但是，如前所述，哲人是不愿意统治的，因为他们本质上蔑视政治。进一步折中的办法就是由一个明智的立法者制定一套公民们经循循善诱而自愿采用的法律，法律某种意义上就是智慧的不完全体现。而那些执行法律的人必须能够根据立法者所无法预见的情势的要求来“完成”法律，这些人就叫高尚之士或绅士。实践中的最佳政制就是教养良好的绅士通过法律来施行的统治，[②] 这种政制就是平衡智慧与同意的产物。

显然，施特劳斯对于同意的强调带有策略性的考虑因素在内，而他真正突出的是精英主义的、好人治国的理念，也就是强调优秀的政治家在政治共同体中的重要性。因为在施特劳斯看来，现代性政治过分强调了同意的一面，他把通过自由教育来培养政治家看作是纠正大众民主弊病的一个良方。[③] 实际上，只要我们承认政治生活在本性上呼唤智慧的介入，而任何现实的政治又都是智慧与同意共同作用的结果，那么我们也就必须承认在（尤其是）我们这个时代对政治家德性的强调是紧迫的任务。

---

① ［美］艾伦·布鲁姆：《爱的阶梯》，秦露译，载《柏拉图的〈会饮〉》，刘小枫译，华夏出版社 2003 年版，第 189 页。

② Leo Strauss，Natural Right and History，Chicago and London：The University of Chicago Press，1953，p. 142.

③ Leo Strauss，Liberalism Ancient and Modern，Chicago and London：The University of Chicago Press，1968，pp. 4 – 5.

五　结语：政治保守主义的智慧

综上所述，施特劳斯借助于柏拉图式的政治哲学向我们呈现了政治生活的整全视野：它是一个有着最高可能性和最低条件的封闭的场域。其中，哲人王的统治构成了政治生活的“天花板”，它虽然是一个在言辞中构建的乌托邦，但是它彰显了政治生活的局限性以及哲学生活的优越性；自然正当的原则则构成了政治生活的“地板”，它是任何政治社会赖以持存的根基，是人类凭借理性来解决政治问题的最后根据。如果说人是介于神与兽之间的存在物①，那么，政治的“天花板”就是指示了人向神的高度看齐的可能性，而政治的“地板”就是保障人类共同体的存续，并避免人性向野兽状态的滑落。

施特劳斯曾经说“不是人类所打的结，无法由人类解开”②。同样地，由“地板和天花板”构成的政治限域是人类理性可以触及但却终究无法超越的界限，清楚地认识到这一点，我们就可以避免政治生活中的极端现象：一方面，我们将不会再对政治生活抱有过高的期待，以至于陷入狂热的政治烂漫主义当中；另一方面，我们也不会对政治生活过度地失望，以至于陷入危险的政治虚无主义当中。相反，在现实的政治实践中，我们将能够在智慧与同意之间、理性与非理性之间取得一个妥善的平衡，在不扭曲政治生活本性的基础上，把政治生活带入健康平稳的轨道。我认为这就是施特劳斯古典政治保守主义的根本精神。

第四节　古典政治哲学有什么好

我们的世界已经全然不同于古典作家所面对的世界，因为现代政治哲学的相对成功已经使得今天的社会完全不为古典政治哲人们所能想象。这是否意味着古典作家的智慧已经过时，不再适用于当今的世界了呢？换句话说，在我们今天谈论古典有何意义呢？施特劳斯承认古典的智慧不能够

---

① Harry Jaffa, The Conditions of Freedom: Essays in Political Philosophy, Claremont: Claremont Institute, 2000, p. 153.

② Leo Strauss, An Introduction to Political Philosophy: Ten Essays by Leo Strauss, edited by Hilail Gildin, Wayne State University Press, 1989, p. 253.

直接应用于今日的世界，但是对于古典原则的充分理解将有助于我们充分认识我们今天的社会所面临困境的独特性。[1] 这是因为现代性的危机无法通过现代性自身提供的视野来获得清晰的认识，我们必须寻求一个超出于现代性视野之外的整全视野才有可能充分理解当今的困境。

而施特劳斯所致力于复兴的古典政治哲学就给我们提供了这样一个整全的框架，我们今日面临的问题将有可能在这一框架之中获得恰当的位置。[2] 之所以如此，是因为施特劳斯所复兴的古典政治哲学回答的是两个相互关联的问题：何谓美好生活，何谓最佳政制？古典政治哲人是按照最好的人的标准来思考最佳政制制度的问题的，这是一种从最高处来俯瞰全局的视野，唯有如此，我们才可能尽可能如其所是地看待人的问题与政治的问题，并给予它们以它们应得的位置。它虽然有着强烈的乌托邦色彩，一旦落实到实践中还必然有诸多的缺陷，尤其是在现代政治哲学看来它不平等，甚至还不人道，但是它却能够使得最根本性的问题始终不被遗忘，并以此形成对于政治实践的引导和约束。也就是说，它在最好的人问题上是很高调的理想主义的，但是它在对待政治问题上却又是很现实主义的；所谓“君子之道造端乎夫妇，及其致也，达乎天地”，正是古典政治哲学整全视野的最好体现。

但是这样一种思路在我们今天看来是这样的不可思议。最典型的就在于，当我们今天说起古典的复兴的时候，我们经常把古典当作了一种人生哲学，当作是应对我们这个时代的精神危机的一种私人化解决方案，它的意义似乎最多也只是补充性质的。也就是说，我们实际上只能复兴一种被阉割了的古典传统，一旦我们试图谈论一种整全性的古典传统，亦即它不但回答什么是最好的人，而且还回答什么是最好的政治制度，而且还用前者来衡量后者，我们就会立刻遭遇我们这个时代的主流政治意见的围攻，我们立刻就将陷入政治不正确的危险当中：道德专制加极权主义。而这样的结果恰恰就是狭隘的现代性视野所必然导致的，它让我们无法理解何谓最完美意义上的人，而且还无法理性地解决政治生活中的价值冲突。

---

① Leo Strauss, The City and Man, Chicago and London: The University of Chicago Press, 1964, p. 11.

② ［美］列奥·施特劳斯：《重述色诺芬的〈西耶罗〉》，载《什么是政治哲学?》，李世祥等译，华夏出版社 2011 年版，第 84 页。

施特劳斯的成就就在于他告诉我们，我们如何才有可能复活一种整全性的古典政治哲学传统，并且让这种传统能够在我们今天这个时代里生根发芽，并最终有益于我们的时代。也许我们可以不同意古典哲人所认为的最好的生活是沉思的生活，并以此来思考政治事务。但是以人应该如何生活的问题来指引我们的政治思考，却是同样重要、甚至同样紧迫的。

第七章
后启蒙运动时代的启蒙

有限的、相对的问题可以解决；无限的、绝对的问题则无法解决。

记住更美好而不是更丑恶的事，这无疑是高贵的，也更正义，更虔敬，更令人愉快。

——施特劳斯

第一节　导言

施特劳斯总是试图把我们引向古代，可是当我们顺着他的指引去阅读古代人的大书时，我们却经常发现摸不着头脑，因为我们很难领会古代人与我们所处的当下有何关系。因此为了更好地理解和呈现施特劳斯，我们必须把施特劳斯拉回到当代，看看他所致力于复兴的古典政治哲学如何能够裨益于他所处的时代。

在一个后启蒙运动的时代里，我们应该如何从事哲学的启蒙？又如何让这种古典的启蒙的政治哲学在我们这个时代里落地生根？笔者认为，这就是施特劳斯所致力于践行的自由教育的根本价值所在，它是哲人（尽管施特劳斯并不认为自己是哲人）从事哲学工作，妥善地处理与其所生存的政治处境之间的关系的关键所在。

因此本章着重考察以下两点：一，施特劳斯如何对待自由民主制，又如何从古典政治哲学中获得其思想资源？二，施特劳斯如何践行自由教育，它与古典政治哲学以及我们今天的处境又有何关系？

第二节　自由民主制的古典式辩护——论施特劳斯的政治立场*

一　引言——自由民主制的“敌人”?

针对施特劳斯的争议[②]从来就没有停止过，甚至有愈演愈烈之势。其中关于施特劳斯对待自由民主制的态度问题既敏感又关键。之所以是敏感的，是因为在当今的世界这是一个关乎政治正确的原则性问题；而之所以说是关键的，是因为这个问题直接地关系到如何评价施特劳斯以及他所培养的一大批政治的、学术的精英对待现实政治的实践态度，间接地关系到施特劳斯对待现代性的理论态度。

我们时代的自由主义者们义愤填膺地指责施特劳斯及其学派是自由民主制的“敌人”。比如德鲁里（Shadia Drury）就认为施特劳斯试图“从内部颠覆自由民主制”，追求一种所谓“贤人的隐秘统治”。[③] 尤其是施特劳斯的弟子雅法（Harry Jaffa）大张旗鼓地鼓吹“绅士行使属于他们的合法权力”更是让人觉得印证了德鲁里的判断。[④] 罗尔斯的学生霍尔姆斯（Stephen Holmes）也指出施特劳斯是不民主的和非自由主义的，因为“民主理论的一个重要前提不是所有人在所有方面都平等，而是我们通常不能预先辨别谁会在公开辩论中提出一些重要见解，而施特劳斯却预设哲学的少数人不需要从非哲学的多数人那儿学习任何东西”[⑤]。因此在他们看来施特劳斯及其追随者们“与最狂躁的左派全权主义者存在某种‘反向一致’”。[⑥]

---

* 本节内容曾全文发表于《杭州电子科技大学学报》（哲学社会科学版）2015 年第 1 期。

② Robert B. Pippin, “The Modern World of Leo Strauss,” in Political Theory, Vol. 20, No. 3, (Aug., 1992), p. 448.

③ Shadia Drury, The Political Ideas of Leo Strauss, 2nd ed. New York: Palgrave Macmillon, 2005, pp. 12 – 15.

④ ［美］洛文萨尔：《施特劳斯的〈柏拉图式的政治哲学研究〉》，载《施特劳斯与古典政治哲学》，刘小枫主编，上海三联书店 2002 年版，第 630 页。

⑤ Stephen Holmes, “Strauss: Truths for Philosophy Alone”, in The Anatomy of Anti-liberalism, New York: First Harvard University Press, 1996, p. 63.

⑥ Thomas L. Pangle, “Editor's Introduction,” see The Rebirth of Classical Political Rationalism: An Introduction to the Thought of Leo Strauss, Chicago and London: The University of Chicago Press, 1989, xi.

这种一致之所以是反向的，就是因为施特劳斯的“全权主义”是建立在“智识精英主义”基础之上的。

看来批判施特劳斯的政治不正确的一个关键所在就是：施特劳斯主张人在理智上是不平等的，智识上优越的人（必然是少数）就应该占据统治地位。这样的主张不仅是反自由民主的，而且是“绝对主义”的。[①] 笔者认为自由主义者的这一判断一半是对的，一半是错的：对的是，施特劳斯绝对不是一个平等主义者；错的是，一个非平等主义者并不必然就反自由民主，更不必然就主张极权专制。自由主义者之所以犯下这样的错误，直接原因是他们没能真正领会施特劳斯政治哲学的正确教诲，而间接原因则是他们受到自身立场（现代启蒙运动的立场）的限制，没能正确认识到哲学生活与政治生活的本性及两者之间的紧张关系，从而永远无法理解“智识精英主义”与自由民主政治之间可能有、也应该有的良性关系。

因此，笔者的观点是：自由主义者们借以批判施特劳斯的立场恰恰就是导致施特劳斯所说的自由民主制危机的原因，而实际上施特劳斯是自由民主制的“诤友”，他清楚地认识到必须超越现代自由主义的思路，并借助古典自由主义的智慧为自由民主制重新奠定根基。

二　施特劳斯派的辩护——自由民主制的“诤友”

颇为反讽的是，施特劳斯是在自由民主制的大环境下被指责为反自由民主的，这样看来任何政制都不允许人们无限自由地发表自己的言论，尤其是颠覆政治制度的言论。更何况一生都默默无闻的施特劳斯从来就没有公开发表过关乎政治现实的言论，[②] 这是符合哲人所应该具有的温良品德的。[③] 即使施特劳斯骨子里的确是反民主分子，但如果他始终只是停留在思想的层面，又何罪之有呢？施特劳斯不是已经“掩藏”得很好了吗，

---

① Wolfgang J. Mommsen, Max Weber and German Politics, trans. Michael S. Steinberg , Chicago: The University of Chicago Press, 1984, p. 427.

② Allan Bloom, “Leo Strauss: September 20, 1899 - October 18, 1973”, in Political Theory, Vol. 2, No. 4 (Nov., 1974), pp. 372 - 392.

③ Leo Strauss, The City and Man, Chicago and London: The University of Chicago Press, 1964, pp. 90 - 91.

以至于人们送给他“新保守主义之父”的称号,[①] 一个鼓吹向全世界推销民主的人怎么反而被认为是反民主的呢?!

施特劳斯派认识到任何政治制度都建立在对某一共同价值观念的绝对信守上面,[②] 这可以说是政治事务的本性。任何一个自由主义者恐怕都不会同意这一点。比如哈耶克就会说一种试图建立在某种共同目的之上的政治制度一定是通往奴役的道路。[③] 哪怕这个共同目的是自由本身也不行，因为这样的自由也会被认为是导向极权政治的积极自由。[④] 之所以会如此，是因为现代自由主义者是启蒙运动的后裔，他们的最终理想是一个普遍开放的社会,[⑤] 这个社会按照理性的原则组织起来，每个个体又都按照理性的原则安排自己的生活，因此社会的目标与个人的目标是完全和谐一致的。如果从政治事务的本性出发，自由主义者对反自由民主思想的指控倒是可以理解的，但是他们的真正出发点却是自相矛盾的自由主义理念：为了自由我们不能把自由当作政治的目标。

在施特劳斯（派）看来，自由主义者对自由民主制的辩护虽然煞费苦心，却多少显得有些“谄媚”，因为他们没有意识到自身立场所带来的困境，因此他们的辩护显得有些苍白无力。施特劳斯（派）并不把自由主义者当作自己的敌人（但自由主义者却把施特劳斯当作敌人，实际上自由主义者如果不检省自身的立场就无法理解施特劳斯的敌人），因为他们同样竭尽全力为自由民主制辩护，只不过他们是自由民主制的“诤友”。[⑥]

“诤友”一词至少包含了两层含义：一是“友”，也就是说施特劳斯对待民主制是友善的，他把自由民主制看成是现代政制之典范。雅法说，

---

① 李强：《新保守主义与美国的全球战略》，载上海《书城》2003 年第 5 期。崔勇列：《“民主帝国”的多重协奏》，载北京《书城》2003 年第 8 期。

② Leo Strauss, The Living Issues of German Postwar Philosophy, see Leo Strauss and The Theologico-Political Problem, London: Cambridge University Press, 2006, p. 128.

③ ［英］哈耶克：《通往奴役之路》，王明毅、冯兴元译，中国社会科学出版社 1997 年版，第 195 页。

④ Isaiah Berlin, Two Concepts of Liberty, Oxford: Oxford University Press, 1958, p. 19.

⑤ Leo Strauss, Liberalism Ancient and Modern, foreword by Allan Bloom, Chicago and London: The University of Chicago Press, p. x.

⑥ Allan Bloom, "Foreword," in Liberalism Ancient and Modern, Chicago and London: The University of Chicago Press, 1968, pp. v – vi.

施特劳斯生长于不幸的魏玛共和国，充满感激地在美国找到栖身之地和对法西斯的抵抗，毫不夸张地说，由于这一理由，施特劳斯是自由民主制坚定的支持者和朋友。①

二是“诤”，也就是说施特劳斯不是民主制的阿谀之徒，而是其友好的批评者，它的目的是为了完善和改进自由民主制，② 而非为了颠覆它。这意味着施特劳斯意识到了民主制存在的问题，因此有改进的余地，但更重要的是民主制还有值得“防卫”的优点，而且必须防卫，因为它如今陷入了危机当中。

因此，我们毋庸讳言施特劳斯在批评自由民主制，但批评民主并非就是反民主，反而有益于民主制。正如潘戈尔所说施特劳斯“依恋”民主制，尽管这是一种理性而又清醒的依恋。③ 而自由主义者的努力则显得有些自相矛盾，实际上他们已经不再能够理性地捍卫自由民主制。施特劳斯派暗示，自由主义者的努力恰恰就是自由民主制所面临的危机的表现所在，而他们自己将为自由民主制注入新的活力。

三　自由民主制与哲人

自由主义者指责施特劳斯的一个重要依据在于他们认为施特劳斯主张一种哲人的“理智精英主义”，理智上占优越地位的人应该在政治上占据统治地位，因此哲人就有独裁专制的倾向。因此如果我们要为施特劳斯辩护，就必须首先理解哲人与政治的关系，进而才有可能理解施特劳斯对待自由民主制的态度。

与自由主义者理解的恰恰相反，施特劳斯高度赞扬自由民主制承诺给每个人（当然就包括哲人）的自由。这是因为施特劳斯认为，人的自然独立性与社会的对抗，决定了最佳的政治制度是一个使人尽可能保持自由

---

① Harry Jaffa, The Conditions of Freedom, Hopkins University Press, 1975, p. 7.

② Nasser Behnegar, Strauss and Social Science, the Cambridge Companion to Leo Strauss, Edited by Steven B. Smith Yale University, Cambridge University Press, 2009, p. 229.

③ Thomas L. Pangle, "Editor's Introduction," in The Rebirth of Classical Political Rationalism: An Introduction to the Thought of Leo Strauss, Chicago and London: The University of Chicago Press, 1989, p. xix.

的社会。[①]“人生而自由，却无往而不在枷锁之中。”个人与社会的冲突最极端地就体现在哲人与政治的关系上。

施特劳斯认为哲人最大的幸福在于对永恒真理的不懈追求，这是一种超越于城邦之上的纯粹私人的活动。[②]因此可以说他们宁愿被统治，也根本不愿统治别人。[③]他们认为城邦的事物转瞬即逝，因此对之不屑一顾。从这个意义上哲人可以说是最极端的个人主义者，也是在这个意义上他们可以成为“准自由主义同盟者”。[④]这一点还可以从施特劳斯笔下的苏格拉底形象得到印证，因为苏格拉底是唯一知道自己是无知的人，所以他是宽容的、富有怀疑精神的，而这些是与自由主义所提倡的精神相吻合的。

更进一步说，哲人的自由实际上是人的自由的典范，是人类所可能达到的自由的最高可能性，他们在追求真理的过程中可以实现人的理性基础上的最高自足。[⑤]尽管现实中所有的自由民主制所能给予的都只是法律所赋予的形式自由，大多数人都没有能力将这种形式自由转变成为实质自由。但是现代启蒙运动在其最辉煌的时刻向全人类承诺的却是实质的自由，并且是每一个人的实质自由。要做到这一点，就不仅要让所有人都能够“公开运用理性”，[⑥]也就是像一个学者（或干脆说哲人）一样运用理性，而且还必须实现一种建立在理性基础之上的政治秩序。[⑦]因此我们可以说现代启蒙运动实际上追求的是把所有人都变成哲人，所谓“六亿神州尽舜尧”。

---

① ［美］列奥·施特劳斯：《论卢梭的意图》，冯克利译，载《苏格拉底问题与现代性——施特劳斯讲演与论文集：卷二》，彭磊、丁耘等译，华夏出版社 2008 年版，第 94 页。

② Leo Strauss, Liberalism Ancient and Modern, Chicago and London: The University of Chicago Press, 1968, p. 85.

③ Leo Strauss, The City and Man, Chicago and London: The University of Chicago Press, 1964, p. 124.

④ Steven B. Smith, "Leo Strauss's Platonic Liberalism," in Political Theory, Vol. 28, No. 6 (Dec., 2000), p. 795.

⑤ Steven B. Smith, The Cambridge Companion to Leo Strauss, London: The Cambridge University Press, 2009, p. 10.

⑥ ［德］康德：《答复这个问题："什么是启蒙运动"》，载康德：《历史理性批判文集》，何兆武译，商务印书馆 1990 年版，第 22—29 页。

⑦ ［美］凯文·保罗·盖曼（Kevein Paul Geiman）：《启蒙了的世界主义：对康德的"崇高"的政治透视》，载詹姆斯·施密特编《启蒙运动与现代性：18 世纪与 20 世纪的对话》，徐向东、卢华萍译，上海人民出版社 2005 年版，第 520 页。

因此在施特劳斯心目中，恐怕没有比哲人更渴望自由的了。由此出发我们便可以认识到，施特劳斯绝对不是专制制度的倡导者，相反他是专制制度最敏感、最尖锐的批判者。这首先可以从他对德意志第三帝国和苏联共产主义制度明确的驳斥中得到证明。[①] 其次也可以从他对柏拉图《王制》和色诺芬的《希耶罗》解读中得到证明，尽管人们都认为色诺芬和柏拉图都在教导一种专制统治，但是施特劳斯始终认为古典的真正教诲在于证明这是一种纯粹的乌托邦。[②] 它反过来恰恰证明的是政治生活的局限性。之所以要这么做，是因为诉诸专制统治的诱惑时刻存在，人们企图借此彻底消除人间的罪恶，而古典哲人的教诲恰恰在于要我们“摆脱一切盲信，因它知道恶无法得到根除，所以它明白人对政治的期望必须适度”，因此这恰恰给那种诱惑提供了最好的解毒剂。[③] 可以说僭主与哲人处在人性的两端，而专制与最佳政制则处于政治的两端，因为它在个人与社会的紧张关系中完全站在了社会的一边扼杀每个个体的自由。因此绝对的专制是最坏的政治制度，（尽管它始终有着现实的可能性）是对哲人的生存（当然也会对其他个体）构成最严峻挑战的政治制度。施特劳斯经常说道：“苏格拉底确实是被民主政治杀害的，但被杀害时已经七十岁，允许他享尽了天年。在反民主的斯巴达，苏格拉底可能在小时候就被流放致死。”[④]

与专制制度相反，自由民主制虽然不能说是最好的政治制度，但是“民主制是除了最好的政体之外唯一能让哲人在其中过自己的独特生活而不受干扰的政体”。[⑤] 我们知道所谓最好的政体在柏拉图的《理想国》中指的是哲人统治的城邦，但是施特劳斯一再指出最好的城邦是可欲而不可

---

① Leo Strauss, Liberalism Ancient and Modern, Chicago and London: The University of Chicago Press, 1968, pp. 228 – 230.

② Leo Strauss, On Tyranny, Ithaca: Cornell University Press, 1963, p. 146.

③ Leo Strauss, What is Political Philosophy?: and Other Studies, Chicago: The University of Chicago Press, 1988, p. 28.

④ Leo Strauss, "What is Political Philosophy?", The Journal of Politics, Vol. 19, No. 3 (Aug., 1957), p. 368.

⑤ Leo Strauss, The City and Man, Chicago and London: The University of Chicago Press, 1964, p. 131.

求的。[①] 因此除了这种不可能的最好政体之外，哲学家只能在自由民主制中获得生存并且自由地生存，施特劳斯认为，这一点柏拉图在《理想国》中采纳赫希俄德的五个时代分类说时就有所暗示。[②] 因此即使是对哲人来说，自由民主制也是相对最好的政制。苏格拉底、柏拉图和亚里士多德就都喜欢民主的雅典胜过道德上更高的斯巴达或非洲城市。[③] 施特劳斯自己对于英美也不仅抱有感激之情，更有由衷的赞美之辞：他把英美政制看作人类政制的典范。[④]

综上所述，自由主义者对施特劳斯的指责是不成立的，作为一个哲人不仅不会倾向于专制，而且还是自由最坚定的捍卫者。必须指出的是，自由主义者之所以作出这样的指责，是因为他们一直站在现代启蒙运动的思路上，他们降低了哲学的目标（因而是人的可能目标），为的是让哲学服务于政治，让政治建立在“低俗而稳固的基础之上”[⑤]。而恰恰正是这一思路导致了我们下面即将讨论的自由民主制的危机。

四　自由民主制的危机

尽管施特劳斯给予了自由民主制以高度的评价，但是他也清醒地认识到在他所处的时代里，自由民主制正面临着空前的危机。这是施特劳斯最看重的方面，但却是批评他的自由主义者很难理解的。因为这种危机表面上看源于理论和实践方面的双重威胁，而骨子里却是现代启蒙运动走向瓦解之后自由主义陷入困境的产物。

其中实践方面的威胁来自共产主义。施特劳斯说：在这个时代这个国家（美国），社会科学的首要主题将是自由民主制。研究自由民主制，应

---

① Leo Strauss, The City and Man, Chicago and London: The University of Chicago Press, 1964, p. 65.

② Leo Strauss, Liberalism Ancient and Modern, Chicago and London: The University of Chicago Press, 1968, p. 35.

③ ［美］列奥·施特劳斯：《评色诺芬的〈希腊志〉研究》，高诺英译，载《苏格拉底问题与现代性——施特劳斯演讲与论文集：卷二》，彭磊、丁耘等译，华夏出版社 2008 年版，第 245 页。

④ Leo Strauss, "German Nihilism," in Interpretation (Spring, 1999, No. 3), pp. 353 - 379.

⑤ Alan Bloom, The Closing of the American Mind: How Higher Education Has Failed Democracy and Impoverished the Souls of Todays's Students (Simon and Schuster Inc. 1987), p. 167.

当不断参照同样现实或同样可能的对抗性方案，因此尤其应该参照共产主义。[①] 自由民主制与共产主义政制的对垒，使得西方人认识到在可见的未来不可能会有一个普遍的、开放的政权，不管它是单一的还是联合的。这意味着他们已经不再确信他们的启蒙运动的先辈们曾经确信不疑的宏伟目标[②]，他们也不再确信自由民主制的优越性。

而这种不确信的更深根源则来自于理论方面的威胁，这就是现代哲学，尤其是产自德国的历史主义思潮，因为它使得给予自由民主制提供理性的支持成为不可能。[③] 在《自然权利与历史》一书的导论中，施特劳斯引用《独立宣言》中一段脍炙人口的话指出，原先被认为不证自明的人人生而平等的理念已经备受质疑了。因为历史主义认为这只不过是特定时代特定国度的特定产物，没有任何的普遍性和真理性可言，它最多只能是神话或者理想。[④]

这一危机最典型地体现在柏林身上。柏林使得自由主义抛弃了绝对主义根基，而试图使它变得完全相对主义化。[⑤] 在施特劳斯看来，这必然使得对自由的选择不再具有任何理性根据。因为为了保证柏林所试图坚守的不可侵犯的消极自由领域，就必须要求某种绝对的立场，这种立场要求把自由的价值放置于所有其他价值之上。但是价值相对主义认为对于选择者来说所有目的都是相对的、平等的、冲突的，那么自由最多也就与其他与之相对的目的一样拥有同等权利。因此柏林的立场将陷入自相矛盾的困境：若没有一个绝对根基，自由主义就无法生存，而若拥有一个绝对根基，自由主义也无法生存。

显而易见，自由主义之所以会陷入这样尴尬的境地，其最根本原因就

---

① Leo Strauss, The Rebirth of Classical Political Rationalism: An Introduction to the Thought of Leo Strauss, Chicago and London: The University of Chicago Press, 1989, p. 5.

② ［美］列奥·施特劳斯：《我们时代的危机》，李永晶译，载《苏格拉底问题与现代性：施特劳斯讲演与论文集：卷二》，彭磊、丁耘等译，华夏出版社 2008 年版，第 2 页。

③ Allan Bloom, "Leo Strauss: September 20, 1899 – October 18, 1973", Political Theory, Vol. 2, No. 4 (Nov., 1974), pp. 372 – 392.

④ Leo Strauss, Natural Right and History, Chicago and London: The University of Chicago Press, 1953, p. 2.

⑤ Leo Strauss, "Relativism," in The Rebirth of Classical Political Rationalism: An Introduction to the Thought of Leo Strauss, Chicago and London: The University of Chicago Press, 1989, pp. 14 – 18.

在于对理性解决价值冲突的能力的否定。对于这一笼罩在我们时代的观念，施特劳斯在《自然权利与历史》第二章讨论韦伯的论题时做了深入的剖析，此处限于篇幅我们只能点到为止：对理性的否定根源于理性与启示之间的冲突。[①] 此处的关键在于认识到，柏林其实已经意识到了绝对主义的政治必要性，但是他却不能承认这一点，这是因为他在最关键的一点上依然是现代启蒙运动的后裔：他不是在做纯粹的理论思考，这也不纯粹是他个人的观点，他真正的意图在为一种政治秩序奠定理论根基。与他的先辈们不同的是，他认为自由民主制可以最终建立在相对主义的基础之上。在施特劳斯看来，这无异于是现代启蒙运动最极端的表现，因为他完全无视了政治的本性：任何政治都必然是建立在一个绝对根基之上的，如果自由的价值（或者其他价值）不能得到理性的证明，那么自由民主制（或者其他政制）的大厦必将轰然坍塌。可以说，现代启蒙运动正是基于对理性的信仰，才构筑起自由民主制的大厦；而今天对于理性的批判，无异于是对自由民主制危机的釜底抽薪。[②]

因此我们说，现代自由民主制的原初根基是在现代启蒙运动的理想当中，而自由主义者作为启蒙运动的后裔，试图在放弃启蒙运动的理想基础上为自由民主制辩护，而其结果却是让我们看到了自由民主制的彻底无根基性。施特劳斯的目的并非摧毁自由主义，因为自由主义本身已经陷入了严重的危机当中。施特劳斯当然也不是要挽救现代自由主义，而是要为应对这种危机提供一种非现代自由主义式的策略。[③]

五 自由民主制的古典式辩护

对于自由民主制危机的认识并没有促使施特劳斯转而成为自由民主制的敌人。相反，施特劳斯认为“对于自由民主制来说，最紧迫的不是试

① Leo Strauss, Natural Right and History, Chicago and London: The University of Chicago Press, 1953, p. 64.

② Leo Strauss, “The Three Waves of Modernity,” in An Introduction to Political Philosophy: Ten Essays by Leo Strauss, ed. Hilail Gildin, Detroit: Wayne State University Press, 1989, p. 98.

③ Nathan Tarcov, Philosophy & History: Tradition and Interpretation in the Work of Leo Strauss, Polity, Vol. 16, No. 1 (Autumn, 1983), pp. 5 - 29.

图去攻击它，而是对它的防卫。”[1] 可以说如果施特劳斯在哲学上的抱负是恢复苏格拉底式的哲学，那么他在政治上的工作就是为自由民主事业注入新的精神。[2] 这种精神不同于那种起初曾赋予这种社会以生命的精神，这就是柏拉图式的古典自由主义传统。

古典自由主义认为哲学与政治之间存在着自然的因而是永恒的紧张[3]，这是由哲学与政治的本性所决定的：哲学永远追求用知识取代意见，而政治则永远都是建立在意见基础之上。即使是在最完美的社会，即哲人统治的社会当中，这种紧张也不可能得到消除，因为哲人是被迫参与统治的，因此是与哲人的本性相矛盾的。[4] 可以说哲学与政治指向的是人性的两端：哲学指向的是人的最高可能性，是在向神看齐，而政治则是对人的最低要求和最低保障，因为人必须借助政治生活才能保障肉体的存续，并避免人性向野兽的滑落。[5]

因此政治就是一种必要的恶，因为恶正如善一样是人性的一部分，是永远无法被彻底消除的。而人类又永远具有征服恶的渴望，而对恶的征服永远都有诉诸恶的手段的必要，政治就是这样一种必要的手段。[6] 因此政府就必须强大到足以维持自身的安全，有时候它还必须动用武力来对抗来自内部和外部的威胁。施特劳斯甚至说任何政府都内在地有僭政的倾向，[7] 或者说专制时刻都有着被诉求的可能性，哪怕是再开放再自由的民主政治都不例外。这可以说是政治的本性，也是政治的局限：最完美的政治也都有强制和不义。这就是政治的非理性和局限性。

这就意味着我们就不能指望将任何政治所赖以持存的任何价值建立在

---

① Leo Strauss, The Rebirth of Classical Political Rationalism: An Introduction to the Thought of Leo Strauss, Chicago and London: The University of Chicago Press, 1989, p. xxvi.

② Leo Strauss, Liberalism Ancient and Modern, New York: Basic Books, 1968, p. 24.

③ Leo Strauss, Persecution and the Art of Writing, Chicago: The University of Chicago Press, 1988, p. 34 – 35.

④ G. R. F. Ferrari, "Strauss's Plato," Arion, Third Series, Vol. 5, No. 2 (Fall, 1997), p. 45.

⑤ Harry Jaffa, The Conditions of Freedom: Essays in Political Philosophy, Claremont: Claremont Institute, 2000, p. 153.

⑥ Leo Strauss, The City and Man, Chicago and London: The University of Chicago Press, 1964, p. 127.

⑦ Leo Strauss, On Tyranny, Ithaca: Cornell University Press, 1963, p. 94.

理性之上。这句话不是说价值之间的选择是非理性的，而是说任何政治都不可能通过理性的方式来维持它所选择的任何价值。它更多的时候要借助意识形态（柏拉图叫作“高贵的谎言”[①]）、强迫等非理性的手段，也就是说任何政治都必须将自身的根基“变成”绝对的，这是它的生命线。任何试图将它相对主义化甚至理性化的努力都必将失败。

这也就是说人世间存在的所有政治秩序都是不完美的，有缺陷的。认识到这一点我们就能够自觉地与政治理想主义保持清醒的头脑，同样我们也就能够冷静地看待自由民主制的缺陷。这样一种政治保守主义就为自由民主制奠定了最低限度的并且是绝对主义的根基。

当然仅仅如此显然是不够的，因为仅仅强调政治的必要性和非理性，同样可以为专制制度辩护，它并没有告诉我们哪种政制是最好的，哪种价值是政治共同体最应该追求的。没有这种知识，我们就不足以真正为自由民主制及其对自由的价值追求辩护。因此我们就必须考虑理性解决价值冲突的可能性。

这一点我们在前面已经有所涉及，即最佳的政制应该是能使人尽可能自由的社会，自由就是政治共同体应该追求的最高价值。但是其依据何在呢？依据就在于哲人的生活是人类所能获得的最好的生活，哲人的自由是人类所能获得的最高自由。哲人是对人的幸福问题最终极的解决，[②] 也就是说它可以成为衡量所有其他生活方式优劣高下的尺度。按照这一绝对的标尺，所有的价值都将获得有序的排列。尽管哲人的生活永远都只是极少数人所能够获得的，但是这并不意味着哲人的生活就是对所有其他非哲人生活的否定，哲人的自由也不是对所有其他非哲人的自由的否定。实际上，如果我们不坚持人的最高可能性，那么人的其他较低的可能性也将失去为之辩护的最终理由，换句话说，坚持哲人的自由是捍卫非哲人的自由的必要条件，尽管不是充分条件，因为它是在面对政治社会的合理要求时唯一可以为个人的自由做辩护的最终根据。我相信，自由主义者如果要为自由找到最终的依据，也必须上溯到这里。

---

① Heinrich Meier, Leo Strauss and the Theological-Political Problem, London: Cambridge University Press, 2005, p. xiii.

② Leo Strauss, "The Origins of Political Science and the Problem of Scorates," in Interpretation, 1996, Vol. 23, No. 2, p. 138.

但是我们必须立刻提出，这并不意味着哲人要统治城邦，或者要按照哲学的智慧来治理城邦，否则施特劳斯就的确是在反民主了。相反，施特劳斯却从哲学的角度出发为民主制找到了根基。这是因为必须承认人类的理性是有限的，这就意味着人类不可能拥有完满的智慧，苏格拉底的真正智慧就在于认识到自己的无知。① 这样哲学就没有理由要求绝对的权力，也不可能按照哲学智慧来治理城邦，最佳的政治是不可能的。因此就得用非哲人的同意来弱化和限制哲学智慧的权力，或者说补充哲学智慧的不足。基于这种认识，好的政府就应该是有限的，智慧就应该接受同意的制约（尽管并非完全为同意所取代），实际上就可以把所有好的统治都看成是同意与智慧的平衡达到了最佳状态。② 民主政治就可以看作是对人类智慧有限性的一种补充，一种现实政治实践缺之不可的补充。因此施特劳斯认为“自由的或宪政的民主制是在我们时代比其他各种选择都要靠近古典的要求的政制安排”③。可以说这是对所有极权统治的最根本性批判，也是对自由民主制的最高的自由主义的辩护。

通过施特劳斯的艰辛努力，我们看到自由民主制能够从西方传统的前现代思想中获得有力的支持④，从而为应对启蒙运动瓦解后的西方政治危机提供了充实的思想资源。古典自由主义的根本智慧即在于：充分认识到哲学与政治的本性及其之间的紧张关系，通过强调政治的必要性和非理性，它为自由民主制奠定了最低的绝对主义的根基；通过强调哲学的超越性和有限性，它为自由民主制做了最高的自由主义的辩护。或者我们可以用这样一句话来概括古典自由主义：它基于对最好生活的回答来为最好的政制奠定根基。⑤

---

① Leo Strauss, “Reason and Revelation”, in Heinrich Meier, Leo Strauss and the Theologico-Political Problem, London: Cambridge University Press, 2005, p. 163.

② Leo Strauss, The Argument and the Action of Plato’s Law, Chicago and London: The University of Chicago Press, 1975, p. 46.

③ Leo Strauss, On Tyranny, Ithaca: Cornell University Press, 1963, pp. 193 – 194.

④ Leo Strauss, “The Three Waves of Modernity,” in An Introduction to Political Philosophy: Ten Essays by Leo Strauss, ed. Hilail Gildin (Detroit, MI: Wayne State University Press, 1989), p. 98.

⑤ Leo Strauss, Natural Right and History, Chicago and London: The University of Chicago Press, 1953, p. 31.

六　自由的阶梯

在施特劳斯看来，现代自由主义在后启蒙运动时代已经陷入了困境当中，它无法为它曾经孕育了的自由民主制提供辩护。施特劳斯揭示给我们的是另外一条不同于现代自由主义的古典自由主义之路。尽管这两者是很不相同的，前者追求的是人的卓越，后者则追求普遍的平等的权利，但是它们也绝非你死我活的敌人。而且笔者进一步认为，存在着一个自由的阶梯，现代人所追求的自我保存的权利以及由自我保存所延伸出来的财产权处于自由的阶梯的较低部位，而言论、出版等自由处于稍高一级的地方，哲人追求的人的完满应该就是自由的阶梯的顶点。笔者认为这些自由之间并非非此即彼的关系，而是一个层层递进的关系。保存自己的生命当然是一种自然的正当，只不过这是一个较低等级（也许是最低等级）[①] 的自然正当，只有哲人的自由代表的是人的自然追求的完满实现。虽然哲人的自由并非所有人都能实现（对这一点的认识正是古典自由主义区别于现代自由主义的一个关键部分），但是哲人的自由代表了人类对于自由的追求的一个最高可能性，它与政治社会对于个人提出的顺从要求始终处于对立状态当中。从这个意义上说，为哲人的生活方式辩护是对个人自由的最高辩护，尽管并不是充分的辩护。只要我们正确理解了施特劳斯所说的，现代民主的奠基人如斯宾诺莎、孟德斯鸠等所理解的朝着普世自由方向发展的民主最终不过是推崇美德的政体，甚至是“一种普世皆贵族的贵族政治”,[②] 我们就能理解原初意义上的自由民主制也是向着这一自由的阶梯攀登的。

七　结语

施特劳斯是自由民主制的“诤友”，他的政治立场是保守主义的，这种保守主义既不会对政治抱有太高的幻想，又不会对政治抱有过度的失望。因此他首先反对各种形式的政治理想主义，同时又欢迎各种温和的政

---

① ［美］列奥·施特劳斯：《现代性的三次浪潮》，载《苏格拉底问题与现代性——施特劳斯讲演与论文集：卷二》，刘小枫编，华夏出版社 2006 年版，第 38 页。

② Leo Strauss, Liberalism Ancient and Modern, Chicago and London: The University of Chicago Press, 1968, pp. 4 – 5.

治改良。这一立场的坚实基础来自于古典自由主义传统，因为古典自由主义充分认识到了哲学与政治的本性以及两者之间的紧张关系，它们为协调个体的自由与政治秩序的稳定之间的平衡提供了哲学根基。

施特劳斯致力于将这一古典的智慧重新引入处于危机之中的自由民主制当中，并着力让它焕发出新的生机。自由民主制的危机是现代自由主义的危机，是对自由的选择失去理性根基的结果，更是现代启蒙运动走向自我瓦解的结果。为了要应对这一危机，就必须首先反思现代自由主义以及现代启蒙运动的思路，但同时又不可以失去自由的精神、启蒙的理念。也就是说施特劳斯必须在反现代自由主义的同时恢复古代自由主义，在反现代启蒙运动的同时恢复古典的启蒙哲学和政治哲学。

从这个意义上说，施特劳斯并未决然反对现代原则，他实际上想做的是让古典原则与现代原则实现一种有益的融合。虽然施特劳斯突出古今之争，并给人强烈的感觉他是站在了古代人的立场上。但这是为了在现代的历史处境下，恢复一种古典的视野。这种恢复绝不是为了把古代思想照搬到今天的现实中来，因为我们现今的社会是“古人闻所未闻的”，他们的作品无法“为今天提供解决方法”①。我们的任务是要把古典的智慧运用于我们今天面对的现实，以便寻找到应对危机的当代方法。

这是施特劳斯的责任，也是我们的责任。

第三节　政治哲人的政治行动——论施特劳斯的自由教育观

一　引言

施特劳斯在对待自由民主制的态度问题上引起了广泛的争论，但是在与之息息相关的自由教育问题上，他所作出的巨大贡献几乎已经众所公认。人们可以不承认他是一个政治哲学家，甚至也可以不承认他是一个古典学大家，但是几乎很少有人能够否认施特劳斯是一个伟大的教育家。他所培养的学生以及学生的学生正在不断地培养出新的遵循施特劳斯学问方向（尽管路径各有不同）的学生，以至于人们认为他成功培育了一个

① Leo Strauss, The City and Man, Chicago and London: The University of Chicago Press, 1964, p. 11.

"施特劳斯学派"。

那么施特劳斯所奉行的自由教育是怎样一种教育？它与古典政治哲学的教诲是何关系？与我们今天所处的时代又有何关系？笔者相信对这些问题的解答将大大有助于我们走近（进）施特劳斯，因为我认为古典政治哲学的智慧不但体现在政治哲人的"著作"中（请注意施特劳斯从来没有写过像《正义论》这样大部头的专著，他只有书评、注疏和演讲），更体现在政治哲人的日常言行当中，尤其集中于教育过程中。要知道施特劳斯奉苏格拉底为楷模，那么他必将（哪怕只是部分地）践行苏格拉底的生活方式。

二　何谓自由教育

自由教育（Liberal Education）有时候又被称为通识教育，施特劳斯像往常一样并没有对其作出明确清晰的定义。但是我们知道施特劳斯用自由教育这一提法是与现代大众教育相对应的，自由教育也是为了应对现代大众教育所带来的危机而应运产生的。因此，我们要准确把握施特劳斯的自由教育理念，最好先看看它的对立面。

在施特劳斯笔下，现代大众教育是这样一种教育：首先，它是一种针对大众（理论上说应该是所有人）的普及性教育，它本质上是现代启蒙运动的产物：它执意要通过普及教育的方式来消除人与人之间自然的不平等，[①] 通过启蒙的普及（即把大众作为启蒙的对象，实现人性的彻底改造）为一个理性的社会（因而是完美的社会）奠定一个质料的基础。

其次，它是一种专业化教育，学科的日益分化和细化就是它的典型特征。专业化最终源于这样一个前提：为了理解一个整体，人们必须把它分析或分解为各个要素，必须独立研究这些要素，然后还必须从这些要素着手，重建或重组这个整体。[②] 从某种意义上说，今天颇为流行的跨学科研究遵循的就是这种思路。

再次，它重视的是工具理性的培养，主要考虑的是如何达到特定目标

① ［美］列奥·施特劳斯：《古今自由主义》，马志娟译，江苏人民出版社 2010 年版，第 20 页。

② Leo Strauss, The Rebirth of Classical Political Rationalism: An Introduction to the Thought of Leo Strauss, Selected and Introduced by Thomas L. Pangle, Chicago and London: The University of Chicago Press, 1989, p. 4.

的手段问题。价值选择的问题或者更根本的人应该如何生活的问题被搁置或遗忘了，因为主导我们这个时代的根本价值观认为理性在价值选择问题上是无能为力的。我们可以针对所有问题进行讨论，但是一旦涉及人应该如何生活的问题，我们就立刻被告知我们已经触碰到了一个理性的禁区。

这样一种现代大众教育带有根本性的弊端：它使得一种整全性的教育不再可能，分科导致整体之被遗忘，人们不再研究作为一个整体的社会和作为一个整体的社会人。而伴随着这一结果而来的，是它使得与整全息息相关的核心问题——何谓善好的生活——被抛诸脑后。纯粹的技术训练、精巧的利益计算取代了品德的修养，“好人”的问题完全被排除了。现代大众教育虽然生产了大批量的知识，但只不过是“让人知道越来越多的鸡毛蒜皮”。[①] 被各种知识武装起来的现代知识人就好像是一个个还没有长熟便掉落下来的苹果：表面上很坚硬，骨子里却已经腐烂了。

应该说，自由教育的理念就是针对现代大众教育的这一根本性缺失而被提出来的。从根本上来说，自由教育就是一种整全性的教育，或者干脆说“教育是一项要求整体性的事业”[②]。它试图教导人们的是对世界和自我的整全性认识，其最核心的问题是“何谓善好的生活”。这个问题必须要在对整全的追问中才能获得最终的回答，因为人是整体的一部分，同时人也是通过对这个问题的追问迈上对整全的追问的道路。

作为一种整全性的教育，自由教育必然是一种精英教育。因为伴随着对整全的追问的对善好生活的追问虽然是必要的，甚至是所有必要当中最必要的，但却肯定不是最紧迫的。对于大多数人来说他们不会渴望对整全的理解，他们也没有那么多的闲暇去从事对整全的探讨，从事哲学思考对于大多数人来说即使不是完全无用（更不用说有害了）也是极其奢侈的。在哲人与非哲人之间有着一条不可跨越的鸿沟。即使物质财富的极大丰富可以解除每一个人的生存负担（这里暂且不提它解放了人的物质生产欲望所带来的严重后果），也无法保证那些过着小康生活的人热爱哲学。因此自由教育一定是以少数人为对象的精英教育。

---

① Leo Strauss, The Rebirth of Classical Political Rationalism: An Introduction to the Thought of Leo Strauss, Selected and Introduced by Thomas L. Pangle, Chicago and London: The University of Chicago Press, 1989, p. 31.

② ［美］艾伦·布鲁姆：《巨人与侏儒——布鲁姆文集》，张辉编译，华夏出版社 2007 年版，第 280 页。

同样，作为一种整全性教育的自由教育必然是一种对灵魂的塑造[①]，或者也许说是对灵魂的导引更加贴切。因为人身上最靠近整全或向整全开放的部分就是人的灵魂，自由教育就是要将人的灵魂良序化，或者说就是要在人的灵魂中建立一种正义的城邦。（这也许是《理想国》的真正目的）而这种灵魂的“陶铸”艺术首要的抓手就是对人生价值的追问，是对人应该如何生活的追问。因为人的灵魂的秩序就是借助对价值目标的理解而得到定型的，人就是“锚定”在了人所追求的东西之上的。因此自由教育要培养的恰恰就是在诸价值之间作出理性选择的能力，而非仅仅是达到某些目标的手段：什么是真正重要的东西，为了做一个人和一个公民应该知道些什么[②]。可以说，自由教育就是一种关乎如何做人的教育，一种如何将我们的人生真正地、永远地“锚定”下来的教育。

三 政治哲人的政治行动

如果说施特劳斯所践行的自由教育是对现代性危机的积极应对，那么我们又如何理解自由教育与施特劳斯所致力于复兴的古典政治哲学呢？对这个问题的回答直接关系到我们如何准确理解自由教育，间接关系到我们今天如何从古典政治哲学中获得裨益。

在上一章中我们指出了政治哲人秉持了一种根深蒂固的二元论：理论与实践、哲学与政治、自然德性与社会德性等二元对立。古典政治哲学就是要应对和处理（而非消除）这种二元对立，让这两者不至于相互迫害。要做到这一点，政治哲人并不试图去改造社会，更不试图将哲人的生活方式推广到每一个人身上。笔者认为，政治哲人唯一真正践行的政治行动就是自由教育。

实际上，对政治哲人而言，政治问题根本上是一个教育问题，不是将教育设想为政府存在的结果或政府的一个功能，而是反过来把政府设想为教育的结果。[③] 教育就是要在人的灵魂中立法，从这个意义上我们可以正当地称呼教师是人类灵魂的工程师。因此真正重要的不是要建立一座外在

---

① ［法］卡斯代尔·布舒奇：《法义》导读，谭立铸译，华夏出版社2006年版，第33页。

② ［美］艾伦·布鲁姆：《巨人与侏儒——布鲁姆文集》，张辉选编，华夏出版社2007年版，第380页。

③ Ernest Barker, Greek Political Theory, London, 1964, p. 236.

的正义城邦，而是在人的内心当中建立一座正义的城邦。作为一种教育的政治行动，绝不是某种政治规划，也不是某种理念宣传，他只能表现为苏格拉底式的对话，因此它本质上还是一种哲学活动。

而自由教育要在两类最重要的也是最优秀的青年人的灵魂中立法，一个就是潜在的哲人，另一个就是潜在的政治家。前者担负哲学的家业，后者承担政治的责任。为此他要在这两种不同的灵魂中建立不同的城邦，因材施教正是自由教育的一个重要原则：潜在的哲人遵循的是自然的正义，潜在的政治家遵循的则是社会的或习俗的正义。而此时的自然正义与习俗正义之间的对立被刻意模糊了，因为政治家所遵循的习俗正义是弱化了或淡化了的自然正义，它将成为政治实践的基础。

因此说自由教育是政治哲人处理哲学与政治关系的一个政治行动，它的两个目标——培养哲人和政治家——正是古典政治哲学双重性的体现。而一个从事这样一种自由教育的教师必须是同时融合了疯狂与节制两种德性的政治哲人，这也正是施特劳斯对古典政治哲学的核心理解。

四　智慧的繁殖与哲人的培养

通常人们总是认为，哲人对于智慧的爱欲会牵引着他最终走向城邦的洞穴之外。但是我们在上一章中已经论述过，爱欲也会迫使哲人不断地返回城邦。① 这是因为对智慧的爱欲虽然处于爱欲的阶梯的顶端，但是它与较低的生理性的爱欲一样都是爱欲。作为爱欲都是一种创生性的力量，都渴望繁殖，唯其如此，方能实现永恒。这样对于智慧的爱欲就渴望寻找优秀的青年（潜在的哲人），并和他们“孕育”智慧的后代。对于哲人而言，“有些年轻人是他的灵魂所喜悦的……这些人甚至有助于他对智慧无止境地追求”。②

在这个意义上，我们可以把自由教育理解为智慧的孕育和生产过程，辩证法就是两个灵魂的融合，而苏格拉底也就在这个意义上成为“助产士”。它既是一个哲人的自我学习过程，也是一个培养潜在的哲人的过程。教与学获得了完美的融合。

---

① ［法］丹尼尔·唐格维：《施特劳斯思想传记》，林国荣译，吉林出版集团有限责任公司2011年版，第168页。

② Allan Bloom, The Republic of Plato, second ed. Harper Collins Publishers, 1991, p. 411.

哲人是自知无知之人，按理说他应该如忒拉徐马霍斯批评苏格拉底那样“他自己（苏格拉底）什么也不肯教，而到处跟人学”。他应该如饥似渴地学习知识，哲人尤其是转向之后的政治哲人不应该总是高昂着他骄傲的头颅，他应该时不时地低下头甚至弯下腰来，永不止息地向一切可以学习的对象学习。因此他似乎不可能教导别人什么。

但是在与哲人所喜欢的青年的对话中，随着对意见的辨析而来的，是知识的不断涌现以及伴随着这种意识的惊喜。哲人亲自带领着他们攀登智慧的阶梯，领略在迈向整全的路途中纯而又纯的快乐体验，因为他们的生命也慢慢地向着智慧之门（整全之门）敞开。我认为，哲人的言传身教促使优秀的青年完成了灵魂的转向，使他们从潜在的哲人转变成了真正的哲人。哲人在青年的灵魂中埋下了智慧的种子，这种子无它，就是对于智慧的爱。

真正的教育绝非知识的传授，而是灵魂的熏陶；真正伟大的教育家绝非某种专门知识的拥有者，如果一定要说有的话，也是关于灵魂的知识，因为灵魂是人类身上最接近于整全的部分。由此我们就不难理解，为何施特劳斯的学生都有如此的定力，他们可以不顾主流学界的冷嘲热讽，固执地在故纸堆里“精耕细作”。而对于那些指责施特劳斯是搞偶像崇拜的精神教父的人①，我们只能说道不同不相与谋。

当然，施特劳斯在不止一个场合声称自己不是哲人，那些声称自己是哲人的人最多也只不过是“哲学工作者”②。我认为施特劳斯所谓“哲人”与“哲学工作者”的根本区别在于：“哲人”直接面对和处理永恒的、根本性的问题，而“哲学工作者”却需要通过“哲人”以及他们留下来的“伟大著作”（Great Books）的中介才可能触及那些问题。如果这种区分成立的话，那么在今天这个时代从事自由教育、培养潜在的哲人（或者更确切地说哲学爱好者）就必须通过研习伟大经典才能实现。这就是为什么施特劳斯要如此强调如像伟大哲人理解他们自身那样去理解他们的著作的根本原因，因为只有这样，才有可能摆脱所处历史处境的束缚，

---

① George Anastaplo, “Leo Strauss at University of Chicago”, in Kennth L. Deutsch and John Murley (eds). Leo Strauss, the Straussians, and the American Regime (Rowman & Littlefield Publishers, Inc, 1999), pp. 3 – 30.

② Leo Strauss, “What is Liberal Education?”, In Liberalism Ancient and Modern, New York: Basic Books, 1968, p. 7.

古典哲人所面对的那些永恒问题也才能够呈现在我们面前。[①] 通过研习伟大哲人的著作、倾听伟大哲人之间的交谈，把潜在的哲人托出历史的洞穴——这可以看成是自由教育作为一种哲学教育在今天所承担的独特历史责任。

五 政治家的培养

古典政治哲学教导我们最好的城邦是不可能的，因为哲人不愿意统治，那么实践中最好的城邦或者说次好的选择就是绅士的统治。绅士虽然区别于民众，同时也区别于哲人，但是绅士的德性是“哲人德性的政治反映”[②]。因此，自由教育除了培养哲人之外，其第二个目的就是培养完美的绅士[③]，培养实践中的统治者。

统治者最重要的能力就是裁决和平衡社会冲突，也就是要能够作出理性的价值判断，这是政治生活的必然要求。一个优秀的统治者绝对不是某一个行业的专家甚至是技术人员，因为政治根本上就不是一个独立于经济、文化等领域之外的领域，它本身就是一个“整全”，涉及人类的所有事务。[④] 他必须对作为整体的人类生活有着整体地把握和认识，只有这样他才有可能获得关于诸目的的等级制的知识。

同样，一个优秀的政治家必须是一个“具有理性和自由能力的真实的公众”（套用米尔斯的话语）[⑤]，或者说是一个“真正的个体”（施特劳斯语）[⑥]。他们之所以是真实的，就是因为他们具有理性选择价值目标的能力，而不是像大众一样随波逐流。大众之为大众，是不会为任何人或

---

① ［美］艾伦·布鲁姆：《美国精神的封闭》，战旭英译，译林出版社 2007 年版。

② Leo Strauss, Liberalism Ancient and Modern, Chicago and London: The University of Chicago Press, 1968, p. 13.

③ ［法］科耶夫：《驯服欲望——施特劳斯笔下的色诺芬撰述》，贺志刚、程志敏等译，华夏出版社 2002 年版，第 11 页。

④ ［美］列奥·施特劳斯：《施密特〈政治的概念〉评注》，载迈尔《隐匿的对话——施密特与施特劳斯》，朱雁冰、汪庆华等译，华夏出版社 2002 年版，第 191—209 页。

⑤ ［美］C. 赖特·米尔斯：《社会学的想象力》，陈强、张永强译，生活·读书·新知三联书店 2005 年版，第 202 页。

⑥ Leo Strauss, The City and Man, Chicago and London: The University of Chicago Press, 1964, p. 127.

事，或对任何人或事负责的。[①] 因为他们本质上不愿意也没有能力这么做。因此，自由教育要培养的就是社会价值的真正担纲者，而非“寄生虫”。

因此在这个意义上，施特劳斯把自由教育看作是大众文化的解毒剂，是帮助我们从大众民主向本来意义的民主上升的阶梯。施特劳斯所谓本来意义上的民主其实是一种扩大了的普遍贵族制。[②] 这些具有良好教养的贵族绅士们拥有足够的财富并因而拥有足够的闲暇接受好的教育，并全身心地参与到公共事务中来。他们是真正以政治为业的人。

自由教育对政治家德性的强调是对智慧在政治生活中的作用的强调，它的精英主义色彩必然在民主理念深入人心的今天引起反对甚至敌视。但是只要我们承认政治的本性呼唤智慧，而任何现实的政治又都是智慧与同意共同作用的结果，那么我们也必须承认在（尤其是）我们这个时代对政治家德性的强调是紧迫的任务。自由教育正是对这一需要的回应。

第四节　结语

自由教育是政治哲人的政治行动，它对哲人和政治家的培养正是政治哲学双重性的体现。而它在今天的实践是为了应对我们当下的危机：一方面是哲学的终结，另一方面是自由民主制的危机。从事自由教育的人必须能够同时融合疯狂与节制的德性，这正是古典政治哲学的智慧，也是它能够裨益于我们今天的地方所在。

施特劳斯曾经将现代性理解为年轻人的造反运动，这一造反运动的最终结果是虚无主义。他认为年轻人需要的是老派的教师，是那种并不教条因而足以理解其弟子们的远大抱负的老派教师。[③] 因为只有这样的教师可以做到在鼓励创新和开放的同时，仍然能够不偏激、不激进。用严复的话说就是“非新无以为进，非旧无以为守”，受过自由教育的人既不是顽固

---

① Leo Strauss, Liberalism Ancient and Modern, Chicago and London: The University of Chicago Press, 1968, p. 23.

② Leo. Strauss, what is liberal education, in Liberalism Ancient and Modern, The University of Chicago Press, 1968, pp. 4 – 5.

③ ［美］列奥·施特劳斯：《德意志虚无主义》，载《犹太哲人与启蒙：施特劳斯讲演与论文集：卷一》，刘小枫主编，张缨等译，华夏出版社2009年版，第111页。

的守旧派，又不是激进的革命派，而是温和的改良派。他们不会对政治抱有过高的期待，同时也不会对政治持有过高的冷漠。

施特劳斯像苏格拉底那样喜欢与优秀的年轻人待在一起，他一生最大的贡献也许不在于他写的那些文章，而在于他培养了一大批优秀的青年。也许在他的心中，所谓的学术远没有与青年人一起聊天对话来得有意义，来得让人愉悦。这一点对于那些天天只想着发文章、拿课题的学者来说恐怕永远无法理解。

第八章
结　论

后人如何评价我们，将取决于我们如何评价施特劳斯。

——布鲁姆

第一节　政治哲学史的意义

本项研究旨在从“反启蒙运动的启蒙”的视角来理解施特劳斯的政治哲学，但是我们看到从当代的危机到现代启蒙运动的政治哲学再到古典启蒙哲学最后到古典政治哲学，施特劳斯的整个思想运动呈现为政治哲学史的样式，并且是从现代向古代的回溯式运动。然而施特劳斯倾其一生在政治哲学史方面做的大量研究，绝不是为历史事件编个流水账，甚至都很难把它看作是一个学者的学术工作。指引施特劳斯的历史研究的是一个更加深远的目标：通过政治哲学史的研究因应历史主义的挑战带来的西方危机，从“第二洞穴”爬回到“第一洞穴”当中去，以重新寻回人类面临的原初境况，重获哲学借以出发的自然起点。

可为什么必须借助政治哲学史的研究才能完成这个任务呢？施特劳斯不是一再强调“哲学不同于哲学史，认识人类的精神在根本上不同于认识人类精神的历史”吗？① 政治哲学史的研究如何能够承担一种非历史主义甚至反历史主义的任务呢？

我们先回答第一个问题。施特劳斯认为，历史研究并不是任何时候都重要的，最基本的证据就在于：在《理想国》中柏拉图勾勒了一种研究

① ［美］列奥·施特劳斯：《评柯林伍德的历史哲学》，载《苏格拉底问题与现代性——施特劳斯讲演与论文集：卷二》，刘小枫编，华夏出版社 2006 年版，第 146 页。

计划，他提到算术、几何、天象学等，历史连影子都没有。[①] 但历史研究对于我们当代人却十分重要，我们当代最重要的特征就是海德格尔和历史主义，可以说它是我们时代精神的集中体现。在历史主义占主导地位的时代里，所有超越其时代和历史处境的努力都被认为是不可能和不必要的，我们陷入了一个施特劳斯所谓的“第二洞穴”当中。[②] 这个“第二洞穴”不像柏拉图所说的“第一洞穴”那样由意见、神话（即神学—政治联盟）所构筑，而是由人为建造，并且是以政治化了的哲学为材料建造的“洞穴”。这个“第二洞穴”是一个具有高度自我意识的“洞穴”，而“第一洞穴”中的人却将“洞穴”等同于世界本身。生活在“第一洞穴”中的少数人可以发现支撑各种“洞穴”的意见、神话（即神学—政治联盟）是相互矛盾的，这是他们寻求超越“洞穴”之外的自然起点。但是生活在“第二洞穴”中的人们，他们把世界等同于洞穴，或者说他们认为洞穴之外依然只是洞穴。原先是哲学起点的洞穴，今天被当成了终点。因此这必然是一个智识衰退的时代，人的可能性面临着枯竭的危险。

在（也只有在）这样一个时代里，历史研究才获得特殊的重要性。在今天，如果有一个人想要上升到太阳的光明之中，他就必须首先从“第二洞穴”爬回到那个天然洞穴的层面，因此他必须发明一些天然洞穴中的人们所不知道、不需要的新的人造工具[③]，这个人造工具就政治哲学史研究，它是我们攀爬的必要工具。对政治哲学史的研究，是为了爬回自然的洞穴，让哲学的自然障碍与哲学相遇。[④] 这个自然障碍就是对哲学所必须面对的政治事务的“具体的自然的意识”，这种意识在我们已经经历了几个世纪的“政治哲学化”过程之后已经被遗忘了，我们只有通过政治哲学史的研究才能重新寻回。

但是值得一再提出的问题是，作为工具的历史研究其对象绝不是作为

---

① Leo Strauss, What is Political Philosophy and Other Studies, Glencoe: The Free Press, 1959, p. 58.

② Leo Strauss, Persecution and the Art of Writing, Chicago: The University of Chicago Press, 1988, pp. 154 – 156.

③ Leo Strauss, Persecution and the Art of Writing, Chicago: The University of Chicago Press, 1988, p. 155.

④ Allan Bloom, Leo Strauss: September 20, 1989 – October 18, 1973, Political Theory (1974), p. 373.

一个实体的维度的历史，因为到底是否存在一个连贯的甚至理性的历史过程是值得高度怀疑的。[①] 这就是为什么施特劳斯研究历史上（不是历史过程中的）的思想家时绝不是专注于他们对思想史的贡献，而是一再强调要如每个思想家理解自身那样地去理解他。如果我们把历史理解成为一个有着特定目标的过程，并专注于思想家对这一过程的历史贡献，我们实际上是贸然假定了今天的我们（被理解为是历史过程的特定产物）要比过去的思想家更加智慧。正是抱着这种谦虚谨慎的态度，施特劳斯才不会将伟大著作中的明显自相矛盾之处看成是作者的失误，而是把它看成是作者故意为之的，因此需要读者耐心细致地解读。[②]

因此历史研究绝不是为了解释我们今天如何成为今天这个样子，而只是为了向过去的思想者们学习。正是对我们自己之处境的深深不满才给我们好的理由去相信，我们能够从过去的思想中学到不可能从当代学到的极为重要的东西。[③] 这个"极为重要的东西"就是那些已经被我们遗忘了的诸基本问题以及对于它们的恰当理解，在今天这些问题被认为不存在，要么被认为即使存在也不可能为人类理性所获知。因为他们认为"历史经验"已经证明所有的价值都是历史的、相对的，并不存在超越时间和文化的绝对价值。

政治哲学史就可以看成是施特劳斯为了应对历史主义的这种宣称而反其道行之的策略。施特劳斯认为历史主义没有能够为这种史无前例的"历史经验"的有效性提供辩护，他们只是认定这一经验是真正的人类经验，而非只是某种成问题的解释。而施特劳斯的最深意图则在于要提供一种完全不同的对历史经验的解释，他借助苏格拉底式的探究式怀疑主义证明，这种"历史经验"并不能使得这样一种观点变得可疑：基本的永恒的问题是不会随着历史而改变的。[④]

---

① James F. Ward, "Political Philosophy & History: The Links between Strauss & Heidegger," in Polity, Vol. 20 (Winter, 1987), p. 293.

② David Janssens, "The Problem of Enlightenment: Strauss, Jacobi, and the Pantheism Controversy," in The Review of Metaphysics, Vol. 56, No. 3 (Mar., 2003), p. 627.

③ Nathan Tarcov, Philosophy and History: Tradition and Interpretation in the Work of Leo Strauss, Polity 16 (1983).

④ Leo Strauss, Natural Right and History, Chicago and London: The University of Chicago Press, 1953, pp. 35 -36.

毫无疑问，施特劳斯之进入政治哲学史，他当然呈现了诸多政治哲人的争执，也就是被历史主义所一再提及的“体系间的无政府状态”，但是这远不能像历史主义所认为的那样政治哲学失败了，因为关于政治事务存在多种多样的认识并不就证明了我们关于政治事务不可能获得真正的知识，它最多只是证明了对于最重要的问题我们一无所知，而这恰恰正是哲学的起点，而非终点。[①] 施特劳斯就是在展示政治哲人的争执的同时，也展示了他们之间所共同面对的问题，这个根本问题就是理性与启示之争，从中延伸出神学—政治问题、哲学与政治的冲突问题，等等。

预先假定这些基本问题经历了历史变化而贯穿历史始终，或者说是把它作为前提，而不是把任何一种解决问题的办法作为前提，这是使政治哲学史成为可能所必须的。[②] 施特劳斯认为这种历史有助于证明这些基本问题——甚至这些问题的一些可能的解决办法——存在于整个历史过程之中。而意识到这些问题存在于历史的全过程就是对历史主义的驳斥，实际上当人们把这些问题看作问题时，人类的头脑就把自己从历史的局限中解放出来了。

因此，政治哲学史不是政治哲学，更不是哲学本身，它毋宁说是通向哲学的阶梯。这个旅程古人从不知晓，但却是我们今人必须要亲身践行的。

第二节　从苏格拉底问题到施特劳斯问题

在施特劳斯所致力于复兴的柏拉图式古典政治哲学的核心，矗立着的是苏格拉底的形象，围绕这一形象展开的就是所谓“苏格拉底问题”，古典政治哲学就是对“苏格拉底问题”的陈述和回应。在施特劳斯看来，整个现代哲学的终点指向的是苏格拉底哲学的开端，[③] 因此可以说没有任何一个时代比我们这个时代更加认识到苏格拉底的重要意义。而我们所谓

① Leo Strauss, What is Political Philosophy and Other Studies, Glencoe: The Free Press, 1959, p. 62.

② ［美］列奥·施特劳斯：《什么是政治哲学?》，李世祥等译，华夏出版社 2011 年版，第 228 页。

③ ［美］列奥·施特劳斯：《施特劳斯致克吕格的信，1932 年 12 月 12 日》，载《回归古典政治哲学——施特劳斯通信集》，朱雁冰、何鸿藻译，华夏出版社 2006 年版，第 60 页。

施特劳斯政治哲学实际上并不存在，它更多地表现为如前所述的政治哲学史，这个政治哲学史最终通向“苏格拉底问题”。很显然，存在着一个不同于“苏格拉底问题”的“施特劳斯问题”，这个问题正是施特劳斯的出发点，但他为何最终将“苏格拉底问题”作为落脚点了呢？这两者之间有何关系呢？我相信清楚地理解这个问题将大大有助于我们理解施特劳斯的意图。

我认为所谓“苏格拉底问题”是在一个信奉价值一元论的城邦里如何坚持做一个哲人的问题，是在神依然统治着城邦和人的背景下如何能够将启蒙进行下去的问题。所谓做哲人、所谓启蒙就是提问，不断地提问，这种提问并不产生某种学说或最终答案，它只是帮助我们达到这样的洞识，即他们事实上并不知道自己自以为知道的东西。[①] 当然这种无知之知必然伴随着对根本性问题的存在的越来越清晰地意识，而与这个指引着我们不断探询的根本性问题紧密相连的就是作为整全的自然。雅典人指责苏格拉底引入新神，笔者认为这个神其实就是自然，对自然的探询危及到了城邦的既定秩序，因为自然不关心城邦的正义，或者说自然的正义高于城邦的正义。而苏格拉底之被认定是毒害青年，首先是因为哲学的事业内在地要求他穿梭于市场、体育场之间，同那些潜在的哲人对话。而这些对话的结果往往都是让他们意识到他们原先所接受的城邦给予他们的意见是经不起推敲的，这就势必会被城邦看成是败坏青年。[②] 苏格拉底为了应对这些指控，就必须把哲学转变成为政治哲学，让疯狂的哲人学会在城邦面前温良和审慎。

而笔者所谓“施特劳斯问题”则是在一个诸神大战、价值多元已经被广为接受的时代里，如何恢复哲人的可能性的问题，是在启蒙运动的事业已经瓦解的时代里如何保存启蒙的精神的问题。施特劳斯也同样被指责是引入了神，这个神是超越于诸神之上的神，他危及到了价值多元论的时代教条，因此施特劳斯也被认为是在毒害青年，尤其是一些原先信奉自由主义的青年被施特劳斯“勾走”，致使一些自由主义者大声惊呼要加大宣传的力度，以夺回话语权。施特劳斯被指责是一个绝对主义者，好像他是

---

① ［美］列奥·施特劳斯：《犹太哲人与启蒙：施特劳斯讲演与论文集：卷一》，刘小枫主编，张缨等译，华夏出版社 2009 年版，第 140 页。

② Leo Strauss, On Tyranny, The Free Press of Glencoe, 1963, p. 205.

真理的代言人。(尽管我们找不到任何证据证明施特劳斯曾经这样说过)而我们今天已经不大习惯谈论真理，更不用说谁敢宣称自己真理在握，我们以此攻击任何一个宣称掌握了真理的人，因为我们今天唯一的真理就是没有真理。而对施特劳斯来说，不管是宣称真理在握还是宣称没有真理，都是对于哲学的致命一击。第一种宣称追求真理是不必要的，因为真理已经被给定了；第二种宣称追求真理是不可能的，因为没有真理。[①] 而施特劳斯为了应对这一系列指控，就必须钻进政治哲学史的长河当中，以期能够爬回自然的洞穴，重新恢复哲学的可能性。

由此可见，苏格拉底的对手是神学与政治的同盟，而施特劳斯的对手是已经被政治化了的哲学。进一步说，“施特劳斯问题”其实是一个被倒转了的“苏格拉底问题”，施特劳斯所面对的问题迫使他只有首先倒着爬回“苏格拉底问题”，这个哲人所面对的原初的问题，“施特劳斯问题”才能获得顺畅的理解和应对。“苏格拉底问题”是真正根本的问题，因为它是自然“给予”的，而“施特劳斯问题”是次生的问题，因为它是人为产生的。自然打的结人是无法打开的，我们只能去面对；人自己打的结原则上是可以打开的，但前提是我们必须先搞清楚，哪些节是自然打的，哪些节是我们自己打的。这就是古典给予我们的“启示”。

第三节　哲学的邀请

笔者认为每个人都在他的心中描绘着一个最完美的人，努力成为那样一个人是学习的第一冲动，这种冲动也决定了人们阅读施特劳斯相关著作的取向。有人把施特劳斯描绘为伊壁鸠鲁式的专注于私人的沉思快乐的人，有人把他描绘为尼采式的超人，也有人把他描绘为苏格拉底式的怀疑主义者。笔者心目中的施特劳斯是这样子的一个人：他带着出世的精神做着入世的事情；他心中有神，同时努力尽到一个做人的责任。他总是带着完满的宁静，没有一时的仓促，虽总感紧迫，却从不匆忙。而他所尽力去完成的责任、他倾其一生的工作，是在一个认为哲学已经不再可能的世界上重新发出哲学的邀请。

---

① ［美］艾伦·布鲁姆:《巨人与侏儒——布鲁姆文集》，张辉编译，华夏出版社 2007 年版，第 12 页。

我们可以把施特劳斯看成是哲学花园里的一个园丁，这个花园早已花木凋零、杂草丛生，抑或者它早已经被高楼大厦、钢筋水泥所霸占。施特劳斯必须首先展开浩繁的锄草工程或摧毁工程，为的只是让那片土地能够重见天日、休养生息。我们甚至可以说施特劳斯都没有播撒种子，因为似乎种子原本就已经在的，只要有阳光和雨露，它就会自然地生长。种花也决然不是一个工程，可以大规模、批量化地生产，因为每一朵花都需要最细致入微因而最无法复制地呵护；同样它也无法拿到市场上去高声叫卖，因为注定并不是所有人都能够欣赏，而能够欣赏的人也并不需要购买。施特劳斯只是准备着并且迎接着每一个种子的生根发芽，浇灌它、培育它、帮助它最终长成人世间最美的花朵。

但是不同于《理想国》中的苏格拉底邀请格劳孔和阿德曼托斯开始一种哲学生活，施特劳斯邀请合格的读者像他那样阅读古书。[①] 因为就连施特劳斯自己也声称自己不是一个哲人，最多只能算是哲学工作者，或哲学爱好者。作为一个哲学爱好者，我们只有专注于阅读古书，才有可能倾听到古代哲人之间的对话，进而才能将我们从当下的束缚中解放出来。[②] 正是在这个意义上，我们对施特劳斯本人的研究也许违背了施特劳斯本人的意图。这种研究应该被理解为一个过渡的桥梁，笔者相信施特劳斯也是这样理解他自身的。

---

① ［美］朗佩特：《“什么是政治哲学”中的论证》，李雪梅译，载施特劳斯《什么是政治哲学》，李世祥等译，华夏出版社 2011 年版，第 305 页。

② Thomas L. Pangle, Leo Strauss: An Introduction to His Thought and Intellectual Legacy, The Johns Hopkins University Press, 2006, p. 39.

参考文献

[1] [美] 列奥·施特劳斯、约瑟夫·克罗波西主编：《政治哲学史》上、下册，河北人民出版社 1993 年版。

[2] [美] 列奥·施特劳斯：《霍布斯的政治哲学：基础与起源》，申彤译，译林出版社 2001 年版。

[3] [美] 列奥·施特劳斯（Leo Strauss）、古内尔（John G. Gunnell）：《施特劳斯的政治哲学与宗教》，香港明风出版社 2003 年版。

[4] [美] 列奥·施特劳斯：《自然权利与历史》，彭刚译，生活·读书·新知三联书店 2006 年版。

[5] [美] 列奥·施特劳斯：《回归古典政治哲学——施特劳斯通信集》，朱雁冰、何鸿藻译，华夏出版社 2006 年版。

[6] [美] 列奥·施特劳斯：《信仰与政治哲学：施特劳斯与沃格林通信集》，谢华育、张新章等译，华东师范大学出版社 2006 年版。

[7] [美] 列奥·施特劳斯：《关于马基雅维利的思考》，申彤译，译林出版社 2006 年版。

[8] [美] 列奥·施特劳斯：《论僭政：色诺芬〈西耶罗〉义疏》，何地译，华夏出版社 2006 年版。

[9] [美] 列奥·施特劳斯：《苏格拉底问题与现代性——施特劳斯讲演与论文集：卷二》，刘小枫编，华夏出版社 2006 年。

[10] [美] 列奥·施特劳斯：《犹太哲人与启蒙：施特劳斯讲演与论文集：卷一》，刘小枫主编，张缨等译，华夏出版社 2009 年版。

[11] [美] 列奥·施特劳斯：《古典政治理性主义的重生——施特劳斯思想入门》，郭振华等译，华夏出版社 2010 年版。

[12] [美] 列奥·施特劳斯：《古今自由主义》，马志娟译，江苏人民出版社 2010 年版。

[13] [美] 列奥·施特劳斯：《色诺芬的苏格拉底言辞：〈齐家〉义疏》，

杜佳译，华东师范大学出版社 2010 年版。

[14] [美] 列奥·施特劳斯：《柏拉图〈法义〉的论辩与情节》，程志敏、方旭译，华夏出版社 2011 年版。

[15] [美] 列奥·施特劳斯：《什么是政治哲学?》，李世祥等译，华夏出版社 2011 年版。

[16] [美] 列奥·施特劳斯：《苏格拉底与阿里斯托芬》，李小均译，华夏出版社 2011 年版。

[17] [美] 列奥·施特劳斯：《色诺芬的苏格拉底》，高诺英译，华夏出版社 2011 年版。

[18] [美] 列奥·施特劳斯：《迫害与写作艺术》，刘锋译，华夏出版社 2012 年版。

[19] [美] 列奥·施特劳斯：《论柏拉图的〈会饮〉》，邱立波译，华夏出版社 2012 年版。

[20] [美] 艾伦·布鲁姆：《巨人与侏儒——布鲁姆文集》，张辉编译，华夏出版社 2007 年版。

[21] [美] 艾伦·布鲁姆：《走向封闭的美国精神》，缪青译，中国社会科学出版社 1994 年版。

[22] [美] 艾伦·布鲁姆：《人应该如何生活——柏拉图〈王制〉释义》，刘晨光译，华夏出版社 2009 年版。

[23] [美] 阿兰·布鲁姆：《文本的研习》，韩潮译，载《思想史研究》第一辑《什么是思想史》，上海人民出版社 2006 年版。

[24] [阿拉伯] 阿尔法拉比：《柏拉图的哲学》，程志敏译，华东师范大学出版社 2006 年版。

[25] [美] 贝纳加：《施特劳斯、韦伯与科学的政治研究》，陆月宏译，华东师范大学出版社 2010 年版。

[26] [美] 伯恩斯 (Laurence Berns)：《亚里士多德与现代人论自由与平等》，柯常咏译，载《城邦与自然——亚里士多德与现代性》，刘小枫编，2010 年版。

[27] [古希腊] 柏拉图：《理想国》，郭斌和、张竹明译，商务印书馆 2009 年第 10 版。

[28] [古希腊] 柏拉图：《柏拉图的〈会饮〉》，刘小枫译，华夏出版社 2003 年版。

[29] ［美］丹豪瑟（Werner J Dannhauser）：《扎拉图斯特拉与苏格拉底》，载《尼采与古典传统续编》，第 38 页。

[30] ［法］丹尼尔·唐格维：《列奥·施特劳斯思想传记》，林国荣译，吉林出版集团 2011 年版。

[31] 多姆波斯基（Don Dombowsky）：《尼采与马基雅维利主义》，载《尼采与古典传统续编》，第 237 页。

[32] ［美］汉娜·阿伦特：《论革命》，陈周旺译，译林出版社 2007 年版。

[33] ［德］海德格尔：《尼采》，孙周兴译，商务印书馆 2002 年版。

[34] ［德］卡尔·洛维特：《从黑格尔到尼采》，李秋零译，生活·读书·新知三联书店 2006 年版。

[35] ［德］康德：《历史理性批判文集》，何兆武译，商务印书馆 1990 年版。

[36] ［法］凯斯·安塞尔—皮尔逊（Keith Ansell-Pearson），《尼采反卢梭——尼采的道德—政治思想研究》，宗成河等译，华夏出版社 2005 年版。

[37] ［法］卡斯代尔·布舒奇：《法义》导读，谭立铸译，华夏出版社 2006 年版。

[38] ［法］科耶夫：《驯服欲望——施特劳斯笔下的色诺芬撰述》，贺志刚、程志敏等译，华夏出版社 2002 年版。

[39] ［德］克吕格等：《王制要义》，刘小枫选编，张映伟译，华夏出版社 2006 年版。

[40] ［美］朗佩特、洛文萨尔等：《施特劳斯与古典政治哲学》，刘小枫编，上海三联书店 2002 年版。

[41] ［美］朗佩特：《施特劳斯与尼采》，田立年、贺志刚译，上海三联书店 2005 年版。

[42] ［法］卢梭：《孤独漫步者的遐想》，钱培鑫译，译林出版社 2006 年版。

[43] 洛维特、沃格林：《墙上的书写——尼采与基督教》，田立年、吴增定等译，华夏出版社 2004 年版。

[44] ［德］迈尔：《隐匿的对话——施密特与施特劳斯》，朱雁冰、汪庆华等译，华夏出版社 2002 年版。

[45] [德] 迈尔：《古今之争中的核心问题：施密特的学说与施特劳斯的论题》，林国基等译，华夏出版社 2004 年版。

[46] [美] 麦金泰尔：《德性之后》，龚群等译，中国社会科学出版社 1995 年版。

[47] [德] 尼采：《快乐的知识》，黄明嘉译，中央编译出版社 2001 年版。

[48] [德] 尼采：《权力意志》，张念东等译，商务印书馆 1991 年版。

[49] 尼采：《尼采注疏集：扎拉图斯特拉如是说》，刘小枫编，黄明嘉、娄林译，华夏出版社 2009 年版。

[50] [法] 让-弗朗索瓦·勒维尔、马蒂厄·里卡尔：《和尚与哲学家——佛教与西方思想的对话》，陆元旭译，江苏人民出版社 2005 年版。

[51] [加] 莎迪亚·德鲁里：《列奥·施特劳斯的政治观念》，张新刚、张源译，新星出版社 2010 年版。

[52] [加] 莎迪亚·B. 德鲁里：《列奥·施特劳斯与美国右派》，刘华等译，华东师范大学出版社 2006 年版。

[53] [美] 桑德尔：《自由主义与正义的局限》，万俊人等译，译林出版社 2001 年版。

[54] [美] 斯坦利·罗森等：《启蒙的反思》，张陀等译，哈佛燕京学社编，江苏教育出版社 2005 年版。

[55] [美] 斯坦利·罗森：《启蒙的面具：〈扎拉图斯特拉〉疏解》，吴松江等译，辽宁教育出版社 2003 年版。

[56] [美] 斯坦利·罗森：《尼采的柏拉图主义》，载《尼采在西方》，刘小枫编，上海三联书店 2002 年版。

[57] [美] 斯蒂芬·霍尔姆斯：《施特劳斯：仅对哲学家而言的真理》，载《反自由主义剖析》，曦中、陈兴玛等译，中国社会科学出版社 2002 年版。

[58] [德] 施路赫特：《信念与责任——马克斯·韦伯论伦理》，载《韦伯：法律与价值》，上海人民出版社 2001 年版。

[59] [加] 威尔·金里卡：《当代政治哲学》，刘莘译，上海三联书店 2003 年版。

[60] [古希腊] 亚里士多德：《政治学》，吴寿彭译，商务印书馆 2009 年

第 10 版。
[61] [美] 詹姆斯·施密特编:《启蒙运动与现代性——18 世纪与 20 世纪的对话》,徐向东、卢华萍译,上海人民出版社 2005 年版。
[62] 刘小枫、陈少明编:《古典传统与自由教育》,华夏出版社 2005 年版。
[63] 刘小枫、陈少明编:《阅读的德性》,华夏出版社 2006 年版。
[64] 刘小枫、陈少明编:《修昔底德的春秋笔法》,华夏出版社 2007 年版。
[65] 刘小枫、陈少明编:《政治生活的限度与满足》,华夏出版社 2007 年版。
[66] 刘小枫、陈少明编:《色诺芬的品味》,华夏出版社 2006 年版。
[67] 刘小枫、陈少明编:《经典与解释的张力》,上海三联书店 2003 年版。
[68] 刘小枫、陈少明编:《政治哲学中的摩西》,华夏出版社 2006 年版。
[69] 刘小枫、陈少明编:《苏格拉底问题》,华夏出版社 2005 年版。
[70] 刘小枫、陈少明编:《卢梭的苏格拉底主义》,华夏出版社 2005 年版。
[71] 刘小枫、陈少明编:《马基雅维利的喜剧》,华夏出版社 2006 年版。
[72] 刘小枫、陈少明编:《霍布斯的修辞》,华夏出版社 2008 年版。
[73] 刘小枫编:《施特劳斯与古典政治哲学》,上海三联书店 2002 年版。
[74] 刘小枫:《施特劳斯的路标》,华夏出版社 2011 年版。
[75] 刘小枫:《刺猬的温顺:讲演及其相关论文集》,上海文艺出版社 2002 年版。
[76] 刘小枫:《现代性社会理论绪论》,上海三联书店 2001 年版。
[77] 刘小枫编:《施特劳斯与现代性危机》,华东师范大学出版社 2010 年版。
[78] 刘小枫编:《施特劳斯与古今之争》,华东师范大学出版社 2010 年版。
[79] 刘小枫:哲学史研究与哲学的正当性,载《二十一世纪》双月刊,2001 年 10 月号(香港:中文大学 中国文化研究所)。
[80] 刘小枫:《施特劳斯与启蒙哲学(上)——读施特劳斯早期文稿〈柯亨与迈蒙尼德〉》,载《西北师大学报》2009 年第 5 期。

[81] 刘小枫：《施特劳斯与中国——古典心性的相逢》，载《思想战线》2009 年第 1 期。

[82] 刘小枫：《刺猬的温顺——柏林和施特劳斯》，载《启示与理性：从苏格拉底、尼采到施特劳斯》，萌萌编，中国社会科学院出版社 2001 年版。

[83] 甘阳：《古今中西之争》，生活·读书·新知三联书店 2006 年版。

[84] 甘阳：《政治哲人施特劳斯：古典保守主义政治哲学的复兴》，载《自然权利与历史》，彭刚译，生活·读书·新知三联书店 2006 年版。

[85] 甘阳：《八十年代文化讨论的几个问题》，载《八十年代文化意识》，甘阳编，上海人民出版社 2006 年版。

[86] 甘阳：《儒学与现代》，载《古今中西之争》，生活·读书·新知三联书店 2006 年版。

[87] 甘阳：《施特劳斯与美国保守主义——〈政治哲人施特劳斯〉后记》，载《书城》2003 年第 9 期。

[88] 查建英：《八十年代访谈录》，生活·读书·新知三联书店 2006 年版。

[89] 徐戬选编：《古今之争与文明自觉》，华东师范大学出版社 2010 年版。

[90] 陈建洪：《耶路撒冷与雅典：施特劳斯四论》，华夏出版社 2005 年版。

[91] 吴雅凌编译：《俄尔普斯教祷歌》，华夏出版社 2006 年版。

[92] 洪涛等：《什么是思想史》（思想史研究，第一辑），上海人民出版社 2006 年版。

[93] 萌萌编：《“古今之争”背后的“诸神之争”》，上海三联书店 2006 年版。

[94] 萌萌学术工作室主编：《启示与理性·政治与哲学的共契》，上海人民出版社 2009 年版。

[95] 贺照田编：《西方现代性的曲折与展开》，吉林人民出版社 2002 年版。

[96] 吴冠军：《爱与死的幽灵学——意识形态批判六论》，吉林出版集团 2008 年版。

[97] 林国华：《诗歌与历史：政治哲学的古典风格》，华东师范大学出版社 2005 年版。

[98] 林国华、王恒编：《古代与现代的争执》，上海人民出版社 2009 年版。

[99] 林国华：《古典的“立法诗”——政治哲学主题研究》，华东师范大学出版社 2006 年版。

[100] 张文涛：《尼采六论——哲学与政治》，华东师范大学出版社 2007 年版。

[101] 许纪霖编：《知识分子论丛第 7 辑：现代性的多元反思》，江苏人民出版社 2008 年版。

[102] 许纪霖：《启蒙的自我瓦解：1990 年代以来中国思想文化界重大论争研究》，吉林出版社 2007 年版。

[103] 应奇、刘训练编：《共和的黄昏：自由主义、社群主义和共和主义》，吉林出版集团 2007 年版。

[104] 应奇、刘训练编：《公民共和主义》，东方出版社 2006 年版。

[105] 包利民：《古典政治哲学史论》，人民出版社 2010 年版。

[106] 包利民：《〈罗尔斯篇〉与古今之争的得失》，载《求是学刊》2009 年第 1 期。

[107] 应奇：《论第三种自由》，载《哲学研究》2004 年第 5 期。

[108] 赵汀阳：《哲学与公共问题》，载《吉林大学社会科学学报》2006 年第 2 期。

[109] 赵汀阳：《论可能生活：一种关于幸福和公正的理论》，中国人民大学出版社 2004 年版。

[110] 李强：《新保守主义与美国的全球战略》，载上海《书城》2003 年第 5 期。

[111] 汪晖：《预言与历史：中国现代历史中的“五四”启蒙运动》，《文学评论》1989 年第 3—4 期。

[112] 崔勇列：《“民主帝国”的多重协奏》，载北京《书城》2003 年第 8 期。

[113] 邓正来、曼斯菲尔德等：《与施特劳斯派相关的若干问题——与曼斯菲尔德教授的对话》，载《社会科学辑刊》2008 年复刊号。

[114] 邓晓芒：《欧洲虚无主义及其克服——读海德格尔〈尼采〉札

记》，载《江苏社会科学》2008 年第 2 期。

[115] 鲁明军：《古今之辩：2000 年以来中国思想界的现代性之争》，载《二十一世纪》网络版，2008 年 11 月号，总第 80 期。

[116] 高全喜：《论共和政体》，载《中国政法大学学报》2008 年第 4 期。

[117] 水亦栎：《政治与哲学——甘阳和刘小枫对斯特劳斯的两种解读》，载《开放时代》2004 年第 3 期。

[118] 谭安奎：《古今之间的哲学与政治——Martha C. Nussbaum 访谈录》，载《开放时代》2011 年第 11 期。

[119] 吕新雨：《“价值无涉”与学术公共领域：重读韦伯——关于社会科学研究方法论的笔记》，载《开放时代》2011 年第 2 期。

[120] 冯钢：《“客观性”、“理想类型”与“伪道德中立”——评罗卫东的“重返韦伯”》，载《浙江社会科学》2006 年第 6 期。

[121] 罗卫东：《社会科学从业人员的理性自觉——回到韦伯》，载《浙江社会科学》2006 年第 5 期。

[122] 俞吾金：《究竟如何理解尼采的话“上帝死了”》，载《哲学研究》2006 年第 5 期。

[123] 钱永祥：《为政治寻找理性》，载金里卡《当代政治哲学》，刘莘译，上海三联书店 2004 年版。

[124] 郑兴凤：《论施特劳斯的解释学视域》，载《现代哲学》2004 年第 3 期。

[125] Leo Strauss, Natural Right and History, Chicago and London: The University of Chicago Press, 1953.

[126] Leo Strauss, The Rebirth of Classical Political Rationalism: An Introduction to the Thought of Leo Strauss, Selected and Introduced by Thomas L. Pangle, Chicago and London: The University of Chicago Press, 1989.

[127] Leo Strauss, Socrates and Aristophanes, University of Chicago Press, 1966.

[128] Leo Strauss, On Tyranny, The Free Press of Glencoe, 1963.

[129] Leo Strauss, Xenophen's Socrates, ed. By Allan Bloom, New York: Cornell University Press, 1972.

[130] Leo Strauss, What is Political Philosophy and Other Studies, Glencoe: The Free Press, 1959.

[131] Leo Strauss, Liberalism Ancient and Modern, Chicago and London: The University of Chicago Press, 1968.

[132] Leo Strauss, The Argument and The Action of Plato's Laws, Chicago and London: The University of Chicago Press, 1975.

[133] Leo Strauss, An Introduction to Political Philosophy: Ten Essays by Leo Strauss, ed. Hilail Gildin, MI: Wayne State University Press, 1989.

[134] Leo Strauss, Persecution and the Art of Writing, Chicago: The University of Chicago Press, 1988.

[135] Leo Strauss, Spinoza's Critique of Religion, Translated by E. M. Sinclair, New York: Schocken Books, 1965.

[136] Leo Strauss, The City and Man, Chicago and London: The University of Chicago Press, 1964.

[137] Leo Strauss, Studies in Platonic Political Philosophy, Chicago: University of Chicago Press, 1983.

[138] Leo Strauss, Jewish Philosophy and the Crisis of Modernity: Essays and Lectures in Modern Jewish Thought, State University of New York Press, 1997.

[139] Leo Strauss, "What is Political Philosophy?" in The Journal of Politics, Vol. 19, No. 3 (Aug., 1957), pp. 343 - 368.

[140] Leo Strauss, "German Nihilism," in Interpretation: A Journal of Political Philosophy, Spring 1999, Volume 26, No. 3, pp. 353 - 379.

[141] Leo Strauss, "The Origins of Political Science and the Problem of Socrates." in Interpretation, 1996, Vol. 23, No. 2, p. 138.

[142] Allan Bloom, "Leo Strauss: September 20, 1899 - October 18, 1973", Source: Political Theory, Vol. 2, No. 4 (Nov., 1974), pp. 372 - 392.

[143] Allan Bloom, "Justice: John Rawls Vs. The Tradition of Political Philosophy", The American Political Science Review, Vol. 69, No. 2 (Jun., 1975), pp. 648 - 662.

[144] Berns Walter, 1982, "A Reply to Harry Jaffa", National Review 34 (January 22): 45.

[145] Catherine and Michael Zuckert, The Truth About Leo Strauss: Political Philosophy and American Democracy, Chicago: University of Chicago Press, 2006.

[146] Brian Barry, Political Argument, London: Routledge and Kegan Paul, 1965, p. 290.

[147] Clark A. Merrill, Spelunking in the Unnatural Cave: Leo Strauss's Ambiguous Tribute to Max Weber, Interpretation, Fall 1999, Vol. 27. No. 1, pp. 3 - 24.

[148] Dana R. Villa, The Philosopher Versus the Citizen: Arendt, Strauss, and Socrates, in Political Theory, Vol. 26, No. 2 (Apr., 1998), pp. 147 - 172.

[149] David Janssens, Between Athens and Jerusalem: Philosophy, Prophecy, and Politics in Leo Strauss's Early Thought, State University of New York Press, 2008.

[150] David Janssens, "The Problem of Enlightenment: Strauss, Jacobi, and the Pantheism Controversy," in The Review of Metaphysics, Vol. 56, No. 3 (Mar., 2003), p. 627.

[151] David Lewis Schaefer, " 'Moral Theory' Versus Political Philosophy: Two Approaches to Justice," in The Review of Politics, Vol. 39, No. 2 (Apr., 1977), pp. 192 - 219.

[152] Edward Andrew, "Descent to the Cave," The Review of Politics, Vol. 45, No. 4 (Oct., 1983), pp. 510 - 535.

[153] Fred M. Frohock, "Notes on the Concept of Politics: Weber, Easton, Strauss", The Journal of Politics, Vol. 36, No. 2 (May, 1974), pp. 379 - 408.

[154] Gregory Bruce Smith, Leo Strauss and the Straussians: An Anti-Democratic Cult?, Political Science and Politics, Vol. 30, No. 2 (Jun., 1997), pp. 180 - 189.

[155] Harry Jaffa, "Leo Strauss, The Bible, and Political Philosophy." In Leo Strauss: Political Philosopher and Jewish Thinker. Edited by Ken-

neth L. Deutsch and Walter Nicgorski/ Lanham, MD: Rowman & Littlefield Publishers. 1993, p. 210.

[156] Harry Jaffa, "The Decline and Fall of the American Idea: Reflections on the Failure of American Conservatism". Paper prepared for the 25th Anniversary Symposium of the Henry Salvatori Center for the Study of Individual Freedom, Claremont Mckenna College, Claremontm, California (April, 18 – 20), 1993.

[157] Harry Jaffa, The Conditions of Freedom, Claremont: Claremont Institute, 2000.

[158] Harvey C. Mansfield, Jr., "Strauss's Machiavelli." In Political Theory, Vol. 3, No. 4 (Nov., 1975), pp. 372 – 384.

[159] Heinrich Meier, Leo Strauss and the Theologico-Political Problem, trans. Marcus Brainard, Cambridge: Cambridge University Press, 2006.

[160] Hwa Yol Jung, Leo Strauss's Conception of Political Philosophy: A Critique, The Review of Politics, Vol. 29, No. 4 (Oct., 1967), pp. 492 – 517.

[161] Isaiah Berlin, Two Concepts of Liberty, in Four Essays on Liberty, New York: Oxford University Press, 1969, p. 172.

[162] J. Beatty, Plato's Happy Philosopher and Politics, Review of Politics. 38 (October 1976), p. 567.

[163] Joseph Cropsey, "On Ancients and Moderns," in Interpretation, Fall 1990, Vol. 18, No. 1, p. 50.

[164] James F. Ward, "Political Philosophy & History: The Links between Strauss & Heidegger," in Polity, Vol. 20 (Winter, 1987), p. 293.

[165] Leora Batnitzky, "Leo Strauss and the Theological-Political Predicament", in The Cambridge Companion to Leo Strauss, ed. By Steven Smith, Cambridge: Cambridge University Press, 2009, pp. 41 – 62.

[166] Martin Diamond, "The Dependence Of Fact Upon Value", Interpretation spring 1972, p. 226.

[167] Max Weber, Max Weber: Essays in Sociology, Translated and Edited by H. Gerth and C. Wright Mills, New York: Oxford University Press,

1946.

[168] Max Weber, The Protestant Ethic and The Spirit of Capitalism, Translated by Talcott Parsons. New York: Charles Scribner's Sons, 1958.

[169] Michael S. Roth, Knowing and History: Appropriations of Hegel in Twentieth – Century France, Cornell University Press, 1988.

[170] Nasser Behnegar, Leo Strauss, Max Weber, and the Scientific Study of Politics, Chicago and London: The University of Chicago Press, 2003.

[171] Nasser Behnegar, Strauss and Social Science, in The Cambridge Companion to Leo Strauss, Edited by Steven B. Smith, London: Cambridge University Press, 2009.

[172] Nathan Tarcov, Philosophy & History: Tradition and Interpretation in the Work of Leo Strauss, Polity, Vol. 16, No. 1 (Autumn, 1983), pp. 5 – 29.

[173] Peter Lawler, "Introduction: Strauss, Straussians, and Faith-Based Students of Strauss," Political Science Reviewer, 36 (2007): 12.

[174] Richard Kennington, "Strauss's Natural Right and History", Review of Metaphysics, 1981 (35), pp. 57 – 86.

[175] Richard Velkley, "On The Roots of Rationalism: Strauss's Natural Right and History as Response to Heidegger," in The Review of Politics, Spring 2008, 70 (2), p. 257.

[176] Robert C. Bartlett, The Idea Of Enlightenment: A Post-Mortem Study, Toronto Buttalo London: University of Toronto Press, 2001.

[177] Robert Eden, "Why Wasn't Weber a Nihilist?", in The Crisis of Liberal Democracy: A Straussian Perspective, Edited by Kenneth L. Deutsch and Walter Soffer, Albany: State University of New York Press, 1987, p. 224.

[178] Robert B. Pippin, "Nietzsche's Alleged Farewell: The Pre-modern, Modern, and Postmodern Nietzshce," pp. 252 – 280.

[179] Robert B. Pippin, "The Modern World of Leo Strauss," in Political Theory, Vol. 20, No. 3, (Aug., 1992), p. 448.

[180] Scot Zentner, "The Philosopher and the City: Harry Jaffa and the Straussians," Interpretation, Vol. 30 (Issue 3), Summer 2003.

[181] Seth Benardete, The Rhetoric of Morality and Philosophy: Plato's "Gorgias" and "Phaedrus", Chicago: University of Chicago Press, 2000.

[182] Shadia B. Drury, "The Esoteric Philosophy of Leo Strauss", Political Theory (13/3, August 1985), pp. 510 – 535.

[183] Shadia B. Drury, "Leo Strauss' Classic Natural Right Teaching". (15/3, August 1987), pp. 299 – 315.

[184] Steven B. Smith, Reading Leo Strauss: Politics, Philosophy, Judaism, Chicago: University of Chicago Press, 2006.

[185] Steven B. Smith, The Cambridge Companion to Leo Strauss, London: Cambridge University Press, 2009.

[186] Steven B. Smith, "Leo Strauss's Platonic Liberalism," In Political Theory, Vol. 28, No. 6 (Dec., 2000), pp. 787 – 809.

[187] Steven B. Smith, "Destruktion or Recovery?: Leo Strauss's Critique of Heidegger," in The Review of Metaphysics, Vol. 51, No. 2 (Dec., 1997), p. 352.

[188] Stewart Umphrey, "Special Issue on the Thought of Leo Strauss", The Review of Politics, Vol. 53, No. 1, (Winter, 1991), pp. 19 – 39.

[189] Susan Orr, Jerusalem and Athens (Lanham, MD: Rowman & Littlefield, 1995).

[190] Thomas L. Pangle, Leo Strauss: An Introduction to His Thought and Intellectual Legacy, Baltimore: John Hopkins Press, 2006.

[191] Thomas L. Pangle, "The Roots of Contemporary Nihilism and Its Political Consequences According to Nietzsche," in The Review of Politics, Vol. 45, No. 1 (Jan., 1983), p. 68.

[192] Thomas L. Pangle, "Leo Strauss's Perspective on Modern Politics," see AEI Bradley Lecture (Washington), 2003.

[193] Victor Gourevitch, Philosophy and Politics, The Review of Metaphysics, Vol. 22, No. 1 (Sep., 1968), pp. 58 – 84.

[194] William H. F. Altman, "Leo Strauss on 'German Nihilism': Learning the Art of Writing," in Journal of the History of Ideas, Vol. 68, No. 4 (Oct., 2007), pp. 587 –612.

后　记

本书的绝大部分内容完成于我在浙江大学攻读博士的三年期间，也有部分内容是我在杭州电子科技大学就职期间完成的，大致算起来，这本书的撰写前前后后经历了六年左右的时间。六年的时间写一本书，不能算长，也不能算短，对于漫长的学术史来说是沧海一粟，而对于我自己的人生经历来说却极其重要的，我的问题意识、观察视野、思考框架基本上都是在这个时期确立的。而我对这本书的期待，既不是很高，也不是很低，不敢期望它能够对学术界产生多么重大的意义，只是希望它不至于“误人子弟”。若有有缘的读者碰巧读到这本书，并且能够对书中某一两句话会心一笑，我心足矣。

本书以下内容曾以论文形式公开发表，现列举如下：

第一章第二节全文发表于《道德与文明》2011 年第 5 期。

第二章第三节全文发表于《社会》2011 年第 6 期，后该文又被《中国社会科学文摘》2012 年第 5 期全文转载。

第三章第三节全文发表于《杭州电子科技大学学报》（哲学社会科学版）2013 年第 3 期。

第四章第三节全文发表于《哲学研究》2013 年第 2 期。

第六章第三节全文发表于《浙江工商大学学报》2015 年第 3 期。

第七章第二节全文发表于《杭州电子科技大学学报》（哲学社会科学版）2015 年第 1 期。